선강통 핵심수혜주와 중국본토주식

선강통深港通
위대하고 강한 기업에 투자하라

정영재 지음

일러두기
- 책 본문에 나오는 지명, 인명, 제품명은 중국어발음으로 표기하되, 외래어표기법에 따랐습니다.
  (예: 북경→베이징, 뢰군→레이쥔)
- '상해 A주'와 '심천 A주'에는 지명(地名)이 포함되어 있지만 독자의 편의를 위해 더 많이 알려져 있는 명칭인 '상해 A주', '심천 A주'로 표기하였습니다.
- 기업명은 한자발음으로 표기하는 것을 원칙으로 하되, 중국어발음으로 더 알려진 기업명은 중국어발음으로 표기하였습니다. (예: 소미→샤오미)

선강통 핵심수혜주와 중국본토주식

선강통 深港通
위대하고 강한 기업에 투자하라

정영재 지음

이레미디어

추천사

중국 자본시장 대전환점에 나침반이 될 책

중국의 자본시장은 2014년 후강통 정책을 기점으로 대전환점에 이르렀다. 중국경제는 더 이상 은행의 유동성이 아닌 증시 부양으로 이끌어나가는 구조로 변모하고 있다. 이 같은 흐름을 잘 따른다면 개인의 삶이 더욱 윤택해질 것이다. 정영재 박사는 나의 애제자로 6년간 가르쳐왔다. 뛰어난 중국어 실력으로, 외국인이지만 언제나 적극적으로 중국 실물경제와 현황을 연구하는 모습을 보면 한국의 밝은 미래를 엿볼 수 있다. 본격적으로 개방되는 중국 자본시장에서 이 책은 나침반 같은 역할을 할 것이다.

— 황샤오안 원장(중국 10대 경제학자, 중국 산둥대 경제연구원 원장)

중국 주식투자로 부를 성취하고픈 이들의 필독서

중국은 우리나라 제1의 교역상대국이자 사회, 문화, 정치적으로도 많은 교류를 하고 있는 나라이다. 현재 중국은 명실상부한 G2 국가이며, 매년 성장률이 선진국 국가들과는 비교할 수 없을 만큼 높은 유망한 시장이다. 최근 중국 주식투자에 관심을 가지고 있는 사람들이 많아졌지만 중국 정치 및 경제체제의 복잡성과 특수성 때문에 선뜻 투자에 나서기에는 위험한 시장이라고도 할 수 있다. 이 책의 저자인 정영재 박사는 수년간 중국 현지에서 중국주식을 연구한 전문가이자, 중국 주식투자 관련 국내 최대 카페인 '중국경제투자연구소'를 운영하고 있다. 기존의 책들이 다소 피상적이고 현실감이 떨어지는 것에 비해 이 책은 중국 현지 사정을 충분히 반영하고 아직 알려지지 않은 유망한 기업들을 소개하고 있다. 중국 주식투자를 통하여 경제적인 부를 성취하고자 하는 분들이라면 반드시 읽어볼 가치가 있다.

− 강인모 사장(전 포스코 중국 칭다오법인 법인장, 현 (주)자원 철강부분 사장)

또 다른 바이두와 알리바바를 찾게 해주는 책

언제까지 잘 나가는 중국기업 현상만 보고 반성만 할 것인가? 지금까지 중국을 보는 관점을 미래로 혁신해야 할 필요성을 느꼈다. 이 책은 우리에게 또 하나의 바이두, 또 다른 알리바바를 찾게 해준다. 정영재 교수의 날카로운 분석과 명확한 통찰은 미래 중국시장에서의 분명한 기회를 보여주고 있다.

− 김형환 대표(중국경영전문가, 중국전략경영아카데미 대표)

머리말

마지막 빗장을 여는
중국자본시장을 주목하라!

    2016년 11월, 도널드 트럼프가 모두의 예상을 깨고 제45대 미국 대통령으로 당선되었다. 트럼프의 당선으로 우리나라의 향후 미래경제는 대외적인 변수와 불확실성이 증가했다. 국내 주식시장 또한 불투명해졌고, 주가도 즉시 하락하였다. 또한 미국 주도로 세계 금리시장이 인상을 준비하면서 대출금리 인상이 예상되고 부동산 재테크도 불확실해졌다. 이런 급변하는 상황 속에서 한 가지는 확실하다. 글로벌 주식투자를 하지 않는다면 당신의 포트폴리오는 이전만 못할 것이다.

    예전에는 우리는 국내 주식시장만 이야기했다. 하지만 강대국들이 보호무역주의를 표방하는 지금 이 시점, 국내투자 리스크가 커지고 있다. 그러므로 이제는 국내투자에서만 머무르지 말고 해외 주식시장을 전략적으로 알아야 한다. 특히 중국시장을 알아야 한다. 단순히 매년 6% 이상의 경제성장률만으로 이렇게 말하는 것은 아니다. 중국의 자본시장이 유망한 투자처임을 본능적으로 읽을 수 있기 때문이다.

단기예측으로만 생각하면 주식투자는 누구도 예측할 수 없는 불투명한 시장이다. 하지만 가치투자를 통한 중장기투자는 성공확률이 높다. 기업의 우수한 경영을 기초로 중장기로 주식투자를 한다면 우수한 투자처이다. 특히 중국주식투자는 가치투자자들에게 성지와 같은 곳이다. 조지 소로스, 짐 로저스, 워런 버핏과 같은 투자의 대가들도 중국투자에 많은 비중을 두고 있다. 인구 14억, 세계 최대의 시장과 공장, GDP 10조 달러, 일본의 2배, 10년 후 미국을 추월하는 중국경제, 100원짜리 1개씩만 팔아도 1,300억 원을 벌 수 있는 나라, 2008년부터 이어져온 세계 금융위기 속에서도 매년 7% 이상의 성장률을 유지하는 경이로운 나라, 바로 중국을 수식하는 말들이다. 중국이 이제 미국 다음의 세계 2번째 국가이고, 세계 최고의 발전 속도와 높은 잠재력이 있는 나라인 것은 누구나 다 알고 동감하는 이야기이다.

미국의 GDP는 16조, 중국은 10조. 이것만 보면 중국이 아직은 갈 길이 멀다고 생각할지 모른다. 물론 경제규모에서는 미국이 중국을 압도한다. 하지만 주식시장은 현재에 투자하는 곳이 아닌, 미래에 투자하는 곳이다. 중국경제의 향후 진단에 대해서는 전문가 별로 찬반이 나뉘고, 중국정부 역시 향후 L자 경제성장에 대해서 공식화한 바 있다. 즉, 중국경제가 이전처럼 고속성장하기는 어렵다는 우려이다.

하지만 중국 주식시장은 이야기가 다르다. 주식시장 투자의 본질은 기업에 투자하는 것이다. 중국은 사회주의 체제와 자본주의 체제를 병행하고 있는 국가로, 중국 주식시장에 상장된 기업들 역시 국영기업과 민영기업으로 나눈다. 국가경제가 이전만 못하다는 것은 국영기업의 주가가 하락하는 것이지, 치열한 경쟁 속에서 살아남은 민영기업과는 별개의 이야기이다. 중국의 국영기업 대부분은 상해 A주에 상장되어 있고, 민영기업은 심천 A주에 상장되어 있다. 이 책 실린 심천주 종목들의 분석은 2015년 초에 한 것이다. 2016년 말 현재를 기준으로 이 책에서 다룬 모든 종목이 30% 이상 주가가 상승되었다. 이러한 것만 보아도 중국경제의 성장률 하락과 민영기업과는 다른 이야기가 된다.

반면에 상해 A주는 정부의 반부패정책과 세계경기의 악화로 2015년 중기를 기점으로 하락국면에 접어들었고, 근래에 들어서 서서히 회복되고 있다. 하지만 중요한 것은 심천주든 상해주든 이는 단기간의 성과일 뿐이라는 것이다. 이 책에서 설명하고 있는 심천주인 거리가전, 메이디그룹, 산동동아아교, 윈난백약그룹은 철저히 창업주가 험난한 중국시장을 개척해온 민영기업으로 향후 예상되는 격변의 세계경제 속에서도 높은 생존력을 보여줄 종목들이다. 또한 상해주는 중국정부정책의 영향을 많이 받고 최근의 주가는 떨어졌지만, 향후 주가상승 기회가 충분히 남아 있다. 정부정책에 영향을 많이 받는 상해 A주도 시진핑 정부가 있는 한 미래가 밝다.

현재 중국의 정부는 시진핑을 중심으로 공산당이 장기적으로 정권을 잡고 있다. 시진핑 정권 이후 상하를 막론하고 부패와 연관되면 처벌을 받는 강력한 반부패 척결 정책을 실시하고 있다. 시진핑의 반부패 정책은 지금까지와는 차원이 다르다. 정책을 구실로 오랜 권력 잔당들을 처리하는 권력이양이 아니다. 중국의 오랜 역사를 경험 삼아 향후 100년의 중국발전을 위한 조치로 평가되고 있다. 명나라의 주원장은 강력한 부패척결은 통해 태평성세를 이루었다는 평가를 받는다.

강력한 지도층이 주도하는 부패척결로 인해 단기간은 경제가 위축되고, 미래가 불투명해 보일 수 있다. 하지만 상하를 막론하고 부패척결이 이루어져야 경제가 발전할 수 있다. 이보전진을 위한 일보후퇴인 것이다. 이러한 중국의 미래에 투자해야 한다. 지금이 바로 기회다!

지난 2007년에 한창 중국펀드 열풍이 불었다. 당시에는 나를 포함해 많은 사람들이 중국펀드에 가입되어 있었다. 통장에 찍히는 수익률 확인하는 재미로 하루하루 살다가 전 세계 금융위기로 하루 아침에 수익률이 급감했다. 그후에는 펀드보다는 매매가 자유롭고 직접 종목을 선택해 중국주식을 매매할 수 있는 홍콩주식으로 넘어왔다. 하지만 홍콩시장은 중국의 자본시장 개방을 위한 교두보였지 중국 경제성장을 확실하게 대변하지는 못했다. 진짜 중국주식은 상해 A주에 있었지만 펀드형식 말고는 직접투자가 불가능했다.

그러던 중 2014년 11월 17일, 이제 중국주식은 펀드투자로 손해 보던 때와 완전히 달라졌다. 싱싱한 활어처럼 중국주식이 날뛰기 시작했다. 상해 A주는 3년이라는 긴 잠에서 깨어나 드디어 움츠렸던 몸을 조금씩 펼치기 시작했다. 중국 자본시장 개방에 맞춰 상해 A주가 폭등하기 시작했다. 계속 기대해도 좋다. 아직은 힘차게 비상하기 위한 시작 단계에 불과하기 때문이다. 중국증시는 2008년부터 자본시장을 개방하기 위해 7년을 철저히 준비했다. 이제 우리도 손해만 보던 것을 벗어나 중국 경제성장의 열매를 맛봐야 하지 않을까?

중국은 지난 10년간 주식시장의 호황과 폭락을 통해서 금융시장의 원리와 발전가능성을 몸소 겪었다. 우리나라도 그렇지 않은가? 1997년 지옥의 IMF 경제위기를 겪으며 건실한 대기업이 부도가 나고 수많은 사람들이 일자리를 잃는 아픔을 겪었으며, 선진국의 길이 쉽지 않음을 배웠다. 이 경험을 토대로 2008년 세계 금융위기에는 한층 더 성숙해진 자세로 위기를 잘 넘겼다. 중국도 마찬가지이다. 2008년의 주가대폭락은 주식시장 발전의 도화점이 되었다. 이후 중국은 자국금융의 부실과 문제점을 통감해서 부실기업은 퇴출시키고, 부정부패를 척결하고자 발 벗고 나섰다. 튼튼한 금융시스템 정착이야말로 장기적인 주식시장 발전을 위한 지름길임을 확신하게 되었고, 이것은 아직도 현재진행형이다.

2014년부터 중국경제는 새로운 도전에 직면하게 된다. 30년 동안 매년 10% 이상 유지해오던 경제성장률이 2013년부터 7%대로 낮아진 것이다. 고성장시대에서 중성장시대인 뉴노멀이 시작된 것이다. 이제 중국은 기존의 싸구려만 잔뜩 찍어내 수출하던 나라가 아니다. 양보다 질을 중시하는 국가로 변했다. 또한 중국은 무역 위주 경제발전의 한계를 느끼고 이제 상품시장이 아닌 금융시장 개방을 통해 새로운 성장동력을 찾고 있다. 이미 성숙해진 대외무역과 건설·자동차 산업으로는 지속적인 경제발전을 할 수 없고, 주식시장의 국제화와 자본시장의 개방을 통해 새로운 성장동력을 찾고 있다.

미국의 나스닥시장에는 미국기업뿐만 아니라 중국, 영국, 프랑스, 독일기업들이 상장되어 있다. 아시아에서는 홍콩과 일본이 외국기업의 상장을 받고 있지만 초우량 외국기업이 빠진 자본시장은 껍데기에 불과하다. 중국은 전 세계의 자본을 끌어 모으기 위해 주식시장을 재정비하고 있다. 중국, 일본, 한국, 인도, 동남아, 중동을 포함하는 대금융시장 개방이 멀지 않았다. 현재 상하이에서 시험하고 있는 상하이 자유무역지구가 중국 자본시장 국제화의 첫걸음이다.

중국이라는 거대 주식시장을 바로 옆에 두고 우리는 어떻게 투자하고 미래를 계획할 것인가?

물가는 매년 오르고 부동산은 전세에서 월세로 전환되어 삶은 더욱 팍팍해지지만, 정작 연봉과 월급은 제자리이다. 물가는 오르는데 월급이 안 오르니 월급이 줄어들고 있는 것이다. 이러한 문제를 해결하고자 주식, 부동산, 펀드, 채권, 금, 명품 등에 투자하고 있지만 수익률은 잘해야 제자리걸음이고, 떨어지지 않으면 다행이다. 왜 이러한가? 바로 세계의 자본이 중국으로 몰리고 있기 때문이다. 기존의 10%대에서 7%로 경제성장률이 떨어졌다지만, 전 세계 나라 중 안정적으로 7%대의 경제성장률을 기록하는 곳은 중국이 유일하다. 중국에 투자하지 않는데 수익률이 높을 리 만무하다.

필자는 중국에서 8년간 생활했다. 그러면서도 틈틈이 국내 상황을 파악했는데, 일반 중소기업 사무직 월급이 200만 원 전후라고 들었다. 200만 원이면 10년 전 일반 사무직 월급이다. 10년 전 자장면은 평균가격이 2500원이었는데, 지금은 2500원으로 자장면 한 그릇은 엄두도 내지 못한다. 물가가 10배 오르는 동안 월급은 제자리걸음이다.

중국 일반 사무직이 받는 월급이 우리나라 돈으로 150만 원이라고 한다. 중국의 중산층은 현재 3억 5천만 명으로 추정되고, 2017년까지 6억 명이 될 것이라 예측하고 있다. 중국의 평균보다 가난한 사람들이 우리나라에서 증가하고 있는 것이다. 세계의 자본이 한국이 아닌 중국으로 이동하는 시점에서 국내투자는 대기업이나 해외투자자들에게 외면당하고 있다. 우리 생활이 중국 때문에 더욱 팍팍해질 수밖에 없다. 이러한 상황에서 우리가 할 수 있는 최선은 중국에 있다. 중국으로 투자처를 이동해야 한다.

우리나라의 일자리와 월급은 중국의 영향을 받는다 해도 과언이 아니다. 우리나라 GDP 중 무역이 차지하는 비율은 110%이다. 평균 GDP가 2만 6천 달러인 나라에서 무역의 비중이 높다는 것은 공무원, 전문직, 무역 관련 업종을 제외하고서는 한 달에 300만 원도 벌기 힘들다는 이야기이다. 부모님께 물려받은 자산이 없으면 사는 게 힘들 수밖에 없다.

우리나라의 무역액 중 중국과의 무역이 당연히 1위이다. 미국과 일본의 무역액을 다 합쳐도 중국 무역액보다 적다. 무역의 기본은 시장과 물류비용이다. 일본보다 거리가 가까운 나라, 14억의 시장을 가진 나라 중국과 무역이 많은 것은 당연하다. 현재 우리나라는 중국에 중간재, 즉 자동차를 만들거나 제품을 생산하는 기계를 주로 수출하고 있다. 하지만 매년 대중수출액이 적어지고 중국 내에서도 하루가 다르게 물가가 오르니 대중무역 흑자폭이 갈수록 적어지고 있다. 일자리가 부족해지고 국내 물가가 오르는 것이 당연하다.

일본의 개인은 중국에 투자를 많이 하기 때문에 경기불황에도 희희낙락이다. 아베노믹스로 일본이 엔화의 가치를 낮추어서 우리 원화가 상대적으로 가치가 높아져 수출경기가 나빠진다는 뉴스를 한 번쯤은 들어보았을 것이다. 일본은 1985년 플라자합의 이후 선진국을 주축으로 엔화의 가치를 높였다. 이후 일본의 주된 경쟁력이던 수출경쟁력이 낮아지고 국가와 개인은 매년 1%도 되지 않는 경제성장률 속에서도 30년이 넘도록 세계 3위의 경제대국 지위를 유지하고 있다. 심지어 마이너스 성장까지 하는 등 잃어버린 20년이라는 이야기까지 들으면서 말이다.

그렇다고 일본 사람들이 우리나라 사람들처럼 힘들게 하루하루를 연명하는가? 절대 아니다. 이유는 간단하다. 일본은 해외자본이 많은 나라이기 때문이다. 해외주식과 펀드를 많이 가지고 있다. 나라는 가난해지고 경기가 침체되어도 개인은 먹고 즐길 수 있는 배당과 자산의 상승이 있는 것이다. 일본은 자국의 성장동력이 소모한 것을 깨닫고 해외투자로 눈을 돌렸다. 뉴욕거래소, 런던거래소, 홍콩거래소의 사모펀드나 핫머니가 꼭 미국과 유럽 사람들만의 전유물은 아니다. 특히 중국 주식시장은 일본발 핫머니의 주 수익원이다. 문화와 지리적인 이점으로 쉽게 접근할 수 있기 때문이다.

이제는 우리도 승천하는 용에 올라타야 한다. 부동산가격은 하루가 무섭게 오르고 국내주식의 수익률은 저조하다. 금리는 2%도 모자라 더 떨어질 기세이다. 나날이 힘들어지는 국내경기와 달리 중국은 14억 인구의 거대한 시장을 바탕으로 차근차근 기초부터 튼튼히 쌓아올리고 있다. 2020년에는 GDP 총액이 기존 1위인 미국의 16조 달러를 가뿐히 넘을 것이라 예측하고 있다. 시진핑정권의 도시화로 중국인 소득이 늘어나면 미국의 전체 규모는 중국보다 낮아질 것이다. 2009년부터 이어져온 돈 풀기 정책, 즉 양적완화로 미국의 본원통화인 현금과 은행지급준비율이 3배나 상승했다. 우리나라도 미국의 영향을 많이 받아 기존의 통화량을 2배 상승시켰다. 시중에 돈이 늘어나면 화폐가치가 떨어지고 물가가 오른다. 정부는 경기가 나쁘니 돈을 더 찍어내서 투자를 활성화시키려고 하지만, 개인인 우리에게 고물가는 득될 것이 없다. 이제 기회는 중국주식에 있다.

개인이 경제적으로 자리를 잘 잡고 돈이 있어야 사람이 모이고 외롭지 않다. 20대, 30대, 40대 때는 젊음과 활력으로 외롭지 않게 살아가지만 50대부터는 통장의 숫자도 인생에서 중요해진다. 의학이 발달해서 장수한다고 하지만 어쨌든 돈이 있어야 이러한 혜택을 누릴 것 아닌가? 이제는 투자해야 한다. 월급만 받아서는 노년의 행복을 보장할 수가 없다. 노년의 모습이 어떨지 뻔히 보이는데 마냥 대책없는 긍정적인 마인드로 살아갈 수 있으며, 정말 행복할까?

투자할 상품은 많다. 국내주식, 해외주식, 부동산, 펀드, 채권, 원자재 등 다양하게 있다. 하지만 향후 10년까지는 무조건 중국주식이다. 수익률이 가장 만족스럽기 때문이다. 중국은 더 이상 만만디, 싸구려 제품의 대명사 메이드인차이나가 아니다. 기회의 땅이며 성공의 지름길이 있는 곳이다. 이 책을 통해 무섭게 커져가는 중국의 대세를 잘 파악해 안전하게 성공하는 투자를 할 수 있기를 바란다.

필자는 십수 년간 중국금융과 경제를 주전공으로 집필과 연구를 하고 있다. 10년 이상 중국에서 일하고 공부하면서 중국 자체를 경험했다. 2014년에는 홍콩주식을 중심으로 다룬 《중국주식, 저평가된 강한 기업에 투자하라》를 출간했다. 이번 책은 중국 개혁개방 30년 만에 드디어 열린 마지막 빗장인 심천 A주와 상해 A주 시장을 다뤘다. 선강통 수혜주 5종목을 선정하여 분석하고, 상해 A주에 상장된 2천 개 넘는 종목 중 유망하고 길잡이가 될 핵심종목 20개를 다뤘다. 또한 '중국경제투자연구소 http://cafe.naver.com/chinaerc' 카페를 운영하면서 3만 명이 넘는 중국 투자자들과 교류한 노하우를 이 책에 담았다.

　많은 분들에게 고마움을 전하고 싶다. 카페 내 중국 전문가들과 은사님이시자 국내 최고 중국경제 전문가 경희대 전병서 교수님, 인생에 모범이 되는 전 포스코 칭다오법인 강인모 사장님의 충고와 응원에 감사드린다. 먼 이국땅에서 홀로 공부하는 자식을 늘 응원 해주시는 부모님에게도 감사를 표한다. 마지막으로 트렌드를 읽을 줄 아는 국내 최고의 경제경영 출판사 이레미디어 이형도 대표님께도 감사의 인사를 전한다.

정영재

차례

추천사 • 4
머리말 • 6

1장 중국경제 한눈에 보기

1. 뉴노멀 시대, 확 달라진 중국경제 • 23
중장기 국면에 들어선 중국경제 | 도시와 농촌 인구의 변화, 도시화율 상승 | 중국경제의 패러다임 전환

2. 위안화가 달러를 대체한다면? • 31

3. 제2의 개혁개방, 이제는 상하이다! • 35

4. 기업의 역량을 강화하는 국유기업 개혁 • 39
중국 국유기업, 왜 중요한가 | 국유기업, 새로운 국면을 맞다 | 국유기업 개혁 추진 과정

5. 반부패로 G1의 초석을 다지는 중국경제 • 45
경제발전의 걸림돌, 부정부패 | 시진핑 주석의 반부패 정책

2장 선강통, 중국자본시장의 마지막 빗장이 열린다

1. 이제, 선강통이다 • 51
중국자본시장 개방 시즌 2, 선강통 | 선전거래소를 주목하라

2. **거리가전** • 57
중국 백색가전시장과 거리가전의 잠재력 | 거리가전 현황과 경쟁력 | 매매포인트

3. **메이디그룹** • 69
중국 가전업계의 선두 | 메이디그룹 현황과 경쟁력 | 매매포인트

4. **산둥동아아교** • 85
홍삼보다 아교가 최고인 중국 | 산둥동아아교 현황과 경쟁력 | 매매포인트

5. **윈난백약그룹** • 99
중국의 명품제약기업 | 윈난백약 현황과 경쟁력 | 매매포인트

6. **안강주식** • 111
중국철강 3위이자 빌 게이츠가 주목한 기업 | 중국 철강산업의 요람, 안강 |
안강주식 현황과 경쟁력 | 매매포인트

• 심천 A주 300지수 • 123

3장 상해 A주 완전정복

1. **후강통 실시로 활짝 열린 상해 A주** • 134
무한한 가능성의 상해 A주 | 우리나라의 1990년대를 떠올려라

2. **민주화 시위로 더욱 멀어지는 홍콩증시** • 138
자본은 안정된 시장을 좋아한다 | 흔들리는 홍콩

3. **비유통주로 높은 잠재력을 가진 상해 A주** • 142
비유통 주식이란 무엇인가? | 중국의 비유통 주식 현황

4. **국유기업 위주의 상해 A주** • 147

5. **분기보고서와 경제지표를 주목하라** • 151

6. **MSCI지수 편입으로 대도약하는 상해 A주** • 156

4장 상해 A주 투자공식

1. 중국주식 투자전략 Ver 3.0 • 160
포트폴리오를 업데이트하라! | 투자가능 산업이 서로 다른 상해 A주와 홍콩 H주

2. 중국주식, 분산투자가 아닌 집중투자다 • 163
분산투자는 잊어라 | 연구하는 투자가 필요하다

3. 국유기업, 숨겨진 지뢰를 피하라 • 167
중국 국유기업의 종류 | 독점성 국유기업 | 공익성 국유기업 | 경쟁성 국유기업

4. 위안화의 환율차익, 알뜰하게 챙기자 • 173
위안화 사용의 증가 | 고수가 알려주는 위안화 환전 노하우

5. 배당률 상위 40개, 옥석을 가려라 • 176
투자의 꽃, 배당 | 배당률 상위의 기업들

6. 간과하지 말아야 할 상해 A주 리스크 • 186
냉정한 자만이 살아남는다

7. 쉽게 따라하는 상해 A주 실전투자방법 • 189

8. 상해 A주 공매도 투자에 도전해보자 • 191

후강퉁의 최대 수혜주로 떠오른 증권업

1. 중국 증권업계 환경분석 • 195

2. 중신증권 • 200
중국 대외개방의 창구이자 1위 증권사 | 중신증권 현황과 경쟁력 | 매매포인트

3. 해통증권 • 211
IPO · PE · M&A · 리밸런싱 특화 증권사 | 해통증권 현황과 경쟁력 | 매매포인트

4. 초상증권 • 224
든든한 자금력으로 승부하는 증권사 | 초상증권 현황과 경쟁력 | 매매포인트

6장 슈퍼차이나의 위력, 일대일로 테마주

1. 중국 일대일로 정책 환경분석 • 235

2. 중국교통건설 • 239
'세계 최초'가 어울리는 건설기업 | 중국교통건설 현황과 경쟁력 | 매매포인트

3. 중국중철 • 251
아시아 최대 종합형 건설그룹 | 중국중철 현황과 경쟁력 | 매매포인트

4. 중국철도건설 • 261
중국 경제발전과 함께하는 건축업계의 주력군 | 중국철도건설 현황과 경쟁력 | 매매포인트

7장 뉴노멀 정책으로 부상하는 은행업

1. 중국 은행업계 환경분석 • 276

2. 초상은행 • 279
중국에서 가장 경쟁력 있는 주식제은행 | 초상은행 현황과 경쟁력 | 매매포인트

3. 푸둥발전은행 • 292
상해 A주의 첫 번째 상장기업 | 푸둥발전은행 현황과 경쟁력 | 매매포인트

4. 흥업은행 • 302
화교자본의 결정체 | 흥업은행 현황과 경쟁력 | 매매포인트

8장 미래 핵심동력, 우주·항공 산업

1. 중국 우주산업 환경분석 • 317

2. 중국위성 • 320
중국의 우주산업을 이끄는 세계 일류 항공우주 기업 | 중국위성 현황과 경쟁력 | 매매포인트

3. 중항전자설비 • 333
특허가 많아 안정적 발전이 기대되는 기업 | 중항전자설비 현황과 경쟁력 | 매매포인트

4. 중국 항공산업 환경분석 • 343

5. 중국항공헬리콥터 • 345
중국 최초 자체 헬리콥터 개발과 상업화에 성공 | 중항헬리콥터 현황과 경쟁력 | 매매포인트

6. 안후이사창전자 • 355
레이더 무선통신사업 독점 | 안후이사창전자 현황과 경쟁력 | 매매포인트

9장 아시아 최대 규모의 상하이 디즈니랜드 테마주

1. 상하이 디즈니랜드 환경분석 • 366
중국 내 문화산업 발전의 계기 | 상하이 디즈니랜드의 경제적 효과와 건설 내용

2. 상하이공항 • 371
상하이 자유무역지대 수혜주 | 상하이공항 현황과 경쟁력 | 매매포인트

3. 상하이루자쮀이그룹 • 382
금융무역지구의 개발을 총괄하는 기업 | 상하이루자쮀이그룹 현황과 경쟁력 | 매매포인트

4. 중국동방항공 • 392
상하이 기반의 세계 3위 항공사 | 중국동방항공 현황과 경쟁력 | 매매포인트

5. 광명유업 • 403
중국 유제품업계 현황 | 신뢰를 지키는 유제품기업 | 광명유업 현황과 경쟁력 | 매매포인트

정부의 보호 아래 꾸준히 성장하는 전력산업

1. 중국 전력산업 환경분석 • 417

2. 장강전력 • 421
세계 최고의 수력발전소 | 장강전력 현황과 경쟁력 | 매매포인트

3. 화능국제전력 • 431
중국 최대의 발전기업 | 화능국제전력 현황과 경쟁력 | 매매포인트

4. 대당국제발전 • 441
21세기형 친환경 발전소 | 대당국제발전 현황과 경쟁력 | 매매포인트

부록 1_ 상해 A주 380지수 • 456

부록 2_ 은행·증권 핵심 관리층 분석 • 468

1장

중국경제 한눈에 보기

1. 뉴노멀 시대, 확 달라진 중국경제

● 중장기 국면에 들어선 중국경제

주식투자에 앞서 경제 전반의 분위기와 향후 방향을 읽는 것은 성공하는 투자의 기본이다. 더욱이 상해 A주의 50% 이상이 국유기업으로, 중국경기에 매우 민감하고 중국정부의 정책에 따른 주가변동성이 크다. 중국정부의 영향력이 그만큼 절대적인 것이다. 중국경제가 앞으로 나아갈 방향을 예측하고 그것을 이해하는 것은 상해 A주 투자에서 중요하다.

2014년 5월 시진핑习近平 국가주석이 중부의 허난河南성을 시찰하면서 중국경제의 패러다임을 전환하는 의미심장한 말을 했다.

"중국의 발전은 지금 중요한 전략적인 기회를 맞이하고 있다. 현재 경제발전의 단계적인 특징에서 출발하여 뉴노멀 시대(신창타이新常态)에 적응하는 전략이 필요하다."

이 발언은 쉽게 말하면 세계 2위로 성장한 중국의 경제성장률이 과거보다 낮아졌고, 앞으로는 고성장이 아닌 중성장 상태가 지속될 것

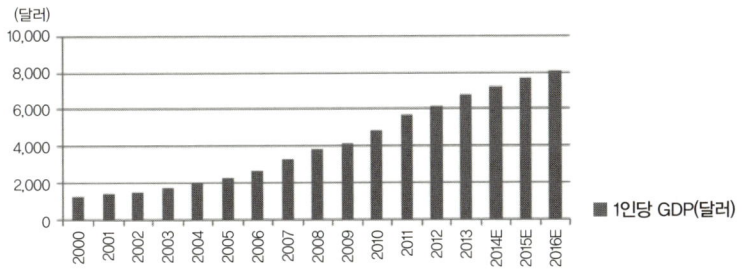

2000년 이후의 중국 1인당 GDP 추이

이라는 뜻이다. 그러니 이러한 현실을 직시하고 마음을 다잡아 변화에 적응해야 한다는 의미이다.

중국은 세계 금융위기가 발생하게 되면 긴축될 자국경제를 우려해 4조 위안의 자본을 시장에 투입했고, 가전하향家电下乡정책(시골 사람들에게도 가전제품을 쓰게 하자는 정책으로 경기부양책 중 하나)을 비롯한 소비보조금 지급 등의 강력한 경기부양책을 동원해 8%의 경제성장률을 간신히 지켜냈다. 하지만 갈수록 나빠지는 세계경기의 대세는 거를 수 없었다. 부양책 실시 1년여 만인 2009년 후반부터 물가와 집값이 급등하고 소비시장 경기가 나빠졌다. 산업생산능력 과잉 등으로 부양책의 갖가지 부작용이 발생했다.

시장이 스스로 적응을 해야 하는데 경제성장률 유지를 위해 정부가 무모하게 부양책을 실시하니 오히려 악순환을 불러일으킨 것이다. 이러한 경기부양책들은 중국경제의 고질적인 문제들을 더 이상 두고 볼 수 없는 수준으로 악화시켰다. 이 문제들을 해결하려면 근본적인 개혁과 구조조정이 불가피한데, 이 과정에서 성장률은 필연적으로 떨어질 수밖에 없다.

'뉴노멀' 시대에 경제성장 속도가 둔화되는 것은 당연한 현상이다. 세계은행 개발위원회 연구에 따르면 제2차 세계대전 이후 25년 연속 7% 이상의 고속성장을 이룬 국가는 10여 개에 불과하고, 대부분은 경제규모가 작은 나라이다. 그 외의 국가는 20여 년간 경제성장을 이룬 후 성장률 둔화를 경험했고, 일부 국가는 성장률 둔화폭이 상당히 컸다. 그러므로 중국의 경제성장 속도가 7.5% 선에서 유지되는 것은 다른 국가들에 비하면 높은 수준이라고 할 수 있다. 중국경제의 중성장은 경제규모가 커지고 고속성장기를 지나면서 일어나는 당연한 현상인 것이다.

● **도시와 농촌 인구의 변화, 도시화율 상승**

세계 2위의 경제대국으로 성장시킨 중국 특유의 경제성장 모델을 하루아침에 떨쳐버리기는 쉽지 않다. 거기다 현재의 중국은 '중등소득함정(신흥경제국가 1인당 국민소득이 5천~1만 달러 수준에 이르면 산업고도화 정체, 노동력 부족, 빈부격차 확대, 부패와 같은 요인들로 발전이 장기간 정체되는 현상)'을 벗어나기 위해서라도 성장을 가속화할 필요가 있다. 경제성장률 둔화는 실업률 증가로 이어져 정부에 대한 신뢰도 하락과 정국안정에 위협이 될 수도 있기 때문이다. 중국은 경제성장률이 최소한 8% 이상 유지되어야 지속적인 고용을 창출할 수 있다. 하지만 산업의 중심이 2차산업에서 3차 서비스산업으로 이동하면서 2013년에는 다른 양상이 보였고, 결국 뉴노멀 정책에 힘을 실어주게 되었다.

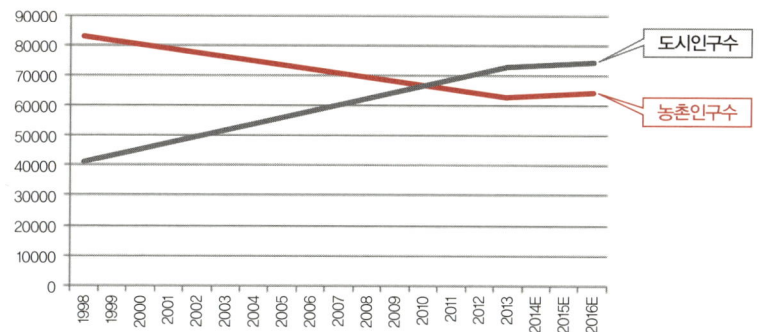

실제로 2013년에 중국의 경제성장률은 동기대비 1%p 하락하였으나, 도시의 신규고용 인구는 2011년 대비 100만 명 가까이 증가했다. 더욱 주목해야 할 것은 중국의 실제 고용창출 수준이 목표치를 훨씬 상회했다는 것이다. 2014년 한 해에만 1,300만 개의 일자리가 창출되어 기존의 목표치인 1천만 개를 훌쩍 뛰어넘었다. 2014년에 경제성장률이 7.4%로 하락했을 때도 취업시장은 안정적인 상태를 유지했다. 이는 서비스업의 지속적인 발전으로 인한 고용창출 효과에 힘입은 것이다. 2014년에 중국 서비스업은 50여 년 만에 경제에 대한 기여도가 처음으로 2차산업을 뛰어넘었다.

중국은 2011년에 접어들면서 경제성장률 하락세가 뚜렷해졌다. 2012년에 들어선 시진핑정권은 '전면개혁'을 국정의 기치로 내걸었다. 리커창李克强 총리는 경제정책 운영방침을 "고용 문제가 해결된다면 무리한 경기부양을 하지 않겠다", "올해 정책 목표인 1천만 명 고용 창출을 위해서는 7.2%의 성장률이 필요하다" 같은 발언을 했다. 이 발언은 중국경제의 패러다임 전환을 공표하는 것이다.

● **중국경제의 패러다임 전환**

중국 전문가들은 경제성장률 둔화와 취업구조의 변화 이외에도 중산층의 증가, 개혁개방의 확대, 혁신을 통한 경제성장이 이루어질 것으로 판단하고 있다. 우선 중산층의 증가를 살펴보자. 중국은 개혁개방 이래 30여 년간 역사적인 대전환을 두 차례 맞이했다. 세계은행의 분류에 따르면 1998년에 저소득 국가에서 중등소득 국가로 발돋움했고, 2010년에는 중등소득 국가에서 중상위 소득국가로 변모하였다.

이러한 발전을 거듭하면서 주택, 교통, 에너지, 자금 등의 공급부족 문제를 해결하였다. 부유층의 소득과 보유자본이 증가함에 따라 중국은 향후 5년간 세계에서 중산층이 가장 많은 나라가 될 것이며, 64조 위안 규모의 구매력을 확보하게 될 것이다.

중국의 중산층은 물질적으로 더 나은 삶을 살고자 하는 욕구가 강하다. 서비스업, 특히 개인 자산관리, 문화생활, 노후 및 보건의료 서비스분야의 수요가 증가할 것으로 예상된다. 세계 최대 규모의 서비스업시장이 중국에 형성되는 것이다. 늘어난 중산층의 소비는 주식투자와 실물경제로 이전된다. 소득이 늘어나면 전력사용량이 증가해 전력주가 강세일 것이다. 2015년 말에 개장한 상하이 디즈니랜드로 인해 디즈니랜드 테마주에 대한 관심도 증가하고 있다. 또한 유제품주(유제품 수요증가), 은행주(주식제은행 투자증가), 증권주(주식투자에 대한 관심증가)에 대한 관심도 나날이 늘어나고 있다.

두 번째, 서비스업의 비중확대이다. 신창타이 국면에서 산업성장축은 제조업에서 서비스업으로 이동한다. 서비스산업은 비중 면에서 2013년에 처음으로 2차산업을 능가했으며, 매년 1.2%p 상승하고 있다. 2차산업과의 격차가 점점 벌어지고 있는 것이다. 서비스업은 GDP 수치 100당 11.3명의 고용을 창출하는데, 제조업의 9.3명과 비교하면 고용창출 능력이 강하다. 서비스업 비중의 지속적인 확대는 중국정부의 개혁 추진 과정에서 중요한 조건인 고용창출을 보장할 수 있는 해법이기도 하다. 중국정부가 성장둔화 흐름 속에서도 운신의 폭을 넓히려면 서비스업 성장이 무엇보다 필요하다. 은행업, 증권업, 서비스업에 포인트를 맞춰야 한다.

세 번째, 서부대개발의 확대를 보자. 동부에서 중서부로의 지역 간 성장축 이동은 비교적 일찍 성과를 낸 부문이다. 장쩌민江澤民 전 국가주석의 서부대개발 선언 이후 중국 3개 지역 간의 소득격차는 지속적으로 줄어들었다. 특히 동부와 서부 간 1인당 GDP 격차는 2000년의 2.4배에서 2013년에 1.8배로 좁혀졌다. 소비와 투자 지표의 성장세도 모두 서부, 중부, 동부 순이었고 중서부 지역에 대한 외국인직접투자 FDI 역시 꾸준히 동부지역을 능가하는 성장세를 보이고 있다. 동부지역은 제조업 업그레이드와 서비스업 비중 확대를 통해 성장둔화를 막고 중국 경제발전을 이끄는 역할을 수행하고, 중서부지역은 전통제조업 유치와 인프라 확충을 통해 성장잠재력을 최대한 현실화한다는 것이 중국정부의 정책이다. 이것을 근거로 볼 때 인프라건설업체에 집중하는 것이 좋다.

네 번째, 기술혁신을 통한 발전이다. 단순 요소 투입에서 나아가 과학기술 혁신으로 전환시키는 것이 중국정부의 야심찬 목표이지만, 아직까지는 뚜렷한 성과가 나오지 않고 있는 영역이다. 패스트 팔로워 fast follower에서 벗어나 기술혁신을 주도하는 국가가 되기 위해 혁신 인프라를 의욕적으로 정비해온 결과, 환경이 크게 개선되고 혁신을 위한 투입과 산출은 꾸준히 늘고 있다. 그러나 중국정부는 그 효과가 여전히 부진하다고 자평하고 있다. 앞으로는 우주·항공산업을 주목해야 한다.

다섯 번째, 자본시장개방을 통한 발전이다. 지방정부의 부채와 그림자금융 해결을 위해 은행업과 증권업·금융업의 발전은 불가피해졌다. 2014년 11월 자본시장의 본격적인 대외개방 정책인 후강퉁沪港通

이 실시됨에 따라 은행업과 증권업은 날개를 달게 되었다. 상하이거래소와 홍콩거래소 간의 교차거래를 허용하는 후강통으로 외국자본도 중국 본토주인 상해 A주에 투자가 가능하게 되었으며, 본토 중국인들도 홍콩주식을 구매할 수 있는 길이 열린 것이다.

기존에는 QFII적격외국투자기관이나 QDII적격국내투자기관 같이 일정 규모의 대형 증권사에서 투자자들의 자본을 모아 펀드형식으로 중국 본토주 투자가 가능했고, 투자자금도 2천억 위안으로 제한되어 있었다. 하지만 후강통 시대가 열리면서 이제 개인투자자도 펀드 형식이 아니라, 직접 종목을 선택하고 투자금액을 책정할 수 있게 되었다. 후강통 실시 이전에는 펀드 형식만 가능하기 때문에 원하지 않는 주식까지 사야 했지만, 이제 자유로운 거래가 가능해지면서 자본시장 개방을 통한 발전의 혜택을 톡톡히 보고 있다.

2014년 11월 28일, 중국증시가 1일 거래대금 7천억 위안(약 126조 원)으로 세계 증시 사상 최고치를 기록했다. 이전 세계 최고기록인 미국의 6,100억 위안(2007년 7월 26일)보다 1천억 위안(약 18조 원) 많은 것이다. 최근 미국의 일평균 거래대금이 250억 달러 수준인 것과 비교하면 경이로운 결과이다. 중국 자본시장은 유례없는 성장을 거듭하고 있다.

앞으로 중국정부는 일관된 포지션을 유지할 것으로 보인다. 신규고용 창출목표를 달성할 수 있는 최저성장률을 사수하되 용인가능한 성장률 구간을 넓게 설정할 것이다. 금리나 통화량 같은 광범위한 영향력을 가진 정책수단을 피하고 좁은 범위에서 최소한도로 개입하는 리커창 경제학의 기본 룰을 지킬 것이다.

또한 대외경제 부문을 적극 활용하고 정치경제적인 대외영향력을 높이기 위해 노력할 것으로 보인다. 중국경제의 성장탄력을 낮추는 생산능력 과잉문제를 해결하기 위해 중국기업의 해외진출을 적극 추진하고, FTA 등 다양한 형태의 교역자유화를 통해 해외시장을 확대하고, 자국산업의 구조조정을 가속화하는 레버리지로 활용할 것이다. 아울러 중국의 산업과 기업들의 업그레이드를 위한 선진 외국기업 인수, 해외기술 흡수를 위한 인바운드inbound FDI와 선진제품 및 부품의 수입 확대 등이 꾸준하게 추진될 것이다.

중국경제의 쟁점 이슈들은 상해 A주 투자에서 중요한 매매포인트이다. 상승과 하락을 반복하는 주가차트보다 투자한 분야와 관련된

신창타이의 9가지 특징

구분	주요 내용
① 소비·수요	모방형·대량생산형 소비 → 개성화·다양화 소비로 전환
② 시장경쟁	제품·서비스의 질적 우위 및 차별화가 중요
③ 투자수요	인프라(기초설비) 및 신기술·상품·업종·비즈니스모델 부문에서의 무한한 투자기회
④ 생산요소	인력의 고급화 및 기술진보를 바탕으로 한 경제성장의 질적 업그레이드
⑤ 생산능력·산업구조 방식	소형화·스마트화·전문화
⑥ 자원배치·거시조절 방식	생산과잉 해소 및 시장 메커니즘 구축 가속화
⑦ 리스크 요인	지방정부의 부채, 부동산 과열 등 중국경제를 위협하는 잠재적 위험요인이 일정기간 여전히 존재
⑧ 자원 및 환경제약 요인	자원고갈·환경오염 심각 → 저탄소·친환경 발전모델 필요
⑨ 국제수지	선진기술 중심의 투자유치 활성화, 대규모 해외투자 현상이 비슷한 수준으로 발생

• 자료 : 〈중앙경제공작회의공보〉 내용을 바탕으로 코트라 베이징 무역관 정리

중국 기사들을 읽는다면 더욱 효율적이고 객관적인 판단을 할 수 있다. 정부정책의 최종 결정이 보유한 주식에 불리하게 작용한다면 과감하게 손절매하는 것이 필요하다. 중국주식은 정책의 영향력이 절대적임을 늘 잊지 말아야 한다.

중국어를 못하는데 어떻게 양질의 정보를 빠르게 얻을 것인가 고민할 수도 있다. 우리나라는 중국과의 FTA 등으로 인해 교류가 활발하며 지리적으로 인접하다. 그래서 투자자 개인뿐만 아니라 언론도 중국과 중국경제에 대한 관심이 높다. 실시간 중국 관련 정보를 얻는 것은 우리나라가 세계 어느 나라보다 빠르고 편리할 것이다. 각종 포털사이트 및 언론사에서 중국경제와 각 산업분야별 이슈를 잘 다루고 있다. 중국 관련 자료도 핵심적인 부분은 빠르게 번역되어 언론사에서 이슈화하고 있다. 인터넷 카페도 많다. 필자가 운영하는 카페인 '중국경제투자연구소'처럼 중국경제·주식 전문모임에서 양질의 정보를 공유할 수 있을 것이다.

2. 위안화가 달러를 대체한다면?

2007년 미국발 금융위기로 세계경제가 휘청거릴 때, 미국은 달러를 찍어내면서 경기를 부양하는 위엄을 보였다. 양적완화로 알려진 미국의 달러 찍어내기는 달러의 국제화가 세계경제를 압도한다는 자신감에서 비롯된 것이다. 이렇게 국제화 수준이 높은 화폐를 기축통화라고 하는데, 세계 어느 곳이든 통용되는 화폐를 말한다. 좀 더 학문적으로 정의하자면 발행국 밖에서도 통화의 고유기능인 교환매개, 가치 저장, 가치척도 등을 수행하는데 제약이 없으며 국제적으로 널리 통용되는 화폐이다. 미국달러가 그렇다.

우리나라의 화폐는 원화이고, 중국의 자국화폐는 위안화이다. 만약 자국화폐가 기축통화가 된다면 어떨까? 이것은 무엇을 의미하는가? 아마도 세계경제 상황에 맞추어 화폐를 찍어내서 무역결제에 지불하거나, 경기가 나빠졌을 때 대량으로 찍어 경기를 부양할 수 있을 것이다. 이것은 증시에도 영향을 끼친다.

금융위기 발상지인 미국은 기축통화로 자국의 경기를 부양했다. 증시 또한 나빠진 실물경기와는 다르게 지속적으로 폭등하는 기이한 현상이 일어났다. 경기가 나빠지면 주가가 폭등하는 것이 일반적인데 기축통화인 달러가 자국화폐인 미국은 달랐다. 2008년 세계 금융위기 이후 기축통화의 영향력을 실감한 중국은 위안화의 국제화에 힘을 쏟고 있다.

국제통화기금IMF에 의하면 중국정부가 주도하는 위안화 국제화로 미국 달러, EU의 유로, 영국의 파운드에 이어 위안화가 세계 4위의 결제통화로 등극했다. 반면에 달러는 2008년 세계 금융위기 때문에 신뢰도가 다소 낮아졌고, 유로화와 파운드는 유로의 재정위기 이후 유로존 붕괴 우려가 제기되면서 미국 달러화를 대체할 가능성이 낮아졌다. 엔화도 비슷한 상황이다. 아시아에서 중국 다음의 위치인 일본이 1990년대부터 잃어버린 10년, 즉 장기불황에 들어서면서 엔화의 국제적인 위상이 하락했다. 실물경제가 받쳐주지 않으면 아무리 좋은 금융시스템을 갖추고 있더라도 자국화폐의 국제화는 멀어지는 법이다. 반면에 중국은 14억이 넘는 인구와 세계경제 GDP의 30%를 차지하면서 차근차근 위안화 국제화에 힘쓰고 있다.

위안화 국제화는 중국정부가 강력하게 추진하고 있다. 기존 서구 국가 중심의 국제금융 질서를 개편하고 G2 경제력에 부합하는 선진 금융강국을 이루는 것이 목적이다. 14억의 인구규모, G2의 경제규모, 그리고 무역에서의 비중을 활용해 무역결제를 확대하고 있다. 여기에 역외금융센터와 경제특구를 활용하는 이원화된 관리를 통해 국제화를 추진하고 있는 것이다. 무역결제는 중국과 무역하는 국가와의 결제화폐를 위안화로 하는 것이고, 역외금융센터는 해외에 금융센터를 만들어 자국화폐 유통을 늘리는 것이다. 경제특구는 상하이 자유무역지구를 비롯해 텐진, 광저우, 푸젠성의 자유무역지구이다. 이 경제특구에서 중국에 진출한 해외기업들이나 해외로 수출하는 중국기업들이 위안화를 이용한 거래를 하는 것이다.

2009년 4월, 중국정부가 상하이 및 광둥성 4개 도시와 홍콩 간의 무역결제에 위안화를 허용하면서 위안화의 국제화가 시작되었다. 이후 불과 5년 만에 중국은 대외무역의 15%를 위안화로 결제하고 있으며, 위안화를 이용한 외국인직접투자^{FDI}도 전체의 20%에 달하고 있다. 시대 상황이 다르다고 하지만 19세기의 영국 파운드화, 20세기의 미국 달러화와 비교하면 위안화가 이렇게 짧은 시간에 유통규모를 키운 것은 경이로운 결과이다.

이것 뿐만이 아니다. 중국은 홍콩과 같은 역외시장에서 자유로운 위안화 거래를 허용해 위안화 국제화를 추진하면서 독일 프랑크푸르트, 영국 런던, 싱가포르 등을 중심으로 역외금융센터를 육성하고 있

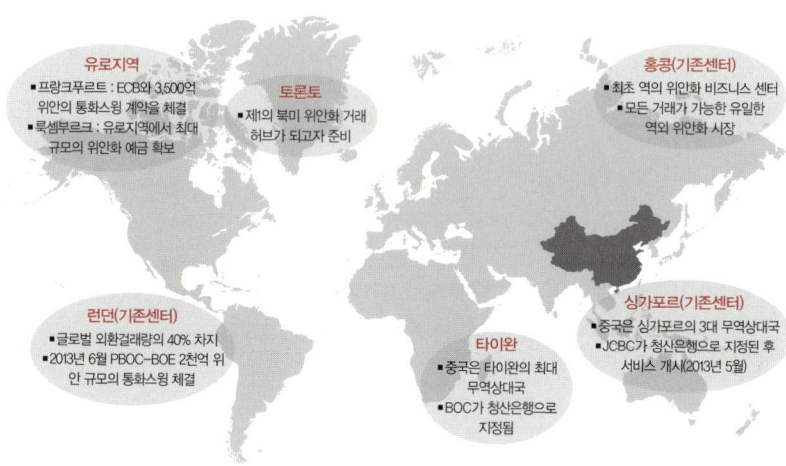

• 자료 : 한국은행

다. 미국 달러의 역외시장이 만들어졌던 1950년대 런던과 1960년대 싱가포르가 그랬던 것처럼 말이다. 중국 외의 다른 지역에서도 위안화 거래가 이뤄질 수 있게 된 것이다. 여기에 금융시장 확대의 기회를 잡으려는 각국의 이해가 맞물리면서 역외금융센터가 빠르게 확산되고 있다.

중국의 위안화 국제화 추진 이후 위안화 무역결제, 역외 위안화예금과 채권발행 규모가 크게 증가하고 있다. 중국의 위안화 국제화는 향후에도 매우 긍정적이다. 중국은 세계 2위 규모의 GDP, 세계 제1의 상품교역국으로 거시경제조건을 만족하고, 상하이 자유무역지구를 필두로 자본시장과 금유시장의 개혁과 발전에 박차를 가하고 있다.

달러가 세계 제1의 화폐가 될 수 있었던 배경은 간단하다. 1990년대 걸프전쟁에서 승리하면서 중동에 막대한 영향력을 행사하게 되었기 때문이다. 석유를 구매할 때의 화폐를 달러만 허용하니, 석유를 구매하려는 나라들은 달러화 비중을 늘릴 수밖에 없었다. 이것이 20년 넘도록 달러가 기축통화로 군림한 비결이다. 하지만 2014년 말부터 석유가격 하락과 대체에너지 개발, 중국과 중동의 관계완화로 인해 달러화의 위상은 갈수록 예전만 못해지고 있다. 중국이 거대한 실물경제를 배경으로 위안화를 국제화하고 있기 때문이다. 이는 향후 중국경제와 증시에도 매우 긍정적인 요인으로 작용할 것이다.

3. 제2의 개혁개방, 이제는 상하이다!

상하이 자유무역지구로 인해 이제 상하이가 뜨고 기존의 중국 금융허브인 홍콩의 의미가 퇴색하고 있다. 상하이 자유무역지구는 중국 리커창 총리가 주도한 프로젝트이다. 금융업 등 서비스업을 개방하여 경제개혁의 발판을 마련하기 위한 조치로, 2013년 10월 1일부터 상하이에 자유무역지구가 설립되었다. 우리나라와 비교하면 부산자유무역지구와 인천 자유무역지구와 같은 성격의 자유무역지대이다.

하지만 규모는 확연히 다르다. 홍콩 이후 중국 최고의 자유무역지대이고 인구 2,500만 명의 도시 상하이이기 때문이다. 자유무역지구를 설립함으로써 아시아에 들어오는 자본이 반드시 상하이를 거치게 되었다. 이는 상하이를 중국의 중심에서 아시아의 중심으로 만드는 것이고, 또 다른 경제발전 효과를 기대하는 것이다. 여기에 2014년 말부터 해외직접투자가 가능해지는 후강통을 실시함으로써 상해 A주가 더욱 탄력 받고 있다.

상하이 자유무역지구 설립의 가장 근본적인 개혁개방은 금융분야이다. 중국이 G1으로 발돋움하기 위해서는 자본시장 개방, 위안화 국제화, 금융규제 완화가 필요하다. 금융경쟁력 강화를 위해서는 중국 내에서 가장 개방도가 높다고 평가 받는 상하이가 제격이다. 앞으로 중국 대륙 전체에 이루어질 금융 개혁개방을 위해, 중국 내에서도 소득과 문화 수준이 가장 높은 상하이에 우선적으로 실시해 상하이 위

상하이 자유무역지구 내 규제허용 범위

분야	업종	주요 내용	분야	업종	주요 내용
금융	은행	외자은행 및 민영자본과의 합자회사 설립 허용	전문	법률	법무법인과 협력 방안 마련
	보험	외자계 의료보험기관 설립 허용		신용조사	외자 신용정보회사 설립 허용
	금융리스	일부 금융리스 자회사의 최저 자본금 규제 철폐		인력중개	70%의 지분 내에서 합자 인력중개 회사 설립 허용
항만	화물 및 운수	외국인 지분 제한 완화		여행사	합자 여행사 아웃바운드 허용
	국제선박	외자 선박관리회사 허용		투자관리	주식회사 형태의 외자기업 설립 허용
무역	통신	외자기업 부가통신서비스 허용		설계	외자기업 자격심사 완화
	게임기	외자기업 게임기 생산·판매 허용		건축	외자 건설회사의 투자비율 제한 철폐
사회	직업훈련	합자 교육 및 직업훈련기관 설비 허용	문화	공연	외자 공연기획사 설립 허용
	의료	외자 단독의료기관 설립 허용		장소	외자기업 오락시설 설립 허용

• 자료 : 중국 국무원 및 한국금융연구원

주의 경제발전을 하겠다는 취지이다. 이에 중국정부는 상하이 자유무역지구에 금리자유화, 외국인투자 규제완화, 무역절차 간소화, 위안화 자유환전, 외국자본의 은행·병원 설립 등을 적극 허용하였다.

상하이 자유무역지구는 상하이시 전체 면적의 4.5%에 해당하는 규모로 여의도 면적의 4배이다. 향후에는 푸둥지구 전체로 확대할 계획이다. 푸둥지구는 전체 면적이 약 1,200㎡로 홍콩보다 크다. 세계 500대 기업 중 308개의 기업이 입주해 있으며, 총 2만여 개의 외국기업이 설립되어 있다. 상하이 자유무역지구 설립 이후 상하이 금융시장의 거래총액이 600조 위안을 돌파하면서 3년 연속으로 거래액 부분 세계 6위를 차지했다. 중국 발전개혁위원회에 따르면 향후에는 위안화 국제화, 홍콩자본의 상하이 이전 등으로 규모가 1천조 위안을 넘어설 전망이다. 중국의 대형 국유 금융기구인 중국건설은행中國建設銀行이 중국 제2본부를 상하이에 설립했고, 중국은행中國銀行도 비슷한 시기에 상하이에 본부를 설립했다. 상하이에 입주한 금융기구는 설립 1년 만에 69개에서 188개로 증가하였다.

뿐만 아니라 원유선물을 거래하는 플랫폼이 상하이 자유무역지구에 입주해, 중국 최초의 황금거래 개방형 증권투자펀드ETF인 '화안역부華安易富 황금 ETF'와 '국태황금國泰黃金 ETF'가 상하이 증권거래시장에 상장되었다. 이리하여 황금 ETF의 장내거래와 위안화로 글로벌 파생상품을 산정하고 결제하는 것이 가능해졌다.

중국은 금융부분에서 지속적으로 규제를 완화하여 아시아 금융의 허브로 거듭나려 노력하고 있다. 은행업 분야에서는 외국자본이 독자적으로 은행과 신용정보회사를 설립할 수 있게 하였다. 미국의 시티

은행, 싱가포르의 싱가포르개발은행과 HSBC, 홍콩의 BEA$^{Bank of East}$ ^{Asia}가 법인 설립 승인을 얻었다. 상하이 자유무역지구에는 관세가 없으며, 위안화의 자유환전이 허용되고, 법인세가 25%에서 15%로 인하되었다. 금융 대개방 정책을 파격적으로 실행하고 있는 것이다. 하지만 이로 인해 기존의 중국 금융허브인 홍콩이 불안해하고 있다. 상하이에 홍콩과 같은 제도적 인프라를 설치하는 것은 점차 홍콩의 지위를 약화시키려는 의도로 보인다.

해외투자분야에서도 중국 사상 최초로 개인의 해외투자를 자유화한다. 중국 인민은행이 상하이 자유무역지구 내 주민들에게 해외투자를 허용한 것이다. 자유무역지구 내 외국인 투자자 및 기업도 별도의 허가 없이 상하이증시에 투자할 수 있다. 외국계 헤지펀드 투자가 제한적으로 허용되면서 상하이시는 캐니언파트너스$^{Canyon Partners}$와 씨타델^{Citadel}, 맨그룹$^{Man Group}$, 오크트리^{Oaktree}, 오크-지프$^{Och-Ziff}$ 등 6개 헤지펀드에 5천만 달러씩 총 3억 달러의 자금을 배정할 계획이다. 외국계 헤지펀드가 중국 투자자에게서 모은 자금을 해외에 투자할 수 있게 된다는 것은 중국과 해외시장의 장벽이 허물어진다는 의미가 있다. 중국 기관투자가들은 지금까지 사용하지 못했던 쇼트 포지션, 차익거래 등의 투자전략도 사용할 수 있게 된다. 주식제은행과 증권회사의 투자와 리스크 관리의 범위가 늘어나 앞으로의 수익창출이 기대된다.

중국정부는 점진적으로 광둥, 톈진, 푸젠으로도 자유무역지구를 늘릴 계획이다. 이렇게 중국의 대외개방도가 높아지면 경제발전에 긍정적인 요소로 작용할 것으로 보인다.

4. 기업의 역량을 강화하는 국유기업 개혁

● 중국 국유기업, 왜 중요한가

상해 A주의 다수가 국유기업으로, 이 책에서 다루는 20종목 모두 유망한 국유기업이다. 언뜻 생각하면 중국의 국유기업 개혁이 상해 A주에 부정적인 영향을 끼칠 것처럼 보인다. 하지만 국유기업 개혁은 상해 A주에 실보다 득으로 작용한다.

중국의 국유기업은 우리나라 공기업처럼 정부 산하의 기업이다. 1천만 개의 전체 기업 중 30만 개(3.4%)에 불과하다. 하지만 대기업 대부분이 국유기업으로 구성되어 있고, 2014년에 세계 500대 기업에 오른 중국기업 90개 중 83개가 국유기업이다. 총 매출액 규모도 50조 위안에 달해 중국 GDP의 81.5%를 차지한다. 납부하는 세금 역시 국가 재정수입의 30% 이상을 차지하면서 중국경제에 큰 영향을 미치고 있다.

중국의 국유기업 개혁은 만성적인 적자경영 상태 탈피와 사회주의 시장경제체제를 선도하는 구조로 전환을 도모하고 있다. 이러한 차원에서 1978년 개혁개방 선언과 함께 본격적으로 추진되기 시작했다. 수익은 국고를 충당하는 데 유용하지만, 리스크 또한 정부가 부담해야 한다는 단점이 있다. 물론 국유기업 민영화는 중국만의 문제가 아니다. 전 세계적으로도 국유기업을 민영화하여 리스크와 경영의 투명성을 제고시키는 데 노력하고 있다. 우리나라도 한국인삼공사를 민영화하여 대외경쟁력을 확대하고 방만한 경영을 줄여나가고자 노력하고 있다.

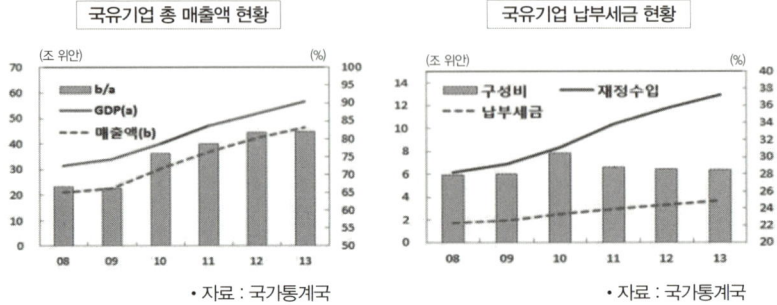

상해 A주 60% 이상이 국유기업으로 구성되어 있고, 외국인 투자가 가능한 589개의 종목 중 90% 이상이 국유기업이다. 이 책에서 다루고 있는 종목도 모두 국유기업으로, 급변하는 정책은 상해 A주 투자에 큰 도움이 된다. 특히 국유기업의 개혁에 주요 타깃이 되어 주가하락 우려가 높은 기업은 경쟁성 국유기업이다. 동종업계에 이미 수많은 국유기업과 민간기업이 진출해 있어서 대체 가능성이 높고, 경쟁력이 떨어지기 때문이다. 이러한 기업이 속해 있는 산업은 투자할 때 꼭 피해야 한다. 반면에 독점성·공익성 국유기업은 대체가 불가능하다. 국가안정과 국민생활에 꼭 필요한 산업들이고, 경쟁이 적고 대체 가능한 기업이 없기 때문이다. 이 책에서 주로 다루는 종목들이다.

● **국유기업, 새로운 국면을 맞다**

중국의 국유기업은 크게 3가지로 나눌 수 있다. 첫 번째, 독점성 국유기업, 두 번째는 공익성 국유기업, 세 번째는 경쟁성 국유기업이다. 국유기업의 종류에 대해서는 후술하겠다.

중국정부는 2014년부터 개혁에 대한 전반적인 구상을 발표하였다. 기존의 국유기업 체제를 유지하면서 소유권을 국가와 민영이 함께 나누는 혼합소유제를 실시하고 있다. 효율적이고 투명한 경영을 위한 국유자산 관리체제 개혁, 글로벌 기업으로 발전해나가기 위한 현대적인 기업제도 구축이 핵심목표이다.

혼합소유제는 운영은 민간에서 하지만 대주주는 정부인 제도이다. 우리나라의 예를 들면 우리은행이 그렇다. 우리은행은 정부 산하인 산업은행이 우리은행의 지분을 대부분 가지고 있으면서 운영은 민간(우리은행)에서 한다. 이러한 혼합소유제의 국유기업은 정부와 연계되어 있어 중국 내 경쟁에서 우선순위를 차지한다. 공산당 일당독재로 정부와 공무원의 입김이 강한 중국사회에서 어찌보면 최적화된 제도라 할 수 있다. 정부 산하의 국유기업이었을 때처럼 대출을 통한 손쉬운 자금조달이 어렵겠지만, 일반 민간기업과 비교하면 대출신용도가 높다는 장점이 있다. 즉 혼합소유제는 국유자본과 민간자본을 결합해 자원분배를 용이하게 하여 자산구조를 최적화함으로써, 기업 국제화의 효과적 수단이 되는 것이다.

중국 국유기업은 국유자본투자회사가 설립한 펀드와 회사들이 대주주로 간접투자한 경우가 많다. 우리에게 잘 알려진 칭다오맥주의 2대 주주 역시 국유자본투자회사의 펀드투자이고, 중국의 신라면인 캉스푸 또한 상당수 국유자본투자회사가 지분을 보유하고 있다. 칭다오맥주나 캉스푸 같이 흑자를 내는 회사들뿐만이 아니다. 이렇다 할 실적이 없는 회사에도 상당한 자본을 투자해 적자를 보는 경우도 허다하다.

다음과 같은 사례도 있다. 2014년 말부터 시작된 미국, 중동, 러시아의 에너지 전쟁으로 석유가격이 하락하면서 중국경기는 뜻하지 않은 호황을 맞게 된다. 하지만 중국 국유기업 규모 1~3위인 페트로차이나, 시노펙, 중국해양석유는 해외유전의 지분을 많이 보유하고 있어서 장기적으로 막대한 손실을 입었다. 만약 좀 더 발 빠르게 대처할 수 있는 관리체계가 있었다면 손실을 줄일 수 있었을 것이다. 그래서 중국은 기업경영에서 투자자 역할만 수행하도록 해 국유기업의 시장화 및 민영화 개혁을 추진하고 있다. 자산관리체제 개선을 통해 기업이 사업분야를 확장할 때 수익률만을 고려할 수 있도록 개혁하고 있다.

이것은 기존에 분배와 안정을 강조하던 사회주의체제의 국유기업 틀을 벗어나, 시장논리에 맞는 다이나믹한 시장경제체제로 기업제도를 현대화하고 기업경영 효율성을 제고한다는 것이다. 또한 정부의 공공관리 기능과 기업의 국유자산관리 기능을 분리하면서 국유기업의 기능을 명확히 구분하고 각종 방식의 행정적인 독점을 지양하는 것이다. 중국정부는 국유기업 간 상호협조와 견제를 동시에 추구하면서, 정부관계자와 공무원 위주인 국유기업에 전문경영인을 적극 도입하여 글로벌화와 경영혁신에 박차를 가하고 있다.

이처럼 국유기업의 단점은 보완하고 장점은 살리는 개혁으로 중국의 국유기업은 새로운 국면을 맞이하고 있다. 대부분 투자자들은 국유기업이 민영화되면서 가치가 하락하고 주가가 떨어질 것이라고 생각한다. 하지만 중국정부는 기존의 장점을 유지하고 부가가치를 더 창출할 수 있는 쪽으로 국유기업을 개혁하고 있다.

● **국유기업 개혁 추진 과정**

중국의 국유기업 개혁은 적자경영 탈피와 시장경제체제로의 전환을 위해 1978년 대외개혁개방 선언과 함께 본격적으로 추진되기 시작하였다. 개혁은 중국경제의 근간이라는 대전제를 유지하면서 기업의 이윤동기 향상과 경영자율성을 확대하고, 현대적 기업제도 도입과 민영화, 국유기업 관리감독체제 개선 등의 방향으로 변모해왔다.

제11~14기 중국 공산당 전국인민대표회의(1978~1993년)에서 기업의 이윤동기 향상과 경영자율성 확대를 통한 국유기업의 효율성 개혁이 이루어졌다. 자본이 국가에 귀속되던 국유기업의 이윤을 기업 내에 일부 유보할 수 있는 권한도 부여했다. 국유기업들은 자금을 바탕으로 독자적인 계획·생산·판매·임금 및 성과급 결정 등에서 제한된 경영자주권을 행사할 수 있게 되었다. 또한 전문경영인에게 경영에 참여할 수 있는 권한을 부여하면서 정부의 국유기업 경영에 대한 간섭을 제거할 수 있는 도급경영책임제를 도입하게 된다.

1993년에서 2003년 사이에 이루어진 제14~16기 회의에서는 국유기업의 경영 메커니즘 개선, 부실국유기업 정리 및 국유기업 관리감독체계 정비를 중점적으로 추진하기 시작한다. 그래서 우선 현대적인 기업제도 기초 마련을 위해 국가의 국유자산 소유권과 기업의 법인재산권을 분리하였다. 정부는 국유기업에 대해 투자액 한도 내에서 유한책임을 지게하고, 기업은 자주경영 및 손익자기부담원칙에 대한 책임을 부담하게 하여 정부와 기업을 분리한다.

또한 부실국유기업 정리를 위해 대형 국유기업은 유지하되 부실이 심각한 소형 국유기업을 퇴출시키는 방향으로 국유기업을 정리했다.

이것 뿐만이 아니다. 관리감독체계를 정비하여 해당 업종 관련 정부 부처가 개별적으로 직접 관리·감독하던 방식에서 '국유자산경영회사'를 설립하여 국유기업을 관리하는 방식으로 전환하였다. 이로써 전력공업부, 석탄공업부, 야금공업부, 기계공업부 등의 국유기업 담당부처를 대형 기업 집단의 지주회사로 전환하고 '국유자산경영회사' 기능

국유기업과 정부와의 관계

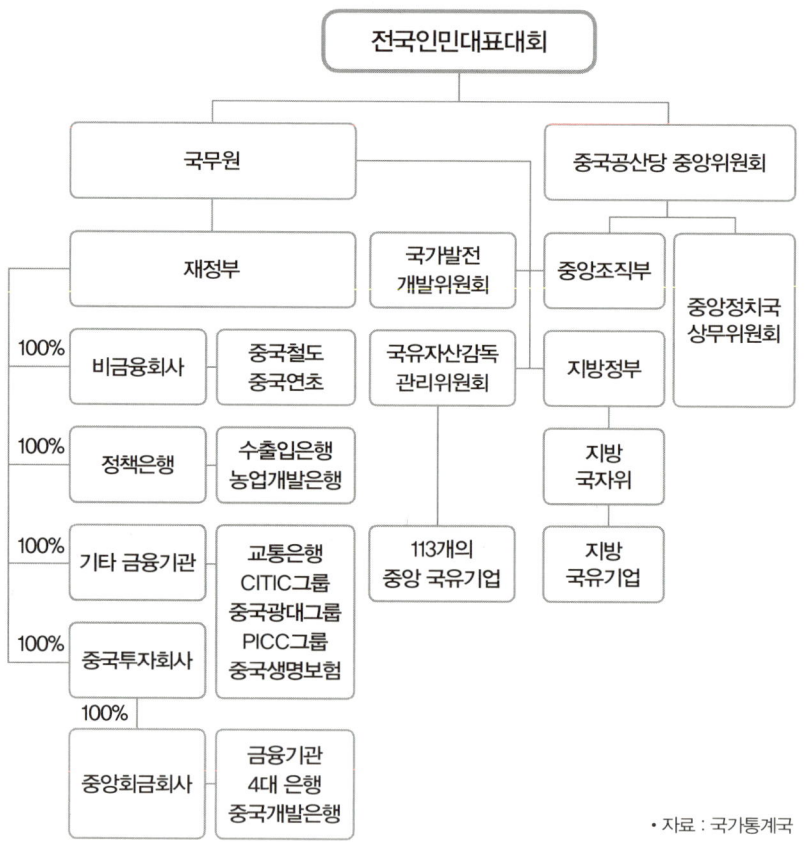

• 자료 : 국가통계국

을 부여하였다.

이후 제16~18기 회의에서는 국유기업 소유구조 다양화와 국유기업 관리감독체제 개선, 국유기업 통폐합 등을 통해 기존에 진행된 개혁을 보완하고 내실화하는 방향으로 추진하고 있다. 혼합소유제를 도입하여 주식제 국유기업을 확대해 민간자본의 참여를 유도하고, 국유기업의 재산권을 집단자본이나 비국유자본 등에 개방하고 있다. 또한 국유자산감독관리위원회를 설립하여 '국유자산경영회사'에 의해 구분되어 관리되던 국유기업 관리감독체제를 일원화했다. 국유자산감독관리위원회가 국유기업제도 및 주식제도 정비, 감원 및 부실 국유기업 퇴출, 회사제 국유기업의 증시 상장을 통한 자금조달 등의 다양한 관리감독업무를 총괄하게 된 것이다. 대기업을 포함한 통폐합을 실시하여 국유 중앙기업의 기업수를 2003년 196개에서 2013년 113개로 크게 감축하였다.

5. 반부패로 G1의 초석을 다지는 중국경제

● **경제발전의 걸림돌, 부정부패**

중국의 부정적인 면 중 가장 먼저 떠오르는 것은 고속 경제성장과 부정부패일 것이다. 부정부패는 궁극적으로 국가발전에 악영향을 주는 요소이지만, 개발도상국처럼 사회의 시스템이 제대로 갖추어져 있지 않은 나라에서 로비는 중요한 사업수단이다. 하지만 앞으로 펼쳐질 뉴노멀 시대는 부정부패처럼 꼼수로 경제성장을 하는 것을 더 이상 허용하지 않는다. 그만큼 중국경제가 성장한 것이다.

시진핑정권이 들어선 이래 중국정부는 기존의 고속성장에서 중속성장으로 경제성장률을 낮추는 뉴노멀 시대를 알렸다. 국가가 지속적인 성장을 하기 위해 강한 리더십과 풍부한 자원이 뒷받침되어야 하는 것이 당연하지만, 중국이라는 거대한 배가 제대로 나아가기 위해서는 무작정 노만 저어서는 안 된다. 제대로 노를 젓지 않는 게으르고 무능한 자는 유능한 인재로 교체하고, 배를 좀먹는 흰개미 같은 부정부패의 싹을 잘라내야 한다. 부정부패는 관시를 중시하는 중국에만 있는 것이 아니다. 동서양을 막론하고 부정부패는 항상 주된 화제다. 잘나가던 인사도 부정부패로 하루아침에 쇠고랑을 차는 것은 인지상정이자 당연한 이치이다.

중국의 부정부패는 인맥관리인 관시로 대변되면서 암암리에 사회 전반에 널리 퍼진 사회악이다. 드넓은 대륙에 수십억 명의 인구가 살고 있는 나라에서 상관에게 잘 보이기 위해서 '나 한명쯤…' 하는 무책임한 사고방식이 팽배해 있다. 이는 중국의 경제성장을 늦추는 커다란 암 덩어리다. 중국의 강력한 언론통제로 국내외에 알려지지 않은 반부패 시위만 해도 매달 100건 이상이라는 보고가 있다. 2008년 쓰촨성 대지진으로 수만 명의 무고한 시민들이 목숨을 잃었다. 이에 각 지역에서 구호물자를 보내왔지만 관리들은 이를 거침없이 빼돌렸다. 이 뿐만이 아니다. 전 총리의 아들이라고 도로 한복판에서 교통사고를 내고 뺑소니를 쳐도 아무도 보상해주지도 않고, 이것을 문제 삼지도 않는다.

민심은 천심이다. 민심을 잃은 나라는 얼마 가지 못한다. 이는 역사적으로 수없이 증명된 사실이다. 중국 대륙에서 수많은 왕조들이 하루아침에 무너진 것은 결코 외세의 침략 때문이 아니었다. 부정부패 때문이었다. 중국 대륙의 마지막 왕조인 청나라가 서양열강에게 패한 것도 결코 국력이나 과학기술이 서양에 미치지 못했기 때문이 아니다. 서태후는 해군의 함대에 들어갈 예산을 호화 개인 별장인 이화원을 건설하는 데 사용했고, 국민들은 아편에 빠져 국가의 존망을 남의 일인 듯 무심히 넘겨버렸다. 세계에서 네 번째로 큰 국토와 14억 인구를 가진 중국이 단순히 외세침략으로 무너지는 것은 불가능하다. 잘못된 정치와 사회풍조가 나라를 무너뜨릴 수 있다. 지금 당장이라도 이런 일이 일어나지 말란 법은 없다.

● **시진핑 주석의 반부패 정책**

중국 공산당의 초창기 멤버이자 모택동과 신중국 건국의 1등 공신인 시중쉰은 현 국가주석 시진핑의 아버지이다. 시중쉰은 생전에 청렴결백과 원리원칙을 내세우며 부주석을 지냈으며, 아버지가 그랬기에 아들 또한 중국인의 지지를 한 몸에 받아 주석 자리에 오를 수 있었다. 중국 정치학계에서는 시진핑을 주석으로 선택한 것이 중국의 장기적인 발전에 꼭 필요한 선택이라는 주장이 많다.

시진핑 주석은 취임 후 첫 공식석상에서 부패척결을 핵심적인 국정과제로 선언하였다. 부패척결로 중국 공산당에게 등을 돌리고 있는 민심을 달래고, 건전한 사회풍토와 경제성장을 저해하는 요소를 제거하려는 것이었다. 궁극적으로는 중국 경제발전을 이룩하는 것에 목적이 있다. 2013년에는 반부패 5개년 계획을 발표하기도 했다. '관시가

통하는' '공산당이 갑인 중국'이 아닌 법으로 통치하는 합법적인 국가를 건설하고자 의법치국依法治国을 선언하게 된다.

1987년의 중국 개혁개방 전부터 중국 전문가들 사이에서는 중국이 고속성장을 이룩한 뒤 부정부패로 붕괴할 것이라는 이야기가 흉흉하게 돌았다. 이것을 증명하듯 대부분 공산당원인 공무원이 법 위에 군림하는 사회풍조가 생겼고, 하루아침에 달라지는 관행에 중국 내 투자도 쉽지 않았다. 하지만 시진핑정권의 의법치국으로 정부가 보호하는, 법의 테두리 안에서의 사업과 투자가 가능해졌다. 이로 인해 중국 경제는 새로운 도약의 계기를 맞이하게 된다.

의법치국을 선언하고 부패인사 척결을 실시하면서 보시라이 전 총칭 서기, 저우융캉 전 중국 정치국 상무위원 등 최고 지도자급 인사를 포함해 2만 명이 처벌받고 18만 명이 낙마하였다. 일단 부정부패에 연루되면 최소 10년형, 보석석방 무효, 횡령한 액수에 따라 사형까지 집행한 것이다. 또한 퇴직자 조사, 해외도피 부패관리 검거, 반부패 제보사이트 설치, 부패조사도 실시하게 되었다. 이로 인해 중국 내 부정부패 척결이 중앙정부의 이벤트성 정책이 아니라는 인식이 퍼지면서 국민적 관심도가 높아졌다.

시진핑정권의 반부패 정책으로 공산당과 공무원 등 기존의 기득권 계층은 울상이지만 경제성장의 핵심인 국민과 기업은 쌍수를 들고 환영하고 있다. 공무원들의 주요 낭비수단인 3공경비 지출을 철저히 감시하면서, 중국 공무원시험 경쟁률이 절반이나 떨어지기도 했다. 3공경비는 공무접대비, 공무차량 구입 및 유지비, 공무출국비용을 말한다. 이 때문에 기득권층이 주로 이용하는 명품, 호텔, 고급음식점의

시진핑정권의 반부패정책 효과

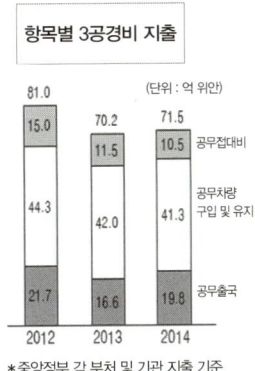

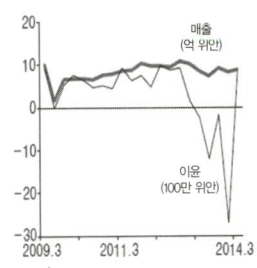

• 자료 : WIND, 각 기업 분기보고서

매출과 주가는 바닥을 치고 있다. 해당 분야의 기업들은 기존의 VIP 위주 경영에서 중저가 경영으로 살길을 모색하고 있다.

물론 정부의 강력한 반부패 정책으로 인해 소비 활성화 제한, 투자 및 부동산 위축, 해외이민 및 재산유출 증대 등의 문제가 발생했다. 하지만 이는 2보 전진을 위한 1보 후퇴이다. 중국이 청렴한 정치와 정의가 살아있는 사회로 나아가기 위해서는 시진핑정권이 추진하고 있는 반부패 정책이 반드시 필요하다. 이것은 향후 중국이 G1으로 올라서기 위한 단단한 초석으로 거듭날 것이다.

2장

선강퉁,
중국자본시장의
마지막 빗장이 열린다

1. 이제, 선강통이다

● 중국자본시장 개방 시즌 2, 선강통

2014년 11월 17일, 후강통을 통해 상해 A주의 직접투자 길이 활짝 열렸다. 개방 후 첫 반응은 열렬했다. 개방 첫날 일일 투자한도인 130억 위안(약 2조 3,200억 원)을 일찌감치 채우며 거래가 조기마감되는 뜨거운 반응을 보인 것이다. 하지만 그로부터 한 달 만에 투자한도의 10분의 1도 채 되지 않는 11억 6천만 위안으로 자금이 줄어들었다. 주가 역시 종목별로 큰 차이를 보였는데 유망한 증권, 은행, 철도, 우주, 항공 등(이 책에서 다루는 상해 A주 기업)을 제외하고는 평균 10% 안팎의 저조한 증가율만 보이고 있다.

왜 이렇게 종목별 편차가 심하고, 해외자본의 유입이 늦어지는 것일까? 초기 자본시장 개방에서 1등주와 우량주에 자금이 집중되는 것은 당연한 현상이다. 투자자들이 중국주식 중 잘 알고 이슈화되기 쉬운 업계 1등 종목과 우량주의 대량매입을 시도하기 때문이다. 시간이 지나면 상해 A주를 이해하면서 종목의 선택범위도 넓어지겠지만 아직은 아니다. 우리나라 자본시장이 개방된 후 삼성, 현대, SK에 투자가 집중되다가 기타종목에도 외국인투자가 확산된 것처럼 말이다. 숨고르기에 들어간 것이다.

그렇다면 상해 A주의 우량주에 투자한 이후에는 다른 종목들을 찾아서 투자해야 하는 것인가? 우량주 초기투자는 실보다 득이 많은 투자인 것이 정설이다. 2015년 1월 5일 리커창 총리가 선전을 방문하여 선강통을 언급하며 선전 주식시장의 대외개방 발표를 시작으로, 선전시장은 꾸준히 대외개방 준비를 해왔다. 선강통 실시 후 우리가 주목해야 하는 종목은 후강통 때와 마찬가지로 우량주이다. 이 종목들은 개방 전후로 높은 주가 상승률을 보이고 있다.

선전거래소와 홍콩거래소가 허가한 두 지역의 투자자가 매매규정에 따라 상대 거래소에 상장한 주식을 매매하는 선강통을 통해서 중국 자본시장의 글로벌화에 박차를 가하는 중요한 역할을 할 것이다. 또한 개방 초기 1등주 우량주 투자가 후강통의 상해 A주와 같이 폭발적으로 상승할 것으로 기대했다. 그리고 2016년 12월 5일에 선강통이 실시되었고, 예상대로 주가는 꾸준한 상승세에 있다.

선강통의 시작은 중국의 증권감독관리위원회가 2014년 8월 선전자본시장 개혁혁신 15조를 발표하면서부터이다. 개혁혁신 15조는 선전의 성장을 지지하는 것으로, 향후 후강(상하이와 홍콩)이 일정한 노하우를 쌓아가는 것을 전제로 선전과 홍콩거래소가 새로운 협력방법을 모색하는 제도이다. 이후 같은 달 26일에 선전금융발전부서 샤오즈자肖志家 부주임이 선전거래소와 홍콩거래소를 연합하는 선강통이 비준을 얻었다고 발표했고, 후강통이 성공리에 실시됨에 따라 선강통 실시에 관심이 집중되고 있다.

선강통은 후강통보다 그 의미가 크다. 후강통 실시 이후 뒤늦게 시장에 뛰어든 투자자들은 개방 초기의 프리미엄을 받지 못해 못내 아쉬웠겠지만, 선강통 주식매입에 초점을 맞추면 높은 수익률의 기회를 잡을 수 있을 것이다. 큰 시세변동을 만끽할 수 있는 것이다. 선전시장은 홍콩과 강 하나를 두고 건너에 위치해 있다. 홍콩 주식시장의 완비된 제도의 메커니즘을 받아들일 수 있어서 상해 A주보다 거래소 시스템 환경을 잘 갖추고 있다. 주목할 만한 점은 선전시장 창업판(创业板, Growth Enterprises Market(중국판 나스닥으로 중소판과 다른 하이테크기업을 모아 놓은 종목) 이윤비율이 홍콩 주식시장과 비교에서 차이가 큰데, 일반적으로 시장이윤이 50배 이상 더 많이 나고 있다. 홍콩시장 성장주의 경우 평균 시장이익률은 20배 정도에서 움직이는 것으로 나타나고 있다.

선전거래소에서는 전통적으로 전자와 중약제(한약제) 관련 주식이 많은 관심을 받으며 성장가능성도 크다. 특히 중국 내 하이얼을 뛰어넘는 백색가전업체 메이디그룹과 GREE가 있고, 윈난백약치약으로 널리 알려진 윈난백약, 중국의 정관장 격인 동아아교가 단독상장되어 있다. 빌게이츠 테마주로 알려진 중국 철강업계 3위인 안강주식 역시 선전거래소에 있다.

● **선전거래소를 주목하라**

선전은 중국 남부에서 가장 발달된 도시로 중국 자본시장의 시발점인 홍콩과 마카오에서 1시간 거리에 있어 매우 인접하다. 1980년에 덩샤오핑의 개방정책에 따라 중국에서 최초로 경제특구로 지정되면서 변화가 시작되었다. 중국본토의 값싼 노동력과 홍콩으로부터 들어오는 외국자본을 통해 도시의 발전이 가속화되었고, 외국인 투자도 급속하게 증가하였다. 세계적인 기업들이 선전에서 사업체를 운영하고 있고, 중국 내에서 부자가 가장 많은 도시로 알려져 있다. 이것을 배경으로 1990년 12월에 선전 증권거래소가 설립되었다.

선전거래소와 우리나라의 거래소 개념과는 상당히 거리가 있다. 우리나라의 증권거래소도 중소기업과 하이테크 위주로 차별화된다고는 하지만 이는 2000년대 이후 나누어진 것뿐이다. 선전거래소는 메인판(대형주=코스피), 창업판, 중소판으로 구성되어 있다. 홍콩주식은 블루칩인 메인보드와 레드칩, H주, GEM(성장주)로 나누어진다.

선전거래소는 아시아의 나스닥을 목표로 성장하고 있다. 2004년 5월 한국의 코스닥과 유사하게 중소기업들이 상장한 중소판中小板을 시작으로, 2006년 1월 중관촌 과학기술지역의 벤처판이 설립되었다. 2009년 10월에는 중소판, 벤처판을 모두 아우르는 창업판创业板이 가동되어 다양한 자본시장체계가 틀을 갖추고 있는 증권거래소이다. 중소판, 창업판은 모두 중소기업들과 벤처기업들을 지원하기 위한 섹터로 이 중에서 창업판의 IPO요구조건이 가장 낮다.

후강통 선전거래소 종목 중 가장 눈여겨볼 것은 대형 우량주이다. 선전거래소 종목들이 중소형 기업을 위한 시장이라고는 하나 그것은 2000년대에 들어서부터 집중 양성된 것이고 엄연히 우량주가 존재한다. 선전거래소에 상장된 회사는 대형 우량주만 480개 정도인데, 2000년부터 신규상장을 중지하였기 때문에 매우 희소성이 있다. 상해 A주나 홍콩 H주는 대형주들이 IPO를 위해 1년 이상 대기해야 하지만, 심천 A주는 이미 고정된 시장인 것이다.

희소성이 높은 대형 우량주뿐만 아니라 창업주 또한 유망한다. 창업주는 약 10년 동안의 준비기간을 거쳐 2009년 10월 국무원의 비준을 받아 설립되었고, 자주혁신기업과 기타 성장·창업기업으로 자리 잡고 있다. 2014년 4월 말까지 등록된 창업주 상장회사는 379개이며 전체의 77%를 차지하고 있다. 이들은 중국정부의 중점 발전대상이고 43% 이상이 국제적으로 산업의 선두자리에 있거나 비슷한 수준인 기업들이다. 특징이 뚜렷하며 차세대 혁신을 중심으로 하는 발전전략 상황에서 과학기술과 금융을 결합한 리더가 되기 위해 노력하고 있다. 2014년 4월 말 기준으로 창업주 주식은 총 758억 8천만 주이며, 전체 시가총액은 1조 8,800억 위안이다. 전 세계 서비스혁신시장에서 나스닥 다음으로 시가총액이 높은 편이다. 더군다나 나스닥은 자본시장 섹터만 계산하기 때문에 사실상 중국의 창업주 규모가 전 세계에서 가장 큰 시장이라고 할 수 있다.

중소기업섹터는 2004년 5월에 국무원의 비준을 받아 설립되었다. 국제 분업, 산업사슬의 연장, 분업의 세분화 등의 성과를 거두었다. 2014년 4월 말 기준으로 상장회사는 719개이며, 31개의 성·시 장치구에 분포되어 있다. 그중 서부지역에 있는 회사들이 3분의 1을 차지하고 있고 현지 경제발전의 중요 요소가 되었다. 총 13개의 산업을 포괄하고 있으며 많은 산업에서 선두를 달리고 있다. 중소주의 총 시가총액은 4조 1,700억 위안으로 중국 자본시장에서 특별한 위치이다. 전 세계적으로 보았을 때도 중국의 중소기업은 성공사례로 손꼽히고 있다.

선전거래소는 장외시장의 규범화 건설을 적극적으로 지원한다. 2001년부터 주식양도 시스템 기술에 대한 지원 등을 해왔고, 2006년 1월에는 중관춘 대리처리 시스템 주식 가격보고 양도에 대한 시범실시가 증가하였다. 2012년 9월에 전국의 중소기업주식양도시스템회사가 설립되었고 선전거래소가 주식에 참여하였으며 기술지원을 지속하였다. 동시에 선전거래소는 적극적이고 안정적으로 지역의 주식시장의 규범화 건설에 참여하였으며 규칙, 기술, 정보 공개 등 여러 가지 측면에 자문을 하는 등 다양한 경로로 주식시장을 건설해왔다.

선전거래소는 자산증권화 상품으로 실물경제를 지원한다. 자산증권화 업무는 각 사회에 존재하는 자산에 대해 독특한 강점이 있다. 자산증권화는 자산담보부증권화^{ABS}의 줄임말로 지분, 채권 등 금융기관이나 기업이 보유하는 자산을 표준화한 금융상품을 새로 만들어 유통시장에 매각하는 새로운 형태의 금융기법이다. ABS는 비록 2007년 미국금융위기의 주원인인 서브프라임모기지와 같은 맥락의 금융상품이지만 이미 영국, 미국 등의 금융선진국에서는 리스크 관리를 위해서 애용하고 있다. 또한 ABS는 자산을 집중하여 투자가능한 부동산파이낸싱^{PF}와 같은 효과를 내어 국가산업 전반의 고속성장을 가능하게 해주는 이점이 있다.

2013년 말 선전거래소는 11개의 자산증권화 상품을 내걸고 있으며 137억 위안의 융자가 있다. 기초 자산은 시정 건설, 오수처리, 고속도로, 전력판매 등의 기초건설영역과 테마파크 등 문화관광산업을 포함한다. 기초건설에 투자하면서 신흥 도시화에 힘을 보태주고 있다. 첫 번째 소액대출 자산증권화 상품인 아리 소액대출 1호와 2호가 선전거래소에서 양도를 시작하였고 모집자금은 10억 위안이다. 소액대출 자산증권화 상품의 첫 출시로 초소형 기업에 대한 금융지원 업무의 새로운 장을 여는 계기를 마련하였다.

펀드(기금)의 특색 있는 혁신도 추진한다. 펀드산업은 자산관리의 요구에 순응하고 기관 투자자의 중요한 혁신 범위를 확대하는 것이다. 상장펀드는 선전거래소 펀드제품의 혁신 특징을 잘 반영하고 있다. 2013년 말 선전거래소 상장기금은 총 280개로 전체 선후 두 지역의 기금에서 83.33%를 차지하고 있다. 그 후에 출시된 상품은 후선 300ETF와 항생ETF^{恒生ETF}가 있다.

2. 거리가전

- **한글명** : 주하이거리가전주식유한공사
- **중문명** : 珠海格力电器股份有限公司
- **기업형태** : 국유상대 지주기업
- **주소** : 광동성 주하이시 첸산진지 서로
- **종목코드** : 000651
- **영업분야** : 백색가전
- **홈페이지** : www.gree.com.cn
- **CEO** : 왕징둥^{望靖东}

● 중국 백색가전시장과 거리가전의 잠재력

백색가전제품의 주재료는 철, 알루미늄이다. 같은 양의 재료로 가장 높은 마진을 낼 수 있는 전자제품을 꼽으라면 아마도 스마트폰일 것이다. 높은 기술력이 필요하지만 가장 효율적으로 재료가 사용되는 제품이라 할 수 있다. 이에 비해 냉장고와 세탁기 같은 대형 가전제품은 어떠한가? 냉장고나 세탁기는 스마트폰과 비교했을 때 재료가 많이 필요하고 가격도 최신 스마트폰과 비교하면 크게 차이가 나지 않는다. 한 마디로 저마진 제품이다.

전 세계 백색가전제품은 이미 기술력이 한계에 도달했다. 시장가격은 낮게 형성되어 있고, 업계 최고인 삼성·LG의 제품들도 중국 브랜드와 기술력이 크게 차이 나지 않는다. 더욱이 한국산 가전제품보다 가격인 낮은 중국 제품의 세계시장 점유율은 매년 증가하고 있다. 특히 에어컨보급률이 낮은 중국에서 에어컨은 성장가능성이 큰 제품이다. 가격이 높기 때문에 냉장고나 세탁기에 비해 마진율이 높다. 업계 1,2위인 메이디그룹과 하이얼그룹 모두 에어컨을 생산하고 있는데, 에어컨 시장점유율은 57.76%와 24.89%로 메이디그룹이 한참 앞서고 있다.

하지만 에어컨업계 1위는 따로 있다. 바로 거리格力, GREE이다. 거리가전은 백색가전업계 2위업체로 제품생산의 95%가 에어컨이다. 선택과 집중을 통해 마진율이 높은 에어컨에 특화된 기업이다. 중국 백색가전시장에서 냉장고와 세탁기는 1970년대부터 생산판매되었지만 에어컨이 본격적으로 보급된 것은 1990년대 후반이다. 2015년 중국

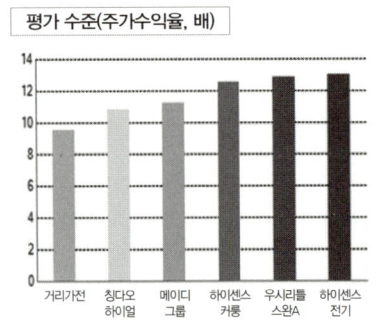

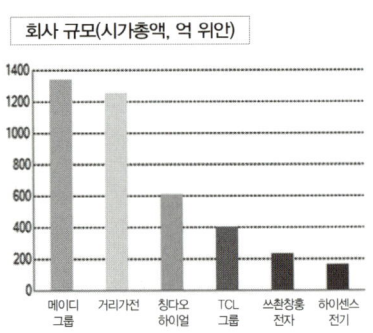

의 에어컨 보급률은 40% 미만으로, 공공기관과 가정에 에어컨이 없는 경우가 많다. 그만큼 잠재력이 크다. 거리가전은 일찍이 이러한 특성을 파악하고 에어컨사업에 집중하며 백색가전의 새로운 다크호스로 떠올랐다. 중국 내 보급률이 날로 증가하고 있는 에어컨 판매량이 백색가전회사 투자의 핵심이다.

● 거리가전 현황과 경쟁력

주하이거리전기주식유한회사珠海格力电器股份有限公司, GREE는 1991년에 설립된 국유기업이다. 현재 전 세계에서 가장 큰 연구개발, 생산, 판매, 서비스가 통합된 에어컨 전문기업이다. 2012년 영업 총 매출액이 1,001억 1천만 위안에 달해 중국에서 처음으로 1천억 위안이 넘는 가전제품 상장회사가 되었다. 2013년 영업 총 매출액은 1,200억 4,300만 위안이며, 순이익은 108억 7,100만 위안, 납세액은 102억 7천만 위안이다. 순이익, 납세 두 가지 항목에서 중국 최초로 100억 위안이 넘은 가전기업이다. 12년 연속 미국 〈포춘〉이 선정하는 '중국 100대

5대 대주주(2014년 09월 30일)

순위	주주명	주식유형	보유주식수(주)	보유비율	증감(주)
1	주하이거리그룹유한공사	유통 A주	548,127,812	18.22%	변동없음
2	허베이징하이담보투자유한공사	유통 A주	273,479,971	9.09%	3,111,402
3	메릴린치	유통 A주	77,181,746	2.57%	-467,037
4	모건스탠리	유통 A주	70,027,031	2.33%	-3,537,826
5	예일대	유통 A주	63,822,993	2.12%	변동없음

상장기업'이 되었다.

거리가전은 치열한 경쟁 속에서 2008년 '베이징올림픽 미디어촌'에 낙찰되었다. 이뿐만이 아니다. 2010년 남아공 월드컵 주경기장 및 부대시설, 2010년 광저우 아시안게임 시합장 14개, 2014년 러시아 소치 동계올림픽 부대시설에 에어컨을 공급하였다. 세계시장에서 광범위한 지명도와 영향력을 확보했으며, '메이드 인 차이나'를 넘어 이제는 '크리에이티브 인 차이나'를 향해 나아가고 있다. 일찍부터 에어컨 시장에 집중한 뛰어난 분석력과 전문성을 추구하는 전략으로 향후에도 혁신을 이룰 것이라 본다. 거리는 '세계 최고의 에어컨 기업으로 100년 거리 세계 브랜드'를 목표로 '차이나드림'을 위해 많은 노력을 하고 있다.

시가총액 1,251억 위안으로 업계 2위이다. PER는 9.55배로 가장 낮으며 업계 1위이다. 거리는 모회사인 거리그룹에서 지분의 18.22%를 보유하고 있다. 지분의 절반 이상이 비유통주인 메이디그룹과는

유통주/비유통주 분포 비교

출자금 구조	단위 : 만 주	점유율
유통 A주	298,621.16	99.28%
유통 B주	–	–
유통 H주	–	–
기타 유통주	–	–
유통제한주	2,165.39	0.72%
미유통주식	–	–
총출자금	300,786.54	100%

달리 99.28%가 유통주로 구성되어 있다. 매출의 97%를 에어컨판매를 통해 창출하고 있다. 종합 백색가전업체 메이디와는 다르게 수익률이 높은 에어컨에 집중하고 있어 메이디와 차별화된다. 대신 에어컨보급률이 2020년에는 정점에 달할 것으로 예상되어 사업의 다각화가 필요해 보인다. 판매량의 14.60%는 해외 판매이고 대부분 OEM 방식으로 판매되고 있으며, 그 외에는 대부분 중국시장에서 판매된다. 전체 백색가전시장이 업체들의 경쟁으로 하락하고 있지만 고수익을 올리는 에어컨을 통해 매출, 순이익 등의 지표에서 증가율이 업계 평균을 상회하는 우수한 기업이다.

■ 핵심 경쟁력

에어컨에 집중하는 대형 전기제조업체 거리가전은 전 세계 소비자들에게 우수한 제품을 제공하기 위해 꾸준히 노력해왔다. 거리의 에어컨은 중국 에어컨업계에서 유일하게 '글로벌 브랜드' 제품으로 전 세계 100개의 나라와 지역에 보급되고 있다. 가정용 에어컨의 연간생산량은 6천만 대(세트)에 달하며 상용에어컨의 연간생산량은 550만 대(세트)에 달한다. 2005년부터 현재까지 판매량이 9년 연속 선두를 달리고 있으며, 3억 명 이상의 고객이 거리의 에어컨을 사용하고 있다.

주하이珠海, 충칭重庆, 허페이合肥, 정저우郑州, 우한武汉, 스자좡石家庄, 우후芜湖, 브라질, 파키스탄, 9곳에 생산기지를 두고 있으며 7만 명의 직원이 있다. 가정용 에어컨, 상용에어컨을 포함하여 20가지 제품의 400여개 시리즈에 해당하는 1만 2,700여개의 다양한 규격의 상품을 개발해 많은 소비자들의 요구를 충족시켜왔다. 1만 4천 개의 특허가 있으며 GMV디지털 다연 모듈, 원심식 대형 중앙 에어컨, G-Matrik 직류 주파수 변화 에어컨 등 여러 하이테크놀로지 기술의 제품을 생산·제조하고 있다. 기존의 미국과 일본의 냉각기 기술 시장 독점 현상을 타파했다.

"혁신이 없는 기업은 영혼이 없는 기업이다. 핵심 기술이 없는 기업은 주축이 없는 기업이다. 주축이 없는 사람은 영원히 설 수 없다"를 모토로 삼아왔다. 거리는 이러한 모토를 기반으로 미래를 전망하며 '자아발전, 자주혁신, 자기브랜드'의 가치를 내걸고 전 세계 최고의 에어컨 기업 만들기와 100년 기업 거리 세계 브랜드 만들기를 목표로

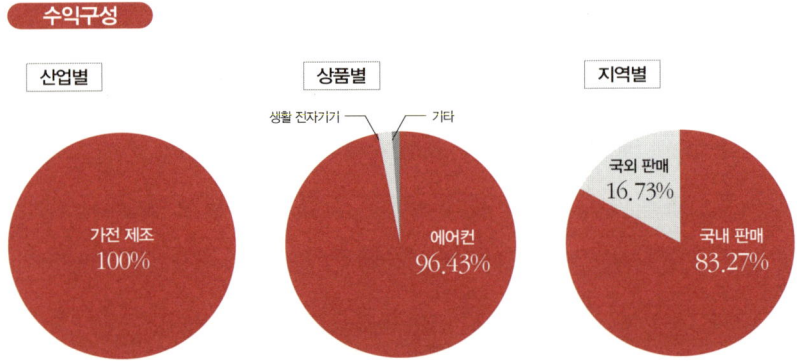

	업무명	영업 수입 (만 위안)	수입 비율	영업 원가 (만 위안)	원가 비율	이익 비율	총이익률
산업별	가전 제조	5226562.83	100.00%	3386930.22	100.00%	100.00%	35.20%
상품별	에어컨	5072026.82	97.04%	3266173.45	96.43%	98.16%	35.60%
	생활 전자기기	101628.7	1.94%	75341.29	2.22%	1.43%	25.87%
	기타	52907.31	1.01%	45415.48	1.34%	0.41%	14.16%
지역별	국내 판매	4352086.85	83.27%	2642751.16	78.03%	92.92%	39.28%
	해외 판매	874475.98	16.73%	744179.06	21.97%	7.08%	14.90%

전진하고 있다.

● **매매포인트**

▪ **에어컨업계의 선두주자**

거리는 중국에서 가장 큰 규모의 에어컨 생산기지를 보유하고 있으며, 세계적으로도 가장 큰 규모의 에어컨 단일 생산 기업이다. 중국 브랜드연구소로부터 '중국 에어컨산업의 지표적인 브랜드'라는 칭호를 얻었다. 국가 품질검사총국과 중국 브랜드 전략추진위원회로부터 '중국 세계 브랜드'로 선정되었다.

▪ **우수한 기술력**

거리는 지금까지 1만 4천 개의 특허를 신청하였으며, 그중 발명특허의 숫자는 5천여 건에 달한다. 자주적으로 연구개발한 초저온 디지털 다연 모듈, 영구자석주파수변환 원심식 냉수 모듈, 다기능 바닥 중앙난방식중앙에어컨, 1헤르츠주파수변환에어컨, R290그린냉동에어컨, 무희토 주파수 변환 압축기, 양극 주파수 변환 압축기, 태양광직접구동식 주파수변환원심기 시스템, 자기부상 주파수변환 원심식 냉각제조 압축기 및 냉수모듈 등이 있다. 세계적인 제품들을 제조하여 업계에 큰 공헌을 하였으며 에어컨산업 100년의 역사를 새로 썼다.

▪ **뛰어난 소형가전제품**

거리는 국내 소형가전영역에서 가장 강력한 기술연구개발팀이 있다. 200명이 넘는 과학연구팀과 수백 개의 국가급 전문 특허기술을 보유하고 있다. 부품은 국내외 유명기업들로부터 공수받고 있으며 100% 선별작업으로 부품을 검수해 100% 품질을 보장한다. 엄격한 품질관리시스템을 보유하고 있으며, 현재 210명의 전문 품질관리 직원들이 근무하고 있다. 10여개의 품질시스템 인증을 취득하였고 국가 7대 명예인증을 취득하였다. 소비자들에게 꾸준히 사랑받는 스테디셀러 제품들을 출시해왔다.

거리의 소형가전제품은 ISO9001품질관리 시스템 인증을 취득하였

향후 순이익과 주당순이익 예측 EPS

2015년 1월 5일까지 6개월 내 26개 기관이 예측한 거리가전의 2014년도 실적 :
2014년 매 주식의 수익은 4.52위안이 될 것으로 예측하며, 작년 동기대비 25.21% 성장한 것이다. 2014년의 순이익은 136억 1천만 위안이 될 것으로 예상하며, 작년 동기대비 25.2% 성장할 것으로 보인다.

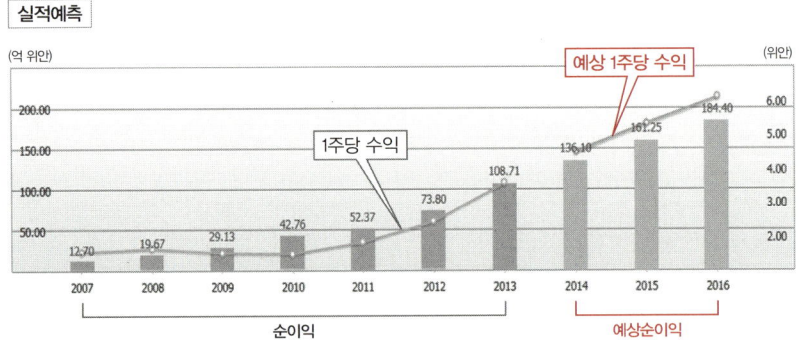

• 연도별 1주당 예상수익 (단위 : 위안)

	예측 기관수	최소치	평균치	최대치	업계평균
2014	26	3.72	4.52	4.87	1.08
2015	26	4.55	5.36	5.81	1.38
2016	17	5.37	6.13	6.69	1.67

• 연도별 예상순이익 (단위 : 억 위안)

	예측 기관수	최소치	평균치	최대치	업계평균
2014	26	111.89	136.10	146.51	21.44
2015	26	136.86	161.25	174.88	26.50
2016	17	161.52	184.40	201.32	29.98

으며 모든 생산라인의 제품이 중국의 국가 3C인증을 취득하였다. 줄곧 '정밀하게 제품을 만들자'는 전략에 따라 시장의 치열한 경쟁상황 속에서도 좋은 성과를 내왔다. 전기 난방기 부문에서는 1995년부터 2006년까지 11년 연속 동종제품 중 가장 많은 판매량을 기록했으며, 선풍기 역시 오랜 기간 높은 판매량을 보였다. 국가 품질검증총국에서 발행한 '제품 질량 검층 면제 인증서'를 취득하였고, 그 외 제품들도 꾸준히 판매되었다. 거리의 소형가전제품은 꾸준한 품질과 트렌디하고 정밀한 디자인으로 소비자들에게 사랑받고 있다.

■ 중앙에어컨

거리가 국가 에너지절감 그린 냉각설비 공사 기술 연구 센터에서 독립적으로 연구제조한 '거리 출수온도 16~18℃ 원심기 냉수 모듈'은 전문가의 심의를 거쳐 세계적인 수준으로 인정받았다. 최고 에너지 효율 비율은 9.18에 달한다. 현재까지 에너지 절감이 가장 뛰어난 대형 중앙에어컨이라는 평가를 받고 있다.

현재 9개의 중앙에어컨 제품을 보유하고 있으며 가장 완비된 중앙에어컨 브랜드로 인정받고 있다. 거리는 중앙에어컨 기술영역에서 혁신을 거듭하고 있다. 중앙에어컨 생산 부대시설의 6기 공정 공장이 준공되면서 생산과 판매는 비약적인 성장을 보여주고 있다. 2011년 상반기에 중앙 국가기관 에어컨 집중 구매 사업을 낙찰 받았다.

■ 전문화된 소형가전 제조

거리전기(중산)소형가전제조유한회사(이하 거리소형가전)는 주하이거리전기주식유한회사 산하의 소형가전 전문 제조업체이다. 중산시 민중전에 있다. 징주고속도로와 판중고속도로 주변에 위치하고 있고 건평은 약 20만㎡(300묘)이다. 2억 5천만 위안이 투자되었으며 직원 수는 1,800명에 달한다. 창립 이래 연구개발, 생산, 판매 등 다양한 영역에서 종합적으로 능력을 강화해왔으며, 생산능력을 높이고 제품의

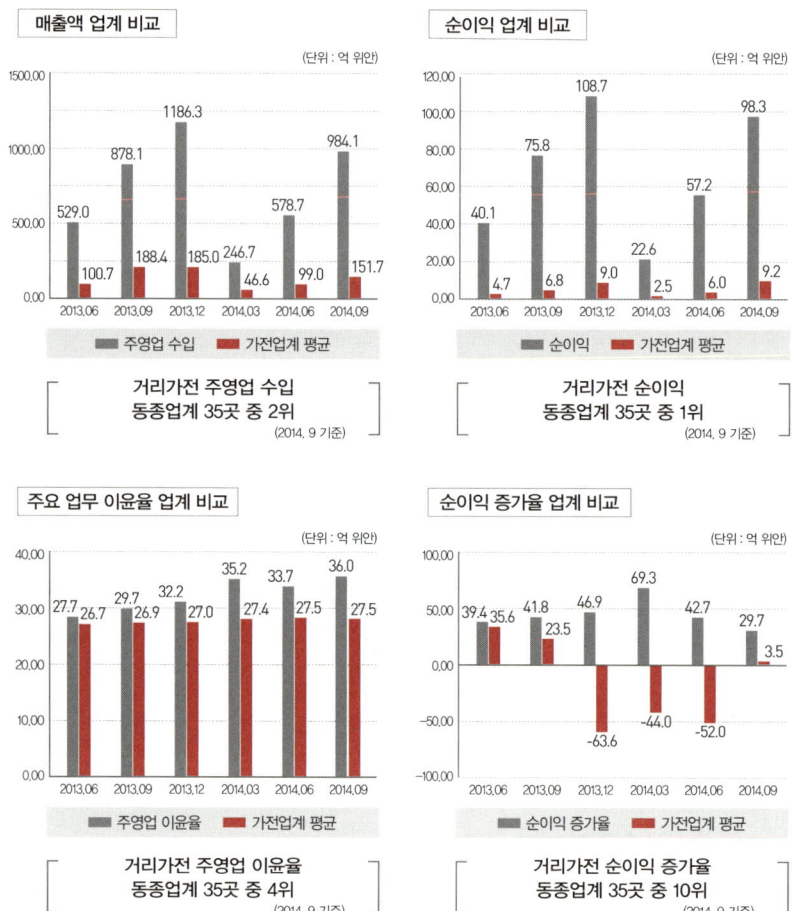

종수를 늘리기 위해 노력하고 있다. 소형가전 제조업체에서 선두 지위에 있다.

여러 방면에서 재편성을 고도화하고 거리전기가 보유한 다양한 장점을 십분 발휘할 수 있는 플랫폼을 마련하였으며 빠르게 생산능력, 연구개발기술력, 관리능력, 공급사슬 등에 있어서 앞서나가고자 노력하고 있다. 2005년에 모회사인 주하이거리전기주식유한회사가 전액 출자하여 인수하여 소형가전사업에 대규모의 자금을 투자하였다. 산하에는 선풍기, 온열기, 전기난로, 전기밥솥, 전기밥통, 커피포트, 음수기, 가습기 등을 포함한 다양한 제품군을 확보하고 있으며 연간 2천만 대의 제품을 생산하고 있다.

거리소형가전은 '정밀하게, 크게, 강하게'를 목표로 정밀한 제품을 만들기 위해 노력하고 있다. 50여 세트의 선진적인 실험설비와 3개의 국가 인증 실험실을 갖추고 있다. 보강宝钢·반강攀钢 등의 제품과 한국의 포항제철, 삼성, 미국의 윗포드Whitford, 일본의 닛폰전기주식회사NEC, 독일의 지멘스Siemens AG·쇼트Schott의 제품을 사용하고 우수한 생산 공예기술이 있다.

20여 년 동안 쌓아온 강점을 기반으로 연간 에어컨 생산량 1,500만 대(세트), 소형가전 800만대, 수정손목시계 150만 개, 특수 에나멜 피복전선 1만 2천 톤, 전자소자 12억 개, 프린터카트리지 2천만 개 규모의 제품을 만들 수 있는 생산력을 보유하였다. 그중 거리에어컨은 11년 연속으로 생산량과 판매량 순위에서 전국 동종업계 1위를 차지하고 있다. 그밖에 선풍기, 난방 기기, 밥솥, 정수기, 전자로, 프린터 카트리지, 특수 에나멜 피복전선 등 제품을 만들고 있으며 관련 업계에서 높은 점유율을 차지하고 있다.

■ **석유화학산업**

거리의 3대 사업영역 중 가장 젊은 분야는 석유화학사업이다. 기존의 연료 수입업무 외에도 다른 제품의 무역을 확장하고 있다. 2004년 8월 중국 중화그룹과 거리그룹의 석유화학사업이 정식으로 협력을 맺었으며, 주하이가오란다오와 연합하여 화난지역에 최대 석유화학 창고 물류기지를 건설하였고 현대화된 물류 플랫폼을 구축하였다. 2분기로 나누어 8만 톤급의 정박시설 2개를 건설하였고, 4개의 5천 톤

재무제표

재무년도	2012	2013	2014	2015E	2016E
주당순이익	2.47	3.61	3.90	4.21	4.55
순이익(억 위안)	73.63	108.28	159.51	235.65	357.14
순이익 증가율(%)	40.92	47.31	47.74	51.55	55.68
총수입(억 위안)	1001.88	1200.00	1438.92	1727.99	2078.25
총수입 증가율(%)	19.87	19.91	20.09	20.27	20.45
BPS(위안)	8.89	11.50	11.60	11.71	11.81
ROE(%)	31.38	35.77	36.09	36.42	36.74
PER(배)	10.21	11.32	9.55	8.12	8.01
PBR(배)	3.20	4.05	3.45	2.96	2.94
자산·부채 비율(%)	74.36	73.47	74.13	74.80	75.47
마진률(%)	26.29	32.24	34.82	37.60	40.61
재고자산회전률(%)	4.21	5.30	5.72	6.18	6.68

급 정박시설과 250만㎥의 창고건설사업을 계획하고 있다. 공사가 끝나면 전체 부두의 연간 종합수용능력은 1,860만 톤에 달할 것으로 예상된다. 거리는 석유화학산업의 경쟁력을 강화시키기 위해서 업무범위를 넓히고 산업사슬을 확장할 예정이다. 특히 항구와 인접한 산업지역의 항구창고·부두산업의 건설을 계기로 유류제품 운수, 구매, 수입, 저장 및 운반, 판매 등 업무의 수준을 높이려고 한다. 화공품, 정제유, 석탄 등 관련 제품의 시장을 넓히고 조건이 성숙했을 때 유류제품의 가공 등 다운스트림 산업을 진행할 예정이다.

■ 재무회사

거리는 2010년 재편성을 통해 거리그룹재무유한회사를 설립하였는데, 중국 내에서 첫 번째로 설립된 재무회사이다. 재무회사는 그룹의 미래성장에 중요한 자금 플랫폼 역할을 하고 있으며 자금집중, 협조모집, 재무회사를 주춧돌로 삼는다. 자금차관 시스템 건립은 그룹 전체의 자금을 전반적으로 관리하고, 원센터 업무 결산방식을 만들어 대대적으로 그룹의 융자능력을 높이며, 3대 주요 산업의 발전에 자금지원을 하고 있다. 2년여 시간 동안 신용대출담보, 부족한 자금조절, 자금사용 효율제고, 재무비용절감 등 자금관리를 위해 많은 업무를 담당해왔다.

3. 메이디그룹

- **한글명** : 메이디그룹주식유한공사
- **중문명** : 美的集团股份有限公司
- **기업형태** : 민영 상대 지주 기업
- **주소** : 광둥성 푸산시 순더구 베이쟈오전 메이디대로 6호 메이디본사빌딩 B구 26~28층
- **종목코드** : 000333
- **영업분야** : 백색가전
- **홈페이지** : www.midea.com.cn
- **CEO** : 장펑江鹏

● 중국 가전업계의 선두

우리나라에서 가장 잘 알려진 중국 백색가전업체는 하이얼그룹이다. 하지만 중국과 해외에서 하이얼보다 더 잘 팔리고 있는 기업은 메이디그룹의 백색가전제품이다. 중국의 백색가전은 메이디와 하이얼로 양분할 수 있는데 두 기업 모두 해당 분야에서 가장 오래된 기업이고, 기술력에서도 업계 선두이다. 2010년 이후 기술력의 진화가 드물어진 백색가전은 중국시장에서도 더 이상 기술력 경쟁이 아닌 어느 한쪽이 시장을 차지해야 하는 제로섬 싸움으로 변했다. 우리나라의 삼성전자와 LG전자처럼 기술력보다 디자인과 A/S, 해외판매가 기업 매출의 관건이고 주가상승률에 중요 요소가 된 것이다.

이러한 상황에서 메이디그룹은 중국에서는 완제품으로, 해외에서는 주로 OEM방식으로 미국과 유럽의 대형마트 PB제품으로 널리 판매되고 있다. 전 세계 소형가전제품의 30%가 메이디그룹 제품으로, 중국 백색가전의 파워를 잘 보여준다. 시가총액은 하이얼보다 2배 이

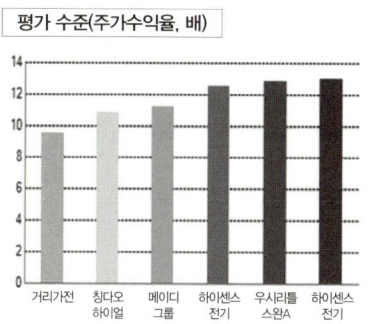
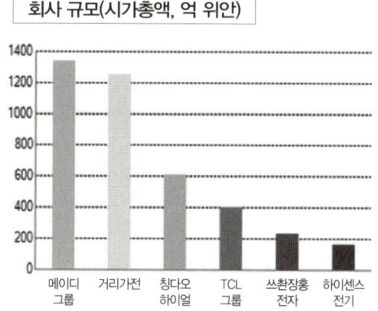

상이며, 해외판매 비중이 37.81%이다.

    메이디그룹의 고위직에는 한국출신이나 삼성전자와 LG전자에서 근무한 경력이 있는 중국인들이 많아서 기술력이 나날이 발전하고 있으며, 한국기업과의 기술력 격차도 점점 좁혀지고 있다. 필자가 2012년에 LG전자에서 근무할 당시에도 퇴직 후 메이디와 GREE로 이직하는 한국인과 중국인이 많았다. LG전자에서 받았던 급여의 2~3배는 기본이고 기사가 딸린 자동차, 아파트 및 임원대우는 잘 알려져 있었다. 더 이상 중국산 제품은 '싸구려 제품'이 아니다. 메이디그룹은 14억 인구의 풍부한 내수시장을 바탕으로 세계 최고, 1등 기업을 향해 나아가고 있다.

● **메이디그룹 현황과 경쟁력**

    메이디그룹은 가전제조업을 하는 대형 종합기업그룹으로 2013년 9

월 18일 선전거래소에 상장했다. '중국 최고 브랜드 가치 기업'으로 평가 받았으며 브랜드 가치는 653억 3,600만 위안으로 전 세계 5위에 랭크되어 있다. 2014년 12월 메이디그룹의 발표에 따르면 메이디의 전략적인 투자자 샤오미가 12억 6천만 위안을 들여 1.288%의 주식을 매입하였다. 샤오미가 메이디에 투자하면서, 그 가치가 다시 주목받기 시작했다.

1968년에 설립된 메이디그룹은 1980년에 정식으로 가전업을 시작하였으며 1981년에 메이디 브랜드를 등록하였다. 2014년 기준으로 직원 수는 총 14만 명이며 산하에 메이디 샤오톈어小天鹅, 웨이링威灵, 화링华凌, 안더安得, 메이즈美芝 등 10개의 브랜드가 있다. 주요 제품으로는 가공에어컨, 상용에어컨, 대형 중앙에어컨, 진공청소기, 히터, 커피포트, 오븐, 레인지 후드, 정수설비, 공기청정기, 가습기, 취사도구, 소독기, 조명 등 제품이 있다. 또 에어컨 에어 컴프레서, 냉장고 에어 컴프레서, 전기, 자전관, 변압기 등 가전 부대제품이 있다.

현재 중국에서 가장 우수한 에어컨 산업사슬, 냉장고 산업사슬, 세탁기 산업사슬, 전자레인지 산업사슬, 식기세척기 산업사슬을 보유하고 있다. 또한 가장 우수한 소형가전 제품군과 주방가전 제품군을 보유하고 있다. 전 세계 60개 국가에 지점을 두고 있으며 200여 개 국가와 지역에서 제품이 판매되고 있다. 메이디그룹의 2013년 기부금액은 6억 위안에 달한다. 늘 변화를 추구하고 전반적인 경영 수준을 업그레이드하기 위해 고객을 최우선으로 한다.

메이디그룹의 시가총액은 1,334억 위안으로 중국 가전제품업계 1위이다. PER는 11.18배로 업계평균보다 낮은 수준이다. 메이디그룹

산하의 메이디홀딩스가 지분의 35.49%를 보유하고 있으며, 46.90%는 비유통주이다. 제조업과 물류운송업이 주요 수익원천이며 에어컨사업이 전체 매출의 절반을 상회한다. 이외에도 소형가전제품, 세탁기, 냉장고 순으로 수익이 창출된다. 생산된 제품의 37%를 해외 OEM방식으로 판매하고 있으며 OEM시장과 중국 내수를 바탕으로 해외시장 개척에도 적극적이다. 백색가전 1위업체로 매출과 순이익은 업계 내에서 압도적이고, 매출증가율 또한 매년 25% 수준의 증가를 보인다. 백색가전시장의 경쟁과열과 운영비 증가로 순이익은 감소 추세지만 2014년 하반기부터 반등하고 있다.

■ **핵심 경쟁력**

메이디그룹은 업계 선두인 만큼 다른 기업에 비해 장점이 많다. 우선 첫 번째, 규모 면에서 우세하다. 에어컨, 냉장고, 세탁기 등 제품의 산업사슬 및 소형전자 제품군을 보유하고 있다. 국내에 16개의 생산기지가 있는데 화남, 화동, 화중, 서남, 화북 5개 지역에 퍼져 있다. 베트남, 벨라루스, 이집트, 브라질, 아르헨티나, 인도 등 해외에도 생산기지를 건설하였다.

강력한 가전 업스트림 핵심 부품 공급 능력도 갖추고 있다. 메이디그룹의 전기 생산 능력은 1억 대, 판매량은 6천만 대이며 조력 전기제품의 판매량은 세계 최고 수준이다. 또한 그룹 내 물류분야의 뛰어난 운수·배송능력이 든든한 버팀목 역할을 하고 있다. 이러한 규모화는 회사의 경쟁력을 강화시켰으며 비용절감, 품질개선, 자원통합과 물류 공급 및 시기성 포착 등 여러 방면에서 종합적인 우위를 갖추고 있다.

두 번째는 일체화된 산업사슬 협동운영 능력과 자원분배 능력이다. 메이디그룹은 중국에서 유일하게 산업사슬과 제품군을 모두 보유한 백색가전생산기업이다. 최고 수준의 에어 컴프레서, 전자제어유닛, 자전관 등 가전 핵심 부품의 연구개발 및 제조기술을 보유하고 있다. 핵심 부품 생산과 완성품 제조·판매까지 이어지는 일체화된 산업사슬을 구축하고 있다. 제품라인에서도 에어컨, 냉장고, 세탁기 등의 대형가전제품과 전자레인지, 밥솥, 식기세척기 등의 소형가전제품, 고중저 스트림 제품을 취급하고 있다.

메이디그룹은 계획적이고 합리적으로 생산능력과 구조를 만들어왔다. 종합적으로는 공급, 생산, 물류 등을 관리해 다양한 제품들을 규모 있고 융통성 있게 생산할 수 있게 했다. 이것은 시장의 수요 변화에 즉각적으로 대응할 수 있는 능력이기도 하다. 메이디그룹은 구매, 브랜드, 기술, 루트 등의 영역에서 자원공유 혜택을 누릴 수 있고 전방위적으로 협동하여 시너지 효과를 낼 수 있다.

세 번째는 넓고 안정적인 네트워크이다. 메이디그룹은 전방위적

5대 대주주(2014년 09월 30일)

순위	주주명	주식유형	보유주식수(주)	보유비율	증감(주)
1	메이디지주유한공사	유통 A주	1,496,250,000	35.49%	변동없음
2	융예주식투자(주하이)합명기업(유한합명)	유통 A주	304,500,000	7.22%	변동없음
3	방홍파	유통 A주	91,326,995	2.17%	변동없음
4	톈진정휘가태주식투자합명기업(유한합명)	유통 A주	78,000,000	1.85%	변동없음
5	황건	유통 A주	75,700,000	1.80%	300,000

이면서 입체적으로 시장을 장악하고 있다. 이미 성숙단계에 들어선 1~2선급 도시에서는 궈메이, 수닝 등 대형가전제품 판매매장들과 협력관계를 맺고 있다. 3~4급 시장인 전문 판매점, 재래 유통망, 신흥 유통망을 효과적으로 보완하고 있다. 1~2급 시장은 이미 장악했으며 3~4급 시장에서는 95%의 보급률을 확보하고 있다. 메이디그룹의 브랜드, 제품, 지하 유통망, 물류에서의 우위 또한 든든하게 받쳐주고 있다. 중국 내에서 메이디그룹과 대다수의 1급 판매상들은 오랜 시간 협력을 통해서 브랜드 구매 충성도를 보유하고 있다. 해외에서는 여러 나라에 지점을 구축하였으며, 6개 국가에 생산기지를 건설하였다. 동남아, 북아메리카, 남아메리카, 유럽, 중동 등 잠재시장에서의 판매망도 구축하고 있다.

네 번째는 줄곧 선두를 유지하고 있는 혁신연구개발 능력이다. 메이디그룹은 줄곧 제품의 혁신연구를 지속해왔으며 업계 내에서 업스트림 기술인재를 유입하고, 국내외 유수의 과학연구기관들과 협력을

유통주/비유통주 분포 비교

출자금 구조	단위 : 만 주	점유율
유통 A주	223,852.14	53.10%
유통 B주	–	–
유통 H주	–	–
기타 유통주	–	–
유통제한주	197,728.71	46.90%
미유통주식	–	–
총출자금	421,580.85	100%

해왔다. 혁신 메커니즘과 과학연구 자원에 지속적이고 대대적인 투자를 진행해왔는데, 메이디그룹의 과학기술 수준은 국내 및 전 세계에서 뛰어난 수준을 자랑한다. '하루 저녁 전기 사용량 1도'의 직류주파 변환에어컨, '스마트 자동' 드럼세탁기, '정리팡' 전자레인지, IH스마트밥솥, 고온증기 주방환풍기, 활수 열수기 등의 제품이 시장에서 많은 인기를 끌었다.

마지막으로 다섯 번째는 경영관리 및 탁월한 직업 지도자 메커니즘이다. 메이디그룹은 경영관리 구조, 기업의 관제, 삼권분립과 집권, 분권시스템의 구축을 주목하고 사업부를 다년간 운영해왔다. 권한의 상하관계를 타파하고 실적에 따라 평가하고 장려하는 제도는 회사의 직업 경영자들을 단련시키고 성장시켰다. 오랜 시간 실전경영을 통해 성숙한 직업 운영관리 체계를 구축하게 되었고, 안정적이고 완벽한 관리 시스템을 구축하게 되었다.

현재 메이디그룹의 관리팀 팀원들은 대부분 그룹 내부에서 육성되었으며 평균 40세 정도이다. 대다수의 관리층은 15년 정도의 산업 및 관리 업무경력이 있다. 전 세계 및 중국 가전산업에 대한 이해도가 높고 산업 운영 환경 및 기업 운영 관리에 대한 이해도가 높다. 이러한 인적 자산이 메이디그룹의 메커니즘을 구축하고 미래의 안정적인 성장을 유지하는 뒷받침이 되고 있다.

● **매매포인트**

■ **중국 스마트폰업계 1위 샤오미의 대주주 편입**

메이디그룹은 백색가전의 생산·판매 뿐만아니라 정보기술서비스업무, 기업을 위한 투자컨설팅 및 관리서비스업무, 컴퓨터 소프트웨어, 하드웨어 개발업무등 종합적인 인프라를 보유하고 있는 논스톱회사이다. 2014년 12월 14일에 비공개 상해 A주의 대응책을 발표하였으며, 주당 23.01위안의 가격으로 5,500만 주를 비공개로 추가발행하였다. 이로 인한 예상 모집자금은 총액은 12억 위안이었다.

비공개로 발행한 A주의 대상은 샤오미 산하의 샤오미과학기술이다. 이 추가발행된 주식의 매입으로 샤오미과학기술은 메이디그룹의 지분 1.2%에 해당하는 5,500만 주를 보유하게 된다. 주식 추가발행 이후 메이디그룹은 샤오미과학기술과의 협력은 선두적인 가전기업과 인터넷 기업이 협력한 전략적인 선택이라고 발표하였다. 이 결정은 모바일 인터넷 시대에 기업의 업무를 확장하고 전략적으로 나아가는 데 중요한 역할을 할 것으로 보인다. 또한 신흥산업투자운영 능력과 경영관리 수준을 높여줄 것으로 기대하고 있다.

■ **산업우위**

메이디그룹은 중국에서 가장 규모 있는 가전 생산 및 출구 기지 중 하나이다. 현재 에어컨 2,200만 대, 냉장고 730만 대, 세탁기 900만 대, 에어컨 에어 컴프레셔 800만 대의 생산능력을 갖추고 있다. 각 제품의 시장점유율은 동종업계 3위를 차지하고 있다. 메이디그룹은

2015년 전 세계 백색가전의 100억 달러 클럽에 가입하는 것을 목표로 하고 있다. 에어컨, 냉장고, 지압기와 압축기, 화난 에어컨·냉장고 기지, 중앙에어컨 화동기지 등 6개의 대기지가 순조롭게 완공되었다. 이를 통해 화남, 화동, 화중, 서남, 화북 5대 지역시장에 9개의 제조기지 보유하고 있다.

메이디그룹은 우시无锡샤오텐어Littleswan의 롱스다Royalstar 세탁기 설비 지분 69.47%를 7억 2천만 위안에 매입하였다. 이 통합으로 샤오텐

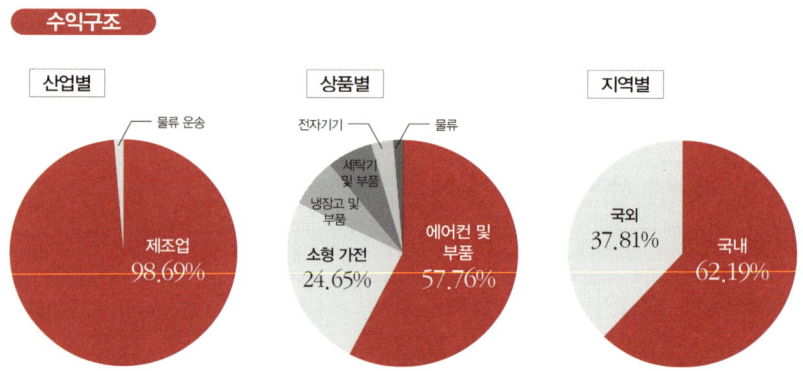

	업무명	영업 수입 (만 위안)	매출 비율	영업 비용 (만 위안)	비용 비율	이익 비율	총이익률
산업별	제조업	7124027.85	98.69%	5236654.78	98.38%	99.55%	26.49%
	물류 운송	94748.06	1.31%	86187.01	1.62%	0.45%	9.04%
상품별	에어컨 및 부품	4169254.21	57.76%	3050757.69	57.31%	58.99%	26.83%
	소형 가전	1779228.45	24.65%	1311694.53	24.64%	24.66%	26.28%
	냉장고 및 부품	500874.22	6.94%	366381.37	6.88%	7.09%	26.85%
	세탁기 및 부품	459784.14	6.37%	324830.33	6.10%	7.12%	29.35%
	전자기기	214886.82	2.98%	182990.87	3.44%	1.68%	14.84%
	물류	94748.06	1.31%	86187.01	1.62%	0.45%	9.04%
지역별	국내	4489521.64	62.19%	3231301.52	60.71%	66.36%	28.03%
	국외	2729254.27	37.81%	2091540.27	39.29%	33.64%	23.37%

어는 샤오텐어, 롱스다, 메이디 세 개의 지명도 높은 세탁기 브랜드를 보유하게 되었다. 또한 '고중저' 단계의 제품군도 보유하게 되었다. 기본적으로는 세탁기를 중심으로 세탁기 강대기업의 전략목표를 실현할 수 있게 되었다.

기술적으로도 업계 선두를 달리고 있다. 독자적으로 세계최초 Q-HAP태양에너지 에어컨이 CCC 인증을 받았다. Q-HAP태양에너지 에어컨은 '준직류계통연계기술', '고효율전환기술', '자동MPPT 적응 기술'과 '태양에너지우선기술' 등 다양한 기술을 결합하여 세계최고의 기술을 보유하고 있다.

■ **주식 비공개발행으로 생산능력확대**

2011년 3월에 주당 16.51위안의 가격으로 펑화펀드관리회사, 예일대 등 6명의 기관투자자에게 2억 6,408만 2,300주를 발행하였다. 모집자금은 중앙에어컨(허페이)사업, 압축기(우후)사업, 냉장고(징저우)사업, 냉장고(난샤)사업, 가정용 에어컨(난샤)사업, 가정용 에어컨(우후)사업에 투자될 예정이다. 중앙에어컨(허페이)사업은 주로 중앙에어컨을 생산하며 열수기(난방), 냉동냉장 등 제품을 생산한다. 건설주기는 24개월이며 계획투자금액은 15억 위안이며 모집투자금액은 13억 위안(2011년에 12억 4천만 위안으로 모집자금이 조성되었으며 차액은 자기금융으로 투입될 예정)이다. 생산완성 및 세후재무내부수익률은 29.2%이며, 투자회수기간은 5.4년이다.

압축기(우후)사업의 주요 개발설계, 제조에어컨 장비에 사용되는 회전압축기의 사업건설주기는 15개월이며 사업완성 이후 600만 대의 생산능력을 보유하게 된다. 8억 위안의 모집자금을 투자할 예정이다. 수익률은 25.4년, 투자회수기간은 6.7년이다. 에어컨(징저우)사업은 주로 국내에 판매될 냉장고와 냉장쇼케이스 제품을 생산하고 있으며 사업건설기간은 24개월이다. 이 사업으로 생산능력이 500만 대가 증가할 것으로 예상한다. 8억 500만 위안이 투자될 예정이며 9억 위안의 모집자금을 투자할 예정이다. 생산완성 및 세후 재무 내부수익률은 39.5%이며 투자회수기간(건설기간 포함)은 3년 9개월이다.

향후 순이익과 주당순이익 예측 EPS

2015년 1월 5일까지 6개월 내 26개 기관이 예측한 메이디그룹의 2014년도 실적 :
2014년 매 주식의 수익은 2.53위안이 될 것으로 예측하며, 작년 동기대비 41.57% 하락한 것이다. 2014년의 순이익은 106억 9,700만 위안이 될 것으로 예상하며, 작년 동기대비 101.17% 성장할 것으로 보인다.

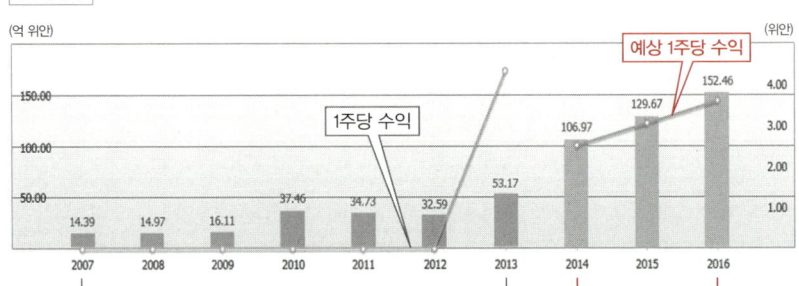

실적예측

• 연도별 1주당 예상수익 (단위 : 위안)

	예측 기관수	최소치	평균치	최대치	업계평균
2014	26	2.29	2.53	3.06	1.08
2015	26	2.94	3.07	3.26	1.38
2016	19	3.40	3.62	3.90	1.67

• 연도별 예상순이익 (단위 : 억 위안)

	예측 기관수	최소치	평균치	최대치	업계평균
2014	26	96.58	106.97	129.00	21.44
2015	26	123.77	129.67	138.60	26.50
2016	19	143.28	152.46	164.42	29.98

■ **주식 비공개발행으로 냉장제품 생산 확대**

  에어컨(난샤)사업은 주로 100~600리터의 공냉쿨러, 직냉 등 냉장제품을 생산하는 것이다. 사업건설 예정기간은 13개월이고, 사업완성 후 생산능력이 400만 대가 늘어날 예정이다. 6억 200만 위안을 투자할 계획이며, 4억 2천만 위안의 모집자금을 투자한다. 생산완성 및 세후내부수익률은 33.8%에 달할 것으로 보인다. 투자회수기간은 4년 8개월이다.

  가정용 에어컨(난샤)사업은 주로 스탠드형, 고정형 같은 제품을 생산한다. 사업건설기간은 24개월이며 450만 대의 추가 생산이 가능하다. 예상 투자금액은 5억 위안, 모집투자금액은 3억 3천만 위안이며 생산완성 및 세후내부수익률은 29.5%, 투자회수기간은 4년 5개월이다. 가정용 에어컨(우후)사업은 주로 창문형 에어컨, 습기제거기, 모바일 에어컨 등 3가지 제품을 주로 취득하고 있다. 사업건설기간은 18개월이며 사업완성 이후 500만대를 더 생산할 수 있다. 예상 투자금액은 7억 1천만 위안, 모집투자액은 7억 10만 위안이며 생산완성 및 세후내부수익률은 25.7%, 투자회수기간은 4년 9개월이다.

■ **19억 3,100만 위안 규모의 주요 사업 투자**

  메이디그룹은 가정용 에어컨 등 3가지 사업에 19억 3,100만 위안을 투자하였다. 가정용 에어컨사업의 총 투자금액은 4억 4천만 위안이며, 연간 350만 대를 더 생산할 수 있는 능력을 갖추게 되었다. 세금공제 연평균 판매수익은 50억 위안이며 연평균 수익은 1억 9천만 위안으로 증가하였다. 냉장고사업에는 6억 위안을 투자하여 500만대를 더 생산할 수 있게 되었다. 연평균 판매수익은 31억 위안이며 새로 증가하는 연평균 이윤은 1억 5천만 위안이다. 또한 에어컨 압축기 기술개혁을 통해 생산능력확대 사업에는 8억 8,100만원을 투자하여 연 평균 600만대를 더 생산할 수 있도록 한다. 판매수익은 17억 위안, 연평균 증가 이윤은 1억 위안이다.

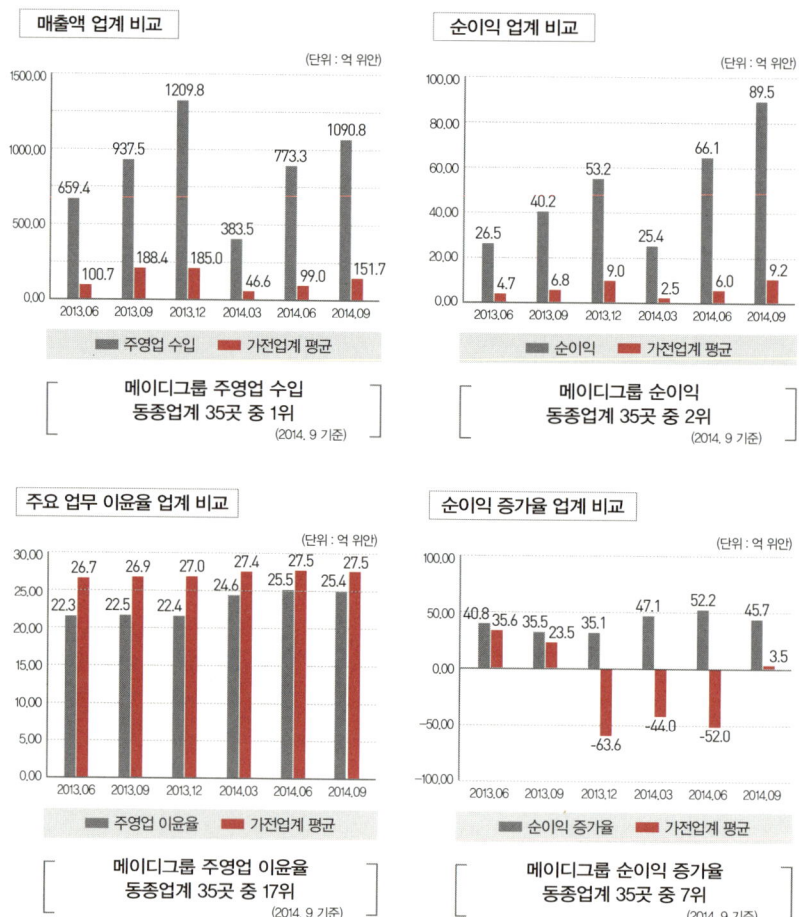

■ 해외시장 확장

메이디그룹은 네덜란드의 자회사를 통해 이집트의 에어컨업체 미라코Miraco의 주식 32.5%를 5,748만 달러에 보유하게 되었다. 이 M&A 인수로 미라코의 2대 주주가 되었다. 미라코는 이집트 카이로 증권거래소에 상장한 회사로 주로 가정용 에어컨, 중앙에어컨, 콜드체인을 판매하고 있는데 현재 이집트 가정용 에어컨, 경형 상용에어컨 및 중앙에어컨 시장을 주도하고 있다. 또한 메이디그룹은 2억 2,330달러를 들여 캐리어코퍼레이션Carrier Corporation의 지분 51%도 인수하였다. 캐리어코퍼레이션은 에어컨 생산 기업으로 아르헨티나, 칠레 등에서 가정용 에어컨, 상용에어컨 시장을 선도해왔다. 이 투자로 지역화·고효율의 경영 플랫폼과 시스템 운영능력을 확보하였다. 그룹의 전략적인 계획 수립에 중요한 역할을 할 것으로 보인다.

■ 허페이시 투자전략과 주주권 장려

메이디그룹은 허페이시에 30억 위안을 투자하고 있다. 이 투자로 2015년에 메이디그룹은 2,500만 대의 냉장고, 2천만 대의 세탁기, 60억 대의 중앙에어컨 및 전기, 냉장고 에어 컴프레셔, 에어컨 에어 컴프레셔, 물류, 기전제조의 다원화 산업기지를 보유하게 될 예정이다. 2015년도에는 400억 위안 이상의 판매액을 기록할 것으로 예상된다.

메이디그룹은 2014년 1월에 주식 총액의 2.41%에 달하는 4,060만 2천 주를 스톡옵션 계획에 포함하였다. 주주권 장려 과정에서 한 명이라도 스톡옵션을 매수할 때 주식의 수량이 회사 주식지분의 1%를 초과해서는 안 된다. 장려계획에서 부여한 스톡옵션의 가격은 48.79

재무제표

재무년도	2012	2013	2014	2015E	2016E
주당순이익	3.21	4.33	4.46	4.59	4.73
순이익(억 위안)	32.09	53.81	66.47	73.20	80.08
순이익 증가율(%)	-6.14	63.15	23.53	10.12	9.40
총수입(억 위안)	1027.26	1212.00	1444.95	1681.48	1877.38
총수입 증가율(%)	-23.46	18.06	19.22	16.37	11.65
BPS(위안)	0.00	19.48	20.06	20.67	21.29
ROE(%)	0.00	24.87	25.09	25.32	25.55
PER(배)	15.32	13.20	11.18	10.28	9.17
PBR(배)	0.00	3.28	2.81	2.60	2.34
자산·부채 비율(%)	62.20	59.69	61.48	63.33	65.22
마진률(%)	22.56	23.27	23.97	24.69	25.43
재고자산회전률(%)	5.35	6.50	6.70	6.90	7.10

위안이다. 이번에 계획의 유효기간은 5년이며 주식장려 위약조건은 2013년 순이윤을 계수로 하여 2014년, 2015년, 2016년 순이윤의 성장률이 15% 이상이여야 하고 순자산 수익율은 20% 이상이야 한다.

4. 산둥동아아교

- **한글명** : 산둥동아아교
- **중문명** : 山东东阿阿胶股份有限公司
- **기업형태** : 국유 상대 지분 기업
- **주소** : 산둥성 동아교 아쟈오가 78호
- **종목코드** : 000423
- **영업분야** : 건강식품
- **홈페이지** : www.dongeejiao.com
- **CEO** : 우화이펑吴怀峰

● **홍삼보다 아교가 최고인 중국**

　우리나라에서 어버이 날이나 스승의 날 선물 1순위는 홍삼이다. 그중 한국인삼공사(정관장)의 홍삼제품이 역사와 품질이 뛰어나 국내뿐만 아니라 해외까지 수출하면서 그 명성을 이어오고 있다. 그렇다면 중국에서 선물 1순위로 꼽는 것은 무엇일까? 바로 아교阿胶(젤라틴)이다. 아교 중에서도 동아아교东阿阿胶가 선물 1순위이다. 만약 사업 때문에 중국 바이어를 상대할 일이 있다면 홍삼보다 동아아교를 선물하는 것을 권한다. 중국에서 홍삼은 아교보다 인기가 덜하고 오히려 단일 복용제품으로는 선호되지는 않는다. 홍삼을 먹으면 몸에 열이 발생한다고 알려져 있고, 특히 임산부에게 해롭다는 설이 있어 그렇게 인기 있지는 않다. 대신 경제력을 쥐고 있는 중국 여성들과 임산부들이 가장 선호하는 제품은 아교인데, 그중 동아아교를 최고로 친다. 아교는 대체 무엇이길래 중국인들이 열광하는 것일까?

아교는 당나귀의 가죽, 힘줄, 뼈 등을 고아서 나온 액기스를 고체화한 제품이다. 최고의 약학서이자 유네스코에 등록된 《본초강목》에서는 기와 피를 보충하고 윤기를 더해주는 등 다양한 약효가 있다고 기록되어 있다. 그래서 제과 등 음식에도 널리 사용하고, 현대의학적으로도 항원성抗原性이 없어 과민증을 일으키지 않아 빈혈, 불면증, 기침, 각혈, 혈뇨에 효과가 좋다고 한다. 또한 백혈구 증가의 효과가 있어 암 치료에 도움이 된다고 알려져 있다.

중국의 역사를 살펴봐도 아교는 황실과 민간에서 중요한 건강식품으로 알려져 있다. 특히 산둥성에 랴오청시聊城市의 둥아현东阿县에서 생산되는 아교를 최상품으로 친다. 둥아현东阿县은 중국 내 최고의 아교 생산지로서, 이곳에서 아교를 생산하는 기업은 3,264개에 이른다. 그 가운데 가장 이름이 잘 알려진 기업이 동아아교东阿阿胶, 동아조식주东阿曹植酒 등이다.

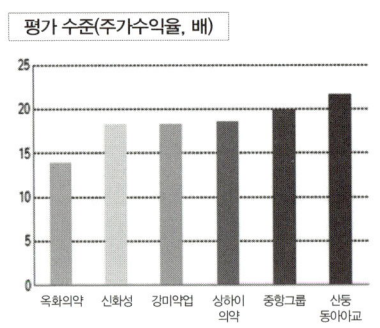

	옥화의약	신화성	강미약업	상하이의약	중항그룹	산둥동아아교
PER	13.88	18.21	18.34	18.54	19.84	21.64
순위	1	2	3	4	5	8

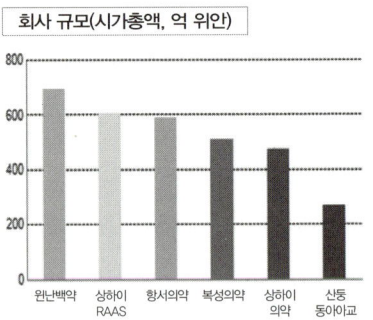

	원난백약	상하이RAAS	항서의약	복성의약	상하이의약	산둥동아아교
시가총액	695	607	589	510	473	266
순위	1	2	3	4	5	12

동아아교는 3000년의 역사를 자랑하며, 문화 저변이 폭넓고 풍부하다. 《본초강목》에서도 아교라는 명칭이 동아아교에서 유래되었다고 한다. 뿐만 아니라 한나라, 당나라부터 명나라와 청나라에 이르기까지 줄곧 황실 진상품이었다. 중국 내에서 동아아교를 언급하는 서적은 3,200여 권에 달한다. 중국 최고의 건강식품인 아교, 그중 동아아교는 절대적이고 독보적인 존재로 투자가치가 매우 높다. 심천 A주에만 상장되어 있어 해외 기관투자자들의 많은 관심을 받고 있다.

동아아교의 정식 기업명은 산둥동아아교주식유한공사山东东阿阿胶股份有限公司로 전국 최대 아교 및 시리즈 제품을 생산하는 기업이다. 1952년 설립되어 1996년 상장되었고, 2005년에 중국 최대 대형 유통업체이자 국유기업인 화윤(그룹)유한공사에 소속되어 있다. 이 기업은 중의약, 건강식품, 바이오 제약을 3대 주력 사업으로 삼고 1천여 개의 조제법을 가지고 있다. 3년 연속 전국 최고 중의약 업체에 선정되기도 했다. 제품 중 복방아교시럽은 중국 의약업계의 10대 브랜드 상품이자 중의약 베스트셀러이다.

● 산둥동아아교 현황과 경쟁력

동아아교의 시가총액은 266억 위안으로 제약업계 12위이다. 아교라는 단일 제품을 생산하는 업체로서는 업계 1위이다. PER는 21.84배로 업계평균 수준을 유지하고 있다. 동아아교그룹이 지분 23.14%로 경영권을 가지고 있으며 중국 태평양보험, 민생은행이 지분을 보유하고 투자하고 있다. 보험회사와 은행은 안정적인 투자처를 원하는 만큼 동아아교의 안정성은 높다. 99.96%가 유통주이고 비유통주는

0.04%로 거의 없다. 매출의 대부분을 아교 관련 제품에서 얻고 있으며 소득이 높은 상하이 저장성을 중심으로 화동지역, 선전 광둥성의 화남, 화북지역 등 전국적으로 판매망을 보유하고 있다. 매출, 매출증가율, 순이익 증가율은 업계평균이지만 아교 부분에서는 독보적인 기업이다. 순이익률은 업계평균을 상회한다. 147개의 의약 관련 상장기업 중 순이익으로 8위이다.

■ 핵심 경쟁력

동아아교의 전통적인 제조기술은 뛰어난 정밀성을 자랑한다. 100여 개의 조제법이 1천 년 동안 전승되어 왔다. 동아아교의 현대적인 조제공정은 전통적인 조제기술의 요체를 계승하였을 뿐 아니라, 현대 과학기술과의 유기적인 결합을 통해 전국 최초로 '아교 생산 공정 규정'과 '아교 생산 직위 프로세스'를 독자적으로 만들었다. 국가등급의 기밀공정으로 취급되고 있다. 동아아교의 친위펑秦玉峰 회장은 국가무형문화유산 동아아교 제작기능 대표 전승자로 인정받았다. 국가등급

5대 대주주(2014년 09월 30일)

순위	주주명	주식유형	보유주식수(주)	보유비율	증감(주)
1	화윤동아아교유한공사	유통 A주	151,351,731	23.14%	변동없음
2	중국태평양생명보험유한공사 (수익-개인수익)	유통 A주	11,354,295	1.74%	-507,900
3	중국태평양생명보험유한공사 (전통-보통보험상품)	유통 A주	10,411,366	1.59%	-140,887
4	중국민생은행주식유한공사	유통 A주	6,321,049	0.97%	273,857
5	신화생명보험주식유한공사	유통 A주	5,738,182	0.88%	변동없음

기밀 제조법 중 복자福子젤라틴은 국가 기밀 품종에 속하며, 복방复方 젤라틴시럽은 국가 기밀 기술 제품이다. 전국 의약산업의 '10대 브랜드 제품', '중국 의약품 브랜드 건강우수 제품'이며 33여 년간 베스트셀러 지위를 고수했다. 누계 판매량은 135억 개에 달한다.

  동아아교는 신장, 네이멍구, 간쑤, 랴오닝, 윈난, 산둥 등에서 20여 개의 표준화된 나귀양축시범기지와 톈룽나귀산업연구원, 중국 나귀산업구역을 만들었으며 중국 상품나귀포럼을 4회나 개최하였다. 또한 '나귀 가죽 원천 프로젝트'를 추진하여 원천적으로 아교 제품의 안정성을 확보하였다. 원료 기지는 정부와 협력을 통해 양질의 나귀종 양축 센터, 나귀 개종 센터를 설립하였고 나귀종 등록·방역치료·양축지도·사망등록·후손감정 등 과학적인 방법을 통해 원료기지에서 양축하는 나귀의 뿌리를 찾거나 파일로 관리할 수 있는 시스템을 만들었다. 의약 잔여물 검사분야에서도 친환경 식품 기준을 마련할 수 있도록 도왔다.

  원료 기지는 요구에 부합하는 나귀를 구매한 뒤 적합한 절차의 도축, 분할, 박피, 건조 등의 작업을 진행한다. 엄격한 위생기준에 맞추어 저장·운송해 최종 구매자인 동아아교에게 추적가능하고 국가 중의약 약재 GAP 기준에 맞는 나귀가죽을 전달한다. 이 일련의 과정으로 젤라틴 원료의 표준화 생산과 품질이 보장받게 된다. 특히 네이멍구 바린쥐치 원료기지는 국내 유일의 검은 나귀 양축기지이다. 검은 나귀는 젤라틴 제조에서도 상등급의 원료이다. 명나라 의약 학자 이시진은 《본초강목》에서 "물을 부어 조린 검은 나귀 가죽은 아교 중에서도 최고 상등품에 속한다"고 말했다.

● **매매포인트**

■ **경영 실적**

　동아아교는 국가 등급 하이테크놀로지 기업으로 전국 동종업계의 GMP, ISO9001 품질 인증, ISO14001국제 환경 경영 시스템 인증을 통과하였다. 전국 100대 제약기업, 전국 100대 과학기술기업, 중의약 업계 10대 최우수 기업, 산둥성 중의약 현대화 과학 기술 시범 기업, '중국 100대 장수 기업'에 선정되었으며 7회 연속 발전 잠재력이 있는 50대 상장 기업의 영예를 안았다. 중국 의약품 브랜드 중 4회 연속 최고 의약 보조제 기업으로 지정되었고 중국 최우수 경쟁력 20대 제약 기업에 꼽히기도 했다. 중국 내 10대 보혈 제품 브랜드 중 보혈률, 복용률, 시험률, 브랜드 로열티 등 7개 지수에서 가장 높은 점수를 얻었다. 또한 중국 중의약 산업의 선두 업체, 전국 정보화 컨버전스 50대 기업, 최우수 사용자 기업, 국가 종합 신약 연구개발 기술 플랫폼 (산

유통주/비유통주 분포 비교

출자금 구조	단위 : 만 주	점유율
유통 A주	65,377.34	99.96%
유통 B주	–	–
유통 H주	–	–
기타 유통주	–	–
유통제한주	24.81	0.04%
미유통주식	–	–
총출자금	65,402.15	100%

등) 산업화 시범 기업, 전국 과학 보급 교육 기지, 중국 의약 품질 관리 기업의 명성이 있다.

2012년 기업의 판매수입과 순이익은 각각 30억 5,600만 위안, 10억 4천만 위안을 기록했다. 국가 무형 문화 유산 생산 보호 시범 기지에 선정되었고 2011년 상장 기업 랭킹에서 가장 큰 성장 잠재력을 가진 100대 기업, 중국 기업 교육 100대 기업, 중국 산둥 특허 기업, 산둥성 식품 공헌 기업, 산둥성 여행 혁신상 기업 등으로 지정되었다. 바이오 의약품 루이퉁리와 바이오 기술에 기반한 젤라틴 품질 기준 연구는 산둥성 과학 기술 1등상을 수상하여 성 주관의 과학 기술 1등상 3관왕을 차지하였다.

■ **건강 서비스**

건강 서비스 사업 발전 및 더 활기 있는 삶을 위해 산둥동아아교주식유한공사는 2011년 산둥동아아교건강관리프랜차이즈공사山东东阿阿胶健康管理连锁公司를 설립하였다. 해당 기업은 동아아교주식공사가 전체 지분을 소유한 자회사로 등록자금은 2천만 위안에 달한다. 의약, 건강식품 판매를 주요 비즈니스로 하고 3,200개의 아교 처방전과 중의학 전문가 인력에 기반한 기술력은 소비자에게 건강, 보조식품, 미용 등 의료 솔루션을 제공한다.

동아아교건강관리프랜차이즈공사는 "고금의 지혜를 통합하고 건강한 인생을 창조한다"는 경영이념 아래 체험식마케팅, 서비스마케팅, 회원관리제를 시행한다. 이를 통해 소비자에게 사계절 건강지도, 개성화된 처방전 추천, 아교선식 보급, 아교문화 전시 등의 서비스를 제공하고 있다. 또한 건강포럼, 회원살롱, 중의약 진료, 건강파일 작성 등의 건강 서비스를 통해 생기와 활기 넘치는 문화를 만들고 소비자를 위한 건강 솔루션을 제공함으로써 현대 사회에 새로운 보건이념, 전방위적인 건강을 구현한다. 기업의 본사는 지난시 리샤구 졔팡로에 있으며, 마켓부서, 품질부서, 트레이닝부서, 운영부서, 행정부서, 재

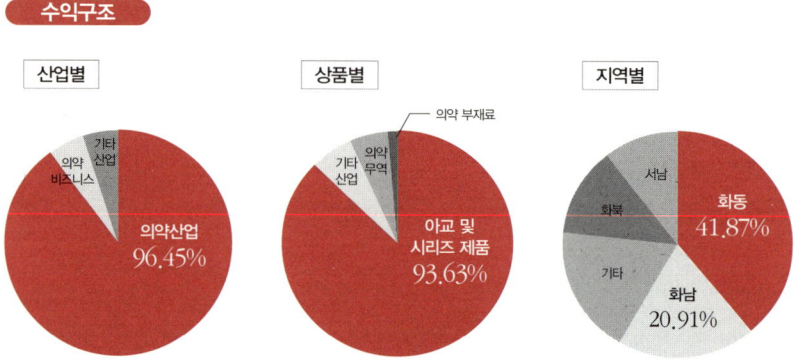

수익구조

	업무명	영업 수입 (만 위안)	수입 비율	영업 원가 (만 위안)	원가 비율	이익 비율	총이익률
산업별	의약산업	166334.26	96.45%	58894.86	97.77%	95.75%	64.59%
	의약 비즈니스	9593.19	5.56%	8611.17	14.30%	0.88%	10.24%
	기타 산업	9171.36	5.32%	6106.61	10.14%	2.73%	33.42%
상품별	아교 및 시리즈 제품	161458.88	93.63%	54985.59	91.28%	94.89%	65.94%
	기타 산업	11477.15	6.66%	8102.31	13.45%	3.01%	29.40%
	의약무역	9593.19	5.56%	8611.17	14.30%	0.88%	10.24%
	의약 부재료	2569.6	1.49%	1913.57	3.18%	0.58%	25.53%
	의료기기	–	–	–	–	–	–
지역별	화동	72210.31	41.87%	26429.96	43.88%	40.80%	63.40%
	화남	36060.5	20.91%	17834.26	29.61%	16.24%	50.54%
	기타	33786.12	19.59%	13109.39	21.76%	18.43%	61.20%
	화북	23767.03	13.78%	9963.25	16.54%	12.30%	58.08%
	서남	19274.84	11.18%	6275.77	10.42%	11.58%	67.44%

정부서, 정보부서, 인력자원부서 등 8개의 부서로 구성되어 있다. 전국적으로 104개의 영업점이 문을 열었고 등록직원 수는 394명에 달한다.

▪ 아교업계의 선도기업

동아아교의 주요 비즈니스분야는 중의약이다. 중국 국내 최대 아교 생산기업으로 아교 연간생산량과 수출량이 각각 전국에서 75%와 95% 이상을 차지하며 전국 나귀 가죽 자원의 90%를 장악하고 있다. 기업 브랜드 가치는 30억 위안을 초과하며 7회 연속 '발전 잠재력이 있는 50대 중국 상장기업'에 선정되었다. 독특한 자원경쟁력, 브랜드 가치, 제품의 시장지배력, 지적재산권의 등 여러 가지 이점이 있기 때문에 제품가격이 국가정책에 크게 구애받지 않는다.

중국 국무원은 동아아교의 제작기술을 1차 무형 문화 유산 확장목록에 포함하였다. 동아아교는 9대에 걸쳐 황실에 진상품으로 바쳐졌으며 동아젤라틴, 복방젤라틴시럽, 도원희고양갱 등은 고급부터 저급까지 브랜드 영역 전반에 걸쳐 시장이 형성되어 있다. 동아아교는 '보혈, 보양, 미용' 3대 시장을 확대하고 '상점, 마트, 병원, 직판장' 4곳의 판매망을 공고히 하고 있다.

▪ 국유 유통체인 화윤계열

동아아교의 지배주주는 화윤동아아교유한공사华润东阿阿胶有限公司이고 실제 지배자는 중국화윤총공사中国华润总公司이다. 화윤은 홍콩과 중국 대륙에서 가장 실력 있는 다원화 그룹 중 하나이다. 그 외에 동아아교와 뱅가드华润万家는 동아아교 시리즈 제품에 대해 뱅가드 2,600개 판매 네트워크에 성공적으로 진입시켰다. 뱅가드는 화윤그룹 산하의 소매 프랜차이즈 브랜드로 폭넓은 판매 네트워크가 형성되어 있으며 화동, 화남, 서북, 동북, 중원, 화북 및 홍콩 15개의 성과 시, 80여개의 현 이상 도시에 분포되어 있다.

- **자체 가격 결정권**

동아아교는 중국 최대 젤라틴 및 시리즈 제품 생산기업이다. 지역

향후 순이익과 주당순이익 예측 EPS

2015년 1월 5일까지 6개월 내 18개 기관이 예측한 산동동아아교의 2014년도 실적 : 2014년 매 주식의 수익은 2.15위안이 될 것으로 예측하며, 작년 동기대비 16.9% 성장한 것이다. 2014년의 순이익은 14억 300만 위안이 될 것으로 예상하며, 작년 동기대비 16.67% 성장할 것으로 보인다.

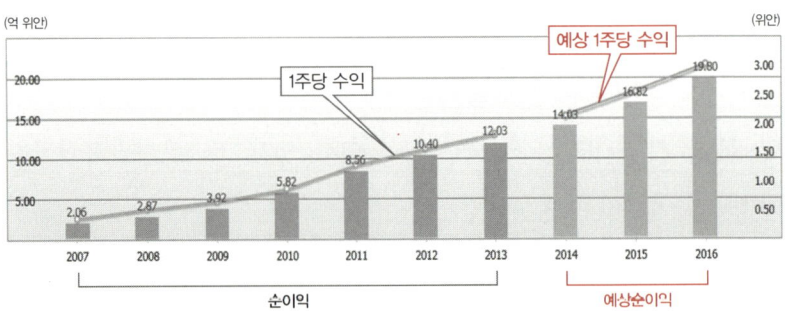

• 연도별 1주당 예상수익 (단위 : 위안)

	예측 기관수	최소치	평균치	최대치	업계평균
2014	18	1.77	2.15	2.40	0.99
2015	17	2.17	2.57	2.88	1.23
2016	14	2.44	3.03	3.45	1.49

• 연도별 예상순이익 (단위 : 억 위안)

	예측 기관수	최소치	평균치	최대치	업계평균
2014	18	11.55	14.03	15.73	7.61
2015	17	14.21	16.82	18.86	9.18
2016	14	15.95	19.80	22.58	10.73

주요 자원, 독점적 수자원, 핵심 기술 이점 및 나귀 가죽 자원 장악력 등의 강점으로 자체적인 가격결정권이 있다. 2009년 이후 아교 출하가는 다섯 차례 상향조정되었다. 2010년부터 3회에 걸쳐 가격이 10%씩 올랐고, 2014년 1월 28일에 20%, 2014년 5월 24일에 5%(현재 젤라틴 출하가는 542위안)가 올랐다. 2015년 1월 기준으로 2015년 아교 제품 출하가의 조정폭이 60%가 넘지 않도록 하겠다고 발표하기도 했다.

■ 중의약업계의 선두주자

중의약은 중국의 국가 중심 지원 산업이다. 동아아교는 대형 2등급 기업으로 분류되며 국가 중의약 산업 50대 기업, 산둥성 113곳 중요 기업, 랴오청시 핵심기업 중 한 곳이다. 전국적으로 중의약 산업에서 처음으로 ISO9001 품질 인증과 ISO14001환경 시스템 인증을 취득하였고 의약품 생산 품질 관리 규범^{GMP}과 의약품 경영 관리 관리 규범 ^{GSP} 4대 인증을 받았다. '젤라틴 친자 DNA 검증법'은 젤라틴 산업의 국가기준으로 자리 잡았고, 이로 인해 기업의 시장점유율이 크게 향상되었다. 캐나다 중의약 제품 GMP 인증도 통과하였다.

■ 의료보험 가입과 바이오 제약

동아아교의 젤라틴, 복방젤라틴시럽, 안궁지혈과립, 재조합적혈구 성장호르몬, 구판젤라틴, 녹각젤라틴, 6개 제품이 '국가 기본 의료보험 및 산재보험 의약품 목록'에 포함되었다. 기본 의료보험 의약품 목록에 추가된 회사의 주요 제품은 판매에 큰 영향을 미칠 것으로 기대하고 있다.

바이오 제품인 '재조합 적혈구 호르몬 주사액', '인터류킨II(I)', '레트플라즈(루이퉁리)', 3개 제품은 국가처방전(화학 의약품과 바이오 제약품 편)에 포함되었다. 그 가운데 재조합 적혈구 호르몬 주사액은 처방편 '만성 신장 부전 및 그 의약품 치료, 빈혈 및 그 의약품 치료'에 다뤄지고 있으며 치료증상으로 만성신장 부전 및 빈혈을 포함한다. 인터류킨

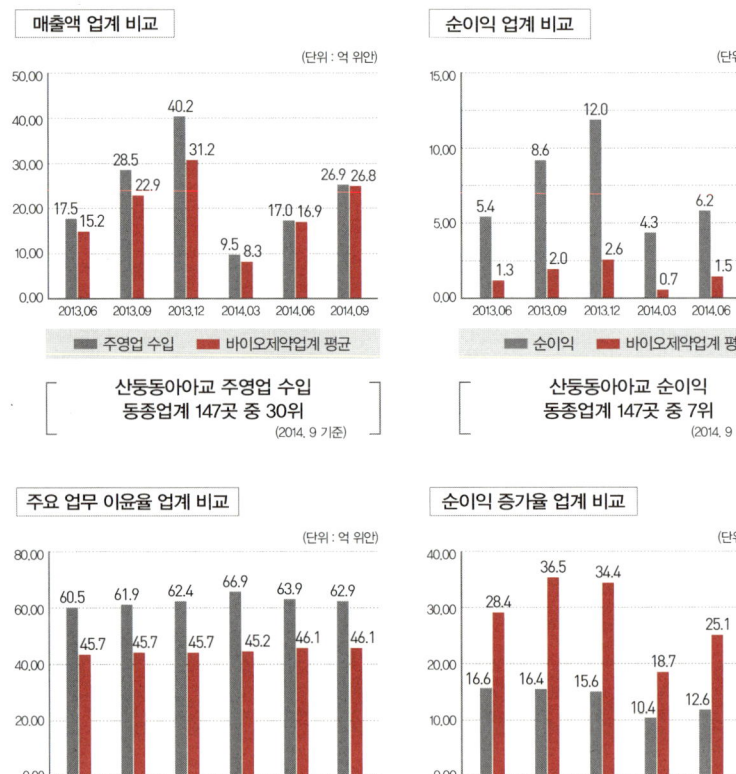

II(I)는 처방편 '항종양제'에서 다루고 있고 치료증상은 실체 종양, 비골수 백혈병 화학 치료 후 혈소판 감소증이다. 레트플라즈는 처방편 뇌혈관 및 그 의약품에서 다루어지며 관상동맥혈전으로 인한 급성 심근경색 용전 치료에 사용된다.

- **젤라틴 과학 기술 산업 단지 프로젝트 투자와 건설**

2013년 4월, 동아아교는 기존의 워런트 공모자금 투자 프로젝트 중 복방젤라틴시럽의 생산 작업장 기술 개조 프로젝트와 확장 프로젝트를 추진한다. 동시에 기타 제품 라인 투자를 늘리고 젤라틴 과학 기술

재무제표

재무년도	2012	2013	2014	2015E	2016E
주당순이익	1.59	1.84	1.86	1.87	1.89
순이익(억 위안)	10.81	12.82	14.83	17.51	20.78
순이익 증가율(%)	21.50	15.64	18.12	18.66	19.22
총수입(억 위안)	30.43	40.44	53.15	70.00	92.39
총수입 증가율(%)	10.77	31.42	31.70	31.99	32.28
BPS(위안)	6.49	7.65	7.88	8.12	8.36
ROE(%)	26.82	25.80	26.57	27.37	28.19
PER(배)	31.21	35.16	21.64	18.93	14.63
PBR(배)	8.37	9.07	5.75	5.18	4.12
자산·부채 비율(%)	19.05	14.97	15.42	15.88	16.36
마진률(%)	73.65	63.48	65.38	67.35	69.37
재고자산회전률(%)	2.26	3.08	3.17	3.27	3.37

산업 단지 건설을 추가적으로 실행하고자 한다. 본 프로젝트는 총 16억 위안의 자금이 투자될 계획이며, 3월 31일까지 사용한 공모자금은 2억 3천만 위안에 달한다. 그 외 자금은 자체 보유 자금이다.

■ 아교 생산실

동아아교는 중국 정부 12차 5개년 경제개발계획이 진행되는 2011년부터 2015년까지 건강 서비스 사업의 진척 속도를 높이겠다고 발표한 바 있다. 체인점인 아교 생산실이 건강 서비스 사업을 전개하는 중요한 매개체가 될 것이라고 한다. 아교 생산실은 소비자에게 보혈, 보양, 미용, 3대 시리즈에 50개 종류의 젤라틴 제품을 제공한다. 뿐만 아니라 3,200개 젤라틴 처방 및 중의약 전문가 인력에 기반하여 건강, 건강식품, 미용 등 개성화된 건강 서비스를 제안할 수 있다. 통계에 따르면 이미 36개의 아교 생산실이 만들어졌다고 한다.

■ 시장 마케팅

2014년에 동아아교는 OTC^{Over The Counter Drug}와 병원이라는 이중망을 통해 젤라틴과 복방젤라틴시럽을 연간 20억 위안의 판매수입을 거두는 핵심 제품으로 만들겠다고 발표하였다. 병원 시스템의 미래 시장전략으로서 의료시장을 개척하고 젤라틴 사용자를 늘리는 전략인 동시에, 현재의 시장에서 아교 취급점의 비율을 늘리겠다는 것이다. 주강삼각주, 장강삼각주, 베이징-톈진 및 하남지역이 기업의 전략적 요충지가 될 것이다.

5. 윈난백약그룹

- **한글명** : 윈난백약그룹주식유한공사
- **중문명** : 云南白药集团股份有限公司
- **기업형태** : 국유기업
- **주소** : 윈난성 쿤밍시 청센구 윈남백약가 3686호
- **종목코드** : 000538
- **영업분야** : 화학 원료약, 화학 약제, 중의 약제, 건강식품
- **홈페이지** : www.yunnanbaiyao.com.cn
- **CEO** : 우웨이吴伟

● 중국의 명품제약기업

　윈난백약그룹의 윈난백약치약은 국내에서도 유명한 명품치약이다. 잇몸이 붓거나 아플 때 쓰면 효과가 즉시 나타난다. 치주염에도 효과적이라 우리나라에서는 노년층들이 선호하는 제품이다. 이 치약은 백약이라는 성분이 함유되어 있는데, 백약은 중약의 일종으로 지혈에 효과적이며 부작용이 없는 것으로 알려져 있다. 중국에서는 "백약이 무효하다百药无效"에서 백약이 윈난백약白药을 지칭할 만큼 약효와 명성이 널리 알려진 중약(한약)계의 명품기업이다. 윈난백약은 약재가 풍부한 윈난성에서 명의 취환장曲焕章이 1902년에 창설하였으며, 1971년에 윈난백약그룹의 전신인 윈난백약 공장이 정식 설립되면서 백약을 전문적으로 생산하기 시작하였다.

　윈난백약그룹은 1993년에 선전거래소에 상장하면서, 윈난성의 기업 중 첫 번째 A주 상장기업이 되었다. 당시에는 화학원료약, 화학약

제조, 한약재로 만든 중의약, 중의약재, 생물제품 등을 생산했다. 자산 규모 300만 위안이었던 기업이 30여 년이 지난 지금은 자산규모 76억 3천만 위안의 기업으로 성장하였다. 전체 판매수익은 100억 위안(2010년 말)에 달한다. 화학원재료약재, 화학약제조, 한약재로 만든 중의약, 중의약제, 생물제품, 보건식품, 화장품 및 음료의 연구제조, 생산 및 판매를 하고 있다. 그밖에 설탕, 차, 건축재료, 장식재료의 도매, 판매, 판매대행 등 업무를 하고 있다. 과학기술 및 경제기술 컨설팅 서비스, 의료기계(2류, 의용 부료, 일차 사용의료 위생용품), 생활용품 등의 영역에서 뛰어난 실력을 구축하고 브랜드 가치가 높은 대형 의약기업그룹이다.

원난그룹의 제품은 원난성 백약 계열과 전칠田七(중국삼)을 중심으로 생산되고 있다. 공십종제형 70여 개 제품을 보유하고 있고 주로 국내, 홍콩, 마카오, 동남아, 일본, 구미 등의 국가와 지역에 판매되고 있다.

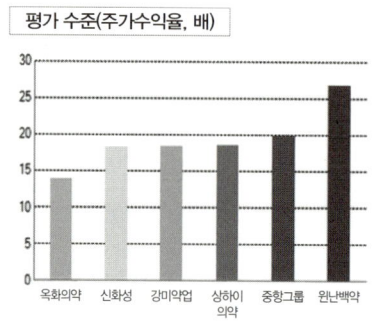

	옥화의약	신화성	강미약업	상하이의약	중항그룹	원난백약
PER	13.88	18.21	18.34	18.54	19.84	26.79
순위	1	2	3	4	5	27

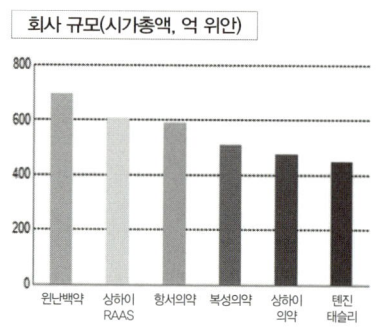

	원난백약	상하이RAAS	항서의약	복성의약	상하이의약	텐진태슬리
시가총액	695	607	589	510	473	447
순위	1	2	3	4	5	6

상표는 2002년 2월 국가 공상행정관리총국 상표국에서 중국 지명상표로 평가받았다.

● **윈난백약 현황과 경쟁력**

윈난백약의 시가총액은 695억 위안으로 선전거래소에 상장된 동종업계 중 1위이다. 복성의약 510억 위안, 상하이의약 473억 위안보다 높다. 윈난백약홀딩스에서 41.52%의 지분을 보유하고 있으며 평안보험과 인수보험도 대주주로 윈난백약의 지분을 보유하고 있다. 경영의 대부분은 중국 내에서 이루어지며, 상업용 제품과 공업용 제품을 통해 매출이 창출된다. 매출은 업계 5위, 순이익은 업계 1위로 규모만큼 업계평균 이상의 수익을 창출한고 있다. 순이익 증가율도 평균 26%로 우수하다. 매출증가율이 29%로 업계평균인 45%보다 낮다.

■ **핵심 경쟁력**

윈난백약의 뛰어난 경쟁력 중 하나는 무엇보다 코카콜라의 콜라 제조법처럼 조제방법이 아직까지 공개되지 않았다는 것이다. 19세기 말

5대 대주주(2014년 09월 30일)

순위	주주명	주식유형	보유주식수(주)	보유비율	증감(주)
1	윈난백약지주유한공사	유통 A주	432,426,597	41.52%	변동없음
2	윈난홍탑그룹유한공사	유통 A주	128,337,129	12.32%	변동없음
3	중국평안생명보험주식유한공사	유통 A주	97,500,000	9.36%	변동없음
4	중국생명보험주식유한공사	유통 A주	18,757,685	1.80%	-624,270
5	남방동영자산관리유한공사	유통 A주	8,694,705	0.83%	2,305,816

명의 취환장이 만든 약초사용법이 반복적인 조제와 임상실험 끝에 삼단일자(보통백옥단, 중승백옥단, 삼승백옥단, 보험)로 발전하였다. 이 백옥단의 명성은 중국뿐만 아니라 홍콩, 마카오, 싱가폴, 자카르타, 양곤, 일본 등의 지역으로 퍼졌다. 그렇게 시간이 흐른 후 1955년에 취환장의 후손들이 약의 비법을 정부에 공개하였고, 쿤밍제약공장에서 생산하기 시작하면서 '윈난백약'으로 알려졌다. 얼마 후 중국 국무원 비밀보완위원회는 윈난백약의 처방과 기술을 국가급 비밀자료로 지정한다. 1995년에는 국가 1급 보호 품목으로 선정되었고 20년의 보호기간이 정해졌다. 중국에서도 이런 대우를 받는 중의약 제품은 소수이다.

윈난그룹은 전통적인 중의약 제품을 현대인의 요구에 맞춰 개발하기 위해 부단한 노력을 기울이고 있다. 전통적인 형태로는 시장을 넓히기에 한계가 있기 때문이다. 신약 제형 개발과 캡슐, 정제, 응고제, 스프레이제 등 다양한 형태의 약품을 개발했다. 윈난그룹이 개발한 궁쉐닝캡슐은 기능성 자궁출혈증에 사용된다. 산부인과의 지혈과 소

유통주/비유통주 분포 비교

출자금 구조	단위 : 만 주	점유율
유통 A주	104,136.53	100%
유통 B주	–	–
유통 H주	–	–
기타 유통주	–	–
유통제한주	3.44	0.00%
미유통주식	–	–
총출자금	104,139.97	100%

염에 효과가 있어 국가 기본 사용 제약목록에 포함되었고, 국가 중의약 보호 품목으로 분류되기도 했다. 이 제품은 두 번째로 판매량이 높은 제품이기도 하다.

윈난백약반창고와 윈난백약캡슐은 시장잠재력이 뛰어난 제품이다. 윈난백약 반창고는 2003년 판매액이 1억 위안을 넘으며 반창고시장에서 2위의 자리에 올랐다. 또 연고제는 피부에 바르면 흡수가 잘되는 특징이 있다. 부종을 가라앉히고 어혈을 없애는 기능이 뛰어나다. 연고의 경우 시장수요가 반창고보다 많아서 전망이 매우 밝다. 그 밖에 윈난백약 스프레이도 있는데, 이 제품은 2002년 상반기에 동기대비 53% 성장하였다.

윈난백약과 스포츠는 긴밀한 관계를 맺고 있다. 윈난백약은 지속적으로 스포츠인들을 지원하고 중국 체육사업 발전을 위해 많은 공헌을 했다. 최근에는 지원을 더욱 확대하고 있다. 2000년 시드니 올림픽에서는 중국 체육대표단을 지원하고 자사의 제품을 제공했다. 올림픽 체조 금메달리스트 리우쉔刘璇 등을 제품 광고 모델로 발탁하기도 했다. 윈난그룹이 스포츠 선수를 광고모델로 기용한 첫 번째 사례이다.

윈난그룹은 2003년 1월에 윈난백약 대형 약국 1호점을 쿤밍에 열었다. 1년 내에 같은 형태의 약국의 16개 도시, 80여 개 현에 100개의 체인망을 구축할 것이라 공표했다. 유통업분야에도 진출해 새로운 활로를 모색하는 것이다. 이는 약품대리판매서비스가 2003년 1월 1일부터 개방되면서 하나의 사명감으로 이끄는 사업이다. 중의약 기업인 동인당의 사례처럼 윈난백약도 과도기를 거쳐 명실상부한 유통 브랜드로 자리 잡을 것이라 예상한다.

무엇보다 윈난백약의 가장 강력한 경쟁력은 오랜 세월 사랑받아온 인지도와 탁월한 약효이다. 100여 년 동안 임상실험을 진행하면서 의사와 환자들의 사랑을 받아왔고, 다양한 연구에서 그 가치가 증명되었다. 윈난백약에는 많은 활성성분이 포함되어 있어 응용범위가 넓고 치료효과가 탁월하다. 그래서 높은 평가를 받는 것이다.

윈난백약의 약품은 단독사용 뿐만 아니라 다른 중의약이나 서양약과 혼합복용하는 것이 가능하다. 내복약 또는 외용약으로 사용이 가능하고, 형태에 따라 관장약이나 스프레이로도 사용할 수 있다. 바르

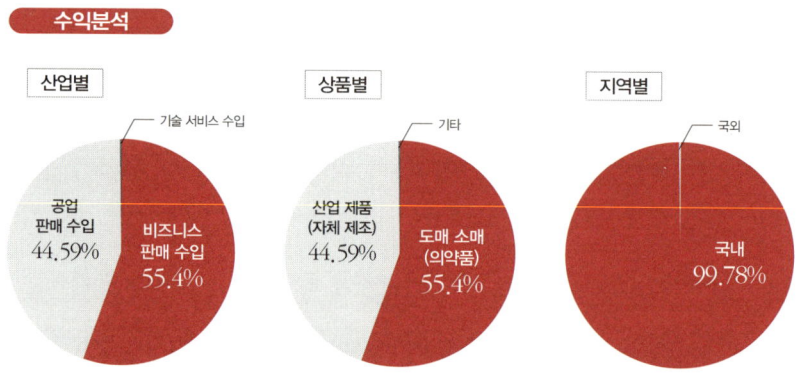

	업무명	영업 수입 (만 위안)	수입 비율	영업 원가 (만 위안)	원가 비율	이익 비율	총이익률
산업별	비즈니스 판매 수입	476566.46	55.40%	444934.73	73.82%	12.29%	6.64%
	공업 판매 수입	383556.82	44.59%	157256.74	26.09%	87.90%	59.00%
	기술 서비스 수입	87.15	0.01%	566.34	0.09%	-0.19%	-549.84%
상품별	도매 소매(의약품)	476566.46	55.40%	444934.73	73.82%	12.29%	6.64%
	산업 제품(자체 제조)	383556.82	44.59%	157256.74	26.09%	87.90%	59.00%
	기타	87.15	0.01%	566.34	0.09%	-0.19%	-549.84%
지역별	국내	858288.93	99.78%	602268.75	99.92%	99.44%	29.83%
	국외	1921.5	0.22%	489.06	0.08%	0.56%	74.55%

는 약도 있다. 윈난백약은 지혈, 혈액 순환을 촉진하고 어혈을 없애며, 부종을 가라앉히는 효능이 있고, 고름을 제거하고 독을 없애는 효능이 있다. 찰과상, 출혈에 독특한 효과가 있을 뿐만 아니라 내장출혈(폐결핵출혈, 위출혈, 장출혈) 등에도 효과가 있고 코피, 기관지 확장 출혈, 뇌출혈, 자궁출혈, 복부피멍 등에 특히 효과가 있다.

여기에 암증상 완화 및 억제작용을 하며 환자의 수명을 연장하는 효과도 있다. 중국의 권위 있는 의학서적과 의학대학교 교재에서도 윈난백약을 소화기관출혈과 각혈을 치료할 수 있는 중의약 재료로 소개하고 있다. 1950년대에 쿤밍 결핵병 방지병원에서는 윈난백약을 이용하여 10여 명의 침윤식폐결핵 환자를 치료하였고 효과도 뛰어났다. 그 중 2명은 몇 년 동안 다른 의약품을 사용해도 효과를 보지 못하다가 윈난백약 사용 후 증상이 눈에 띄게 완화되면서 치료되었다.

이는 단지 과거의 이야기만은 아니다. 윈난백약은 현대의학에서도 응용되고 있다. 중국에서는 내과, 외과, 산부인과, 소아과, 이비인후과, 피부과, 암센터 등 다양한 영역에서 사용하고 있으며 113가지의 지병을 치료하고 있다. 윈난백약 연구내용을 인용한 논문만 해도 187편이 넘고 88개의 의학잡지 및 의학서적에 수록되었다.

세계적으로도 윈난백약을 주목하고 있다. 미국의 암 연구소는 윈난백약 성분의 항암성에 주목하고 있으며, 일본에서는 윈난백약을 응용하고 변증하여 암치료에 사용하고 있다. 실제로 환자를 치료하기도 했다. 동유럽 국가와 러시아 등지에서는 윈난백약의 인기가 식을 줄 모르고 있다. 동물들의 질병 치료에도 사용되고 있다.

● **매매포인트**

■ 국가기본약품사용 목록

중국의 '국가기본약품사용 목록'이 2009년 8월 18일에 정식으로 발표되었다. 100개의 중성약품中成药品(중의약 재료로 만든 약품) 중 윈난백약이 독자적으로 보유한 품종만 20%에 달한다. 목록에 포함된 윈난백약의 제품은 캡슐, 연고, 정, 스프레이 등 매출의 약 53%를 차지하는 제품들이다. 윈난백약그룹은 윈난성정부가 지정한 10대 중점 지원

향후 순이익과 주당순이익 예측 EPS

2015년 1월 5일까지 6개월 내 18개 기관이 예측한 윈난백약의 2014년도 실적 :
2014년 매 주식의 수익은 2.43위안이 될 것으로 예측하며, 작년 동기대비 27.25% 하락한 것이다. 2014년의 순이익은 25억 3,100만 위안이 될 것으로 예상하며, 작년 동기대비 9.04% 성장할 것으로 보인다.

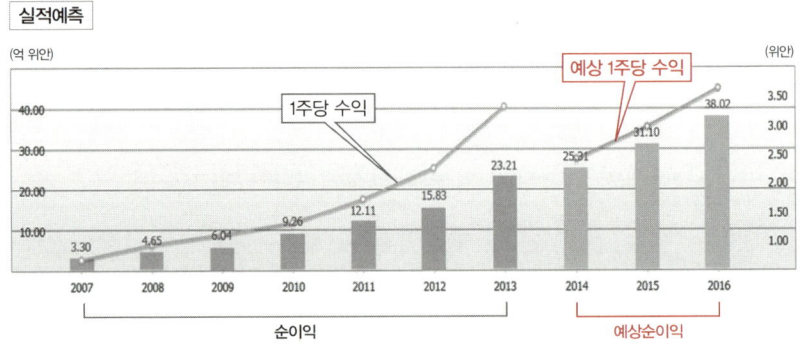

• 연도별 1주당 예상수익 (단위: 위안)

	예측 기관수	최소치	평균치	최대치	업계평균
2014	18	2.14	2.43	3.55	0.99
2015	18	2.69	2.99	4.36	1.23
2016	14	3.23	3.65	5.24	1.49

• 연도별 예상순이익 (단위: 억 위안)

	예측 기관수	최소치	평균치	최대치	업계평균
2014	18	22.31	25.31	36.97	7.61
2015	18	28.03	31.10	45.42	9.18
2016	14	33.60	38.02	54.55	10.73

의약기업 중 하나이며, '원난백약' 상표는 지명도 높은 상표로 법률적으로 국가로부터 보호받고 있다. 주력 제품들이 '국가기본의료보험과 보험약품목록' 및 신의료보험 제품목록에 포함되었다. 앞으로도 이러한 성장세를 유지할 것으로 예상된다.

- **독자적인 가격결정 능력**

백약제품은 독특한 효과가 있고 복제할 수 없는 제품으로 최근 10년간 가격이 상승해왔다. 기술 프로세스나 조제방법이 모두 국가기밀에 속하기 때문에 국가의 보호를 받는다. '원난백약'으로 등록된 상표는 회사의 이윤을 보장하는 중요한 역할을 하고 있다. 원난백약그룹 주력 제품들의 순이익은 높은 편이며, 2013년에는 제품 순이익률이 73.39%에 달했다.

- **판매 전략**

원난백약그룹은 "중앙을 안정시키고 두 날개로 억億 위안 이상의 판매고를 이루자"는 전략을 실시하여 중점적으로 원난백약연고, 원난백약반창고, 원난백약 치약을 판매하였다. 그리하여 약제와 치약 두 제품의 판매수익이 억 위안 단위를 넘어서게 되었다. 그 밖에 구급약품사업, 미용팩사업 등에서도 억 위안대의 판매가 예상된다. 장기적으로 회사가 연구개발중인 17종의 중의약 제품이 새로운 성장동력이 될 것으로 보인다. 건강제품, 의학용 재료, 중의약 달인한약 등 관련된 다양한 제품들이 이미 어느 정도 모습을 갖추었다. 2008년 3월 27일에 그룹 부회장 인핀야오尹品耀 대표는 일본의 마리브Maleave 화장품 주식회사와 화장품 기술양도 협의를 체결하였다. 이 협의는 윈난백약그룹이 정식으로 국제자원과의 통합을 시작함을 의미하며 약품화장품 영역의 서막을 연 계기가 되었다.

- **삼칠산업**

윈난백약그룹은 윈산장족묘족壯族苗族 자치주 정부와 '협력개발 원

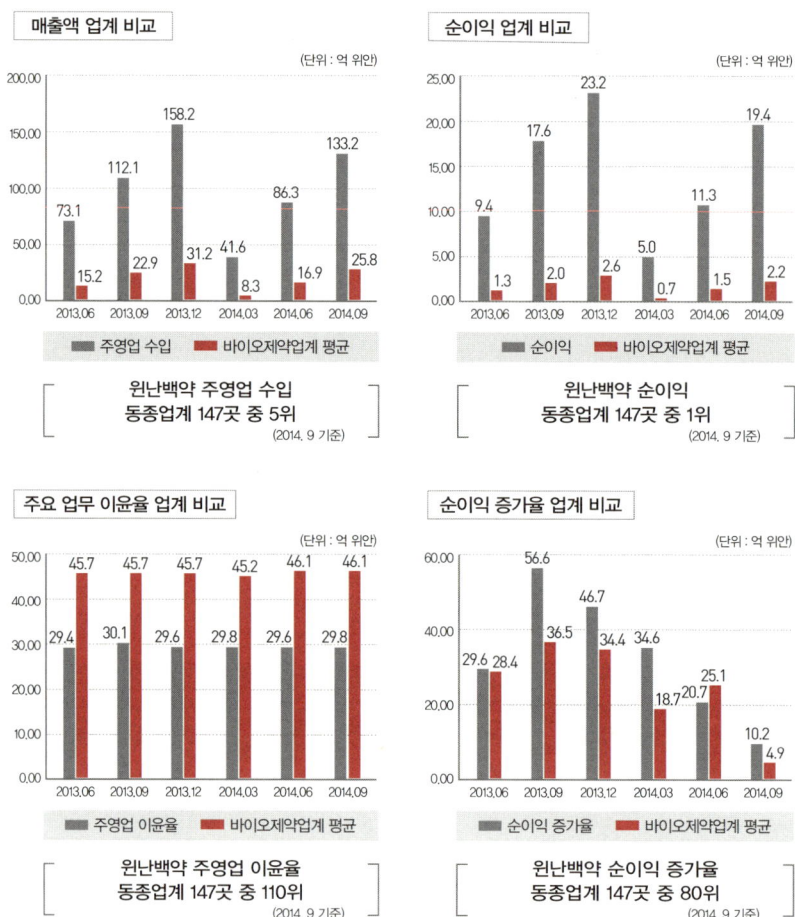

산삼칠산업 전략협의'를 체결하였다. 양측은 공동으로 협력하여 원산주의 삼칠자원을 개발하기로 하였으며, 삼칠 산업자원의 규모를 확대하여 개발효율을 높이기로 하였다. 윈난백약그룹은 칠화공사(50.98%의 지분 보유)의 플랫폼으로 원산주와 삼칠 재배, 삼칠원생약재 물류 무역, 삼칠의 효과적인 성분채집, 삼칠보건품과 약품개발, 삼칠연구개발 플랫폼 건설 등 여러 방면에서 심도 깊은 협력을 진행할 예정이다. 2010년부터 윈난백약그룹 원산칠화유한책임회사의 판매약과 세수가 2년 연속 2배를 넘었고, 2012년부터 2014년까지 판매액의 증가폭이 30% 이상이다.

■ 100% 관리하는 백약제품

2009년 12월 윈난백약그룹은 원산장족묘족 자치주 정부와 '협력개발 원산삼칠산업 전략협의'를 체결하였다. 윈난백약그룹은 이사회의 비준을 거쳐 원산주정부에게 무상으로 43.24%의 주주권을 양도하였으며, 원산회사의 직원들이 보유한 5.78%의 주식을 매수해 원산회사는 윈난백약그룹의 전액출자회사가 되었다. 또 윈난성 산업투자홀딩스그룹 유한책임회사가 보유한 리장회사丽江公司의 7.71%의 주식을 매입하여, 리장약업도 윈난백약그룹의 전액출자회사가 되었다. 이로써 윈난백약의 제품을 생산하던 3곳의 지주회사가 윈난백약의 전액출자회사가 되었다.

■ 다원화 전략구조

윈난백약그룹은 '신백약, 대건강'의 모토를 따라 좋은 약품을 만들

재무제표

재무년도	2012	2013	2014	2015E	2016E
주당순이익	2.28	3.34	3.44	3.47	4.12
순이익(억 위안)	15.57	23.38	34.29	49.77	64.82
순이익 증가율(%)	30.69	46.66	45.15	30.24	25.11
총수입(억 위안)	138.21	158.09	180.97	207.94	239.86
총수입 증가율(%)	20.99	14.47	14.90	15.35	15.81
BPS(위안)	10.12	13.00	13.39	13.79	14.21
ROE(%)	25.16	28.94	29.81	30.70	31.62
PER(배)	32.13	28.83	26.79	27.59	27.84
PBR(배)	8.08	8.34	7.99	8.47	8.80
자산·부채 비율(%)	34.10	29.91	30.81	31.73	32.68
마진률(%)	30.02	29.70	30.59	31.51	32.45
재고자산회전률(%)	2.43	2.44	2.51	2.59	2.67

기 위해 노력하고 있다. 그와 동시에 일상 화학제품을 개발하고 윈난 중약의 장점을 발굴하기 위해서도 노력하고 있다. 현재 기업의 브랜드들은 이미 입소문을 타고 있고, 전략적으로 판매하는 제품의 종류도 다양해지고 있다. 기존의 의학 위주의 제품에서 건강 위주의 제품으로, 과거의 치료 위주의 제품에서 예방 제품으로 변하고 있는 것이다. '대건강'이라는 개념이 모든 제품에 이행되고 있고, 이러한 모토와 성과가 회사의 이익에도 반영되고 있다.

6. 안강주식

- **한글명** : 안강주식유한공사
- **중문명** : 鞍钢股份有限公司
- **기업형태** : 국유기업
- **주소** : 랴오닝성 안산시 티에시구 안강공장
- **종목코드** : 000898
- **영업분야** : 철강
- **홈페이지** : www.ansteel.com.cn
- **CEO** : 마롄융 马连勇

● **중국철강 3위이자 빌 게이츠가 주목한 기업**

　세계 금융위기가 채 가시지도 않은 2008년 중순, 투자의 귀재 워렌 버핏이 중국 전기자동차기업 비야디(BYD)에 투자해 1년 만에 10억 달러(약 1조 2천억 원)의 수익을 얻는다. 비야디의 잠재력과 경영능력을 높이 사서 투자했고, 성과를 이룬 것이다. 워렌 버핏 투자 이후 현재는 어떠한가? 2~4달러 안팎에 불과했던 비야디의 주가는 버핏의 투자 이후 최대 86달러까지 폭등했다. 거품이 꺼지고 다시 성장하기를 반복하고 있다. 버핏의 투자로 중국인들 뿐만 아니라 전 세계 각지의 자금이 비야디로 몰린 것이다. 이른바 버핏효과이다. 경제권의 유명인사가 주식을 투자하면 대중들도 따라 투자하는 현상이다.

　이 워렌 버핏에 버금가는 또 다른 인물이 나타났다. 바로 세계 1위 부호이자 슈퍼리치인 마이크로소프트의 빌 게이츠이다. 빌 게이츠까지 중국 주식투자에 뛰어들면서 중국주식이 대세라는 것을 몸소 보여주고 있다. 빌 게이츠가 운영하는 캐스케이드인베스트먼트 CascadeInvestment의 A주 투자수익률은 50%에 달하는데 안강주식(안강구편)과 반강그룹(판강판타이) 두 종목을 각각 1,926만 1,900주, 2,599만 9,900주 매수했다. 현재 빌 게이츠는 안강주식의 4번 째 대주주인데 앞으로도 지속적으로 지분을 늘릴 것으로 보인다.

빌게이츠는 워렌 버핏처럼 투자자이기 전에 기업가이다. 수익률로 이득을 내는 것보다 자신의 회사MS와 연관된 기업에 투자하여 지분을 확보하는 것을 더욱 중요시한다. 보다 안정된 기업에 장기투자하는 것이 목적이라서 안강주식의 주가는 꾸준히 상승할 것으로 보인다. 빌 게이츠 투자 이전부터 UBS증권, 메릴린치, 노무라 등 유명 기관투자자들이 이미 투자를 진행하고 있는 기업이기도 하다.

또한 안강주식은 앞으로 중국정부가 시행할 정책으로 인해 상승세를 탈 예정이다. 중국은 세계 철강업계 생산량 1위 국가이다. 중국의

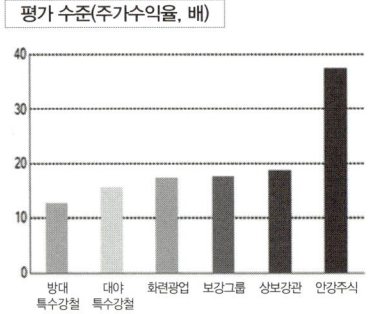

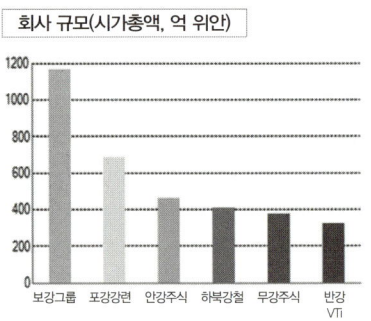

	방대특수강철	대야특수강철	화련광업	보강그룹	상보강관	안강주식
PER	12.69	15.39	17.39	17.41	18.70	37.33
순위	1	2	3	4	5	10

	보강그룹	포강강련	안강주식	하북강철	무강주식	반강VTi
시가총액	1,163	687	459	409	376	323
순위	1	2	3	4	5	6

철강산업은 공급량 증가로 사양길을 걷고 있지만, 2014년 시진핑정권의 일대일로 정책으로 인해 수요량이 늘어날 것이다. 대표적인 것이 열차레일 수요이다. 그런 의미에서 중국 3대 철강회사 중 하나이 안강주식을 기대해볼 만하다.

● 중국 철강산업의 요람, 안강

안강주식유한공사鞍钢股份有限公司의 본사는 랴오닝성 안산시辽宁省鞍山市에 위치해 있다. 안산지역에서 이미 확인된 철광석 저장량만 해도 전국의 4분의 1에 이르는 것으로 알려져 있다. 안강주식은 1916년에 설립되어 1948년에 안산강철공사鞍山钢铁公司가 세워졌다. 안강주식은 현대 중국이 건국될 무렵 첫 번째로 복구한 대형 철강 공동 기업이자 가장 오래된 철강생산기지이다. 때문에 '중국 철강 산업의 요람', '공화국 철강 산업의 아들'이라고 불린다. 6년간의 건설과 빠른 발전으로 채굴, 선광, 제련, 제강부터 압연 종합 프로세싱 및 고온건류, 내화, 동력, 운송, 기기 야금, 건설, 기술연구개발, 설계, 자동화, 종합 이용

5대 대주주(2014년 09월 30일)

순위	주주명	주식유형	보유주식수(주)	보유비율	증감(주)
1	안산강철그룹공사	유통 A주	4,868,547,330	67.29%	-36,360,960
2	홍콩중앙결산(대리인)유한공사	유통 H주	1,073,856,005	14.84%	-843,690
3	UBS AG	유통 A주	36,792,657	0.51%	1,440,548
4	스위스신용대출(홍콩)유한공사	유통 A주	25,770,606	0.36%	3,853,214
5	메릴린치	유통 A주	20,404,067	0.28%	9,482,990

까지 아우르는 대형 철강 그룹이 되었다. 700여 종의 철강 및 2만 5천 규격의 철강제품을 생산할 수 있다. 연간 철 1,600만 톤, 강철 1,600만 톤, 강재 1,500만 톤을 생산하는 종합 생산 능력을 갖추었다.

안강주식은 대규모의 기술 개조 과정에서 '출발점은 높되 적은 투자로 빠른 산출과 높은 효율'의 기술개조 목표를 세웠다. 이를 통해 현재 주요 생산공정과 기술설비는 국제적인 수준에 이르렀다. '정품 기지 설립, 세계적 브랜드 창출' 전략을 추진하여 연간 1,600만 톤의 철강제품을 생산하는 기지를 만들었다. 열간압연판, 냉간 압연판부터 아연도금판, 페인트판, 냉간 압연 실리콘강, 중량 레일, 무이음매 강판, 냉간 압연 실리콘강, 형재, 건축자재 등 완전한 제품 시리즈를 만들었다. 그 외 자동차판, 가전용판, 컨테이너판, 조선판, 파이프판, 냉간 실리콘강을 중심으로 하는 판형 자재제품의 생산기지가 마련되었다. 이로써 안강주식은 현재 중국에서 고급 세단 베니어판을 생산할 수 있는 철강기업 중 하나가 되었고, 세계 최대 컨테이너 강판 공급 업체

유통주/비유통주 분포 비교

출자금 구조	단위 : 만 주	점유율
유통 A주	614,893.64	84.99%
유통 B주	–	–
유통 H주	108,580.00	15.01%
기타 유통주	–	–
유통제한주	7.14	0.00%
미유통주식	–	–
총출자금	723,480.78	100%

가 되었다.

안강주식의 '정품 기지 설립, 세계적 브랜드 창출' 목표는 이미 뚜렷한 성과를 거두었다. 동부에 연간 생산 1,100만 톤의 철강기지를 세웠고 이를 근간으로 대규모 현대화 철강 공장인 서부 500만 톤 강판 자재 제품 기지가 만들어졌다. 기술 자주 혁신, 설비 국산화, 기술력 수준은 중국 최고의 자리를 고수하고 있다. 또한 자주 혁신을 통해 자체적으로 쇼트 프로세스 박판 연주 압연 철강 기술을 개발하였고 이를 성공적으로 산둥지강그룹(山东济钢)에 수출하였다. 제품 수출에서 완성품 기술 수출까지 성공적인 전환을 이뤄냈는데, 이것은 중요 디자인을 수입에 의존하던 야금업계를 변화시키는 것이다. 종합 경쟁력은 국제적인 수준에 이르렀고 영향력도 눈에 띄게 성장하였다.

이 기업의 전체 제품은 ISO9002 품질 시스템 인증을 통과하였다. 선박용 철강분야에서는 9개국의 선박 회사 인증을 얻었고 석유 파이프의 경우 API 인증을 받았다. 건축 자재는 영국 로이스사 CE표준 인증, 철강 메인 바디는 ISO14000 환경 관리 시스템 인증과 OSHMS 직업 안전 건강 관리 시스템 인증을 획득하였다.

철강제품은 국제 수준의 기준에 따라 믿을 수 있는 생산과정을 거치고 있다. 안강주식의 지속적인 발전 노력은 새로운 기술, 공정과 관리 강화를 통해 구현되고 있다. 생산 소모성 감소, 환경 보호, 폐기물 이용, 친환경 생산, 생태 환경 보호 등의 조치를 통해 친환경적인 기업으로 거듭나고자 노력하고 있다. 〈포브스〉가 선정한 세계 500대 기업 중 하나이기도 하다.

● **안강주식 현황과 경쟁력**

안강주식의 시가총액은 459억 위안으로 철강업계 3위이다. PER는 37.33배로 업계 10위인데, 다소 높은 편이다. 안강주식에서 지분의 67.29%를 보유하고 있으며 A주와 H주에 동시상장한 주식이다. 철강 가공업을 통해 수익을 창출하고 있으며 냉연강판과 열연강판이 매출

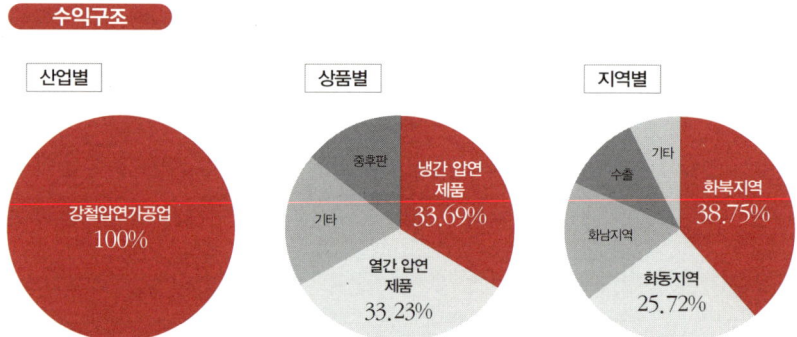

	업무명	영업 수입 (만 위안)	수입 비율	영업 원가 (만 위안)	원가 비율	이익 비율	총이익률
산업별	강철압연가공업	3796100	100.00%	3401500	100.00%	100.00%	10.39%
상품별	냉간 압연 제품	1278800	33.69%	1085000	31.90%	49.11%	15.15%
	열간 압연 제품	1261500	33.23%	1199200	35.26%	15.79%	4.94%
	기타	721500	19.01%	643800	18.93%	19.69%	10.77%
	중후판	534300	14.07%	473500	13.92%	15.41%	11.38%
지역별	화북지역	1470900	38.75%	–	–	–	–
	화동지역	976300	25.72%	–	–	–	–
	화남지역	661800	17.43%	–	–	–	–
	수출	415300	10.94%	–	–	–	–
	화북지역	208800	5.50%	–	–	–	–
	중남지역	41800	1.10%	–	–	–	–
	서북지역	14000	0.37%	–	–	–	–
	서남지역	7200	0.19%	–	–	–	–

의 대부분을 차지한다. 생산된 제품의 90%는 중국 내수시장에서 소비되고 10%는 수출하고 있다. 매출, 순이익은 업계에서 각각 6위와 2위를 차지해 높은 편이지만 중국 철강업계의 공급과잉으로 인해 순이익 증가율은 2012년 이후부터 마이너스를 기록하고 있다.

■ 핵심 경쟁력

안강주식은 2013년에 기술연구개발, 제품개발, 생산능력 제고, 전면적인 품질관리 개선, 지적재산권 전략과 기술표준 전략추진을 위해 자주혁신 실현 및 신제품출시 가속화 등을 추진하였다. 이를 통해 핵심 기술 장악력이 크게 업그레이드되었다. 자동차, 가전용 강판, 군사용 강판, 파이프강, 전기 강판, 공정 기기용 강판, 선박 강판 및 해양 공정용 강판, 송유관 강판, 건축 교량용 강판분야에서 철강 제품 특허를 신청하였다.

우선 자동차 강판분야에서는 이중 강철, 망간 형상변화 유도 소성강, 이중 결정 유도 소성강 등 고강도 강철을 중점적으로 개발하고 있다. 이러한 제품들은 이미 개발이 끝난 것도 있고 사용자 응용 평가단계 중인 것도 있다. 가정용 강판인 AC450Q를 개발하기도 했다. 파이프 자재 강판·평판분야에서는 저온 단열 이성이 뛰어나고 두꺼운 파이프 강철 제품들을 개발했다. 또 건축 교량용강판 분야에서는 수입에 의존하던 제진용 강판을 자체적으로 개발하였다. 이 강판은 골절 포인트가 낮아 고층 건축물에 활용할 수 있다. 새로 개발된 교량용 강판은 미국 최대 현수교인 뉴욕 베라자너 다리 건설에 사용되기도 하였다.

안강주식은 끊임없는 자주혁신으로 쇳물 예처리預处理, 각종 정련 및 강철 제련분야에서 핵심적인 기술 특허를 보유하고 있으며, 연속주조 기술분야에서는 주조물의 품질, 연주 조작 개선 등의 특허 기술을 개발하였다. 마지막으로 압연 강판 공정 기술분야에서는 냉간 압연처리, 압연 제작을 거친 제품의 품질 및 성능을 개선한 기술, 압연 주물 가열 및 강판 자재 형성 제어기술을 개발하였다.

그밖에 동북대학东北大学, 상하이자더사上海嘉德와 협력개발한 열저장·전환 연동 압연 강판 가열 기술과 철 함유 먼지 처리 공정 기술이

향후 순이익과 주당순이익 예측 EPS

2015년 1월 5일까지 6개월 내 7개 기관이 예측한 안강주식의 2014년도 실적 : 2014년 매 주식의 수익은 0.13위안이 될 것으로 예측하며, 작년 동기대비 22.64% 성장한 것이다. 2014년의 순이익은 9억 5,200만 위안이 될 것으로 예상하며, 작년 동기대비 23.59% 성장할 것으로 보인다.

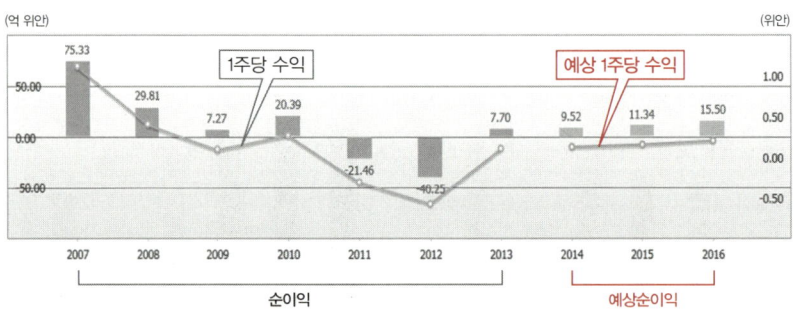

• 연도별 1주당 예상수익 (단위 : 위안)

	예측 기관수	최소치	평균치	최대치	업계평균
2014	7	0.09	0.13	0.15	0.10
2015	7	0.09	0.16	0.22	0.17
2016	5	0.12	0.21	0.33	0.29

• 연도별 예상순이익 (단위 : 억 위안)

	예측 기관수	최소치	평균치	최대치	업계평균
2014	7	6.45	9.52	10.85	8.85
2015	7	6.51	11.34	15.92	11.75
2016	5	8.50	15.50	23.87	17.95

있다. 우선 열저장·전환 연동 압연 강판 가열 기술은 짧은 설비수명, 불안정한 생산 등의 문제점이 많았던 기존의 열저장식 가열로를 개선할 수 있게 되었다. 철 함유 먼지 처리 공정 개발로 철에 함유된 먼지를 빠르게 환원, 분리, 회수의 과정을 거치게 되었다.

● **매매포인트**

▪ **중국 3대 철강기업**

안강주식의 강철 생산량은 연간 1,600만 톤으로 중국 3대 철강기업 중 하나로 꼽힌다. 제품의 원자재는 그룹 내부에서 운용되어 나오며 생산원가를 크게 줄일 수 있다. 중앙 기업의 전체 상장 이념에 따라 그룹의 광산자원도 상장기업으로 등록될 수 있다. 풍부한 광물자원이 있으며, 현재까지 확인된 철광석 저장량은 93억 톤이다.

▪ **대형 철강기업**

안강주식은 고온 건류, 소결, 제련, 제강, 압연 등 현대화된 철강 생산 공정 프로세스와 관련 부대시설을 갖추고 있다. 또한 이를 뒷받침해주는 에너지 공급 시스템을 구비하여 철강 생산 프로세스의 완전성 및 체계성을 실현하였다. 명실상부한 중국 최대 철강 생산 기업이라 할 수 있다. 2010년에 열간 압연판, 냉간 압연판, 아연 도금판, 실리콘강, 중간 두께 강판, 파이프, 중형 레일, 무이음매 철강 파이프분야에서 시장점유율이 각각 5.22%, 6.68%, 3.86%, 13.72%, 8.04%, 0.76%, 12.51%, 1.33%를 차지하였다. 공산당 위원회 서기 겸 그룹

회장 장샤오강張曉剛은 2015년까지 연간 생산량을 세계 철산산업 5대 기업으로 부상시키는 것이 그룹 목표라고 밝혔다.

- 신흥 철강 프로젝트

안강그룹은 향후 신흥 철강 프로젝트를 투자 진행할 예정이다. 해

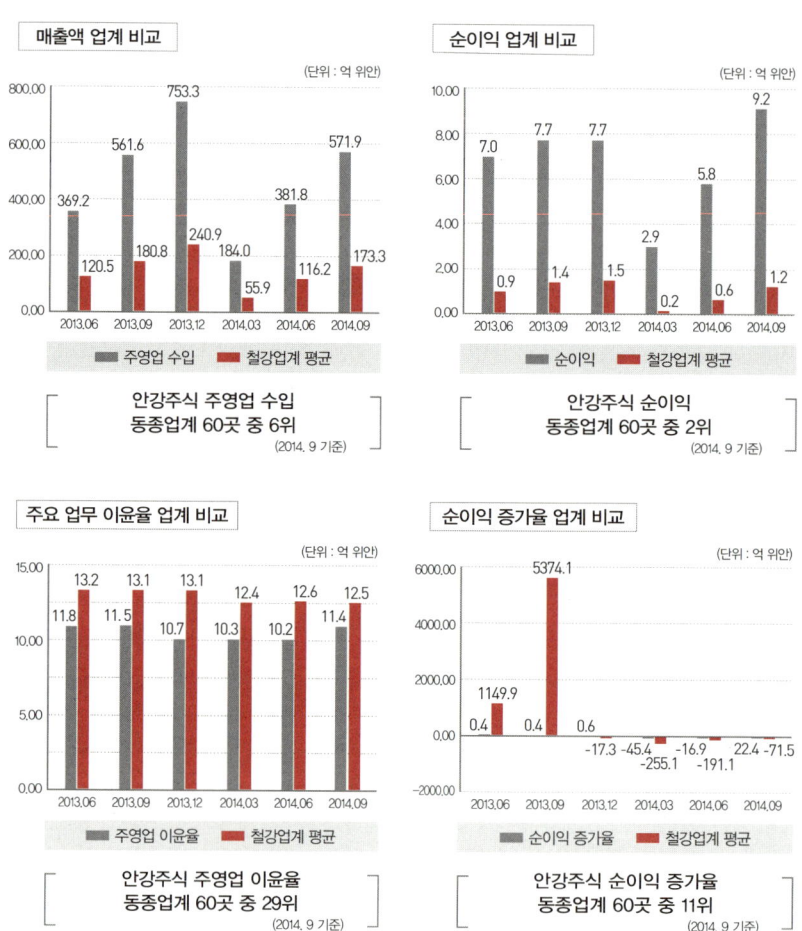

당 프로젝트의 총투자액은 63억 위안이다. 초기 확정된 안강그룹의 출자금은 21억 위안으로 자본금의 75%에 달한다. 링위안강철그룹^{凌源钢铁集团}은 7억 위안을 출자하여 자본금의 25%를 부담할 계획이다. 기업의 바어취안 철강 투자 건설 프로젝트가 진행 중이라 잠시 출자나 건설을 할 수는 없다. 이에 안강그룹은 기업이 구매 요청을 제안할 때 합리적인 가격으로 소유한 지분을 우선적으로 양도할 것이다.

- **철강제품 선물거래**

2009년 중국 증권감독위원회^{CSRC}는 파이프와 나선강의 선물거래를

재무제표

재무년도	2012	2013	2014	2015E	2016E
주당순이익	-0.57	0.11	0.11	0.12	0.12
순이익(억 위안)	-40.00	7.00	12.62	19.70	25.68
순이익 증가율(%)	-93.71	119.13	80.28	56.12	30.34
총수입(억 위안)	782.00	753.00	768.14	847.64	976.73
총수입 증가율(%)	-14.02	-3.69	2.01	10.35	15.23
BPS(위안)	6.44	6.50	6.70	6.90	7.10
ROE(%)	-8.54	1.64	1.69	1.74	1.79
PER(배)	55.67	47.12	37.33	33.61	29.76
PBR(배)	-4.75	0.77	0.63	0.58	0.53
자산·부채 비율(%)	52.36	49.29	50.77	52.29	53.86
마진률(%)	2.72	11.15	11.48	11.83	12.18
재고자산회전률(%)	6.08	5.82	5.99	6.17	6.36

상하이 선물거래소에서 할 수 있도록 승인하였다. 철강선물이 출시됨에 따라 철강기업과 무역업체는 연계매매를 진행하여 현물가격의 변동으로 인한 리스크를 피할 수 있게 되었다. 강철 생산·무역·소비 기업에게 낮은 원가를 제공할 수 있으며 인계 브랜드의 철강기업에게 기업 이미지를 직접적으로 제고시킬 수 있는 기회를 제공하게 되었다. 현재 강재는 아직까지 국제적인 정가가 형성되지 않은 기초 원자재이다. 중국의 강재선물이 형성됨에 따라 강재무역에서 정가 영향력을 강화할 수 있는 계기가 될 것으로 보고 있다. 또한 철강산업의 안정적인 발전도 꾀할 수 있을 것이라 기대하고 있다.

심천 A주
300지수

코드번호	중문명	한글명	업종
000001	平安银行	평안은행	화폐금융업무
000002	万科 A	만과기업	부동산업
000006	深振业 A	선전시진업(그룹)	부동산업
000009	中国宝安	중국보안	종합
000012	南玻 A	남파그룹	비금속광물제품업
000021	深科技	선전창청개발과학	계산기, 통신 및 기타전자설비
000024	招商地产	초상부동산	부동산업
000027	深圳能源	선전에너지	전력, 열에너지 생산 및 제공업
000028	国药一致	국약일치	도매업
000031	中粮地产	중량부동산	부동산업
000039	中集集团	중집그룹	금속제품업
000046	泛海控股	범해홀딩스	부동산업
000049	德赛电池	덕새전지	전기기계 및 기자재제조업
000050	深天马 A	천마소프트	계산기, 통신 및 기타전자설비
000060	中金岭南	중금영남	유색금속 제련 및 압연가공업
000061	农产品	농산품	비즈니스서비스업
000062	深圳华强	선전화강	비즈니스서비스업
000063	中兴通讯	중흥통신	계산기, 통신 및 기타전자설비
000069	华侨城 A	화교성	공공설비관리업
000078	海王生物	해왕생물	소매업
000088	盐田港	옌텐항	도로운수업
000100	TCL集团	TCL그룹	계산기, 통신 및 기타전자설비
000156	华数传媒	화수미디어	광고, TV, 영화촬영녹음
000157	中联重科	중련중과	전용설비제조업
000166	申万宏源	신만굉원	자본시장서비스
000333	美的集团	메이디그룹	전기기계 및 기자재제조업
000338	潍柴动力	유시동력	자동차제조업
000400	许继电气	허속전기	전기기계 및 기자재제조업
000401	冀东水泥	기동시멘트	비금속광물제조업
000402	金融街	금융가	부동산업
000413	东旭光电	동욱광전	계산기, 통신 및 기타전자설비
000415	渤海租赁	발해임대	임대사업
000422	湖北宜化	후베이의화	화학원료 및 화학제품제조업
000423	东阿阿胶	산동동아아교	의약제조업

코드번호	중문명	한글명	업종
000425	徐工机械	서공기계	전문설비제조업
000503	海虹控股	해홍홀딩스	인터넷관련업무
000511	烯碳新材	희탄신재	유색금속 제련 및 압연가공업
000513	丽珠集团	여주그룹	의약제조업
000516	国际医学	국제의약	소매업
000525	红太阳	홍태양	화학원료 및 화학제품제조업
000528	柳工	류공	전용설비제조업
000538	云南白药	윈난백약	의약제조업
000539	粤电力A	광둥전력발전	전력, 열에너지 생산 및 제공업
000540	中天城投	중천성투	부동산업
000541	佛山照明	포산조명	전기기계 및 기자재제조업
000543	皖能电力	안후이환능전력	전력, 열에너지 생산 및 제공업
000550	江铃汽车	강령자동차	자동차제조업
000554	泰山石油	태산석유	도매업
000559	万向钱潮	만향전조	자동차제조업
000563	陕国投A	산시국제신탁	기타금융업
000566	海南海药	해남해약	의약제조업
000568	泸州老窖	노주노교	술, 음료제조업
000572	海马汽车	해마자동차	자동차제조업
000581	威孚高科	위부고과	자동차제조업
000587	金叶珠宝	금엽주옥	기타제조업
000592	平潭发展	핑탄발전	임업
000596	古井贡酒	고정공주	술, 음료제조업
000598	兴蓉投资	흥용투자	물생산제공업
000612	焦作万方	자오쭤만방	유색금속 제련 및 압연가공업
000616	亿城投资	억성투자	부동산업
000623	吉林敖东	지린오동	의약제조업
000625	长安汽车	장안자동차	자동차제조업
000629	攀钢钒钛	반강그룹	흑색금속채굴업
000630	铜陵有色	동릉유색	유색금속 제련 및 압연가공업
000651	格力电器	거리전자	전기기계 및 기자재제조업
000652	泰达股份	톈진태달	도매업
000661	长春高新	창춘고신	의약제조업
000671	阳光城	양광성그룹	부동산업

코드번호	중문명	한글명	업종
000681	视觉中国	시각중국	방직, 패션산업
000685	中山公用	중산공용	물 생산제공업
000686	东北证券	둥베이증권	자본시장서비스
000690	宝新能源	보신에너지	전력, 열에너지 생산 및 제공업
000693	华泽钴镍	화택고열	유색금속채굴업
000697	炼石有色	연석유색	유색금속채굴업
000709	河北钢铁	허베이강철	흑색금속 제련 및 압연가공업
000718	苏宁环球	쑤닝환구	부동산업
000725	京东方A	경동방과기그룹	계산기, 통신 및 기타전자설비
000728	国元证券	국원증권	자본시장서비스
000729	燕京啤酒	연경맥주	술, 음료제조업
000735	罗牛山	뭉우산	목축업
000738	中航动控	중항항공	철로, 선박, 항공 및 기타
000748	长城信息	창청네트워크	계산기, 통신 및 기타전자설비
000750	国海证券	국해증권	자본시장서비스
000758	中色股份	중국유색금속건설	유색금속채굴업
000762	西藏矿业	시장광업	흑색금속채굴업
000768	中航飞机	중항항공기	철로, 선박, 항공 및 기타
000776	广发证券	광발증권	자본시장서비스
000777	中核科技	중핵과기	통신설비제조업
000778	新兴铸管	신흥주관	금속제품업
000783	长江证券	창장증권	자본시장서비스
000786	北新建材	북신건재	비금속광물제품업
000788	北大医药	북대의약	의약제조업
000792	盐湖股份	칭하이염호공업	화학원료 및 화학제품제조업
000793	华闻传媒	화문미디어	신문 및 출판업
000800	一汽轿车	일기승용차	자동차제조업
000807	云铝股份	윈난알루미늄	유색금속 제련 및 압연가공업
000816	江淮动力	장쑤장화이동력	통신설비제조업
000823	超声电子	초성전자	계산기, 통신 및 기타전자설비
000825	太钢不锈	태강스테인리스 (TISCO)	흑색금속 제련 및 압연가공업
000826	桑德环境	상덕환경	생태보호 및 환경관리업
000829	天音控股	천음홀딩스	도매업
000831	五矿稀土	오광희토	유색금속 제련 및 압연가공업

코드번호	중문명	한글명	업종
000839	中信国安	중신국안	전신, 광고 TV 및 위성
000848	承德露露	승덕로로	술, 음료제조업
000851	高鸿股份	고홍	소매업
000858	五粮液	오량액	술, 음료제조업
000860	顺鑫农业	순흠농업	농식품가공업
000869	张裕Ａ	옌타이장유와인	술, 음료제조업
000876	新希望	신희망	농식품가공업
000877	天山股份	천산시멘트	비금속광물제조업
000878	云南铜业	윈난동업	유색금속 제련 및 압연가공업
000883	湖北能源	후베이에너지	전력, 열에너지 생산 및 제공업
000887	中鼎股份	중정홀딩스	고무, 플라스틱제품업
000895	双汇发展	쌍휘발전	농식품가공업
000898	鞍钢股份	안강주식	흑색금속 제련 및 압연가공업
000901	航天科技	항천과기	철로, 선박, 항공 및 기타
000917	电广传媒	전광미디어	전신, 광고 TV 및 위성
000933	神火股份	허난신화석탄	유색금속 제련 및 압연가공업
000937	冀中能源	기중에너지그룹	석탄채굴업
000938	紫光股份	자광	계산기, 통신 및 기타전자설비
000939	凯迪电力	카이디전력	석탄채굴업
000960	锡业股份	윈난석업	유색금속 제련 및 압연가공업
000961	中南建设	중남건설	토목공정건축업
000963	华东医药	화동의약	소매업
000969	安泰科技	안태과기	금속제품업
000970	中科三环	중과삼환	계산기, 통신 및 기타전자설비
000975	银泰资源	은태자원	유색금속채굴업
000977	浪潮信息	낭조전자정보산업	계산기, 통신 및 기타전자설비
000979	中弘股份	중홍	부동산업
000982	中银绒业	중은융업	방직업
000983	西山煤电	서산석탄	석탄채굴업
000988	华工科技	화공과기	계산기, 통신 및 기타전자설비
000997	新大陆	신대륙	소프트웨어 및 데이터기술서비스업
000998	隆平高科	융평고과	농업
000999	华润三九	화윤삼구	의약제조업
001696	宗申动力	종신동력	철로, 선박, 항공 및 기타

코드번호	중문명	한글명	업종
002001	新和成	신화성	의약제조업
002004	华邦颖泰	화방영태	화학원료 및 화학제품제조업
002005	德豪润达	덕호윤달	전기기계 및 기자재제조업
002007	华兰生物	화란생물	의약제조업
002008	大族激光	대족레이저	전용설비제조업
002011	盾安环境	순안환경	통신설비제조업
002022	科华生物	과화생물	의약제조업
002024	苏宁云商	쑤닝운상	소매업
002025	航天电器	항천전기	계산기, 통신 및 기타전자설비
002028	思源电气	사원전기	전기기계 및 기자재제조업
002029	七匹狼	푸젠칠필랑실업	방직, 패션업
002030	达安基因	달안기인	의약제조업
002038	双鹭药业	쌍로약업	의약제조업
002041	登海种业	등해종업	농업
002048	宁波华翔	닝보화상	자동차제조업
002049	同方国芯	동방국심	계산기, 통신 및 기타전자설비
002050	三花股份	저장삼화	통신설비제조업
002051	中工国际	중공국제	토목공정건축업
002052	同洲电子	동주전자	계산기, 통신 및 기타전자설비
002056	横店东磁	횡점동자	전기기계 및 기자재제조업
002063	远光软件	원광소프트웨어	소프트웨어 및 데이터기술서비스업
002064	华峰氨纶	화봉스판덱스	화학섬유제조업
002065	东华软件	화동소프트웨어	소프트웨어 및 데이터기술서비스업
002069	獐子岛	장쯔다오	어업
002073	软控股份	연공	전용설비제조업
002079	苏州固锝	쑤저우고득	계산기, 통신 및 기타전자설비
002081	金螳螂	금당랑	건축장식 및 기타건축업
002091	江苏国泰	장쑤국태	도매업
002092	中泰化学	국태화학	화학원료 및 화학제품제조업
002095	生意宝	생의보	인터넷 관련업무
002104	恒宝股份	항보	계산기, 통신 및 기타전자설비
002106	莱宝高科	내보하이테크놀로지	계산기, 통신 및 기타전자설비
002128	露天煤业	노천매업	석탄채굴업
002129	中环股份	텐진중환	전기기계 및 기자재제조업

코드번호	중문명	한글명	업종
002138	顺络电子	선전순락전자	계산기, 통신 및 기타전자설비
002142	宁波银行	닝보은행	화폐금융업무
002146	荣盛发展	영성발전	부동산업
002148	北纬通信	북위통신	소프트웨어 및 데이터기술서비스업
002151	北斗星通	북두성통	계산기, 통신 및 기타전자설비
002152	广电运通	광전운통	통신설비제조업
002153	石基信息	석기정보	소프트웨어 및 데이터기술서비스업
002155	辰州矿业	진주광업	유색금속채굴업
002161	远望谷	원망곡정보기술	계산기, 통신 및 기타전자설비
002167	东方锆业	동방지르코늄	화학원료 및 화학제품제조업
002168	深圳惠程	선전혜정	전기기계 및 기자재제조업
002176	江特电机	강특전기	전기기계 및 기자재제조업
002179	中航光电	중항광전	계산기, 통신 및 기타전자설비
002181	粤传媒	광둥광저우일보	비즈니스서비스업
002183	怡亚通	이아통	비즈니스서비스업
002185	华天科技	화천과기	계산기, 통신 및 기타전자설비
002190	成飞集成	성비집성	전용설비제조업
002191	劲嘉股份	경가컬러인쇄	인쇄 및 기록미디어복제업
002202	金风科技	금풍과기	통신설비제조업
002203	海亮股份	저장해량	유색금속 제련 및 압연가공업
002204	大连重工	다롄중공	전용설비제조업
002219	恒康医疗	항강의료	의약제조업
002223	鱼跃医疗	어약의료	전용설비제조업
002229	鸿博股份	홍박인쇄	인쇄 및 기록미디어복제업
002230	科大讯飞	아이플라이텍	소프트웨어 및 데이터기술서비스업
002236	大华股份	저장대화기술	계산기, 통신 및 기타전자설비
002237	恒邦股份	산둥항방제련	유색금속 제련 및 압연가공업
002241	歌尔声学	고어텍	계산기, 통신 및 기타전자설비
002242	九阳股份	구양	전기기계 및 기자재제조업
002250	联化科技	련화과기	화학원료 및 화학제품제조업
002252	上海莱士	상하이라스	의약제조업
002261	拓维信息	탁유정보	소프트웨어 및 데이터기술서비스업
002262	恩华药业	은화약업	도매업
002266	浙富控股	저장부춘강수전설비	통신설비제조업

코드번호	중문명	한글명	업종
002269	美邦服饰	미방복식	방직, 패션업
002273	水晶光电	수정광전	계산기, 통신 및 기타전자설비
002277	友阿股份	우아	소매업
002292	奥飞动漫	오비동만	문화교육, 미술, 체육 및 오락용품
002294	信立泰	신립태	의약제조업
002299	圣农发展	성농발전	목축업
002304	洋河股份	장쑤양허주장	술, 음료제조업
002310	东方园林	동방원림	토목공정건축업
002311	海大集团	해대그룹	농식품가공업
002312	三泰电子	삼태전자	계산기, 통신 및 기타전자설비
002313	日海通讯	일해통신	계산기, 통신 및 기타전자설비
002317	众生药业	중생약업	의약제조업
002340	格林美	격림미하이테크	폐기물자원종합이용업
002344	海宁皮城	하이닝피성	비즈니스서비스업
002353	杰瑞股份	옌타이걸서그룹	전용설비제조업
002368	太极股份	태급계산기	소프트웨어 및 데이터기술서비스업
002375	亚厦股份	저장아하장식	건축장식 및 기타건축업
002385	大北农	대북농	농식품가공업
002396	星网锐捷	성망예첩	계산기, 통신 및 기타전자설비
002399	海普瑞	해보서약업	의약제조업
002400	省广股份	광둥성광고	비즈니스서비스업
002405	四维图新	사유도신	소프트웨어 및 데이터기술서비스업
002408	齐翔腾达	제상등달화공	화학원료 및 화학제품제조업
002410	广联达	광련달소프트웨어	소프트웨어 및 데이터기술서비스업
002414	高德红外	고덕홍외	계산기, 통신 및 기타전자설비
002415	海康威视	힉비전	계산기, 통신 및 기타전자설비
002416	爱施德	애시덕	도매업
002422	科伦药业	과륜약업	의약제조업
002424	贵州百灵	구이저우백령	의약제조업
002428	云南锗业	윈난게르마늄	유색금속 제련 및 압연가공업
002429	兆驰股份	선전조치	계산기, 통신 및 기타전자설비
002431	棕榈园林	종려원림	토목공정건축업
002437	誉衡药业	예형약업	의약제조업
002440	闰土股份	윤토	화학원료 및 화학제품제조업

코드번호	중문명	한글명	업종
002450	康得新	강득신	고무 및 플라스틱제품업
002456	欧菲光	구비광	계산기, 통신 및 기타전자설비
002465	海格通信	해격통신	계산기, 통신 및 기타전자설비
002467	二六三	이육삼	인터넷 관련업무
002470	金正大	금정대생태공정	화학원료 및 화학제품제조업
002474	榕基软件	용기소프트웨어	소프트웨어 및 데이터기술서비스업
002475	立讯精密	입신정밀	계산기, 통신 및 기타전자설비
002476	宝莫股份	보막생물화공	화학원료 및 화학제품제조업
002477	雏鹰农牧	추응농목	목축업
002500	山西证券	산시증권	자본시장서비스
002556	辉隆股份	휘융농자그룹	소매업
002570	贝因美	패인미	식품제조업
002573	国电清新	국전청신	생태보호 및 환경관리업
002577	雷柏科技	뇌백(라푸)과기	계산기, 통신 및 기타전자설비
002594	比亚迪	비야디	자동차제조업
002603	以岭药业	이령약업	의약제조업
002653	海思科	해사과약업	의약제조업
002673	西部证券	서부증권	자본시장서비스
002681	奋达科技	분달과기	계산기, 통신 및 기타전자설비
002701	奥瑞金	오리진포장	금속제품업
300002	神州泰岳	선주태악	소프트웨어 및 데이터기술서비스업
300003	乐普医疗	악보의료	전용설비제조업
300005	探路者	탐로자	방직, 패션업
300014	亿纬锂能	억위리능	전기기계 및 기자재제조업
300015	爱尔眼科	아이얼안과	위생
300017	网宿科技	망숙과기	소프트웨어 및 데이터기술서비스업
300024	机器人	기기인	통신설비제조업
300026	红日药业	홍일약업	의약제조업
300027	华谊兄弟	화의형제	광고, TV, 영화촬영녹음
300039	上海凯宝	상하이개보	의약제조업
300052	中青宝	중청보	소프트웨어 및 데이터기술서비스업
300058	蓝色光标	블루포커스	비즈니스서비스업
300059	东方财富	동방재부	인터넷 관련업무
300070	碧水源	벽수원	생태보호 및 환경관리업

코드번호	중문명	한글명	업종
300072	三聚环保	삼취환보	화학원료 및 화학제품제조업
300074	华平股份	화평정보기술	소프트웨어 및 데이터기술서비스업
300077	国民技术	국민기술	계산기, 통신 및 기타전자설비
300079	数码视讯	베이징디지털비디오기술	계산기, 통신 및 기타전자설비
300088	长信科技	장신과기	계산기, 통신 및 기타전자설비
300090	盛运股份	안후이성운환보	통신설비제조업
300104	乐视网	로스넷(러스왕)	인터넷 관련업무
300115	长盈精密	장영정밀	계산기, 통신 및 기타전자설비
300124	汇川技术	휘천기술	전기기계 및 기자재제조업
300133	华策影视	화책영시	광고, TV, 영화촬영녹음
300134	大富科技	대부과기	계산기, 통신 및 기타전자설비
300144	宋城演艺	송성연예	문화예술업
300146	汤臣倍健	탕씨배건	식품제조업
300147	香雪制药	향설제약	의약제조업
300157	恒泰艾普	항태애보	채굴보조활동
300168	万达信息	만달정보	소프트웨어 및 데이터기술서비스업
300170	汉得信息	한득정보	소프트웨어 및 데이터기술서비스업
300191	潜能恒信	잠능항신	채굴보조활동
300202	聚龙股份	랴오닝취용금융설비	통신설비제조업
300212	易华录	이화록	소프트웨어 및 데이터기술서비스업
300226	上海钢联	상하이강련	인터넷 관련업무
300228	富瑞特装	부서특장	전용설비제조업
300251	光线传媒	광선미디어	광고, TV, 영화촬영녹음
300253	卫宁软件	위녕소프트웨어	소프트웨어 및 데이터기술서비스업
300257	开山股份	개산압축기	통신설비제조업
300273	和佳股份	화가의료설비	전용설비제조업
300274	阳光电源	양광전원	전기기계 및 기자재제조업
300315	掌趣科技	장취과기	소프트웨어 및 데이터기술서비스업

3장

상해 A주 완전정복

1. 후강통 실시로 활짝 열린 상해 A주

● 무한한 가능성의 상해 A주

　2014년 말 중국의 후강통 정책 실시로 진정한 중국 주식시장인 상해 A주 투자의 문이 활짝 열렸다. 기존에 펀드 위주로 투자하던 방식에서 개인이 개별적으로 구미에 맞는 종목을 선택하여 투자할 수 있게 되었다. 후강통 같은 적극적인 대외개방은 중국에 증권거래소가 설립된 지 20여 년 만에 처음 있는 일이다. 그동안 상해 A주에 상장된 기업들은 금융지식 수준이 상대적으로 낮은 내륙인들의 향유물로 그들만의 투자처였다. 하지만 이제 눈치 빠르고 금융지식이 풍부한 세계의 투자자들이 앞다투어 희소성 높은 상해 A주 투자를 위해 몰려들고 있다.

　세계 최고의 부자이자 마이크로소프트의 창업자 빌 게이츠도 상해 A주 시장이 개방되자, 자신의 회사인 캐스케이드인베스트먼트^{Cascade Investment}를 통해 꾸준히 A주에 투자하고 있다. 투자수익률이 50%에 달하는 고속철 테마주 안강주식(안강구편)^{鞍钢股份}과 반강그룹(판강판타이)^{攀钢钒钛}은 빌 게이츠 주식으로 불린다. 일반 주주들은 6년만의 주가폭등을 반기고 있다. 캐스케이드인베스트먼트는 안강주식 전체 주식의 0.31%인 1,926만 1,900주, 반강그룹 전체 주식의 0.55%인 2,599만 9,900주를 매수한 것을 시작으로 상해 A주 우량주에 포커스를 맞추고 있다.

　후강통은 상하이거래소와 홍콩거래소 간에 교차매매가 가능하도록 허용하는 제도로 외국인이 상해 A주를 매매할 수 있는 후구통과 중국 내륙인이 홍콩주식을 매매할 수 있게 나누어져 있다. 이 책에서는 후구통, 즉 중국 입장에서 외국인인 우리들이 상해 A주에 투자하는 것을 논한다. 강구통인 홍콩주식은 상해 A주 투자 허용 이전에 외국인 매매가 가능했기 때문에 배제하기로 한다. 후강통이 실시되기 이전에 상해 A주는 QFII적격외국인투자자, RQFII위안화적격외국인투자자처럼 기관투자자에게만 매수가 허용되었다. 우리나라에서 2006~2007년에 유행했던 중국 관련 펀드투자가 QFII와 같은 맥락이다. 그 당시의 상해 A주 투자는 증권회사와 유사한 기관투자자만 가능했는데, 기관투자자는 개인들의 자금을 모아 펀드를 구성해서 투자했던 것이다.

당시의 펀드는 천당과 지옥을 넘나드는 수익률을 보여주었다. 9시 뉴스에서 크게 다룰 정도였다. 이 시기에는 중국의 고속성장에 대한 장밋빛 기대로 주식에 관심이 없던 일반인까지 예금을 인출해서 펀드에 투자하는 광경이 심심치 않게 보였다. 그만큼 폭발적인 인기였다. 하지만 이때의 중국 관련 펀드는 구조적으로 리스크가 컸다. 기관투자자들이 상해 A주에 투자하려면 우량주뿐만 아니라 ETF 같은 파생상품에도 투자해야 상해 A주 투자자격을 얻을 수 있기 때문이다. 리스크가 높은 파생상품에서 수익률이 나기는 가뭄에 콩 나듯 어려웠고, 손실은 고스란히 개인투자자들의 몫으로 돌아갔다.

그러나 후강통 실시로 더 이상 펀드투자처럼 간접적인 상해 A주에 투자할 필요가 없어졌다. 자신에게 적합한 산업과 종목을 선택해서 자유롭게 매매할 수 있게 된 것이다. 매매기간도 단기든 장기든 자유롭게 정할 수 있게 되었다. 별도의 자격 조건도 없어져서 자금을 가진 개인이라면 누구든 투자가 가능해졌다. 중국 주식투자에 신세계가 열린 것이다.

● **우리나라의 1990년대를 떠올려라**

중국이 대외에 자본시장을 개방하는 모습은 우리나라의 1990년대와 비슷한 양상을 보인다. 1990년대를 직간접적으로 겪어봤다면 자본시장 개방으로 경제발전 단계에서 어떤 기업이 성장하고 주가가 폭등하는지 경험적으로 알고 있을 것이다. 우리에게는 쉽고 간단한 논리로 접근이 가능한 기회의 시장이다. 1990년대 당시 금융과 주식에 미숙했던 국내인들은 외국인 투자자들이 화학, 섬유, 자동차, 건설과 같은 굵직굵직한 주식에 투자하여 연간 100% 이상의 수익을 내는 것을 구경만 했다. 최근에는 IT, 통신, 고급 소비재, 엔터테인먼트, 여행산업이 우리나라 경제성장의 동력으로 떠올라 외국인뿐만 아니라 국내투자자들도 눈여겨보고 있다. 외국인들과 우리는 이미 산업의 큰 흐름을 경험했다. 때문에 1990년 우리나라 경제성장과 유사한 경제구조를 보이고 있는 중국산업의 변화를 미리 예측하는 것이 가능하다. 중국주식투자에 매우 고무적인 일이다.

현재 중국 대도시의 1인당 GDP는 약 1만 달러로 2000년대 초반의 우리나라와 비슷하다. 경제성장 단계에서 중국의 산업은 2차산업인 제조업에서 3차산업인 서비스업으로 꾸준히 변화할 것이다. 우리나라 역시 그랬고, 전 세계의 어느 개발도상국이든 이러한 양상을 보였다. 중국은 우리와 같은 유교, 한자문화권이며 한국식 경제발전을 추구하고 있다. 중국은 한국식 경제성장을 모방하면서 성장했고, 지금도 배우고 있다.

상해 A주에 상장된 기업은 약 2,600개 정도이다. 여기에서 우리가 투자할 수 있는 종목은 568개이다. 전체의 4분의 1도 되지 않는 기업이라 투자가능한 기업이 제한적이라고 생각하겠지만, 568개 종목의 시가총액이 전체 종목의 82%를 차지하는 우량주들이다. 이 종목들은 상해 A주에서 우량주만 모아 높은 상하이 180지수(SSE 180), 중형주로 구성된 상하이 380지수(SSE 380, 이 책의 부록으로 실려 있다), 상하이와 홍콩에 동시상장한 종목으로 구성되어 있고 리스크가 큰 ST종목은 제외하고 있다. 이 상하이 180지수, 380지수는 우리나라 코스피 200과 같은 개념이다.

투자화폐는 중국 본토화폐인 위안화로만 가능하다. 향후에는 위안화 평가절상과 위안화 국제화로 미국 달러 다음가는 화폐로 거듭날 전망이다. 주식투자 이외에 위안화 재테크까지 가능하다. 우리나라처럼 경제규모가 상대적으로 작아 환율이 대외 영향을 많이 받는 국가에서 해외주식 구매를 통해 외환을 보유하고 있으면, 자연스레 외환보유고가 늘어나는 것이다. 환율변동성이 클 때 원화로 바꾼다면 국가재정과 개인에게 긍정적인 요인으로 작용하는 장점이 있다. 무엇보다 위안화 변동성이 적을 것이다. 14억 명이 넘는 중국인들이 실생활에서 직접 사용하는 화폐라 가치의 변동성이 커지면 중국 물가안정에도 큰 문제가 발생할 수 있기 때문이다.

후강통은 투자수익 환수에도 제한이 없다. 자본차익, 현금배당 등의 투자수익은 특별한 제한 없이 자유롭게 계좌로 인출이 가능하다. 반면에 상해 A주는 투자수익이 자금유입의 반대 경로인 홍콩의 주식

계좌로 이동하기 때문에 투자수익을 중국 내에 유예시켜 곧바로 재투자할 수 없다는 단점이 있다. 매도 후에 재투자하기 위해서는 현금을 인출하는 번거로움이 있어 매도에 신중해야 한다. 투자수익이 나더라도 위안화 환손실을 같이 계산하여 현금으로 전환하는 것이 훌륭한 매도 계산법일 것이다.

2. 민주화 시위로 더욱 멀어지는 홍콩증시

● **자본은 안정된 시장을 좋아한다**

민주화 운동은 국가와 지역의 장기적인 발전에 긍정적인 역할을 한다. 민주화 운동으로 높아지는 시민의식과 정치적인 관심은 돈을 주고도 살 수 없는 값진 것이다. 또한 투명한 경제 정책과 자본투자로 장기적인 경제발전에도 도움이 된다. 우리나라의 민주화가 경제발전에 매우 긍정적인 영향을 끼친 것이 하나의 사례일 것이다. 하지만 시위로 인한 혼란한 사회 분위기는 중단기의 경기하락과 주가폭락을 불러온다. 자본은 안정된 시장을 좋아한다.

민주화가 아니더라도 우리나라 코스피가 수년간 2000포인트 수준에서 벗어나지 못하는 것도 남북분단과 관계가 깊다. 돈은 리스크를 싫어한다. 우리나라 국민들은 우리 땅에서 나름 편하게 잘 지내고 있다고 생각할지 모르지만, 외국인들을 만나서 대화하면 그들의 생각은 전혀 다르다. 그들과의 대화에서 첫 번째 주제는 단연 남북분단이고, 언제든 전쟁이 발발할 수 있다며 불안해하는 경우가 많다. 외국인 투자자들 입장에서 우리나라 시장에 투자하는 것은 한순간에 자본을 잃을 수 있는 폭탄을 안고 뛰어드는 것과 다를 바 없다.

홍콩 민주화 시위는 2014년 9월 22일부터 홍콩 24개 대학교 학생이 동맹휴업을 하면서 시작되었다. 이 시위는 28일부터 금융 중심가 센트럴을 점거하면서 본격화됐다. 2017년 홍콩 행정장관 직선제 후보 제한 등에 반발해 이루어진 이 시위는 학생들이 주도했는데, 경찰의 최루탄을 우산으로 막아내서 우산운동 또는 우산혁명이라고 불린다. 홍콩 행정장관 직선제 후보 제한은 중국정부에서 구미에 맞는 인사를 홍콩의 행정장관으로 선별해 등용하겠다는 새로운 법안이다. 우산운동 시위자들은 홍콩의 행정장관을 중국정부에서 선택할 경우 홍콩의 이해관계와 멀어진다고 말한다.

● **흔들리는 홍콩**

2014년에 들어오면서 홍콩의 지위는 흔들리기 시작한다. 중국 자본주의의 관문이었던 홍콩이 더 이상 관문이 아닌 중국 수 천 개 지방도시 중 하나로 그 명성이 퇴색하기 시작했다. 2013년부터 중국정부의 주도로 시작한 상하이 자유무역지구가 홍콩경제에 치명타를 가한 것이다. 상하이 자유무역지구는 홍콩의 유일한 경쟁력인 면세시장과 선진 금융시장, 무역시장을 그대로 모방한 것이다. 홍콩의 특혜를 고스란히 가져다 중국 본토에 이전시킨 것이나 다를 바 없다.

중국정부 입장에서는 까다로운 홍콩보다는 시진핑 주석의 경제적 지원군이 존재하는 상하이가 더욱 필요했던 것으로 보인다. 홍콩은 중국 본토인들이 여행하기 위해서는 특별히 비자를 만들어야 하는 번거로움이 있고, 기차로 이동하기에도 불편하다. 비행기가 있지만 아무래도 기차나 버스가 접근성이 더 높다. 더구나 시진핑 주석이 상하이 시장을 역임했던 것이 상하이의 위상은 높여주는 것으로 보인다. 이러한 복합적인 요소들을 고려했을 때, 홍콩인들은 중국정부의 정책을 상하이 몰아주기로 보게 되었다. 경제성장의 주요 동력을 상하이로 이전하면서 홍콩은 더욱 심각해졌다. 경기하락, 부동산가격 하락, 홍콩증시 하락으로 기업은 긴축운영에 들어갔다. 이러한 상황에서 노동자들과 취업을 하지 못하는 학생들이 거리에 나와 홍콩 민주화 시위에 힘을 보탠 것이다.

홍콩은 아시아에서 손꼽히는 국제화된 도시이다. 전 세계 금융기업이 몰려 있고 아시아에서 자본이 모이는 곳이다. 2014년 민주화 시위로 홍콩이 중국으로부터 자주권을 획득할지 모두가 주목하고 있다. 특히 중화권에서 같은 형편인 타이완과 마카오가 예의주시하고 있다. 국제화된 홍콩을 2000년대 초 신장과 티벳의 사례처럼 강경진압하기는 불가능할 것이다. 하지만 타이완과 마카오, 홍콩에도 친중국파가 요직에 집중되어 있고 중국 고속성장의 혜택을 받아왔기 때문에 자주권 획득은 쉽지 않아 보인다.

타이완도 비슷하다. 친중국파로 유명한 타이완의 마잉주 총통과 그의 자금줄로 알려진 통일기업, 왕왕식품 등 많은 기업들이 중국시장에 자리 잡고 있고, 매출의 80% 이상을 중국 본토에서 가져온다. 마카오는 말할 것도 없다. 카지노가 중심 산업인 마카오는 시진핑정권이 강조하는 반부패 근검절약 풍조에 이미 매년 2% 이상의 마이너스 성장을 기록하고 있다. 중국정부의 경제적인 수혈이 없다면 자치권을 유지하기도 힘든 실정이다. 더군다나 마카오정부는 2015년 1월에 홍콩시위에 반대하는 성명을 발표하기까지 했다.

1992년에 홍콩이 반환되고 덩샤오핑은 전면 면세정책이라는 특혜를 홍콩에 허가한다. 이로 인해 홍공의 부동산과 경기가 폭등하면시 긍정적인 효과가 있었다. 중국 또한 당시 유일한 자본주의 선진지역인 홍콩을 통해 자본주의와 자본시장을 키워오면서 홍콩 자주권에 힘을 실어주었다. 하지만 2014년, 홍콩은 더 이상 중국에게 이전의 선진화된 지역이 아니다. 기관투자자의 70% 이상을 차지하는 홍콩 기관투자자는 이제 상하이로 투자처를 옮기고 있다. 앞에서도 말했듯 자본은 안정된 시장을 좋아한다.

민주국가 국민의 한사람으로서 홍콩의 민주화가 성공적으로 이루어지기를 바란다. 그러나 홍콩 민주화 시위의 성공 여부는 대세와 큰 관련이 없을 것으로 보인다. 중국 관련 전문가들도 그렇게 판단하고 있다. 이미 홍콩은 자본주의 관문의 본질이 많이 퇴색되어 이전의 위상을 되찾기 어렵다. 강경진압이냐 협상이냐를 떠나 2017년 시진핑 주석의 재선 전에 결론이 날 것으로 보인다.

홍콩주식은 단기간에는 불안정한 정국 때문에 주가하락을 면하기 어려울 것이다. 그렇지만 150년의 금융역사와 상해 A주와는 다른 산업이 홍콩 H주에 집중되어 있다는 것을 잊지 말아야 한다. 다양성 측면에서 홍콩증시의 장점은 여전히 존재한다.

3. 비유통주로 높은 잠재력을 가진 상해 A주

● **비유통 주식이란 무엇인가?**

중국의 자본시장은 1990년대 상하이거래소 설립을 시작으로 발전해왔다. 역사가 채 30년도 되지 않은 미성숙한 시장이다. 1956년에 증권시장이 설립된 한국보다도 34년이나 늦다. 상해 A주와 같이 발전단계에 있는 자본시장은 이미 성숙된 미국·한국·일본시장보다 리스크와 개선해야 할 부분이 많지만, 급성장하는 중국경제와 함께 기회도 많아 매력적이다.

상해 A주는 비유통주를 보유하고 있는 독특한 자본시장이다. 주식은 대외공개 여부에 따라 유통주와 비유통주로 나뉜다. 중국에서는 비유통주를 다샤오페이大小非(상장 기업이 안고 있는 크고 작은 주식)라고 한다. 비유통주는 시중에서 기관이나 개인이 매매할 수 없는 주식으로, 정부나 기업이 경영권 방어를 위해 시장에 잠정적으로 개방하지 않는 주식이다.

비유통주는 금융발전 단계에 있는 자본시장의 유물과도 같은 존재로 전 세계적으로도 상해 A주에 많이 있다. 이 비유통주는 정부가 보유한 주식과 차별된다. 예를 들어 우리나라의 우리은행은 IMF 이후로 정부 산하의 산업은행이 잠시 대주주로 있다. 언제든지 대주주가 바뀔 수 있고, 민간에서 지분을 투자하여 민간자본으로 회사가 운영이 될 수도 있다. 반면에 비유통주를 보유한 국유기업은 정부가 비유통주를 시장에 매도를 하지 않는 한 대주주가 바뀌지 않는다.

주식은 재테크 수단이기 전에 기업이 자본조달을 하고, 주주들의 지분을 주식보유 수에 따라 나누기 위해 있는 것이다. 지분을 보유한 주주들은 매년·매 분기에 모여 경영성과를 평가한다. 이 과정에서 수익배분을 논의하고, 의사결정에 개입하기도 하며, 관련된 발언을 할 수도 있다. 특히 51% 이상의 주식을 보유한 쪽이 경영의 방향을 정하고 최고경영자를 뽑을 수 있다. 누가 지분을 얼마나 보유하느냐가 기업의 사활을 가르는 중요한 사안이다. 하지만 이 과정에서 비유통주가 있거나 비율이 높다면, 그것은 기업 이사회가 영원히 변경되지 않는다는 것을 의미한다. 고인물이 썩듯, 기업 능력의 100%를 발휘하는 특색 있고 투명한 경영을 기대하기 힘들다. 대신 주식이 물 흐르듯 자연스럽게 유통된다면 경영권 방어를 위해서라도 경영에 최선을 다 할 것이고, 아닐 경우 도태되어 새로운 이사회와 경영진이 등장할 것이다.

비유통주는 기업이 변화와 자본변화에 둔감하여 선진금융을 무기로 아시아 신흥국들의 자본시장을 호시탐탐 노리는 핫머니 리스크를 벗어나 안정적인 경영을 추구할 수 있다는 장점이 있다. 국내의 사례로는 SK그룹의 경영권 분쟁을 들 수 있다. 자산운용 회사인 소버린Sovereign과 국내 SK그룹 간의 경영권 분쟁은 당시 금융발전 단계에 있던 우리나라에 값비싼 교훈을 줬다.

1997년 IMF로 우리나라는 금융시장이 완전히 개방된다. 2003년 소버린이 자회사를 통해 SK그룹 지분을 대거 매입하고 SK그룹과 경영권 분쟁을 벌인다. 대량의 자본으로 단숨에 SK그룹 2대 주주가 된 소버린은 그 해 11월 주주총회에서 SK 이사진의 총사퇴, 알짜 자회사인 SK텔레콤 매각을 통한 재벌구조 해체, 최태원 일가의 퇴진 등을 강력히 요구하면서 회사를 흔들어 주가를 낮추고 지속적으로 매입을 강행했다. 2년 후에는 영국 및 홍콩 등지의 외국기관에 SK그룹 지분을 전량 매각해서 약 1조 원에 가까운 투자이익을 거두었지만, SK그룹은 오너일가보다 외국자본의 목소리가 큰 반토막 재벌기업이 되어버렸다. 보통은 재벌경영은 부의 재분배를 방해해 부정적인 영향력을 행사하지만 SK그룹 오너 일가가 적극적으로 투자하는 것에 비해, 외국자본들은 당해 기업의 수익률이 적으면 필요 없는 인력의 정리해고를 강행하는 단점이 있었다. 국민경제를 기준으로 봤을 때 재벌경영에 장점이 많은 격이었다.

● 중국의 비유통 주식 현황

1990년대 중국에 증권거래소가 설립될 당시에 상장회사의 95%는 국유기업이었다. 중국정부는 자본시장 개방으로 외국자본이 중국기업을 잠식할 것을 우려해, 국영기업 주식 중 30%만 유통주로 풀어 매매가 가능하게 했다. 나머지 70%는 투자하지 못하도록 정부에 묶어 두었다. 증권거래소 개장 당시 중국 기업들은 주식에 대한 이해가 낮았고, 따라서 국유기업 주식이 해외 핫머니들의 사냥감이 되지 않도록 하기 위해 정부에서 틀어쥔 것이다. 하지만 중국이 겁을 먹고 손에 틀어쥔 비유통주 때문에 투명한 경영이 저해되는 현상이 나타났다. 상장된 주식의 제대로 된 가격책정을 방해해 중국 자본시장의 발전을 방해하게 된 것이다.

이러한 제도적 문제점을 보완하고 증시 본연의 기능을 회복하기 위해 중국정부는 2005년에 비유통주를 해제하는 주식개혁을 단행하였다. 이 해제된 비유통주는 중국증시 3분의 2에 해당하는 규모로, 이것은 기존의 거래물량이 전체 주식의 3분의 1에 불과하다는 것을 의미한다. 이렇게 비유통주가 유통주로 전환됨으로써 거래물량이 3배로 늘어나 주식시장 활성화에 크게 기여할 수 있다. 또한 투지지들의 신뢰를 높여 주가상승에 기여한다.

하지만 2014년 11월 후강통이 실시되기 이전에는 정부가 비유통주를 시장에 내놓을 때마다 늘어난 유통량으로 인해 상해 A주가 민감한 반응을 보이고 주가하락으로 이어지는 경우가 많았다. 이것은 대외개방이 되지 않은 상태에서 중국 내에서만 자금이 이동하면 유동성이 낮아지며, 유동성이 낮은 상황에서 비유통주를 개방해 주식량을 증가시키면 자연히 주가하락으로 이어지기 때문이다.

상해 A주에 상장된 국유기업 주식에서 비유통주는 평균 18.2%로 그 비중은 지속적으로 낮아지고 있다. QFII, RQFII, 후강통 등 대외

비유통주를 보유한 8대 국유기업

기업명	비유통주 비중
초상증권	19.75%
중국항공헬리콥터유한공사	33.39%
장강전력	40.93%
중국교통건설	64.28%
상하이공항	43.25%
중국동방항공	5.51%
푸둥발전은행	20.00%
흥업은행	15.08%

자본 개방으로 상해 A주의 유동성은 2배 이상 증가했고, 나머지 비유통주 개방으로 인한 물량증가는 충분히 흡수가능하다는 것이 업계의 판단이다. 비유통주 개방은 기존의 주주들에게 매우 긍정적으로 작용할 것이다. 개방할 때마다 무상증자와 현금배당이 이루어지기 때문이다. 2012년 이후에는 주로 현금배당을 하는데, 평균 10주당 3위안의 배당을 따로 해준다. 기존의 배당도 유효하다.

필자가 이 책에서 다루는 기업 중에는 중국교통건설이 64.28%로 가장 많은 비유통주를 보유하고 있다. 이 기업은 중국 내 철도, 고속도로, 다리를 건설하고 인프라를 구축하는 독점성 국유기업이다. 이 기업은 단기간의 수익보다는 장기적인 관점으로 중국 전체 발전을 위한 투자를 하고 있는데, 이는 공익을 위해 안정적인 경영이 필요하기 때문이다. 이 기업의 비유통주 분포가 높다는 것은 정부가 주식을 많이 보유하고 있다는 것이며, 정부정책에 영향을 많이 받는다는 뜻이다.

비유통주가 많다는 것은 수익의 상당수가 정부의 수익으로 이전되고, 정부 주도의 대형사업에 참여할 수 있으며 건설 수주의 우선권이 주어진다는 뜻이기도 하다. 물론 인프라산업은 자본회전율이 낮아 단기간에 수익이 나기는 어렵다. 성과도 잘 보이지 않는다. 중동의 고속도로 사업, 수천에서 수만km의 신실크로드 사업인 일대일로一帶一路(신실크로드 경제권 정책)는 최소 3년 이상의 장기 프로젝트 위주로 구성되어 단기 투자성향을 가진 투자자들에게는 매력적이지 못하다.

푸둥발전은행과 흥업은행, 초상증권 역시 각각 20%, 15.08%, 19.75%의 비유통주를 가지고 있다. 중국은 자본시장이 이제 막 열린

리스크가 비교적 큰 시장으로 해외의 대형자본 방어를 위해서 비유통주를 보유하고 있으며, 정부의 지원 아래 안정적으로 성장이 가능하다는 장점이 있다. 물론 다이나믹한 경영을 위해 중신증권처럼 비유통주를 지속적으로 개방하려는 움직임도 있다.

결론적으로 비유통주식은 변화무쌍한 자본시장인 중국에서는 실보다 득이 많다. 일단 정부가 주주로 있어 무리한 경영이 적고, 정부의 지원 아래 꾸준한 발전이 가능하기 때문이다. 하지만 장기적인 관점에서는 글로벌화와 무한경쟁 체제에서 생존을 위해 유통주 전환이 꼭 필요하다. 중국정부는 2012년부터 단계적으로 비유통주를 유통주로 변경하고 있다. 2014년 말 후강통으로 대외에 자본시장을 개방함에 따라 비유통주로 인한 주가하락은 충분히 상쇄될 것으로 보여진다.

4. 국유기업 위주의 상해 A주

주식투자에 앞서 투자하려는 거래소의 특징을 잘 알아야 한다. 상해 A주는 세계 여느 거래소와는 다른 독특한 점이 있다. 후강통으로 상해 A주가 개방되기 이전에는 홍콩거래소의 중국주식에 주로 투자하였다. 당시 중국 관련 주식투자는 주로 홍콩주식에 투자하는 것이었다. 홍콩거래소에는 200여 개의 중국기업이 상장되어 있고 국유기업, 일반 대기업들이 1:10의 비율로 분포되어 있다. 홍콩거래소는 시장의 논리로 거래소가 운영되고 주가가 책정되었다.

반면에 상해 A주는 상장기업에서 국유기업이 차지하는 비중이 매우 높다. 국유기업 법인 및 중앙·지방정부가 보유한 지분은 전체 상장기업 2,672개 중 38.5%, 전체 시가총액 23조 위안 중 59.9%인 14조 위안이다. 상해 A주의 알짜 기업들 대부분이 국유기업이라는 이야기이다. 정부기관 직속 국유기업이 아닐지라도 국부펀드를 통한 지분 투자로 유사 국유기업 형태로도 존재한다. 우수한 민간기업으로 알려진 하이얼전자, 칭다오맥주, 멍뉴유업 등도 정부의 간접지원 아래 성장했고, 정부가 가장 많은 지분을 보유하고 있다.

중국의 국유기업은 우리나라 공기업과 유사한 점이 많다. 시장의 변화보다 정책의 변화에 민감하고, 회사의 이익보다 공익을 위해서 움직인다. 2010년 전에 중국이 연 10%씩 성장을 하던 시기의 국유기업들은 앉아서 돈을 벌고 사업을 벌였다하면 성공했다. 그만큼 국유기업의 주도로 경제성장을 해온 것이다. 전 세계 국가 중 오직 중국만 가능한 규모의 경제와 세계 최고의 외국인 직접투자액을 통해서 경제가 쭉쭉 뻗어나갔다. 하지만 이제 중국도 세계 2위의 경제대국이 된 만큼 전환점에 들어섰다. 국유기업의 기존 체제만으로는 한계에 부딪친 것이다.

국유기업을 통한 경제발전은 장점도 있지만 기존의 시장변화에 둔감하고, 소위 철밥통으로 안일한 경영을 한다는 단점이 있다. 꾸준히 규모가 커진 중국기업들이 글로벌 기업들과 어깨를 나란히 하려면 현재 체제로는 부족하다. 단순히 국유기업의 관리체계를 개선하는 것으로는 안 된다. 정부의 비호와 독점으로 성장한 국유기업은 태생적으로 성장에 대한 욕구가 적다. 그래서 중국정부는 1987년 개혁개방 이전부터 줄곧 국유기업의 역량 강화와 경쟁력 제고를 위한 개혁에 초점을 맞추고 있다. 최근에는 전국인민대표회의에서 국유기업 소유제의 다양화 및 국유자본 이용확대를 핵심으로 하는 국유기업 경영개선 방침을 발표했다.

이러한 정책에 직접적으로 타격을 받은 것은 중국의 국유은행업계였다. 대표 국유은행인 공상, 중국, 건설, 교통, 농업은행의 직원급여가 20% 삭감되는 조치가 취해졌다. 또한 비유통주 비중을 40% 이하로 낮추었는데, 이는 은행을 필두로 국유기업 전체를 과감히 개혁해 중국경제의 장애요인을 줄여 지속적인 성장을 이루겠다는 의지이다. 중국 국유기업 개혁은 다음과 같이 이루어졌다.

- **1단계** : 1984년 도시경제체제 개혁을 시작으로 1997년까지 중소기업 개혁, 공사제도 및 지분제도 개혁, 직원배치 방안 등 일부 범위 내에서 탐색적 시범 운영을 전개함.
- **2단계** : 1998년 국유기업의 전반적인 실적 저조로 3년 개혁안이 시작되면서 대형 국유기업에 대한 관리를 강화하고, 부실한 중소 국유기업을 전면 퇴출시킴.
- **3단계** : 2003년 국유자산감독관리위원회가 창설되고, 국유자산의 관리 및 개편, 유동화와 시장화 등에 대해 전문적·집중적·전략적 관리가 시작됨.
- **4단계** : 2013년 3중 전회 이후 국유기업 소유제의 다양화 및 국유자본 이용확대를 핵심으로 하는 시장화 개혁을 추진 중임.

전 세계 중국 관련 전문가들 사이에서는 "국유기업은 과연 필요악

인가?"에 대한 논의가 계속되어 왔다. 중국과 같이 고속으로 성장하는 경제체제에서 정부의 정책을 즉시 실행할 수 있는 국유기업과 합리적인 의사결정을 통해 정책 수렴 여부를 판단하는 민간기업 중 어느 것이 더욱 긍정적으로 작용하는가가 중요 논점이었다. 지금까지의 고속 경제성장 단계에서는 중국정부가 보여준 국유기업 주도 경제발전이 정답이라는 견해가 다수이다. 세계에서 4번째로 큰 국토와 14억에 가까운 인구를 가졌지만, 부족한 인프라와 문화를 가진 중국이 세계 유수의 초강국과 필적할 정도로 성장하기 위해서는 정부의 힘이 필요했다는 것이다. 이는 2013년 중국이 G2에 등극하면서 국유기업 위주의 발전이 큰 도움이 되었다는 것을 증명해보였다.

중국의 경제발전 형태와 전망은 생선구이에 비유할 수 있다. 작은 생선을 프라이팬에 구울 때는 자주 뒤집어주면 타지 않고 노릇노릇하고 맛있게 구울 수 있다. 반면에 큰 생선을 구울 때는 자꾸 뒤집으면 살이 터지고 생선이 부서지기 쉽다. 오래도록 한 면씩 구우면 조금 타겠지만, 형태를 유지하면서 맛있게 구울 수 있다. 중국의 국유기업 개혁도 마찬가지이다. 개혁으로 인해 국유기업의 주가는 요동칠 것이고, 떨어질 것이다. 하지만 개혁의 큰 방향이 정해진 이상 지속적으로 실행해나가면 국유기업들도 면역력이 높아져 변화에 익숙해질 것이고, 실제로도 익숙해지고 있다. 중요한 것은 개혁을 거친 후 안정될 시장이다. 국유기업 개혁으로 시장이 안정된다면 국유기업이 대거 포진해 있는 상해 A주 역시 매력적인 시장임을 명심해야 한다.

5. 분기보고서와 경제지표를 주목하라

상해 A주는 분기보고서와 정부정책, 각종 지표 발표에 절대적인 영향을 받는다. 특히 특정 산업에 영향을 끼칠 정도로 변동이 일어났다면, 주가가 변동하는 것은 당연할 것이다. 현명한 투자자들은 분기보고서와 매달·매월 발표되는 중국 지표와 중국 특정 행사에 따라 발 빠르게 매수매도 판단을 내린다. 우선 눈여겨볼 것은 각 기업의 분기보고서이다.

중국도 전 세계 증시와 마찬가지로 매 분기에 보고서를 제출해야 한다. 아무리 중국에 살고 있는 중국인이라 해도, 대도시에 있는 투자자가 넓디넓은 중국 대륙에서 자신이 투자한 회사를 직접적으로 알기는 어렵다. 내국인인 중국인이라도 외국인 투자자인 우리와 별반 차이가 없는 것이다. 결국 분기보고서에 대한 의존도가 높다. 거기다 상해 A주는 개인투자자가 80% 이상을 차지하는데, 장기투자보다는 작은 수익을 위한 단기매매가 많다. 그래서 분기보고서 발표 이후에 주가변동이 분명하게 나타난다.

정기적인 보고서의 발표시기는 대략 다음과 같다. 4월 말에 1분기 보고서와 전년도보고서가 발표된다. 8월 말에는 중간보고서가 발표되는데, 1~2분기 합산 보고서이다. 10월 마지막 날에 3분기보고서가 발표되는데, 이때 마지막 날은 일반적으로 27일에서 31일 사이라고 보는 것이 정확하다. 기본적으로는 31일이지만 연휴나 공휴일이 겹칠 경우 미리 발표하는 것이다. 이것도 하나의 변수가 된다. 보고서가 나오고 주가가 즉시 떨어지는 경우는 10%밖에 되지 않을 정도로 보고서에 대한 신뢰와 기대가 높다.

상하이공항을 예로 들어보자. 상하이공항은 2014년 4월 30일에 1분기 실적이 발표되고 이후 200% 이상 상승하는 추세이다. 이것은 후강통의 영향도 있겠지만 실적이 잘 나왔기 때문이다. 2013년 10월 31일 3분기보고서 발표 후에는 이전에 한 달 동안 하락하던 주가가 1.89% 상승하였다. 매출이 이상적이지는 않지만 보통은 되기 때문이다. 2013년 8월 31일 중간보고서 발표 후에는 29.45%로 폭등해 기존 하락국면에서 역전되었다. 2014년 4월 27일 1분기보고서 발표 후

상하이공항의 주가차트

• 자료 : 텐센트 증권

에는 6개월 동안 하락하던 주가가 5.03% 반짝 급등하였고, 이후에는 하락하였다. 일반적으로 주가는 분기보고서 실적발표 후 상승하는데, 이는 다른 종목도 마찬가지이다. 이 시기에는 계속 투자할 것인지 포인트를 맞추어야 한다.

분기보고서 이외에도 3월과 4월에 열리는 전국인민대표회의와 전국정치협상회의의 양회를 통한 경제정책 방향 결정, 10월 중순에 열리는 중국공산당중앙전회, 11월과 12월의 중앙경제업무회의의 내년 경제정책 기초 결정이 주가에 영향을 끼친다. 또한 매월 1일에 발표되는 PMI지수(제조업+비제조업지수), 10~15일에 중국 중앙은행 인민은행이 발표하는 화폐공급량 수치도 꼭 확인해야 한다. 그렇게 하면 왜 자신의 주식이 오르고 내리는지 근본적인 이유를 알 수 있을 것이다. 또한 중국주식에 대한 관심이 늘면서 중요한 이슈는 인터넷 기사나 증권서 보고서에 빠르게 업데이트되기 때문에 항상 눈여겨 보아야 한다.

상하이공항의 경우 3월과 4월 양회를 통해 경제정책의 방향이 구체화되었는데, 2014년 4월 리커창 총리의 자본시장 개방정책인 후강통 발언 이후 5.25% 상승했다. 10월 중앙전회에서 후강통 확정을 발표하자 이후 지속적으로 상승했으며, 11월과 12월 중앙경제업무회의에서 시진핑 주석의 내수시장 발전 관련 발언으로 주가가 10.76% 상승했다. 상하이공항은 정부정책과 밀접한 관련이 있다.

3월과 4월 열리는 양회는 경제정책의 방향을 결정하는 회의로, 국회격인 인민대표회의와 정치위원들의 정치구상을 하는 정협회의를 뜻한다. 일반적으로 중국의 설인 춘절 휴일이 끝나고 3월에 열린다.

현실상 중요한 결정은 10월경의 중앙전회에서 나오지만 전국인민회의가 중요하지 않은 것은 아니다. 총리의 1시간이 넘는 업무발표에서 정부의 경제정책 입장 및 한해의 업무중점을 발표하고, GDP와 CPI 및 화폐공급량 등의 목표를 정한다. 뿐만 아니라 발전개발위원회에서는 무역·고정자산투자 및 소매판매액 목표를 정한다. 예산안은 정부의 중점 지출항목과 올해의 재정이익과 손실에 대한 목표를 정하는 것이다. 정협회의의 중요성은 인민대표회의보다 낮지만 양회가 동시에 열리기 때문에 결정자들의 문제점을 판단하는 기준이 된다.

10월 중순에 중국 공산당은 중앙전회를 개최하는데, 새로운 경제정책을 제정하고 내년 3월의 전국인민대표회의에 중요한 기틀을 세운다. 또한 12월의 보름 전에 중앙경제업무회의가 실시된다. 이 회의에서는 국가주석, 총리 및 각 성과 직할시의 대표자들이 참석하여 3일 동안 지속된다. 회의 내용은 내년의 경제정책 기초를 정하고, 화폐와 재정정책의 전체적인 방향을 정해 경제구조 개혁의 중점을 확립한다. 다음은 매월 발표되는 경제지표 데이터이다.

- **1일** : 중국물류구매연합회가 PMI 구매자지수와 HSBC PMI지수를 공표하여 지난달의 제조업 상황을 알려준다. 제조업과 비제조업으로 나뉘며 경제에 큰 영향을 끼친다. 이 PMI 구매자지수만 알아도 중국경기의 전체적인 흐름을 알 수 있다. 실제 2012년 이후 PMI지수가 지속적으로 하락하자 중국경기가 경착륙하는 것이 아니냐는 우려가 커졌으며, 실물경제보다 더 빨리 반응하는 증시가 폭락하는 사태로 이어졌다.

반면에 2015년에 들어서는 세계 각국과의 FTA협정을 통해 제조업과 비제조업이 살아났고 증시에도 긍정적인 영향을 끼치는 모습이다.

- **10일** : 중국 해관이 수출입 및 무역손차데이터를 발표한다. 여기서 해외시장의 중국상품 수요와 중국시장의 원자재 수요에 대해 알 수 있다. 원자재시장은 중국 철광석과 원유수입데이터에 집중한다. 매월무역손차는 중국의 위안화 평가절상에 대한 압력을 판단하는 데 도움을 준다.
- **10~15일** : 중국중앙은행인 인민은행이 증가한 위안화대출액과 위안화저축액 및 화폐공급량 수치를 발표한다. 이 데이터들은 시장생산에 각기 다른 영향을 끼친다. 단기적으로는 대출증가가 시장의 화폐유동성을 증가시키는 작용을 하고, 장기적으로는 신용대출 수준의 변화와 화폐공급량 및 경제증가 속도와 인플레이션의 관계를 긴밀하게 나타내어 시장에 영향을 끼친다.

매년 초와 분기별 GDP 수치를 발표하는 달에는 앞의 일정이 조금씩 달라진다. 연초에는 중국 통계청이 1월과 2월 공업증가치와 고정자산투자 및 소매액수치를 동시에 발표한다. 이는 평년 1월과 2월의 설, 춘절의 영향이다. 또한 분기 GDP 수치를 발표하는 달에는 11일 발표 데이터와 GDP 수치를 동시에 발표한다. 일반적으로 1월 20일 전후에 4분기 GDP 수치를 발표하고, 4월 15일에 1분기, 7월 15일에 2분기, 10월 15일에 3분기 수치를 발표한다.

6. MSCI지수 편입으로 대도약하는 상해 A주

　개인투자자들은 상하이종합지수, 항생지수로 증시의 전체적인 등락을 파악한다. 개인투자자들이 매일 증권시장에서 거래되는 모든 종목을 하나씩 분석하지 않아도 이 지수들을 통해 전체적인 추세를 읽을 수 있고, 매매판단을 하는 것처럼 만약 전 세계 증권회사의 펀드매니저가 챙겨보고 투자결정에 중대한 영향력을 끼치는 지수가 있다면 어떨까? 증권사 펀드매니저들이 움직이는 자금은 최소 수억 원에서 조 단위까지 다양하다. 초대형의 자금이 움직이면 주가도 큰 폭으로 변동하면서 개인투자자들을 웃게 할 수도 울게 할 수도 있다.

　바로 미국의 MSCI$^{\text{Morgan Stanley Capital International Index}}$지수와 유럽의 FTSE$^{\text{Financial Times Stock Exchange}}$지수가 그것이다. 이 중 영향력이 가장 큰 것은 미국의 MSCI지수이다. MSCI사가 발표하는 이 포트폴리오는 전 세계를 대상으로 투자하는 대형펀드, 특히 미국계 펀드운용의 95%가 기준으로 삼는다. MSCI지수를 추종하는 세계 펀드 규모만 해도 3조 5천만 달러로 세계 자본흐름을 한 눈에 파악할 수 있을 만큼 절대적인 영향력을 행사한다. 생소한 단어가 나왔다고 해서 어려울 것 하나 없다. MSCI 홈페이지(www.msci.com)의 인덱스 메뉴에서 쉽게 검색이 가능하다.

　중국은 자본시장 개방의 신호탄이 된 후강통을 시작으로 향후 IT 위주인 선전거래소를 개방한 선강통^{深港通}, 적격기관투자자들의 펀드투자인 QFII와 RQFII의 자격요건 완화 및 투자 쿼터 확대로 MSCI지표의 신흥시장지표 EM$^{\text{Emerging Markets}}$에 편입될 예정이다. 그동안 중국은 시가총액 규모가 세계 2위이지만, 자본개방이 늦고 금융시스템이 불안정해 MSCI지수에 편입되지 못하고 있었다. 거대 실물자산을 내세워 추격해오는 중국에 거대 자본까지 더해지면 영향력이 막강해지는 것이 두려워 미국이 견제의 의미로 MSCI지수 편입을 늦추었다는 설도 적지 않다. 하지만 중국정부가 주도하는 적극적인 금융개방 정책으로 MSCI 편입이 멀지 않은 것 같다.

상해 A주가 MSCI지수에 편입되면 상해 A주 내 외자유입이 가속화되고, A증시의 상승세가 지속될 것이란 전망도 심심치 않게 나오고 있다. MSCI지수 편입 초기 중국증시의 편입비중을 5%로 가정하면, 이로 인해 직접 증시에 유입되는 외국계 자금이 100억 달러에 달할 것이다. 중국정부의 싱크탱크인 사회과학원은 MSCI지수에 편입하는 것만으로도 상하이종합지수가 5000선까지 오를 것이라는 낙관적인 전망을 내놓았다. 실례로 2009년 1~2분기 모두 합쳐 4,770억 원에 그쳤던 영국계 자금이 3분기에 MSCI지수와 맞먹는 FTSE지수에 편입한 이후 3조 원 규모까지 투자가 늘었다. 이스라엘 또한 FTSE지수 가입 이후 자국 내 글로벌 펀드 비중이 0.1%에서 0.9%까지 대폭 상승한 것을 볼 수 있다.

중국이 MSCI 신흥국지수 편입에 집중하는 가장 큰 이유는 시장유동성 공급을 위해서이다. 자국시장의 유동성 공급은 이미 후강통 이전부터 문제가 되었고, 상하이종합주가 또한 2000포인트를 벗어나지 못했다. 안정적인 유동성을 위해 대외개방에 주목하고 있는 것이다. MSCI지수를 추종하는 전 세계 펀드 규모는 1조 5천억 달러에 달한다. 상해 A주 시가총액의 100%가 지수에 반영된다면, 1,500억~2천억 달러의 자금이 유입될 것으로 보인다. 상해 A주의 MSCI 편입으로 주가상승도 2015년 2월부터 2017년 말까지가 지속될 것이다. 이것뿐만이 아니다. 대외개방으로 중국 내 개인투자자 자금이 상해 A주에 본격적으로 투자된다면, 중장기에는 중국 주식시장의 강력한 성장동력으로 작용할 것이다. 저평가된 시장가치와 고배당의 중국기업은 세계경기가 불황인 상황에서 마땅한 투자처를 찾지 못하고 있는 전 세계 투자자들에게 매력적인 선택지가 될 것이다.

4장

상해 A주 투자공식

1. 중국주식 투자전략 Ver 3.0

● **포트폴리오를 업데이트하라!**

　1997년 IMF 전후로 매력적인 해외 투자처를 찾던 기관투자자들은 국부펀드, 중국국채, 홍콩주식 등 중국주식에 투자하기 시작했다. 개인투자자들은 2006년부터 투자를 시작했다. 연 10% 이상의 급속한 경제성장률과 높은 수익률을 내세우는 중국펀드 열풍 덕분이었다. 그러다가 2008년 세계 금융위기로 중국경제가 주춤하기 시작한다. 상하이증시는 최고점이었던 6000포인트에서 2000포인트로 급감했고, 우리나라에서 개인들이 많이 투자했던 중국펀드 수익률도 나락으로 떨어졌다. 펀드투자가 한창이던 국내 주식시장에선 '중국공포, 반펀드투자, 중국주식 비관' 등의 정서가 팽배했다.

　그럼에도 불구하고 현명한 투자자들은 중국경제가 반드시 성장할 것이라는 확신이 있었다. 그래서 자산운영사에 돈을 맡겨 자금을 운영하는 펀드투자보다 개인이 직접 종목을 선정하고 매수매도하는 직접투자의 길을 개척하기 시작했다. 이때는 홍콩거래소에 상장된 중국주식에 투자를 하였다. 홍콩거래소는 150년의 역사와 아시아에서 2위 거래소의 명성에 걸맞는 곳이었다. 이곳에서 저평가주와 1등주에 투자한 개인들은 고수익을 얻을 수 있었다.

　이제 중국 관련 투자도 변하고 있다. 중국펀드, 홍콩 H주에 이어 세 번째 변화가 우리 앞에 다가왔다. 중국본토의 상해 A주 투자가 가능한 후강통이 시작된 것이다. 이 후강통으로 중국 주식투자의 판도가 180도 바뀌게 된다. 홍콩거래소에서 중국주식을 매매하던 기관투자자들도 홍콩거래소의 주식 일부를 매도하여 상해 A주의 우량기업으로 투자처를 옮기고 있다. 이로 인해 항생지수는 감소하고, 상해 A주는 급등하는 형국이다. 앞으로도 자본은 홍콩 H주에서 상해 A주로 이전할 것이다. 홍콩거래소에 상장되어 있던 기업들이 상하이기래소로 이전할 경우, 홍콩 주식시장의 종목하락은 불가피할 것이다. 투자자들 또한 상하이로 이동할 것이다.

그렇다면 신규 투자자와 기존 투자자들이 상해 A주에 몰아서 투자하는 것이 과연 옳은 판단인가? 아니다! 현명한 투자자들은 절대 시장의 변화에 분별없이 민감하지 않다. 시장의 판세가 변한다고 계획에도 없는 매매를 하지는 않는 것이다. 똑똑한 투자자들은 시장이 아닌 투자한 종목이 속한 산업을 볼줄 안다.

● 투자가능 산업이 서로 다른 상해 A주와 홍콩 H주

홍콩 H주에 보험, 유통업체, IT, 식품, 전자, 의약, 해외 명품기업이 있다면 상해 A주에는 우주, 항공, 부동산, 에너지, 증권, 은행업이 있다. 산업의 종류만 살펴봐도 상해 A주와 홍콩 H주가 서로 다르다는 것을 알 수 있다. 무게감이 다른 것이다. 홍콩 H주는 단기간에 성장이 가능한 일상생활과 관련이 많은 핫한 종목이다. 반면에 상해 A주는 우직하면서 꾸준히 성장할 수 있고, 국가발전에 꼭 필요한 안정적인 인프라산업이 대표적이다.

상하이거래소는 홍콩거래소와 달리 공기업이다. 우리나라의 예를 들면 상하이거래소는 한국거래소와 같은 경우이고, 홍콩거래소는 미국 연방은행처럼 민간자본으로 구성된 조직이다. 각 거래소마다 특징이 있는 것이다. 공기업 위주인 상하이거래소는 증권시장의 기능보다 각 기업에 자금을 조달하는 정책적 성격이 강하다. 반면에 홍콩거래소는 수익률 위주이고 거래화폐인 홍콩달러가 페그제로 미국 달러에 가치가 고정되어 있어 미국과 세계경기 변동에 직접적인 영향을 받는다. 또한 상하이거래소를 이용하는 투자자의 80% 이상이 개인투자자로 투자판단력이 낮아 여론에 쉽게 휩쓸리는 경향이 있지만, 홍콩거래소는 대형기관에서 펀드 형식으로 자금을 운영하기 때문에 좀 더 성숙한 시장이라고 할 수 있다.

홍콩시장이 상하이 시장보다 더욱 성숙한 시장이라고 꼭 유리한 것은 아니다. 홍콩거래소는 중국 자본시장의 방파제와 같은 역할을 해 왔다. 그러나 중국본토의 경제와 자본시장이 점차 성숙해짐에 따라 더 이상 방파제로서의 필요성이 사라지고 있다. 상해 A주도 홍콩 H주 같은 역할을 충분히 할 수 있다는 것이 업계의 판단이다. 후강통이 본격적으로 시작되면서 중국 본토시장이 개방되었고, 향후에는 특정 홍콩주식을 제외하고는 중국주식의 역할이 상해 A주로 점차 이전할 것이다. 중국 증권협회에 따르면 2014년 11월 후강통 실시 이후 상해 A

상하이거래소와 홍콩거래소의 비교

	상하이거래소	홍콩거래소
기업형태	공기업	민영기업
목적	공공성 위주	수익성 위주
변동 요인	정책변화에 민감	경기변동에 민감
산업의 종류	IT, 식품, 전자, 의약, 명품, 보험	우주, 항공, 부동산, 에너지, 증권, 은행업
주요 투자자	개인투자자(80%)	기관투자자(70%)

주 투자한도 3천억 달러(약 54조 원)가 10일 만에 마감되었다고 한다. 이 중 홍콩에서 넘어온 자금이 70% 이상일 것으로 파악하고 있다. 후강통으로 중국 자본시장이 열리면서 홍콩에서 중국본토로 투자자금이 대거 이동한 것이다.

상해 A주 시장은 점진적으로 개방되는 시장이다. 2014년의 후강통은 맛보기에 불과하다. 투자할 수 있는 금액은 아직 3천억 달러로 제한되어 있지만 중국의 자본세계화 정책으로 앞으로 더욱 확대될 것이며, 결국에는 완전히 개방될 것이다. 이러한 상황에서 판도를 읽을 줄 아는 자만이 중국 주식투자에서 성공할 수 있다.

상해 A주 시장은 자본유입이 계속 이뤄지는 반면 홍콩 H주는 홍콩 시위, 본토시장 개방으로 인해 축소될 전망이다. 이때 시장보다 중요한 것은 종목 선택이다. 대공황이라도 주식은 오르기 마련이다. 두 시장의 다양한 산업 중 자신에게 적합한 종목을 선택하는 게 무엇보다 필요하다. 이 책은 상해 A주 위주로 소개하고 있다. 홍콩주식을 알고 싶다면 필자의 《중국주식, 저평가된 강한기업에 투자하라》에서 다루는 우량 홍콩주식 55종목을 참고하면 된다.

2. 중국주식, 분산투자가 아닌 집중투자다

● **분산투자는 잊어라**

직접투자의 매력은 자신만의 포트폴리오를 완성하는 것이다. 이렇게 하면 자금에 연연하지 않고 원하는 종목에 집중투자할 수 있다. 하지만 많은 투자자들이 분산투자를 해야 한다는 강박에 시달린다. 과연 분산투자로 만족할만한 수익률을 올릴 수 있을까?

분산투자의 목적은 안정적으로 자금을 운영하는 것이다. 이것은 주식투자의 궁극적인 목적인 수익창출과는 거리가 있다. 많은 투자자들이 주식을 통해서 은행이자율보다 조금 더 나은 수준의 수익률을 원한다고 말한다. 정말 그럴까? 아니다. 누구나 좀 더 많은 수익을 원한다. 은행이자보다 조금 더 나은 수준의 수익이라면 투자한 보람이 있겠는가?

고수익을 기록하는 투자자들은 막무가내로 여러 종목들을 이것저것 바구니에 담지 않는다. 많은 이들이 분산투자를 "계란을 한 바구니에 담지 않는 것"이라고 한다. 하지만 분산투자가 능사는 아니다. 계란을 담아도 한 바구니에 얼마나 '큰 계란을 몇 개' 담을 것인가? 아니면 작은 계란만 잔뜩 바구니에 담을 것인가? 소액 집중투자를 할 것인가, 아니면 소액 분산투자를 할 것인가?

투자할 자금이 많고 여건이 좋은 투자자는 우량주와 배당주, 고위험·고수익 종목을 한 바구니에 담을 수 있다. 하지만 투자자금이 제한된 일반투자자들은 분산투자로 만족스러운 수익률을 낼 수 없다. 수익률은커녕 증권사에 수수료만 잔뜩 챙겨주는 꼴이 된다. 예를 들어보자. 사시사철 급등급락하는 IT주와 정책의 영향을 많이 받는 인프라 관련주에 분산투자했다고 하자. 두 산업 간에는 호환보다 상대적인 개념이 크다. 한쪽이 상승해 반대편의 수익률을 방어하고, 또 다른 한쪽이 상승·방어해서 수익률을 깎아먹는 패턴이 수시로 일어난다. 이렇게 되면 소액투자에서 분산은 제자리걸음에 불과하다.

주식은 안전자산이 아니다. 이것은 누구나 알 것이다. 어쩌면 10년, 20년 묵혀서 주가가 수백 혹은 수천 배 급등할 수도 있다. 반대로 당장이라도 투자금을 몽땅 손해볼 수 있는 것도 주식투자이다. 투자자금은 효용가능한 범위 내의 자금으로 해야 한다. 그래서 적정한 예금이나 잉여자금의 투자처로 중국시장이 존재하는 것이다. 때문에 주식투자 자금은 투자자가 감당할 수 있는 금액으로 책정하는 것이 원칙이다. 많은 투자자들이 이를 지키면서 투자하고 있다.

그러면 감당가능한 금액은 어느 정도일까? 투자성향이 보수적인 국내 사정을 봤을 때 결코 많은 금액이라고는 할 수 없다. 이렇게 많지 않은 금액에서 분산투자는 어렵다. 우량주들을 소량씩 조금조금 매수했다고 해도 수익률은 이상적이지 못하다. 그러므로 허용가능한 자금에서 동일 업종의 2~3위 기업을 신중히 선택해 집중하는 투자가 필요하다. 특히 상해 A주에는 인프라 대형주처럼 장기투자로 묵혀둘수록 가치를 발하는 종목들이 많다. 이제 분산투자는 잊어라!

● **연구하는 투자가 필요하다**

어떤 산업에 투자할지 정했는가? 다음은 그 분야에 대한 정보를 모아야 한다. 그냥 모으는 것이 아니다. 해당 분야의 뼛속까지 알아야 한다. 돈만 투자한다고 해서 끝은 아니다. 높은 수익률은 거저 얻을 수 없다. 노력 없이 얻어지는 수익률은 없다. 이 책을 읽는 독자도 정보를 찾기 위해 노력하고 있다. 이 책을 읽고 있는 것 자체가 고수익률을 위해 한 발짝 나아간 것이다.

다음은 종목 선택이다. 일상과 관련된 종목을 선택하자. 중국의 경제 상황과 주가는 대체적으로 유망하지만, 종목을 선택할 때는 쉽게 정보를 접할 수 있는 분야가 최고다. 식품, 보험, 의약은 우리가 평소에도 늘 사용하는 것들이라 유리하다. 항공운수업, 에너지·석유·천연가스, 은행업도 생업과 연관성이 많다. 중국기업들이라고는 하나 우리나라와 중국은 경제와 산업에서 의존도가 매우 높다. 즉 우리가 일상에서 종사하고 있는 분야가 호황이라고 한다면 중국증시 또한 덩달아 상승하고 있는 경우이다.

현재 중국의 증권업은 후강통, 상해 A주 대외개방으로 호황이다. 중국 대표 증권회사인 중신증권中信证券의 주식이 후강통 이후 50% 이상 대폭 상승하였고, 우리나라의 삼성증권도 후강통 이후 1천억 원이 넘는 중국 관련 투자자금이 몰려 주가가 급등하는 모습을 보였다. 유제품업계도 비슷한 양상을 보인다. 매일유업의 주가는 하락세이고, 중국의 광명유제품 회사의 주가 또한 하락세이다. 중국발 저가 유제품의 영향이 우리나라 유제품업계에도 간접적으로 영향을 끼친 것이다. 경제동조화로 양국이 동고동락하는 사이가 되는 것이다. 더욱이 한중FTA로 남아 있던 관세마저 철폐되면서 우리나라와 중국의 동조화가 가속화될 것은 자명하다. 꼭 중국에서 이슈가 된 경우에만 해당 종목을 살피지 말고, 우리나라 각 산업의 변화를 중국과 연관지어 생각해볼 필요가 있다. 다음은 집중투자시 지켜야 할 원칙들이다.

- 허용가능한 소액투자로 같은 산업의 두세 가지 종목에만 집중투자하라.
- 투자한 기업보다 해당 산업의 환경변화(주변의 변화)에 더욱 집중

하라.
- 우리가 투자했거나 이미 투자한 산업에 대해 연구하라.

3. 국유기업, 숨겨진 지뢰를 피하라

● 중국 국유기업의 종류

현대의 중국은 사회주의 경제체제에서 시작했다. 그래서 국유기업이 중국 대기업의 주류를 이루는 산업구조이다. 상해 A주에 상장되어 있는 기업에서 국유기업이 차지하는 비중이 높다. 국유기업 법인 및 중앙·지방정부가 보유한 지분은 전체 상장기업(2,672개)의 38.5%이다. 시가총액으로는 14조 위안이며 이것은 전체(23조 위안)의 59.9%를 차지한다.

1장에서도 언급했지만 후강통으로 개방된 상해 A주에서 외국인투자자가 가능한 589개의 종목에서 국유기업이 90% 이상을 차지한다. 중국의 수많은 국유기업은 독점성 국유기업, 공익성 국유기업, 경쟁성 국유기업으로 나눌 수 있다. 특히 경쟁성 국유기업은 중국정부가 실시하는 국유기업 개혁의 주요 대상이다. 동종업계에 수많은 민간기업이 진출해 있어서 경쟁력이 떨어지기 때문이다. 상해 A주 투자시 반드시 피해야 한다. 반면 독점성·공익성 국유기업은 경쟁이 적고 대체가 불가능한 산업들로 기업수익 면에서 안정적인 투자가 가능하다. 중국 국유기업을 산업별로 분류하면 다음과 같다.

- **독점성 국유기업** : 국가안정과 유지에 꼭 필요하면서 국민경제발전 보장과 국가안보를 책임지는 기업(우주, 비행기 제조, 항공, 금융, 에너지, 군수산업, 운수, 통신 등)
- **공익성 국유기업** : 국민생활서비스를 책임지는 인프라기업(전력, 도시가스, 난방공급, 대중교통, 공항)
- **경쟁성 국유기업** : 경쟁구도에 놓인 분야(주류, 철강, 자동차, 식품, 전자산업 등)

● **독점성 국유기업**

　독점성 국유기업은 우주선과 비행기 제조 관련 기업이다. 우주선과 비행기 제조는 우주탐사와 민간항공기 개발에만 적용되지 않는다. 중국이 진정한 G1으로 성장하기 위해서는 경제력만큼 군사력도 받쳐줘야 한다. 중국이 아무리 14억이 넘는 인구가 있다고 해도 글로벌 시대에 자국시장으로만 성장하기에는 한계가 있다. 중국은 중동, 중앙아시아, 아프리카로 경제영토를 넓히고 미국도 아시아와 동남아로 경제뿐만 아니라 군사지원까지 하면서 경제영토 넓히기에 한창이다.

　경제영토가 넓어져야 안정적인 경제성장이 가능해지고, 미국과 중국이 서로를 견제할 수 있는 수단이 생긴다. 미국이 주도하는 환태평양경제동반자협정TPP, Trans Pacific Partnership, 중국 주도의 아시아태평양경제협력체APEC, 각국의 FTA가 경제영토 확장의 주요 수단이다. 미국과 중국은 더욱 많은 국가들과 교류를 통해 경제에서 군사까지 협력범위를 넓히고 있다. 경제규모가 작은 나라가 미국이나 중국과 FTA

를 시작하면 주도권은 대국에 있는 것이 자명한 사실이고, 대국에 대한 의존도가 높아지면 군사적으로도 협력이 중요시된다. 베트남과 미국의 경우만 보더라도 한때 치열하게 싸웠지만 1995년에 다시 수교를 맺었다. 결국 자본주의냐 사회주의냐 같은 체제 문제가 아닌 자국에 얼마나 유리한지가 더욱 중요하다. 중국에 대한 무역의존도가 날로 높아지자 대통령까지 나서서 중국과의 관계를 조율하는 외교정책을 펼치고 있다.

냉전 이후 전 세계는 정보전쟁, 우주전쟁으로 거듭나고 있다. 2013년 말 중국은 인공위성 저격을 위한 탄도미사일 개발에 성공했고, 자국의 노후한 인공위성을 격추해 미국을 놀라게 하였다. 미국은 우주에 1천 개 이상의 인공위성을 쏘아올려 학술, 자연, 기후뿐만 아니라 인공위성을 무기화하고 타국의 동태를 파악하는 용도로 많이 쓰고 있다. 뉴스에서 간간히 인공위성으로 살핀 북한의 상황도 미국 혹은 일본의 인공위성이다. 현재 미국이 주도하고 있는 우주산업에서 중국이 국방에 위협을 느끼는 것이 당연하다. 중국에게 우주개발은 이제 선택이 아닌 필수이다.

미국은 항공기 산업에서도 냉전 이후 약 2조 원이 넘는 다목적 폭격기 B2를 20대 이상 보유하면서, 중동과의 전쟁을 승리로 끝낸 위엄을 보여 자국의 기술력을 과시했다. 이에 중국도 지속적으로 항공기산업 투자를 늘리면서 2000년부터는 자체적으로 민영항공기 개발에 착수했다. 2014년 9월에는 C919 항공기 제작에 성공하여 항공기 제조산업에서 놀랄 만한 결과를 보여주었다. 민영항공기 개발은 제트기 산업과 밀접한 관련이 있다. 레이더, 엔진을 비롯한 각 부품들이 민영항공기나 제트기에 공통적으로 들어가는 부품이고 원리에도 크게 차이가 없기 때문이다. 즉 민영항공기 제조산업의 발전은 중국 항공력에 크게 기여하는 것이다. 중국의 국방비는 평균 1,500억 달러로 매년 증가추세에 있지만, 여전히 미국의 4분의 1 수준에 불과하다(한편으로는 중국이 국방비 산출에서 각종 무기 기술개발비를 국방비에 포함시키지 않았기 때문이라는 말도 있다. 중국 전문가들은 중국이 이미 미국의 2분의 1 수준까지 따라왔다고도 한다).

결론적으로 독점적 국유기업은 중국의 국익과 안전, 타국에 대한 영향력 확대를 위해서 매우 중요한 분야이다. 지속적이고 꾸준한 투자가 예상된다.

● **공익성 국유기업**

공익성 국유기업은 중국 내 국민생활서비스와 관련이 높은 전력, 금융, 철도, 공항, 항공사와 같은 분야들이다. 중국경제의 규모가 커지고 성장하면서 같이 발전하는 산업들이다.

2012년 말에 시진핑정권이 들어서면서 실행된 내수시장 강화 정책으로 도시화 관련 기업들이 날개를 달았다. 중국경제에서 무역이 차지하는 비중은 60%로 내수시장은 상대적으로 작다. 선진국인 미국과 일본의 무역이 국가경제 전체의 20~30% 정도인 것을 감안하면 중국의 무역의존도가 높음을 알 수 있다. 무역비중이 작으면 급변하는 세계경제로 인한 영향력이 적어 안정적으로 자국의 경제를 이끌어갈 수 있다. 자국의 경제가 안정되면 현 정권과 공산당 일당독재를 공고히 할 수 있는 것이다. 그렇기 때문에 중국이 내수시장을 키우는 데 힘을 쏟는 것이다. 장기적으로 내수시장을 키우는 가장 직접적이고 빠른 방법은 도시화 정책이다.

우리나라의 도시화율은 80%에 달한다. 인구 10명 중 8명이 도시에 살고 있고, 1960년대에 5% 미만이던 도시화율이 2014년 이후 80% 이상으로 증가했고, 1인당 국민소득도 3만 달러를 눈앞에 두고 있다. 도시화는 국민소득과 직접적인 영향이 있는데 농업·어업 같은 1차산업의 비중을 줄이고, 2·3차산업의 제조·서비스 비중을 가시적으로 증가시킬 수 있는 중요한 수단이다. 중국의 도시화율은 2011년을 기점으로 50%를 상회하였고 시진핑정권에 들어 지속적으로 증가하고 있다. 농촌보다 도시에 거주하는 인구가 늘어남에 따라 전력, 금융, 산업 부대시설 및 인프라, 공항, 철도이용률 또한 안정적인 상승을 기대할 수 있다.

중국은 중동, 중앙아시아, 아프리카와 같은 인프라가 부족한 국가에 적극적으로 진출하면서 눈부신 성과를 보여주고 있다. 1980년대와 1990년대 중동에 우리나라 기업들이 진출했던 것처럼, 중국기업들이 가격이 높은 한국산을 대신해 고급기술과 저렴한 가격으로 중동국가들의 수요를 만족시키고 있다. 철도분야에서도 중국은 세계 최고의 기술력으로 시속 400㎞를 달리는 고속기차를 자체 기술로 개발했다. 2010년부터는 동유럽, 동남아에 자국 고속기차뿐만 아니라 철도까지 건설을 따내면서 해외진출에 박차를 가하고 있다.

이처럼 국유기업은 내수시장의 발전과 해외진출로 더욱 기업경영과 주가에 탄력을 받고 있다. 2014년 APEC에서 시진핑 주석의 신 실크로드 사업인 일대일로로 인해 공익성 기업의 주가 또한 장밋빛 미래가 점쳐지고 있다. 이외에도 위안화 국제화로 위안화의 위상과 영향력을 높이려는 자본시장 개방도 박차를 가하고 있어 국유기업인 주식제은행과 증권회사도 새로운 기회를 맞이하고 있다.

● **경쟁성 국유기업**

1987년 중국의 개혁개방 이후 중국정부는 지속적으로 국유기업의 민영화를 위한 고민을 해왔다. 앞에서 언급한 독점적·공익성 국유기업은 국가의 안전과 개혁에 중요한 역할을 하기에 제한적인 개방을 했다. 반면에 경쟁성 국유기업은 관련 산업인 부동산, 주류, 철강, 자동차, 식품, 전자산업 등을 민간에 개방하고 경쟁 환경을 조성했다. '환경에 적합한 자만이 살아남는 적자생존' 원칙에 근거하여 발전시켜 왔다.

국유기업은 예전에는 정부의 비호 아래 성장하였기 때문에 경영시스템이 낙후되어 있고 관리자의 동기가 매우 부족했다. 그래서 개방되면서 선진화되고 활기찬 민간기업과의 경쟁에서 10년을 버티지 못하는 것이 부지기수다. 중국의 싱크탱크인 사회과학원이 줄도산을 맞은 기업만 50%가 넘는다고 발표하기도 했다. 지금까지 살아남은 국유기업도 언제 무너질 줄 모르는 상태이다. 중국의 대표 주류업체인 오량액주류유한공사는 2012년 들어서 정부의 반부패 정책으로 기존에 판매하던 고가의 주류 매출이 90% 이상 감소해 명맥을 유지하지 못하고 있다.

반면에 부동산 경기악화로 관련 상장회사들의 주가가 떨어지는 상황에서도 상하이루자줴이그룹은 중국 내 핫이슈로 떠올랐다. 국유기업 특권으로 상하이 디즈니랜드 건설을 수주하는 영리한 경영으로 불확실한 중국 부동산시장을 돌파하는 모습을 보여주었다.

경쟁성 국유기업들은 독점적·공익성 국유기업들보다 리스크가 높다. 가장 먼서 시장에 개방했고, 중국의 국유기입개혁에서 퇴출 1순위로 낙인찍혔다. 상하이루자쮀그룹, 마오타이주, 비야디처럼 가시적인 성과를 내지 못하는 국유기업들은 민간에 이전되어 상장폐지되는 경우가 허다했다. 그러니 투자에 앞서 두 번, 세 번 고려해보는 것이 중요하다.

4. 위안화의 환율차익, 알뜰하게 챙기자

● 위안화 사용의 증가

해외주식은 자국통화로 주거래를 한다. 홍콩주식이 홍콩달러로 투자가 가능했다면 상해 A주는 위안화로 거래한다. 위안화는 달러처럼 국제적인 기축통화로는 영향력이 크게 없지만 아시아와 중동에서는 막강한 무역량을 토대로 주요 화폐로 발전하고 있다.

2014년 12월 1일, 우리나라에도 원·위안 직거래시장이 개설되어 대중무역에서 위안화 이용률이 50% 이상 증가하였다. 원·위안 직거래시장이 개설되기 전에는 원화를 달러로 바꾸고 그다음 달러를 위안화로 바꿔야 했기에 수수료의 부담이 컸다. 하지만 이제는 원·위안 직거래시장이 개설되어 수수료가 0.05~0.01% 줄어들게 되었다.

중국을 포함해 중화권과 아시아에서 위안화를 사용하는 인구만 해도 30억 명 이상일 것으로 예상된다. 주로 무역결제 화폐로 쓰이는 달러와는 달리 위안화는 14억 명의 인구가 일상생활에서 매일 사용하는 화폐이다. 중국이 자국 물가안정을 위해 화폐유통량을 제한하는 정책을 시행하고 있기 때문에 위안화의 가치는 지속적으로 상승하고 있다. 특히 우리나라 같이 대외의존도가 높은 국가에서는 화폐가치가 쉽게 요동치기 때문에 위안화 재테크족도 적지 않다. 주식 자본수익과 동시에 위안화 가치의 상승으로 2배의 수익이 가능해졌다.

중국주식 투자를 위해 위안화로 환전하는 방법은 두 가지이다. 거래계좌를 만들고 직접 위안화를 예금하거나, 각 증권사 HTS를 통해 위안화를 환전하는 것이다. 후강퉁 실시 이후 증권사에서 중국주식 투자자를 늘리기 위해 위안화 환전 수수료를 많이 할인해주고 있지만, 지속적인 할인은 기대하기 힘들다. 때문에 중국주식 고수들은 직접 저렴한 위안화 환전소를 찾아 환전을 한다.

명심해야 할 것이 있다. 아무리 저렴한 수수료로 환전이 가능하다고 해도 잦은 매매로 환전비용이 증가할 수 있다는 것이다. 상해 A주에 투자해서 수익이 나고 매도를 하면 자금을 중국에 유보할 수 있는 시스템이 없기 때문에 증권사가 잦은 환전과 매매수수료를 유도한다는 것을 알아두자.

HTS로 거래를 할 때는 환전시점에도 주의하자. 환전시점에 따라 거래가능시간이 달라진다. 일반적으로 오전 10시 이전에 환전이 되면 오전거래가 가능하고, 오전 10시 이후부터 오후 2시 사이에 환전하면 그 이후에 거래가 가능하다. 종종 위안화가 아직 들어오지 않았다면서 당황하는 경우가 있는데, 침착하게 기다리면 정확하게 돈이 들어오니 너무 걱정하지 말자.

● 고수가 알려주는 위안화 환전 노하우

위안화 직거래시장이 개설되고 환전수수료가 낮아졌지만, 환전은 은행마다 다르고 주거래 은행 여부, 사전예약 여부에 따라 달라진다. 대부분 우리나라 은행의 달러·엔·유로화 수수료율은 1~2%로 일정하지만, 위안화는 은행별로 거래량이 다르기에 차이가 크다. 한국SC은행 3%, 기업은행 4%, 외환은행·하나은행·한국씨티은행 7%로 은행마다 환전수수료가 크게 차이가 난다. 월급 입출금이 되는 주거래 은행은 환전수수료가 가장 싸고, 주거래 은행이 없는 경우 각 은행의 온라인으로 환전예약을 미리하면 직접 찾아가는 것보다 낮은 가격에 환전할 수 있다.

가장 단순한 방법은 전국에서 환전 수수료가 가장 싼 서울역 도심공항터미널의 우리은행과 기업은행을 찾아가는 것이다. 이 두 곳은 위안화뿐만 아니라 달러, 엔화, 유로화까지 국내에서 가장 낮은 수수료로 환전할 수 있다. 진정한 고수들은 서울 명동의 사설 환전소인 코리아와 동아를 찾아간다. 은행보다 수수료가 낮지만 은행보다 안전성이 떨어지고 위조지폐의 우려도 있으니 주의하자. 다음은 위안화 위조지폐 감별법이다.

- **촉감 차이** : 손으로 만져봤을 때 진폐는 올록볼록한 요철이 있지만 위폐는 매끈매끈하다.
- **요철 유무** : 진폐는 마오쩌둥 초상 부분에 요철이 있다.

- **인쇄 상태** : 위폐는 전반적인 인쇄 상태가 선명하지 않고 퍼져 보이며 중앙의 은색 세로 안전선 부분이 흐릿하다. 긁었을 때 잉크 번짐이 나타나기도 한다.
- **홀로그램** : 2005년 위폐의 경우 뒷면에 은색 홀로그램이 없거나 손으로 긁으면 은색 부스러기가 떨어지는 등 조악하다.
- **앞뒤판 맞춤 인쇄 표시** : 불빛에 비춰봤을 때 위폐는 앞뒷면의 중국 은행 원 마크 위치가 일치하지 않는다.
- **마오쩌둥 워터마크** : 위조방지를 위해 지폐 왼쪽 하단에 삽입한 마오쩌둥 초상을 불빛에 비춰보면 위폐의 경우 흐릿하거나 누렇게 변색되어 있다.
- **감춰진 액면 숫자** : 진폐는 지폐 앞면 가운데 중국 인민은행 글자와 아라비아 숫자 금액 사이를 형광등으로 비추면 숨겨진 금액이 표시된다.

5. 배당률 상위 40개, 옥석을 가려라

● 투자의 꽃, 배당

배당은 중국 주식투자의 꽃이다. 자본시장 확대를 통해 경제발전을 이룩하려는 중국에서 정부가 장려하는 상장기업의 배당정책은 투자자들에게 매우 매력적이다. 평균 3.75%의 배당률로 연 1회 꼬박꼬박 배당이 들어온다. 특히 이 책에서 다루는 20개의 국유기업은 안정된 배당을 매년 실시하고 있다. 지속적인 중국 경제발전과 더불어 자본시장 개방을 위한 금융시장 확대 등을 봤을 때 투자자들에게 충분히 매력적인 투자처가 될 것이다.

그렇다고 무턱대고 배당이 높은 종목만 투자하면 안 된다. 기존 국내 투자자들의 직접투자처인 홍콩주식은 기관투자가 70%를 상회하는 성숙된 시장이다. 반면 상해 A주는 개미투자자들이 90% 이상으로, 우리나라의 1990년대처럼 자금 쏠림 현상이 심한 곳이다. 상해 A주는 평균배당률이 3.75%로 매력적인 배당시장이지만, 배당이 높다고 무작정 투자한다면 큰코다치는 시장이기도 하다.

특히 귀가 얇은 개미투자자들은 안정적인 배당수익률에 초점을 맞추어 기업을 선택하는 경우가 있다. 배당률 상위기업들을 살펴보면 업계 순위가 낮거나 재정상태가 좋지 않은 문제점이 있다. 투자자들에게 외면 받지 않기 위해서 배당률을 고의로 올리는 경우도 있다. 높은 배당률보다는 산업과 기업을 우선적으로 판단해야 한다. 그런 다음 배당률까지 이상적이면 금상첨화라고 할 수 있겠다.

상해 A주는 3월 말 연간보고서 발표 이후, 주주총회를 통해서 배당금과 배당시기들을 정한다. 2013년 이전처럼 상해 A주 시장이 미성숙했고 투자자가 적었을 때는 투자자를 늘리기 위해서 연 2회 배당을 했지만, 2013년 이후에는 대부분의 회사가 연 1회 배당을 실시하고 있다. 상해 A주는 개인투자자들이 많기 때문에 배당률보다는 이해하기 쉽게 10주당 몇 위안씩 배당을 한다. 예를 들어 2014년 상하이공항은 10주당 3위안의 배당을 했고 세후는 2.70위안이다. 만약 1천 주를 구매했다면 270위안을 배당으로 얻게 되는데, 2014년 상하이공항의 평균주가는 20위안으로 2.7%의 알찬 배당을 얻을 수 있다.

● **배당률 상위의 기업들**

배당률 상위 40개 기업 중 대부분은 석탄개발회사, 자동차 관련 회사, 의류회사, 백화점, 건설 등 각 업계 순위 30위권 이하인 기업들로 구성되어 있다.

- 석탄개발회사는 국제유가 하락, 셰일가스 개발증가, 러시아산 천연가스 가격하락으로 경쟁력을 잃고 있다.
- 자동차와 자동차부품회사는 국제유가 하락으로 상승세이지만 중국 독스모그의 주범인 자동차 배기가스가 문제가 되면서 하락세이다.
- 의류업체는 2008년 베이징올림픽을 기준으로 중국 내 인건비가 상승해 동남아, 인도, 중앙아시아로 생산거점이 옮겨가고 있는 추세이다. 자라^{ZARA}, 유니클로, H&M처럼 저가에 회전률이 높은 패스트패션 때문에 변화에 둔감한 중국산 패션업계들의 경기가 좋지 않다.
- 상해 A주에 상장된 대표적인 백화점으로 왕푸징백화점과 대상백화점이 있다. 왕푸징백화점은 베이징의 중심가인 왕푸징거리에 있는 백화점으로, 베이징시가 대주주로 있는 국유기업이다. 동북지역에 있는 대상백화점과 마찬가지로 전자상거래의 발전과 반부패정책으로 하향세이다. 또한 변화에 빠르기 대처하지 못해 최근 백화점업계에서 대세인 오락과 음식 위주의 매장구성이 떨어진다.
- 건설업계는 중국 부동산가격 거품이 점차 사라지는 단계에서 가

장 먼저 타격을 받고 있다. 현재는 투자에 적합하지 않다.

수많은 국유기업 중 그래도 꽃은 있다. 바로 주식제은행이다. 주식제은행은 초상은행, 푸둥개빌은행, 흥입은행이다. 이 회사들은 평균 배당률이 6%대로 은행금리의 2배 이상이다. 중국 해외발전의 자금공급체로 자산가치 상승까지 고려하면 매력적인 투자종목이다.

주식제은행은 다소 생소할 수 있다. 중국의 은행은 중앙은행인 인민은행을 중심으로 국유 5대은행과 지방은행, 주식제은행으로 나눌 수 있다. 국유 5대은행은 중국공상은행, 중국은행, 건설은행, 농업은행, 교통은행으로 우리나라 국민은행과 비슷하다. 지방은행은 중국 각 지역마다 베이징은행, 상하이은행, 광둥은행이 있는데 우리나라의 부산은행, 광주은행, 대구은행처럼 지역에 연고를 둔 은행이다. 그 외에 나머지 은행을 주식제은행이라고 하는데 우리나라의 신한은행, 하나은행과 유사한 형태이다.

2013년 전까지만 해도 예대금시장의 80% 이상을 차지하고 있는 국유 5대은행이 중국금융을 독점하고 있었다. 모아둔 돈이 있어서 저축을 한다고 하면 국가가 운영하는 은행에 갔다. 가장 안전하기 때문이다. 주식제은행에 비해 이자율은 조금 떨어지지만, 광활한 중국 대륙에서 국가만큼 안전한 곳은 없다.

하지만 2013년 중국 최대 온라인상거래업체인 알리바바그룹에 온라인 금융을 허가하면서 판세는 달라지기 시작한다. 알리바바는 예금을 보장하는 한도 내에서 시중은행 이자보다 2% 이상 높은 금리로 안정성 펀드를 팔기 시작했고, 3개월 만에 약 300억 위안의 시중예금이 알리바바 온라인 금융으로 이동하는 성과를 이루었다. 투자자들 역시 국유은행보다는 안전하면서 높은 이율에 만족해, 기존의 국유은행이라는 고정관념에서 점차 탈피했다. 이것 때문에 다양한 금융상품으로 무장한 주식제은행들이 재부각되고 있다.

A주 투자로 얻는 배당수익은 중국에서 10%가 원천징수된다. 우리나라에서는 현재 14%의 배당소득세를 부과하고 있다. 이에 따라 중국에서 10%의 배당소득세를 내게 되면, 한국에서는 나머지 배당소득세 4%에 주민세 0.4%를 더해 4.4%를 내면 된다.

상해 A주 배당액 순위

순위	코드번호	업계명	배당액 (위안)	주가 (위안)	배당률 (%)	업종
1	600397	안원석탄	0.5	4.06	0.12	석탄
2	600481	장쑤쌍량에어컨설비	0.65	11.14	0.06	에어컨냉매, 해수담수화업계 48위
3	600177	야걸그룹	0.5	6.82	0.07	의류
4	601799	성우라이트	0.73	17.82	0.04	자동차, 오토바이 라이트(등)
5	601566	구목왕	0.7	11.56	0.06	방직
6	601567	삼성전기	0.5	10.08	0.05	압축기 변압기
7	603366	일출동방	0.53	13.4	0.04	태양에너지 유가하락으로 인해 하락세
8	603555	귀인조	0.45	11.38	0.04	패션업계 18위
9	600563	샤먼파라전자	0.7	27.73	0.03	전자업계 30위
10	600104	상하이자동차그룹	1.2	14.27	0.08	자동차, 쌍용자동차 먹튀 논란
11	600660	복요유리	0.5	8.36	0.06	유리
12	600309	만화화학	0.7	16.39	0.04	고위험 화학용품 제조

13	601006	대진철로	0.43	6.69	0.06	철도, 회수율 낮음
14	603000	인민망	0.5	73	0.01	인터넷, 2012년부터 하락세
15	600271	항천정보	0.6	18.41	0.03	우주산업
16	600612	노봉양	0.86	23.21	0.04	귀금속제조
17	600362	장시동업	0.5	12.23	0.04	유색금속
18	600315	상하이가화	0.51	34.09	0.01	화장품 부정공시, 2014년 12월
19	600436	장주편자황제약	1.1	76.94	0.01	제약업계 47위
20	601088	중국신화에너지	0.91	14.06	0.06	석탄
21	601877	정태전기	0.6	24.34	0.02	전압기 생산
22	600741	화역자동차	0.47	9.04	0.05	자동차
23	600066	우통객차	0.5	16.89	0.03	자동차
24	600859	왕푸징	0.5	16.99	0.03	백화점
25	600600	칭다오맥주	0.45	38.88	0.01	주류, 맥주업계 2위
26	600729	충칭백화	0.65	20.88	0.03	백화점
27	600389	남통강산농업화학	0.47	36.98	0.01	농약, 비료
28	600000	포발은행	0.66	9.84	0.07	주식제은행
29	600519	구이저우마오타이	4.374	164.69	0.03	주류, 주가 고평가
30	601633	창청자동차	0.82	32.18	0.03	자동차
31	600694	대상그룹	1.22	27.87	0.04	백화점
32	600897	샤먼공항	0.45	14.48	0.03	물류
33	600266	북경성건	0.44	7.66	0.06	건설
34	601808	북해유복	0.43	16.92	0.03	중국해양석유 자회사
35	600036	초상은행	0.62	10.07	0.06	주식제은행
36	600786	북신건재	0.43	14.79	0.03	건설자재
37	600015	화하은행	0.435	8.47	0.05	주식제은행
38	603288	해천미업	0.5	67.55	0.01	조미료생산
39	601166	흥업은행	0.46	10.22	0.05	주식제은행
40	601318	중국평안	0.45	39.01	0.01	보험회사

각 기업의 배당기록

상하이공항 600009

배당일	배당내용
2014-08-11	10주당 3.00위안 (세금포함, 세후 2.70위안)
2013-08-12	10주당 3.70위안 (세금포함, 세후 3.33위안)
2012-08-07	10주당 6.00위안 (세금포함, 세후 5.40위안)

상하이루자쮀이그룹 600663

배당일	배당내용
2014-06-06	10주당 2.26위안 (세금포함, 세후 2.034위안)
2013-05-20	10주당 1.63위안 (세금포함, 세후 1.467위안)
2012-05-16	10주당 1.50위안 (세금포함, 세후 1.35위안)
2012-03-14	10주당 1.50위안 (세금포함)

중국동방항공 600115

배당일	배당내용
2014-08-30	배당없음
2014-03-27	배당없음
2013-08-31	배당없음
2013-03-27	배당없음
2012-08-31	배당없음
2012-03-26	배당없음

광명유업 600597

배당일	배당내용
2014-05-13	10주당 2.00위안 (세금포함, 세후 1.80위안)
2013-05-21	10주당 1.80위안 (세금포함, 세후 1.62위안)
2012-05-10	10주당 1.50위안 (세금포함, 세후 1.35위안)
2012-03-27	10주당 1.50위안 (세금포함)

초상은행 600036

배당일	배당내용
2014-07-03	10주당 6.20위안 (세금포함, 세후 5.58위안)
2014-03-29	10주당 6.20위안 (세금포함)
2013-06-04	10주당 6.30위안 (세금포함, 세후 5.67위안)
2013-03-29	10주당 6.30위안 (세금포함)
2012-06-01	10주당 4.20위안 (세금포함, 세후 3.78위안)

푸둥발전은행 600000

배당일	배당내용
2014-06-17	10주당 6.60위안 (세금포함, 세후 5.94위안)
2013-05-27	10주당 5.50위안 (세금포함, 세후 4.95위안)
2012-06-19	10주당 3.00위안 (세금포함, 세후 2.70위안)
2012-03-16	10주당 3.00위안 (세금포함)

흥업은행 601166

배당일	배당내용
2014-07-12	10주당 4.60위안 (세금포함, 세후 4.14위안)
2013-06-26	10주당 5.00주당 5.70위안 (세금포함, 세후 4.63위안)
2012-04-26	10주당 3.70위안 (세금포함, 세후 3.33위안)
2012-03-20	10주당 3.70위안 (세금포함)

장강전력 600900

배당일	배당내용
2014-07-04	10주당 2.8042위안 (세금포함, 세후 2.5238위안)
2013-06-25	10주당 3.3157위안 (세금포함, 세후 2.9841위인)
2012-06-26	10주당 2.5462위안 (세금포함, 세후 2.2916위안)
2012-04-27	10주당 2.5462위안 (세금포함)

대당국제발전 601991

배당일	배당내용
2014-08-01	10주당 1.20위안 (세금포함, 세후 1.08위안)
2013-08-05	10주당 1.00위안 (세금포함, 세후 0.90위안)
2012-07-23	10주당 1.10위안 (세금포함, 세후 0.99위안)
2012-03-26	10주당 1.10위안 (세금포함)

화능국제전력 600011

배당일	배당내용
2014-07-11	10주당 3.80위안 (세금포함, 세후 3.42위안)
2013-06-27	10주당 2.10위안 (세금포함, 세후 1.89위안)
2012-06-20	10주당 0.50위안 (세금포함, 세후 0.45위안)
2012-03-21	10주당 0.50위안 (세금포함)

중국교통건설 601800

배당일	배당내용
2014-06-26	10주당 1.8762위안 (세금포함, 세후 1.6886위안)
2014-03-26	10주당 1.8762위안 (세금포함)
2013-08-15	10주당 1.847위안 (세금포함, 세후 1.6623위안)
2012-07-20	10주당 1.794위안 (세금포함, 세후 1.6146위안)

중국중철 601390

배당일	배당내용
2014-07-29	10주당 0.66위안 (세금포함, 세후 0.594위안)
2013-07-29	10주당 0.52위안 (세금포함, 세후 0.468위안)
2012-07-23	10주당 0.48위안 (세금포함, 세후 0.432위안)
2012-03-31	10주당 0.48위안 (세금포함)

중국철도건설 601186

배당일	배당내용
2014-07-18	10주당 1.30위안 (세금포함, 세후 1.17위안)
2013-07-15	10주당 1.10위안 (세금포함, 세후 0.99위안)
2012-07-23	10주당 1.00위안 (세금포함, 세후 0.90위안)
2012-03-30	10주당 1.00위안 (세금포함)

중신증권 600030

배당일	배당내용
2014-08-08	10주당 1.50위안 (세금포함, 세후 1.35위안)
2013-08-02	10주당 3.00위안 (세금포함, 세후 2.70위안)
2013-03-28	10주당 3.00위안 (세금포함)
2012-07-27	10주당 4.30위안 (세금포함, 세후 3.87위안)
2012-03-30	10주당 4.30위안 (세금포함)

해통증권 600837

배당일	배당내용
2014-06-11	10주당 1.20위안 (세금포함, 세후 1.08위안)
2013-07-11	10주당 1.20위안 (세금포함, 세후 1.08위안)
2012-08-13	10주당 1.50위안 (세금포함, 세후 1.35위안)
2012-03-16	10주당 1.50위안 (세금포함)

초상증권 600999

배당일	배당내용
2014-10-30	10주당 1.53위안 (세금포함, 세후 1.377위안)
2013-07-16	10주당 1.42위안 (세금포함, 세후 1.278위안)
2012-07-27	10주당 1.50위안 (세금포함, 세후 1.35위안)
2012-04-24	10주당 1.50위안 (세금포함)

중국위성 600118

배당일	배당내용
2014-06-16	10주당 0.80위안 (세금포함, 세후 0.72위안)
2013-03-28	10주당 1.00위안 (세금포함, 세후 0.90위안)
2012-05-14	10주당 1.00위안 (세금포함, 세후 0.90위안)
2012-03-07	10주당 1.00위안 (세금포함, 세후 0.90위안)

중항전자설비 600372

배당일	배당내용
2014-07-22	10주당 0.50위안 (세금포함, 세후 0.45위안)
2013-08-07	10주당 0.50위안 (세금포함, 세후 0.45위안)
2012-04-13	10주당 0.50위안 (세금포함, 세후 0.45위안)
2012-03-01	10주당 0.50위안 (세금포함, 세후 0.45위안)

중국항공헬리콥터 600038

배당일	배당내용
2014-08-11	10주당 1.30위안 (세금포함, 세후 1.17위안)
2013-06-04	10주당 1.60위안 (세금포함, 세후 1.44위안)
2012-08-03	10주당 1.00위안 (세금포함, 세후 0.90위안)
2012-03-28	10주당 1.00위안 (세금포함)

안후이사창전자 600990

배당일	배당내용
2014-06-20	10주당 0.40위안 (세금포함, 세후 0.36위안)
2012-10-23	10주당 0.80위안 (세금포함, 세후 0.72위안)
2012-08-18	10주당 0.80위안 (세금포함)

메이디그룹 000333

배당일	배당내용
2014-04-23	10주당 20.00위안 (세후 18.00위안)

안강주식 000898

배당일	배당내용
2014-06-24	10주당 0.27위안 (세후 0.243위안)

거리가전 000651

배당일	배당내용
2014-05-28	10주당 15.00위안 (세후 13.50위안)
2013-07-03	10주당 10.00위안 (세후 9.00위안)
2012-06-29	10주당 5.00위안 (세후 4.50위안)
2012-04-25	10주당 5.00위안 (세금포함)

윈난백약그룹 000538

배당일	배당내용
2014-05-21	10주당 5.00위안 (세후 4.00위안)
2013-06-04	10주당 4.50위안 (세후 4.05위안)
2012-06-11	10주당 1.60위안 (세후 1.44위안)
2012-03-17	10주당 1.60위안 (세금포함)

산동동아아교 000423

배당일	배당내용
2014-07-29	10주당 7.00위안 (세후 6.30위안)
2013-07-31	10주당 7.00위안 (세후 6.30위안)
2012-08-04	10주당 3.00위안 (세후 2.70위안)
2012-03-08	10주당 3.00위안 (세금포함)

6. 간과하지 말아야 할 상해 A주 리스크

● 냉정한 자만이 살아남는다

　상해 A주식에 대한 장밋빛 예측이 계속되고 있다. 이때 중요한 것은 무엇일까? 과감한 추가투자? 아니다. 주식에서 가장 중요한 것은 현실을 직시하고 과감하게 손절매하는 것이다. 중국주식도 어쨌든 주식이다. 언제든 오를 수 있고 내릴 수 있는 위험이 존재하는 시장이다. 이번 기회가 아니면 절대 오를 수 없다는 망상은 버려라. 넘쳐나는 정보와 종목들 속에서 주식투자 원칙을 철저히 지키는 냉정함을 유지해야만 투자전쟁에서 승리할 수 있다.

　우선 증권사의 매매독촉은 흘려들어라. 증권사는 매매를 늘려 수수료 수입을 늘리는 것이 목적이지 우리가 수익을 내든 손해를 입든 상관이 없는 제3자이다. 누가 추천을 했든 잘돼도 투자한 내 책임, 못돼도 내 책임이다. 큰 손실이 발생해도 누구 하나 보상해주거나 위로해주지 않는다. 우리가 중국주식에 투자하는 것은 7%대의 안정된 성장률과 G1으로 나갈 것이라는 믿음에 근본을 두고 있다. 내가 원하는 종목을 정했으면 어디에도 굽히지 않는 자세가 대박을 만든다. 흔들린다면 계좌를 봉쇄하자.

　2008년은 국내투자자들에게 지옥과 같은 시간이었다. 중국주식 전문가나 개인이나 다들 너 나 할 것 없이 매수콜을 외치던 시대였다. 6000포인트까지 올라갔던 주가가 하루아침에 2000포인트로 떨어지고, 내 펀드통장이 −100%, −200%가 될지 누가 알았겠는가? 당시에는 펀드가 문제였고 지금은 개별주식이라지만, 어차피 주식은 거기서 거기다. 올라도 같이 오르고 내려도 같이 오를 것이라는 생각을 버리자. 바야흐로 개인의 생각이 중요하다. 나만의 중국주식 종목을 찾고 장기투자를 하자. 지금 당장 투자하지 않아도 좋다. 1~2년 뒤에 천천히 시장을 파악하면서 투자를 해도 절대 늦지 않다. 내 손에 현금이 항상 있어야만 언제든 투자할 수 있다는 것을 명심하라. 바로 투자하지 말고 투자하려는 산업과 종목에 대해 다양하게 자료를 찾고, 지인들에게 물어보고, 필자가 운영하는 '중국경제투자연구소' 같은 네이버 카페에 와서 질문을 해도 된다.

시장에 대한 경계와 의심을 늦추지 말고 확신이 설 때 투자하라. "여기저기서 좋다고 하니 재미삼아 투자를 했다" "수익률이 나고 재미가 있어서 좀 더 알아보고 또 투자했다" 같은 투자방식은 정말 금융 후진국에서나 나올법한 투자방식이다. 이 같은 논리로 투자하는 투자자들 중 끝까지 재미 봤다는 사람은 절대 보지 못했다. 수익률이 났다고 재투자했다가 제대로 된 매매타이밍을 잡지 못하니 쓰나미처럼 빠져나가는 주가를 감당하지 못한다. 지금은 언제 어디서든지 인터넷을 할 수 있고, 증권사 스마트폰 어플을 받아 쉽고 편하게 각 방면의 주식정보를 얻을 수 있고 공유할 수 있는 시대이다. 중국주식이 해외주식이라고 해도 중국 관련 개인투자자들이 국내에 가장 많다. 그들에게서 적극적이고 양심적인 양질의 정보를 쉽게 얻을 수 있다. 10년 전과 비교하면 정말 손쉽게 정보를 찾을 수 있다.

특히 상해 A주는 중국정부의 정책 방향이 주가에 직접적인 영향을 끼치기 때문에 관련 정보를 절대 놓쳐서는 안 된다. 2008년에 중국펀드를 할 당시만 해도 중국어를 능숙하게 할 수 있는 기자가 드물었다.

하지만 중국과의 교류가 늘어나면서 이제는 각 신문사나 방송사마다 중국 전문 기자들을 두고 있다. 인터넷신문을 통해서도 신속하고 빠르게 중국정부의 실시간 정보를 얻을 수 있다. 그중에서 가장 영향력이 있는 신문은 〈인민일보 人民日报〉korean.people.com.cn이다. 인민일보는 중국정부 산하의 소식지이다. 중국주식에 영향력을 주는 중국 공산당 뉴스, 고위층 동향, 중국경제, 고위층 인사이동까지 실시간으로 번역되어 자료가 올라온다. 가장 권위 있는 언론이라 시간이 날 때마다 방문해서 양질의 정보를 찾는 것이 중요하다.

다시 한 번 말한다. 투자원칙을 지키며 자신이 선택한 산업과 기업에 관한 자료를 모으고 연구를 하는 것, 이것이 성공하는 투자의 지름길임을 잊지 말자.

"There's no such thing as a free lunch(공짜 점심은 없다)."

다음은 필자가 제시하는 상해 A주 투자원칙이다.

- 주가가 아니라 기업과 산업을 보자.
- 차트보다 기업 내용을 보자.
- 잘 아는 업종에 투자하라.
- 소액으로 분산투자하지 마라. 원래부터 주식은 위험자산이다.
- 연구해서 집중투자하자.
- 현금 50%는 남겨두고 투자하자.

7. 쉽게 따라하는 상해 A주 실전투자방법

■ **증권사선택**

국내 거의 모든 증권사들이 중국주식 투자를 장려하고 우수한 거래 시스템을 보유하고 있다. 수많은 증권사 중에서 선택할 때 가장 먼저 고려해야 할 점은 해당 증권사가 중국주식에 대해서 얼마나 많은 투자를 하고 있느냐이다. 중국주식에 대한 투자와 관심을 체크해야 한다. 이것은 나중에 투자를 진행하다가 의문점이 생기면 해당 증권사에 전화나 방문을 통해 해결할 때 유용하기 때문이다.

■ **계좌개설**

원하는 증권사에 직접방문하여 해외증권매매 전용계좌를 개설하러 왔다고 안내데스크에 말하면 직원이 친절하게 설명해준다. 계좌를 개설하고 투자하려는 자금을 예금하면 끝이다. 가끔씩 환전이 HTS로 바로 되지 않는 증권사가 있는데, 미리 확인해야 한다.

■ **HTS 홈트레이딩 시스템**

집에서 편하게 컴퓨터로 상해 A주를 매매할 수 있다. 궁금한 점이 생기면 거래 증권사 직원에 전화하면 된다. 바로바로 알려주고 전화한다고 귀찮아하지도 않으니 언제든지 연락하자. 해당 창에서 종목을 고른 후 매매버튼을 눌러서 거래가 체결되는 방식은 국내 주식거래와 차이가 없다. 그러나 거래주문이 한 번 접수되면 정정주문이 불가능하기 때문에 기존 주문을 취소하고 다시 주문을 넣어야 한다.

- **최소매수단위**

매수는 최소 100주 단위여야 한다. 예를 들어 150주는 매수할 수 없다. 매도할 때는 최소 100주만 넘어가면 몇 주로 팔든 상관없다. 매수한 종목은 당일매도가 불가능하다. 최소 하루 이상 보유해야 한다. 매수 후 결제까지 하루가 걸리기 때문이다.

- **거래시간**

상하이거래소는 한국 시간으로 오전 10시 30분부터 12시 30분까지 오전장이 열린다. 오후 2시까지 휴장한 후 오후 2시부터 4시까지 오후장이 열린다. 또 상하이와 홍콩거래소 중 한 곳만 휴장해도 외국인은 거래할 수 없다.

- **세금**

중국정부는 이제 막 증권시장을 개방하였기 때문에 후강통 제도를 통해 A주에 투자하는 외국인들에게 매매차익에 대한 자본이득세를 면제해준다. 또한 중국 현지에서 내는 세금이 아니더라도 해외주식 투자시에는 매매차익에서 기본공제 250만 원을 뺀 금액에 대해 다음 해 5월까지 국내에 양도소득세 22%를 내야 한다.

- **배당수익**

상해 A주 투자로 인한 배당수익의 10%는 중국에서 원천징수된다. 우리나라에서는 현재 14%의 배당소득세를 부과하고 있다. 중국에서 10%의 배당소득세를 내게 되면 한국에서는 배당소득세 4%에 주민세

0.4%를 더해 4.4%를 더 내야 한다.

- **거래수수료**

거래수수료는 증권사마다 다르지만 온라인은 매매금액의 0.3%, 오프라인은 매매금액의 0.5~0.7% 수준이다. 최소 수수료도 있다.

8. 상해 A주 공매도 투자에 도전해보자

중국 증권감독원은 2015년 1월부터 주식시장의 선진화와 개방확대를 위해 상해 A주에 공매도를 허용했다. 공매도 제도를 시행하면서 주식시장의 활성화를 높이고 개인투자자의 투자성향을 다양화할 수 있게 되었다. 하지만 주식시장의 변동이 잦고 투기로 이어져 있어 기관투자자와 고수들만의 전유물로 알려져 있다.

공매도^{空賣渡, short selling}란 말 그대로 "없는 것을 판다"는 뜻이다. 주식을 가지고 있지 않은 상태에서 매도주문을 내는 것이다. 즉 물건을 가지고 있지도 않은 상태에서 판다는 의미다. 예를 들어 앞으로 유가와 위안화 가치가 상승한다고 하자. 그러면 유가와 환율상승에 중국 항공업계는 마진율이 하락하고 수익률이 이전만 못할 것이라고 예상한다.

우선 주식이 없는 투자자라도 홍콩거래소를 통해서 중국동방항공 주식에 5천 위안을 투자해 5위안에 1천 주를 구매할 수 있다. 현 매도 가능일 10일 안에 주가가 하락하여 4위안으로 떨어진다면 1천 위안의 수익을 거두게 되는 셈이다. 대신 예측이 틀려 오히려 주가가 6위안으로 상승했을 때는 1천 위안의 손실을 얻게 된다. 공매도를 대주거래라고 해서 홍콩거래소에서 증거금을 내고 상해 A주를 미리 빌리는 것을 의미한다.

공매도는 일반적으로 위험 헤지를 위해 기관투자자나 고위험을 즐기는 투자자들이 주로 이용하는 제도이다. 유명 헤지펀드들은 공매도를 '롱쇼트 전략'에 많이 활용한다. 주식거래에서 롱Long은 '산다'는 의미다. 반면 쇼트short는 포지션을 줄인다는 의미에서 '판다'는 뜻으로 주식을 사서 갖는 위험을, 주식을 팔아서 없애는 일종의 헤지hedge 전략이다. 거리格力, Gree와 메이디美的, Media전자는 업계 1~2위로 백색가전시장을 차지하고 있다. 백색가전의 수요와 수익은 이미 정해져 있다. 한쪽의 주가가 오르면 다른 한쪽은 내리는 시소 논리에 의해서 운영된다. 기관투자자들은 거리Gree의 주식을 구매하고, 메이디전자의 주식을 공매도하는 형태로 차익거래를 실현하고 헤지전략을 취할 수 있다.

초기 상해 A주의 외국인 공매도 시장은 무분별한 공매도 거래의 부작용을 최소화하기 위해 많은 제한 규정을 두고 있다. 공매도를 할 때는 증권사가 접수하는 주가가 해당 상해 A주의 최신 거래가격보다 높아야 하고, 만약 최근에 거래가 없는 경우에는 전날 마감가격을 기준으로 하고 있다.

거래량도 A주 계좌 주식 총수의 1% 이내로 제한되고, 만기연장 시기와 공매도 수량도 10일(영업일)의 5%를 넘길 수 없는 제한이 있다. 상하이거래소 규정에 따르면 A주의 공매도 수량이 각 주식 전체의

25%에 달하면 상하이거래소가 공매도 거래를 중단하는 것이 가능하다. 공매도 거래량이 20% 이하로 내려가면 거래는 다음 거래일에 재개되는 특징이 있다.

향후 지속되는 규제완화와 활성화로 공매도 투자확대는 지속될 것이다. 상해 A주의 80%를 차지하는 개인투자자들이 고위험을 즐기지만 금융상식은 국내투자자에 미치지 못한다는 점은 상해 A주 공매도 투자에 긍정적인 요소로 작용한다. 국내 주식투자에서 공매도로 성과와 노하우가 축적된 투자자라면 한번 도전해볼 만하다.

5장

후강통의 최대 수혜주로 떠오른 증권업

1. 중국 증권업계 환경분석

 2014년 11월 후강통이 실시되고 중국 증권회사들의 주가는 움츠린 용이 승천하듯 폭발적으로 증가하고 있다. 대표적인 증권회사인 중신증권, 해통증권, 초상증권의 주가는 후강통 전후를 비교했을 때 50% 이상 급등하였다. 중국은 2020년까지 점진적으로 자본시장과 위안화 국제화에 대한 구체적인 성과를 목표로 하고 있기 때문에 증권업의 향후 전망은 매우 밝다고 할 수 있다. 중국의 증권업은 자본주의가 늦게 시작되어 발전은 늦었지만, 14억이 넘는 인구와 고부가가치 산업으로 가능성과 공간이 무한한 시장이다.

 상하이거래소는 1991년에 개설되었다. 사회주의 경제체제에서는 시장이 아닌 정부의 계획경제를 중심으로 국가경제가 운영된다. 그래서 중국의 기업들이 자금을 조달하는 방법은 직접금융시장인 은행이 대부분이고, 간접금융시장인 증권업에 대한 비중이 낮았다. 수익구조도 열악했다. 전통 금융업인 은행과 보험업에 비교하면 2% 못 미치는 규모였다. 또한 증권업 중개수수료가 전체 매출에 56%를 차지하는 수익구조이기 때문에 초기단계에서는 미성숙한 모습이 있었다. 증권사의 레버리지 비율이 2.5배로 선진국 투자은행들의 레버리지 비율이 20배임을 감안하면 매우 낮은 수준이다.

 그러던 중 시진핑정권이 들어서면서 중국증시는 터닝포인트를 맞이하게 된다. 후진타오정권 시절에는 증시가 아닌 화폐의 유통량을 늘려 시중에 투자하는 방식으로 경기를 부양했다. 이러한 방법은 시중에 돈이 많이 풀려 투자가 활성화되기는 하지만 물가 또한 매년 5%

중국 주요 금융업종별 상위 5곳의 자산규모 비교

순위	국유은행		주식제은행		보험		증권	
1	공상은행	154,769	초상은행	27,950	중국평안	22,854	중신증권	1,483
2	건설은행	122,818	중신은행	27,659	중국인수그룹	19,600	화태증권	857
3	중국은행	118,301	포발은행	26,847	중국인보그룹	5,856	해통증권	849
4	농업은행	116,776	흥업은행	24,088	중국태보	5,706	국태군안	781
5	교통은행	46,112	민생은행	22,291	신화보험	3,868	광발증권	721
	5사 합계	558,775	5사 합계	128,834	5사 합계	57,884	5사 합계	4,691
	비중	100%	비중	23.1%	비중	10.4%	비중	0.8%

• 자료 : 중국 은행연합회·보험연합회·증권업협회

이상 급격히 오르는 부작용이 발생했다. 시진핑정권은 외국인 투자한도를 10배로 늘리고 상장기업들에게 30%의 현금배당을 권유하는 정책을 실시하면서 주가를 끌어올렸다. 주가를 통한 경기부양이 시작된 것이다. 주식은 우리 같은 투자자에게는 투자상품이기도 하지만, 기업 입장에서는 은행대출, 채권에 비해 더 안정적이고 풍부한 자금공급책이다. 주식을 통해 자금이 풍부해진 기업들은 투자를 늘리게 되고, 늘어난 투자로 국내경기가 살아나는 것이다.

중국은 증권업을 혁신하겠다는 목표로 신규업무를 대대적으로 허용하기 시작했다. 기존의 수수료 중심 영업에서 탈피해 영업범위를 투자중심으로 이동시키고 있다. 특히 자산관리업, 자기투자영업, 직접투자업무, 신용대주업무, 장외주식 거래시장업무, 중소기업 사모채인수, 채권담보대출, 약정식주식 매매업무, 콜자금운영업무, 금융상품 판매대리업무, 국채선물업무 등을 전면적으로 허용했다. 리스크

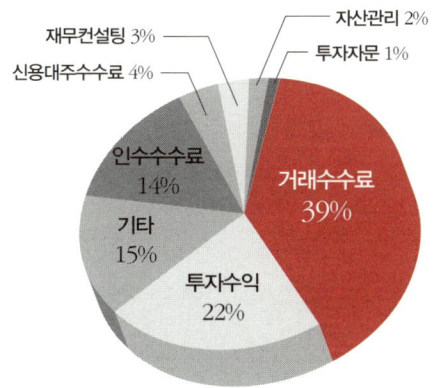

관리기준도 대대적으로 완화했다. 자기자본과 타인자본투자를 통한 레버리지 영업을 허용했다. 구체적으로 최저 순자산비율 40% 유지조항을 폐지하고 순자산부채비율 20%에서 10%로 낮추었다. 이로써 중국의 증권업계는 자본의 효율적 투자가 가능해지고 6~11배의 레버리지 영업이 가능하게 되었다.

통상 선진국의 사례를 보면 중개업무 중심에서 투자은행업무 중심으로 증권업의 혁신이 이루어지고 나면 성장이 가속화된다. 다른 나라의 예를 살펴보자. 미국은 GDP 대비 증권업의 비중이 1950년대에는 3%대였던 것이, 금융개혁이 이루어진 1980년대에는 6%대로 높아졌다. 일본도 1980년대 5%에서 2000년대에 들어서면서 7%대로 높아졌다. 중국은 GDP 대비 증권업 비중이 0.3%에 불과하기 때문에 잠재력이 높은 시장이다.

중국은 금융위기 이후 자본시장의 육성을 위안화 국제화와 장기적인 국제경쟁력의 핵심으로 인식하고 증시 규모 확대에 주력하고 있다. 상하이와 선전의 메인보드시장 외에 중소기업시장, 창업반시장, 장외시장인 신삼반시장도 개설했다. 2,400개의 상장기업이 2020년에는 2배 이상 늘어나고, 거래규모 또한 5배 이상 증가할 전망이다. 증권업은 연평균 20% 이상의 고성장을 지속해 2020년에는 GDP 대비 1%대에 달할 것으로 예측되고 있다. 또한 증권회사의 수익구조 개선이 지속적으로 이루어질 전망이다. 주요 수익원이었던 거래수수료는 2020년에 0.05% 수준으로 하락해 매출에서의 수수료 비중도 낮아지겠지만, 자산관리·자기매매·레버리지 투자의 비중이 급증해 2020년 매출액은 2012년 대비 5.9배, 순이익은 10.5배에 달할 전망이다.

중국 증권업은 내부적인 개선뿐만 아니라 해외자본을 끌어들여 중국의 증시를 부양하겠다는 의지를 강하게 보여주고 있다. 후강통으로 상하이와 홍콩 간의 교차거래가 본격적으로 시작되면서 중국증시는 제2의 도약기를 맞게 되었다. 진짜 중국증시라고 할 수 있는 상해 A주는 기존에는 QFII적격기관투자자, RQFII위안화 적격기관투자자의 제도로 간접투자만이 가능했지만, 후강통의 실시로 외국인들도 본토 주식에 자유롭게 투자하는 것이 가능해졌다. 후강통이 시작되면서 하루만에 130억 위안의 자금이 중국으로 몰려들었다. 빌게이츠를 비롯한 유명 투자자들과 기관의 관심이 매우 높다. 해외개방으로 외국자본거래가 증가하고 증권업의 수익이 지속적으로 창출되고 있는 점이 매우 중요한 요소로 작용할 것이다.

중국 증권회사는 약 120개 회사가 있다. 이 중 가장 대표적인 곳이 경제지역인 베이징, 상하이, 광둥성을 연고로 한 중신증권, 해통증권,

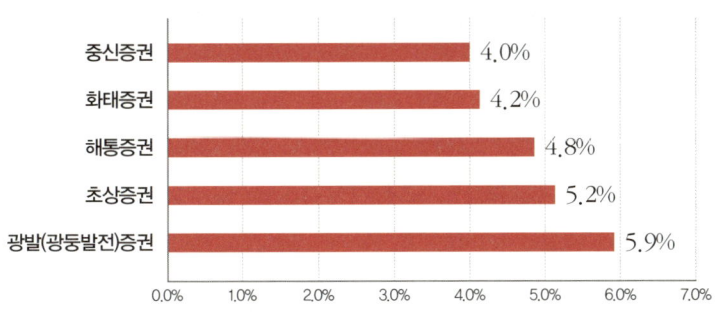

• 자료 : 화태증권연구소

초상증권이다. 점유율도 10.1%, 9.2%, 8%로 비슷하다. 혹자는 이 세 개의 증권회사 중 어느 회사가 1등이 되고, 또 어느 회사가 도태될 것인지에 매수포인트를 맞출지도 모르겠다. 하지만 그건 손해로 가는 지름길이다. 중국의 베이징, 상하이, 광둥성은 제로섬게임을 벌이는 작은 공간이 아니다. 이 지역들은 인구 5억의 화북지역, 3억의 화동지역, 3억의 화남지역을 아우르는 대표적인 경제도시이자 경제수도이다. 중신증권, 해통증권, 초상증권이 연고로 둔 각 지역에서만 선전하다고 해도 충분히 글로벌 기업으로 성장이 가능한 자원을 가지고 있다. 또한 이 세 기업 모두 국유기업이거나 정부가 대주주로 있어 정보공유와 협조를 긴밀하게 이루고 있다. 서로 윈윈하는 공동성장이 가능하다는 이야기이다.

2020년까지 시진핑정권이 주도하는 중국 자본시장확장 정책에서 후강통은 이제 시작에 불과하다. 아직 중국이 아시아를 넘어 세계의 대표적인 금융중심지로 거듭나기 위해 가야할 길은 멀지만, 그 가능성은 무궁무진하다. 수익을 창출할 기회는 매우 많다. 그러니 지속적으로 관찰하는 자세가 필요하다.

2. 중신증권

- **한글명** : 중신증권
- **중문명** : 中信证券股份有限公司
- **기업형태** : 국유상대주식기업
- **주소** : 광둥성 선전시 푸톈구 센터3로 8호 탁월시대광장(2기) 북쪽 건물
- **종목코드** : 600030
- **영업분야** : 증권업
- **홈페이지** : www.cs.ecitic.com
- **CEO** : 정징 郑京

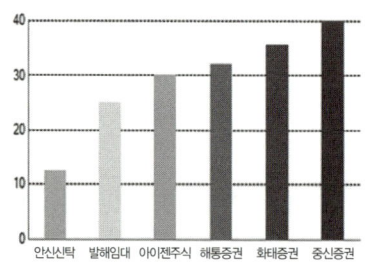

	안신신탁	발해임대	아이젠주식	해통증권	화태증권	중신증권
PER	12.36	25.01	30.05	31.96	35.57	39.91
순위	1	2	3	4	5	6

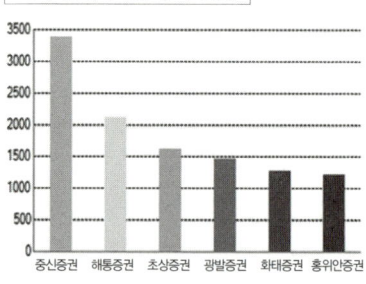

	중신증권	해통증권	초상증권	광발증권	화태증권	홍위안증권
시가총액	3,387	2,109	1,604	1,451	1,254	1,212
순위	1	2	3	4	5	6

● **중국 대외개방의 창구이자 1위 증권사**

　중신증권주식유한공사中信证券股份有限公司는 1995년 10월 25일 베이징에 설립된 종합 증권사이다. 중국의 수도 베이징에서 시작한 만큼 국유기업의 성격이 가장 많이 남아 있는 증권사이다. 회사의 전신은 중국정부 산하의 국제신탁투자공사로, 설립 초기부터 덩샤오핑이 중국 대외개방의 창구라 칭할 만큼 중국정부 지원 아래 성장해온 기업이다. 시장경제개혁에 맞추어 금융 방면에서 탁월한 성과를 내 중국 개혁개방사업에 지대한 공헌을 하였다. 현재는 글로벌 기업으로 도쿄, 뉴욕, 카자흐스탄에 대표처를 설립하였고 주요 업무는 금융, 실업 및 기타 서비스업이다.

　중국 1위의 규모를 자랑하는 증권사답게 국내 채권판매 12.15%, 펀드 거래액 8.56%, 리서치 10.29%로 각 분야에서 1위를 고수하고 있다. 중개업무 4위, 투자은행 2위, 자산관리 2위이다. 해외거래에서도 QFII적격기관투자자 고객은 110곳으로 시장 1위를 차지하고 있고, 후강통 이후 시장점유율 1위를 토대로 꾸준히 성장하고 있다. 약

5대 대주주(2014년 09월 30일)

순위	주주명	주식유형	보유주식수(주)	보유비율	증감(주)
1	중국중신주식유한공사	유통 A주	2,236,890,620	20.30%	변동없음
2	홍콩중앙결산(대리인)유한공사	유통 A주	1,177,991,600	10.69%	-6,600
3	중국생명보험주식유한공사	유통 A주	361,059,999	3.28%	변동없음
4	화하생명보험주식유한공사	유통 A주	256,919,330	2.33%	70,903,310
5	중국생명보험(그룹)공사	유통 A주	231,141,935	2.10%	변동없음

정식 환매와 주식담보형환매조건부채권 규모는 각각 31억 위안과 79억 위안으로 1위를 차지하고 있다.

중신증권은 저장·산둥 지방의 자회사, 국제·선물·황금·펀드·주식투자 등 7개의 자회사, 산업투자기금관리·건설투자관리·리서치 3곳의 지분을 보유한 출자회사를 가진 매머드급 증권사이다. 특히 중신증권 산하의 화하펀드는 23개의 개방형 펀드와 2개의 폐쇄형 펀드로 구성되어 자산 순가치는 2,248억 위안, 시장배당액은 9.05%이다. 업계 1위, 순이익 10억 600만 위안을 안겨주는 대표 자회사이다.

중신증권의 최대 주주는 중국중신그룹공사이다. 중신증권과 중신은행, 중신신탁, 신성생명보험信诚人寿保险 등으로 이루어져 있다. 공사는 공동으로 중신홀딩스의 종합 경영모델을 형성하였으며, 중신국제금융 홀딩스와 공동으로 고객에게 해외의 전면적인 금융서비스를 제공하였다.

유통주/비유통주 분포 비교

출자금 구조	단위 : 만 주	점유율
유통 A주	981,466.17	89.09%
유통 B주	–	–
유통 H주	117,832.77	10.70%
기타 유통주	–	–
유통제한주	2,391.90	0.22%
미유통주식	–	–
총출자금	1,101,690.84	100%

● **중신증권 현황과 경쟁력**

중신증권의 시가총액은 3,387억 위안으로 업계 1위이며, PER는 39.91로 업계 8위로 다소 높게 책정되어 있다. 5대 대주주에서 20.30%를 중신그룹이 보유하고 있고, H주 홍콩정부의 중앙결산회사가 10.69%를 보유하고 있다. 특히 3~5대 주주는 중국인민보험의 투자분야에서 투자하고 있다. 안정적인 기업에서 지분을 보유하고 있으며 비유통주는 0.22%로 없는 것이나 다름없다. 상해 A주 89.09%, 홍콩 H주 10.07%로 A주와 H주에 동시상장되어 있다.

주 수입원은 주식중개, 주식투자, 자산관리로 마진율이 40% 이상이다. 특히 수수료 수입이 50% 이상을 차지하며, 후강통 실시로 지속적인 수익향상이 기대된다. 베이징과 광둥성의 수익이 전체 매출에서 65.53%를 차지하고, 홍콩을 비롯한 해외에서의 매출도 20%로 다른 경쟁업체에 비해 해외진출에 적극적인 모습이다. 규모에 비해 주요 수익과 순이익의 순위는 업계 18위로 다소 낮은 편이지만, 후강통 실시 이후 순이익 증가율은 업계 7위로 빠르게 성장하고 있다.

■ **핵심 경쟁력**

중신증권의 핵심 경쟁력은 크게 4가지로 말할 수 있다.

첫째, 끊임없이 유동적으로 업무변화를 추진함으로써 국내외 환경변화에 대응한다. 중신증권은 고객관계관리^{CRM}능력, 상품가격결정 및 판매능력, 거래 및 투자능력, 부채·유동성관리능력을 제고시켜 고객중심, 차별화 경쟁, 다원화된 업무방식을 추진한다.

둘째, 주식중개업무를 혁신한다. 2014년 말 시행된 후강통으로 대

수익분석

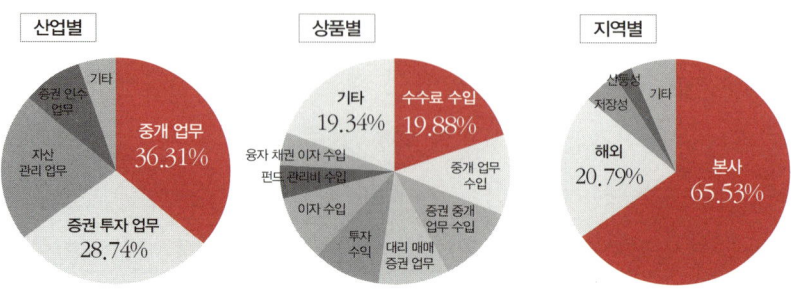

	업무명	영업 수입 (만 위안)	수입 비율	영업 원가 (만 위안)	원가 비율	이윤 비율	순이익율
산업별	중개 업무	382550.86	36.31%	226643.95	32.69%	43.28%	40.75%
	증권 투자 업무	302788.12	28.74%	183722.84	26.50%	33.05%	39.32%
	자산 관리 업무	224510.16	21.31%	131030.04	18.90%	25.95%	41.64%
	증권 인수 업무	90170.25	8.56%	75974.69	10.96%	3.94%	15.74%
	기타	53462.16	5.07%	75882.62	10.95%	−6.22%	−41.94%
상품별	수수료 수입	680496.81	19.88%	−	−	−	−
	중개 업무 수입	388420.17	11.35%	−	−	−	−
	증권 중개 업무 수입	376981.26	11.01%	−	−	−	−
	대리 매매 증권 업무	341756.85	9.98%	−	−	−	−
	투자 수익	330729.69	9.66%	−	−	−	−
	이자 수입	322669.57	9.43%	−	−	−	−
	펀드 관리비 수입	160901.01	4.70%	−	−	−	−
	융자 채권 이자 수입	158804.58	4.64%	−	−	−	−
	기타	662584.45	19.34%	−	−	−	−
지역별	본사	690389.38	65.53%	−	−	−	−
	해외	218981.62	20.79%	−	−	−	−
	저장성	51250.4	4.86%	−	−	−	−
	산둥성	26134.08	2.48%	−	−	−	−
	기타	66726.08	6.33%	−	−	−	−

내외 중국주식의 투자성장률은 60% 이상이 될 것으로 예측되었다. 이는 주가성장에 큰 동력이 되고 있다. 이에 중신증권은 적극적으로 OTC^{Over The Counter} 시장, 인터넷 재테크 플랫폼, 종합금융계좌 등 인터넷 금융 서비스 개발을 통해 서비스 능력을 증강시키고 있다. 또한 우선주, M&A, 역외업무를 통해 성장할 수 있는 토대를 마련하여 자산관리업무에서 투자능력을 강화하고 있다.

셋째, 규모경제의 이점을 살린다. 중신증권은 업계 1위로 2위와 2배 이상의 규모 차이가 있다. 이러한 거대한 규모로 융자루트를 확장하고, 후순위채와 단기융자권을 발행하고, 수익권을 양도하며 융자업무방식을 전환하면서 파이낸싱 규모를 지속적으로 확대하고 있다. 현재 회사의 재무 레버리지 비율은 2014년 초의 2.5배에서 3.1배까지 증가하였으며, 대대적으로 자본중개업무 성장을 지원하고 있다. 회사의 고정수익, 융자융권融资融券(증권사가 고객에게 대출해 주식을 사게 하거나 주식을 대여해주는 제도), 주식저당융자, 약정식환매, 주식수익호환 등 업무의 규모는 업계 최고 수준이다.

● **매매포인트**

중신증권은 증권중개(산둥성, 허난성, 저장성, 푸젠성, 장시성 제외), 증권투자자문, 증권거래, 증권투자활동과 관련된 자산컨설팅, 증권판매 및 보증, 증권자가영업, 증권자산관리, 융자융권, 증권투자기금 대리판매, 선물사를 위한 중간중개업무를 수행하고 있다. 증권산업을 선두에 내세워 주력 기업으로 삼고 있으며, 혁신적인 업무의 성장이 뚜렷하게 나타나고 있다. 증권시장이 폭발적으로 성장하는 것을 이용해 낮은 위험으로 대량의 증권을 창설하고 집중적으로 재테크업무에 투자하여 성장을 도모하고 있다. 특히 증권판매와 상장 추천 증권의 자산매매관리·증권대리매매 등의 업무에 주력하고 있다.

■ **중개업무**

중국 증권사의 영업경쟁이 가열되고 대형 우량 IPO 사업자본이 점차 감소하고 있다. 이러한 상황에서 매매중개수수료 수입을 대체하고 있어 IPO로 인한 수익창출에 어려움이 있다. 중신증권은 기존 업무의 이윤모델을 바꿔 자산컨설팅 등 새로운 사업을 모색할 예정이며, 기

향후 순이익과 주당순이익 예측 EPS

2014년 12월 23일까지 6개월 내 24개 기관이 예측한 중신증권의 2014년도 실적 :
2014년 매 주식의 수익은 0.74위안이 될 것으로 예측하며, 작년 동기대비 54.17% 성장한 것이다. 2014년의 순이익은 81억 2,800만 위안이 될 것으로 예상하며, 작년 동기대비 54.99% 성장할 것으로 보인다.

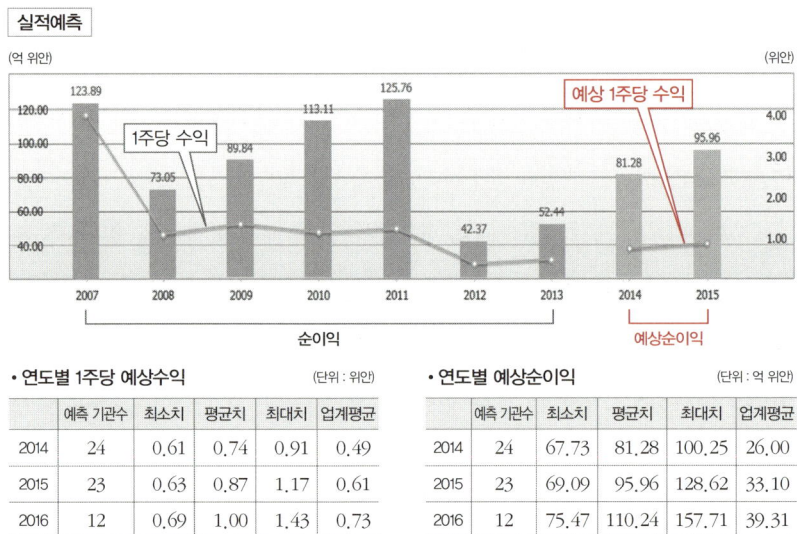

존의 판매자로서 업무상의 장점을 충분히 이용하여 이익을 증가시킬 것이다.

- **인수업무**

중신증권이 투자은행업무를 끝낸 주식 및 채권인수 사업은 56개이며, 인수금액은 1,781억 위안이고 시장점유율은 11.23%이다. 시장에서 1위를 차지하고 있다. 그중에서 주식주 인수를 완성한 사업은 30개로 주인수금액은 982억 위안에 달하고, 시장점유율은 11.08%이며 시장 2위이다. 채권주 인수를 완성한 사업은 26개로 주인수금액은 393억 위안이며, 시장점유율은 8.85%이고 업계 3위를 차지한다.

- **자산관리**

중신증권의 자산관리 규모는 안정적인 성장세를 나타내고 있으며, 수탁한 자산규모는 44억 9,600만 위안이다. 수탁관리자산 시장점유율은 24%이며, 업계 1위를 차지하고 있다. 세 가지의 집중자산관리 계획 신설을 통해 발행규모가 동기 증권공사 재테크 상품 첫 번째 발행량을 넘어섰다. 또한 중신증권은 전국사회보험펀드의 국내투자관리자가 되었다.

전 세계 자산컨설팅 기업 중 중국기업이 참여한 거래에서 거래량과 금액 모두 1위를 차지하고 있다. 자산관리업무의 규모는 5,049억 위안으로 동종업계 1위를 차지하고 있다. 고정수익업무는 은행 간 채권시장에서 계속 1위를 차지하고 있다. 융자융권 합병업무 잔여액은 331억 위안이며 시장점유율은 9.64%이고 시장 1위를 차지하고 있다.

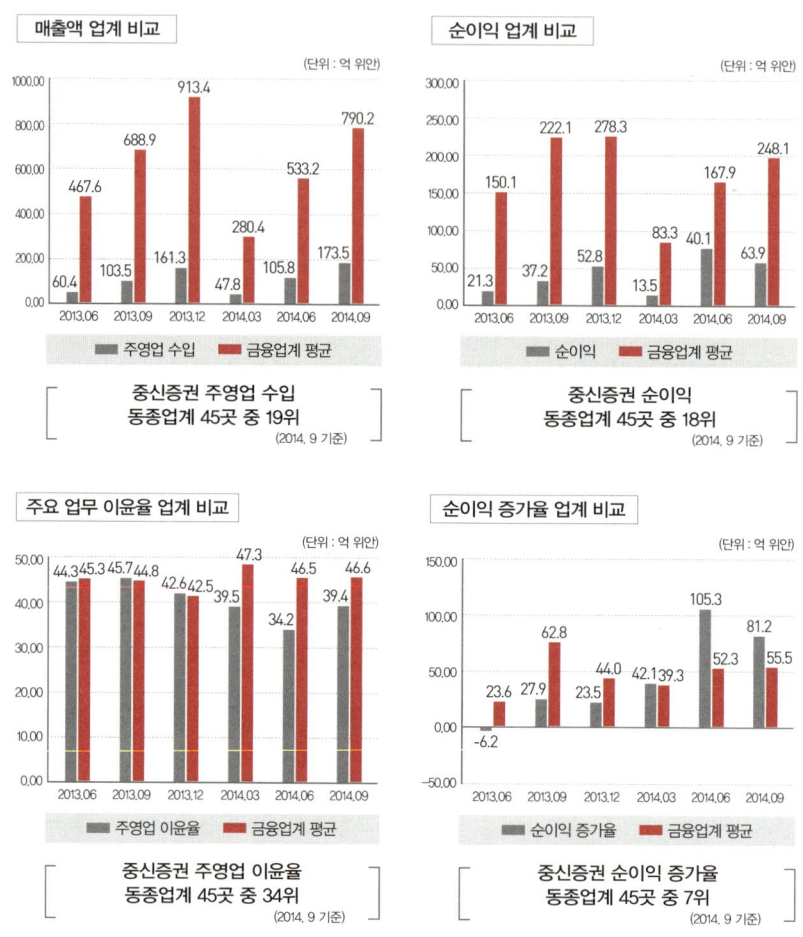

■ 리요네증권·쇼브뢰증권 인수

중신증권국제유한공사는 3억 7,400만 달러를 출자하여 리요네증권과 쇼브뢰증권 지분의 19.9%를 인수했다. 리요네증권 본사는 홍콩에 설립되어 있으며, 프랑스의 인도차이나은행이 98%의 주식을 보유하고 있다. 핵심 업무는 중개업무에 대한 연구와 관리이며 9천 개의 글로벌기관 고객을 보유하고 있다. 리요네증권의 시장점유율은 9.5%이며 아태지역(일본 제외) 최대 증권중개업체이다. 쇠브뢰증권은 본사가 프랑스 파리에 있으며, 프랑스 인도차이나은행이 전액출자한 자회사이다. 유럽의 주요 국가에서 주식중개업무를 하고 있다. 10개 유럽국가에 지점을 설립하고, 1,200명의 기관투자자들에게 서비스를 제공하고 있으며, 일부 업무 영역의 경우 미국, 일본, 중동 지역에도 서비스를 제공하고 있다.

▪ 융자융권과 주가지수선물

융자융권, 주가지수선물은 2010년 연이어 출시되었다. 만약 융자융권 거래액이 시장거래액의 15%를 차지하고 융자융권 금액이 5천~8천억 위안에 달할 경우에는 중국 증권업에 500~700억 위안의 소득이 창출될 것으로 예측된다. 장기적으로 볼 때 융자융권업무는 증권업체 소득의 30%까지 상승할 것으로 보인다. 이에 반해 주가지수선물 출시 초기에 선물중개업무 수익이 증권상의 순이익에 미치는 증가폭은 3~4%인데, 장기적으로 보았을 때 증가폭은 8~15%에 달할 것으로 보인다.

중신증권주식유한공사의 융자융권 잔고는 15억 6천만 위안으로 시장 융자융권 총액의 12.3%를 차지하며, 융자융권 업무시범 증권업체 중에서 2위를 차지한다.

▪ 직접투자업무

중신증권은 이미 직접투자 업무시범자격을 얻었고 산하에 보유한 전액출자전문자회사인 금석투자유한공사金石投资有限公司(등록자본 46억 위안)를 보유하고 있다. 이 회사의 순이익은 4억 1,396만 9,900위안이다. 중신증권은 중신산업투자펀드관리유한공사中信产业投资基金管理有限公司(등록자본 18억 위안, 35%)의 주식에도 출자하였으며, 회사의 순이익은 4,452만 8,100위안이다.

- **선물업무**

중국 증권감독관리위원회证监会는 중신증권이 전액출자한 자회사인 중정선물중개유한공사中证期货经纪有限公司(등록자본 3억 위안, 2011년 4월 잠정증가발행자본 8억 위안)에 금융선물중개업무자격을 부여했다. 금융선물의 전면적인 결제업무자격, 중국금융거래소에서의 결제회원자격을 보유하였고 중정선물은 6개의 영업부처를 보유하고 있다.

재무제표

재무년도	2012	2013	2014	2015E	2016E
주당순이익	0.38	0.48	0.5904	0.726192	0.89321616
순이익(억 위안)	42	52	63.96	78.6708	96.76508
순이익 증가율(%)	-66.31	23.75	29.2125	35.931375	44.19559
총수입(억 위안)	116	161	198.03	243.5769	299.599587
총수입 증가율(%)	-53.29	37.81	46.5063	57.202749	70.35938127
BPS(위안)	7.85	7.96	9.7908	12.042684	14.81250132
ROE(%)	4.9	6.02	7.4046	9.107658	11.20241934
PER(배)	48.12	43.32	39.91	25.62	18.44
PBR(배)	2.35788	2.607864	2.95517586	2.33338198	2.065726126
자산·부채 비율(%)	48.56	67.05	74.4255	82.612305	91.69965855

3. 해통증권

- **한글명**: 해통증권
- **중문명**: 海通证券股份有限公司
- **기업형태**: 국유상대주식기업
- **주소**: 상하이시 광동로 689로 해통증권빌딩, 홍콩 중환더푸대로 189호 리바오춘빌딩 21층
- **종목코드**: 600837
- **영업분야**: 증권업
- **홈페이지**: www.htsec.com
- **CEO**: 진샤오빈 金曉斌

● **IPO · PE · M&A · 리밸런싱 특화 증권사**

해통증권은 중국 증권업계에서 'IPO의 왕'으로 불리며 PE(사모주식펀드), 금융과 IT분야, 문화미디어의 M&A와 리밸런싱에 특화되어 있는 증권사이다. 중국에서 금융이 가장 발달한 상하이를 중심으로 발전해왔다. 전신은 상하이해통증권공사 上海海通证券公司로 중국 내에서 가장 먼저 설립된 증권회사이다. 유일하게 개명과 자본유입을 하지 않고 믿음과 신뢰로 성장해온 대형 증권사이다. PE, IPO, M&A와 리밸런싱 이외에도 증권회사 본연의 증권중개, 투자컨설팅, 펀드와 선물판매 등의 금융상품을 판매하고 있는 종합금융회사로 업계 2위이다. 다년간 '관리일류, 인재일류, 서비스일류, 효율일류'의 경영관리 목표를 따라 성장해왔으며 눈에 띄는 이익과 사회이익을 창출해왔다.

해통증권의 A주는 2007년 상하이 증권거래소에 상장되고 증가발행

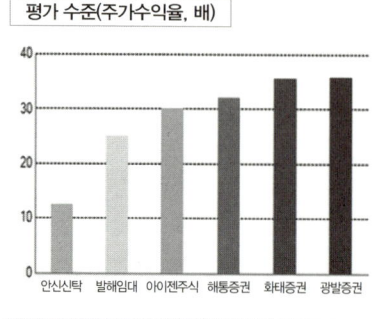
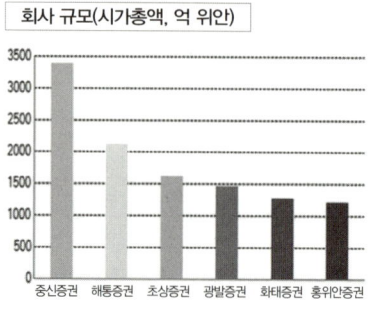

을 시작하였으며, H주는 2012년 4월에 홍콩 연합거래소에 상장되었다. 회사의 등록자본금은 95억 8,400만 위안이다. 국내 증권업 PE(사모주식펀드) 투자영역을 선점하고 국내 PE 투자영역의 유명 브랜드로 자리매김하였다. 해통증권의 거래금액은 시장보유액에서 전체 3위를 차지하였으며, 연이어 선물업계 A등급을 획득하였다.

상하이해통증권자산관리자회사, 해통혁신증권투자, 해통국제홀딩스, 해부통펀드와 부국펀드 등 전문 자회사의 주식을 보유하고 주식에 참여하였다. 현재 자회사에 대한 누적투자금액은 140억 위안이다. 이미 증권업무를 주축으로 업무범위를 증권, 선물, 직접주식투자, 기금관리 등 여러 영역을 관리하는 금융홀딩그룹이 되었다. 현지에서 기존에 확립된 회사들의 증권을 대량인수하고 회사 명칭을 국제해통증권으로 변경하였다. 국내외 업무를 적극적으로 연동시켜나가며 해외에서의 성장을 위한 업무 플랫폼을 구축하였다. 해통국제증권은 홍콩의 위안화 상품영역에서 줄곧 선두지위를 확보했다. 최초로 QFII

자격을 획득하고 여러 대형 IPO사업의 발매를 성공시켜 홍콩시장에서 'IPO의 왕'이라는 명예를 가지고 있다.

2012년 4월 27일 해통증권 H주는 홍콩 연합거래소에서 성공적으로 상장되었으며, 모집된 자금은 143억 8천만 홍콩달러로 홍콩 역사상 최대의 증권회사 상장사례를 만들었다. 현재는 거대 규모의 글로벌 투자기업이 되었고, 거버넌스(국가경영 또는 공공경영)를 완성하였다. 이는 국제지명도와 브랜드 영향력을 높이고 해외업무를 더욱 확장하고 국제화 발전에 견실한 기반을 마련하는 계기가 되었다.

해통증권은 중개업무의 기초가 탄탄하고 국내외에 230개의 영업점이 설립되어 있다. 460만 소매고객과 1만 2천 명의 기관고객 및 VIP고객을 확보하고 있다. 고객자산 규모는 약 1조 위안에 달한다. 중개업무 거래량의 시장점유율은 우위를 확보하고 있다. 투자은행업무는 높은 시장영향력을 보유하고 있으며, 특히 금융과 하이테크놀로지 기업인수 및 문화미디어기업의 합병과 리밸런싱에서 높은 명성이 있다. 회사는 중소형과 민영기업을 상대로 한 서비스 영역에서 풍부한 노하우가 있으며 많은 고객을 확보하고 있다.

5대 대주주(2014년 09월 30일)

순위	주주명	주식유형	보유주식수(주)	보유비율	증감(주)
1	홍콩중앙결산(대리인)유한공사	유통 A주	1,492,149,900	15.57%	6,700
2	광명식품(그룹)유한공사	유통 A주	422,180,000	4.40%	변동없음
3	상하이하이옌투자관리유한공사	유통 A주	400,709,623	4.18%	변동없음
4	상하이전기(그룹)총공사	유통 A주	362,345,157	3.78%	변동없음
5	선능(그룹)유한공사	유통 A주	322,162,086	3.36%	변동없음

해통증권은 자산관리업무에서 빠르게 성장하고 있다. 상하이해통증권자산관리공사, 해부통, 부국펀드 등 여러 개의 자산관리회사를 보유하고 있으며 누적자산관리규모는 3천억 위안에 달한다. 융자융권, 약정환매식증권거래, 증권업체점두시장, 보험자금 관리, 파트너기업독립신탁관리, 선물자산관리, RQFLP 등의 영역에서 혁신업무 자격을 획득하였으며 다양한 혁신업무영역 시장에서 업계의 선두 자리에 있다.

● **해통증권 현황과 경쟁력**

해통증권의 시가총액은 2,109억 위안으로 중신증권에 이어 2위이다. PER는 31.96배로 업계 4위인데 대외개방 초기단계인 중국 증권사에서 평균 이상으로 낮은 PER을 보유하고 있다. 홍콩정부의 중앙결산회사가 주식의 15.57%를 보유하고 있다. 또한 상하이를 기반으로 한 광명식품, 상하이해연투자회사, 상하이전기가 대주주로 있는

유통주/비유통주 분포 비교

출자금 구조	단위 : 만 주	점유율
유통 A주	809,213.12	84.43%
유통 B주	–	–
유통 H주	149,259.00	15.57%
기타 유통주	–	–
유통제한주	–	–
미유통주식	–	–
총출자금	958,472.12	100%

수익분석

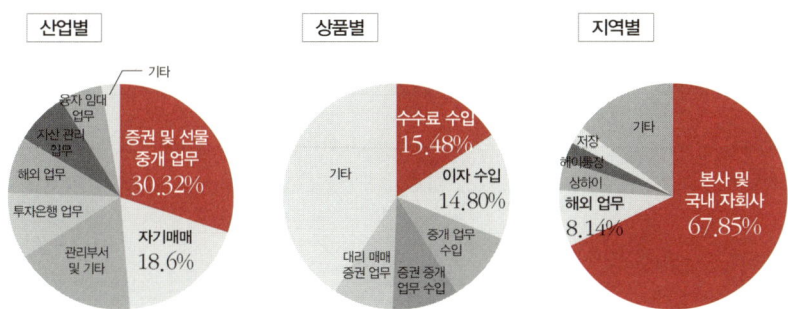

	업무명	영업 수입 (만 위안)	수입 비율	영업 원가 (만 위안)	원가 비율	이윤 비율	순이익율
산업별	증권 및 선물 중개 업무	203556.2	30.32%	103149.69	34.63%	26.88%	49.33%
	자기매매	124858.47	18.60%	18203.67	6.11%	28.55%	85.42%
	관리부서 및 기타	116437.64	17.34%	72599.37	24.38%	11.73%	37.65%
	투자은행 업무	64093.98	9.55%	23666.32	7.95%	10.82%	63.08%
	해외 업무	54634.1	8.14%	33344.16	11.20%	5.70%	38.97%
	자산 관리 업무	50327.04	7.50%	26831.91	9.01%	6.29%	46.68%
	융자 임대 업무	40308.83	6.00%	18417.51	6.18%	5.86%	54.31%
	직접투자 업무	18578.72	2.77%	1673.78	0.56%	4.53%	90.99%
	내부 청구	−1389.13	−0.21%	−59.65	−0.02%	−0.36%	−
상품별	수수료 수입	330990.17	15.48%	−	−	−	−
	이자 수입	316380.3	14.80%	−	−	−	−
	중개 업무 수입	210362.53	9.84%	−	−	−	−
	증권 중개 업무 수입	194393.45	9.09%	−	−	−	−
	대리 매매 증권 업무	174877.26	8.18%	−	−	−	−
	투자 수익	161122.86	7.54%	−	−	−	−
	융자 채권 이자 수입	113870.14	5.33%	−	−	−	−
	예치 금융 이자 수입	94457.66	4.42%	−	−	−	−
	투자은행 업무 수입	77877.15	3.64%	−	−	−	−
	증권 인수 업무 수익	65684.79	3.07%	−	−	−	−
	융자 임대 이자 수입	65647.63	3.07%	−	−	−	−
	기타	332499.34	15.6%	−	−	−	−

지역별	본사 및 국내 자회사	455539.99	67.85%	–	–	–	–	–
	해외 업무	54634.1	8.14%	–	–	–	–	–
	상하이	27745.08	4.13%	–	–	–	–	–
	헤이룽장	18098.93	2.70%	–	–	–	–	–
	저장	18089.83	2.69%	–	–	–	–	–
	장쑤	14700.92	2.19%	–	–	–	–	–
	광둥	12895.65	1.92%	–	–	–	–	–
	산둥	11129.21	1.66%	–	–	–	–	–
	베이징	7140.9	1.06%	–	–	–	–	–
	간쑤	7081.66	1.05%	–	–	–	–	–
	기타	44349.58	6.61%	–	–	–	–	–

상하이 토박이 기업이다. 84.43%의 A주와 15.57%의 H주를 보유한 동시상장 기업이다.

증권가 선물이 매출의 34.63%로 가장 많이 차지하고 있고, 수수료 수입과 이자수익률이 가장 높다. 상하이를 기점으로 전국에 영업망이 있다. 주요 영업수익과 순이익은 업계 20위로 금융권에서 낮은 편이지만, 이는 아직 중국의 증권업이 발달 초기단계이기 때문이다. 주 영업수익이 57% 이상 상승하면서 수익률이 빠르게 성장하고 있다. 후강퉁 실시 이후 이윤율 또한 36%로 크게 오르면서 빠르게 성장할 것으로 보인다.

■ 핵심 경쟁력

해통증권의 핵심 경쟁력은 크게 4가지로 말할 수 있다.

첫째, 뛰어난 자본력이다. 해통증권은 2007년과 2012년 두 차례의 전략적인 주식융자를 진행했다. 2013년부터 현재까지 국내외에 성공적으로 채권을 발행해 2009~2014년에 자산총액 및 자산순증가가치에서 중국 증권거래소 중 전체 2위를 차지하였다. 안정되고 충분한 자본력은 해통증권이 업무혁신을 이루는 데 큰 장점이 되고 있다.

둘째, 탁월하고 종합적인 업무 플랫폼이다. 해통증권의 중개업무는 기초가 탄탄하며, 투자은행업무에서는 뛰어난 시장영향력이 있다. 자산관리업무는 빠르게 성장하고 있으며, 혁신업무는 줄곧 시장의 선두지위를 차지하고 있다. 홍콩 대복大福증권의 인수를 성공적으로 진행하였으며, 항신恒信금융그룹 인수에도 성공하였다. 해통증권은 기본적으로 중개, 투자은행, 자산관리, 선물, PE투자, 기타 투자, 융자리스 등 여러 업무영역에서 종합적인 산업사슬을 보유하고 있다. 이렇게 큰 규모와 판매잠재력의 장점을 잘 발휘하여 업무 발전에 튼튼한 기초를 제공하고 있다.

셋째, 광범위한 영업점과 두텁고 안정적인 고객 기반이다. 해통증권은 신규 영업망 건설에 박차를 가하고 있다. 중국 내에 286개의 증권 및 선물 영업부(증권영업부처 252개, 선물영업부처 24개)가 분포되어 있다.

넷째, 앞선 시장 혁신 능력이다. 해통증권은 전략적인 변혁을 추진하기 위해 줄곧 혁신을 가장 중요한 요소로 삼고 있다. 탄탄한 자본력과 효과적인 리스크 관리능력 및 우수한 집행능력으로 여러 차례 감독관리기관으로부터 가장 먼저 새 업무에 참여한 기관으로 선정되었다. 최근 몇 년간 융자융권, 창구시장 등 업무에서 혁신적인 업무방식을 도입하여 업계 선두주자로서 자리를 지키고 있다.

그 밖에 해통증권은 자주적인 혁신을 통해 고객들에게 혁신적인 업무솔루션 방안을 제시하고 있으며, 국내외 고객들을 위해 다양한 서비스를 제공하고 있다. 해통증권의 혁신업무를 통한 수입이 차지하는 비중은 지속적으로 증가하고 있는데, 2014년에는 수익률이 28.9%에 달했다.

다섯째, 전방위적인 국제업무 플랫폼이다. 홍콩 대복증권에 이어 항신금융그룹까지 인수하여 국내 최초로 융자리스업무의 주식을 보유한 증권업체가 되었다. 동시에 상하이 자유무역지구에 지점설립인가를 받았으며, 해외 업무 플랫폼 역시 완비해나가고 있다. 전방위적인 국제업무 플랫폼은 해통증권이 역외업무의 기회를 늘리는 데 주춧

향후 순이익과 주당순이익 예측 EPS

2014년 12월 23일까지 6개월 내 22개 기관이 예측한 해통증권의 2014년도 실적 : 2014년 매 주식의 수익은 0.66위안이 될 것으로 예측하며, 작년 동기대비 57.14% 성장한 것이다. 2014년의 순이익은 63억 2천만 위안이 될 것으로 예상하며, 작년 동기대비 56.63% 성장할 것으로 보인다.

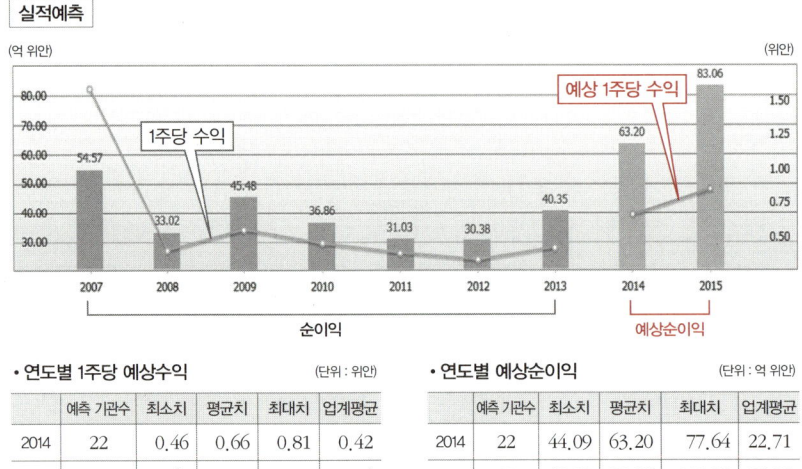

• 연도별 1주당 예상수익 (단위 : 위안)

	예측 기관수	최소치	평균치	최대치	업계평균
2014	22	0.46	0.66	0.81	0.42
2015	20	0.63	0.85	1.10	0.56
2016	12	0.70	0.95	1.40	0.71

• 연도별 예상순이익 (단위 : 억 위안)

	예측 기관수	최소치	평균치	최대치	업계평균
2014	22	44.09	63.20	77.64	22.71
2015	20	60.39	83.06	117.08	31.33
2016	12	66.78	93.05	134.19	39.96

돌 역할을 하고 있다. 해통증권은 고객들의 역외업무에 대한 수요를 만족시키고 국제영향력을 높이고 있다.

● **매매포인트**

■ **혁신업무**

해통증권은 직접투자한 해통개원투자^{海通开元投资}, 해부산업펀드^{海富产业基金}, 두 곳의 자회사를 보유하고 있다. 해통증권은 첫 번째로 융자융권과 주가지수선물 IB 업무 자격을 획득하였다. 융자융권 일평균 거래량과 주가지수선물시장 순위는 업계 3위이다.

해통증권은 사회보장, 대형그룹, 사모신탁 등 중요 고객의 확장 및 서비스에 박차를 가하고 있다. 그중 사회보험 삼호주식^{三户股份}의 시장가치는 300억 위안 이상이며, 업계 선두이다. 해통국제 산하의 해통자산관리공사는 홍콩 증권관리감독위원회의 인가를 받은 위안화 공모펀드인 해통환구위안화수익펀드^{海通环球人民币收益基金}를 발행하였으며, 이는 해외에서 첫 번째로 발행한 위안화 공모펀드이다.

■ **해외 투자은행 인수합병**

해통증권의 자회사인 해통국제홀딩스는 2014년 12월에 포르투칼 노보방코^{Novo Banco}의 BESI은행을 3억 7,900만 유로에 인수하였다. 이 거래로 BESI은행은 해통국제홀딩스의 직접자회사가 되었으며, 해통증권의 간접자회사가 되었다. BESI은행은 포르투갈 및 해외 여러 지역에서 각기 다른 금융상품 및 기업융자, 자본시장, 사업융자, 사모주식 및 자산관리 등의 서비스를 제공한다.

- 중개업무

해통증권은 2014년에 총 5억 4천만 위안의 거래를 성사시켰으며 시장점유율은 4.31%로 7위이다. 주식펀드거래량은 4억 4,800만 위

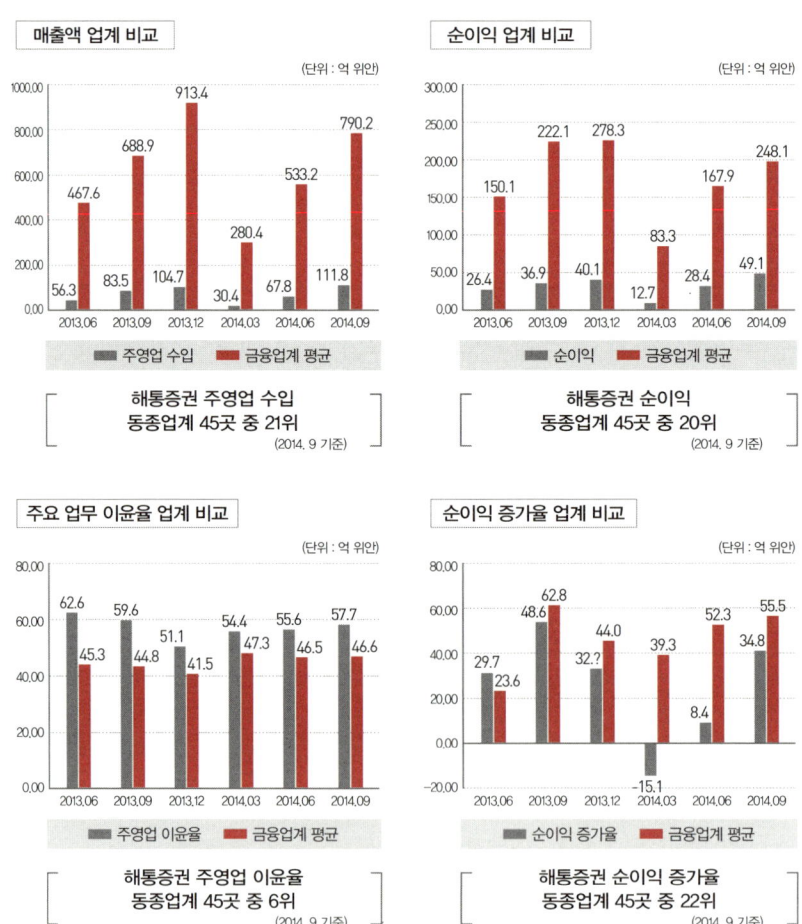

안, 시장점유율 4.06%, 순위는 5위이다. 지점구조의 주식펀드시장 점유율은 2014년에 3.52%에서 3.67%로 다시 상승세를 보였다. 현재 118개의 영업처가 이미 소개업무자격을 획득하였으며, 연말 회사고객의 자신총액은 8,600억 위안에 달했다. 2014년 기관고객자산 순증자액은 1,739억 위안, 권익 증권다종거래시장 점유율은 7.03%로 상승했다.

- **투자은행업무**

해통증권은 36개의 기업들을 인수하였고, 총 인수금액은 626억 7,100만 위안이다. IPO사업 12개의 인수금액은 245억 2,500만 위안이다. 재융자사업은 14개이며 인수금액은 249억 2,500만 위안으로 주식인수금액의 시장점유율은 5.68%이다. 전년대비 3.58%p로 4위를 차지하였다. 채권융자사업은 10개로 인수금액은 123억 2천만 위안이다. 능광실업棱光实业, 상하이건공上海建工 등 중대한 사업도 완성하였다.

- **자산관리업무**

해통증권은 5~6호 상품을 발행하였으며 7호 상품도 등록을 준비하고 있다. 주가지수선물 관련 상품은 감독관리부처에 신청을 준비하고 있으며, 소집합재테크 상품도 적극적으로 개발하고 있다. 수탁자산 순생산액 총규모는 96억 6천만 위안에 달한다. 해부통펀드가 4개의 개방형펀드를 발행하였으며, 현재 13개의 국내개방식 펀드와 QDII 펀드 1개를 발행하여 총 자산규모는 900억 위안에 달한다.

- **92개의 지사 설립**

해통증권은 2013년 7월 신장위구르자치구 우루무치시, 하이난성 하이커우시에 각각 1개의 분점을 설립하였다. 상하이 등지에는 90개의 증권영업처를 설립하였다. 한 곳은 증권영업처 정보시스템건설모델 A형(영업장소 내 부서 및 현장거래서비스 관련 정보시스템으로 고객들에게 현장거래서비스를 제공)을, 나머지에는 증권영업처 정보시스템건설모델 C형(영업장소 내 설치되지 않은 부서 및 현장거래서비스 관련 정보시스템으로 현장거래서비스를 제공하지 않음)을 보유하고 있다.

- **융자융권과 주가지수선물**

융자융권, 주가지수선물은 2010년 연이어 출시되었다. 융자융권

재무제표

재무년도	2012	2013	2014	2015E	2016E
주당순이익	0.33	0.42	0.5166	0.635418	0.78156414
순이익(억 위안)	30	40	49.2	60.516	74.43468
순이익 증가율(%)	-2.68	32.84	40.3932	49.683636	61.11087228
총수입(억 위안)	91	104	127.92	157.3416	193.5301.68
총수입 증가율(%)	-1.64	14.38	17.6874	21.755502	26.75926746
BPS(위안)	6.12	6.42	7.8966	9.712818	11.94676614
ROE(%)	5.63	6.7	8.241	10.13643	12.4678089
PER(배)	42.14	37.38	31.96	19.78	10.64
PBR(배)	2.372482	2.50446	2.6338236	2.004985854	1.326574867
자산·부채 비율(%)	52.17	62.1	68.931	84.78513	104.2857099

거래액이 시장거래액의 15%를 차지하고 융자융권 금액이 5천~8천억 위안에 달할 경우에는 중국 증권업에 500~700억 위안의 소득이 창출될 것으로 예측한다. 장기적으로 볼 때 융자융권업무는 증권업체 소득의 30%까지 상승할 것으로 보인다. 이에 반해 주가지수선물 출시 초기에 선물중개업무 수익이 증권상의 순이익에 미치는 증가폭은 3~4%인데, 장기적으로 보았을 때는 8~15%에 달할 것으로 보인다. 해통증권 일일 평균거래량과 주식지수선물 시장 할당액은 업계 3위이다.

해동증권의 주식투자 현황

이름	출자액	보유주식
포발은행(浦发银行)	19억 9,200만 위안	1.35%
유심발전A(有深发展A)	3억 3,800만 위안	1.33%
와룡전기(卧龙电气)	5억 3,799만 위안	7.06%
해마주식(海马股份)	3억 600만 위안	3.71%
동방재부(东方财富)	5,500만 위안	3.57%
광둥발전은행(广东发展银行)	293만 위안	84만 주

4. 초상증권

- **한글명** : 초상증권
- **중문명** : 招商证券股份有限公司
- **기업형태** : 국유기업
- **주소** : 광둥성 선전시 푸텐구 이텐로 강쑤빌딩 A동 38~45층
- **종목코드** : 600999
- **영업분야** : 증권업
- **홈페이지** : www.newone.com.cn
- **CEO** : 덩샤오리 邓晓力

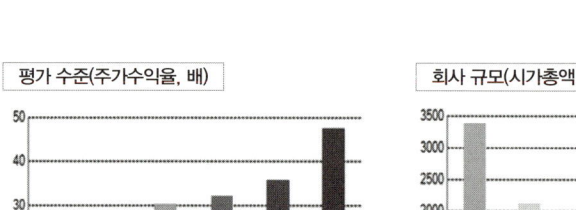

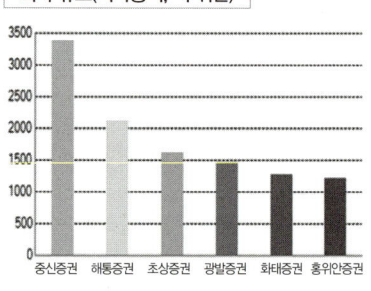

	안신 신탁	발해 임대	아이젠 주식	해통 증권	화태 증권	초상 증권
PER	12.36	25.01	30.05	31.91	35.57	47.47
순위	1	2	3	4	5	12

	중신 증권	해통 증권	초상 증권	광발 증권	화태 증권	홍위안 증권
시가총액	3,387	2,109	1,604	1,451	1,254	1,212
순위	1	2	3	4	5	6

● **든든한 자금력으로 승부하는 증권사**

    초상증권은 초상은행의 계열사로 초상은행의 주식업무 파트에서 분리독립하였다. 든든한 모회사이자 주식제은행업계 1위인 초상은행의 풍부한 자금력을 통해 빠르게 성장하고 있다. 2014년 상반기 상장

이후 처음으로 주식융자를 완성하였고 모집자금은 11억 4,900만 위안이며 순자산 규모가 3위로 크게 뛰어올랐다. 이 자본은 초상증권이 회사를 혁신하고 변화시키고 발전하는 데 든든한 지원군이 되었다. 1991년 창설된 초상증권의 본사는 선전에 위치해 있으며 광동성을 중심으로 발전하였다. 2009년 11월 17일 상하이 증권거래소에 상장되었다.

전국 60개 도시에 96개의 영업점과 홍콩에 지사를 두고 있다. 전액을 출자하여 초상증권국제유한공사, 초상선물유한공사, 초상자본투자유한공사, 찬주보시펀드관리공사, 초상펀드관리공사를 보유하고 있으며 국내외 통합관리서비스를 제공하는 종합증권서비스 플랫폼을 보유하고 있다. 업무 범위는 투자자에게 증권매매대행, 증권발행 및 인수, 인수합병, 자산리밸런싱, 자산컨설팅, 자산관리, 투자컨설팅 등 증권·융자와 관련된 서비스를 제공하고 있다. 초상증권의 증권감독위원회평가(한국의 금융감독원) 등급은 증권업체 중에서도 최고인 AA급이다.

5대 대주주(2014년 09월 30일)

순위	주주명	주식유형	보유주식수(주)	보유비율	증감(주)
1	선전시초상금융투자주식유한공사	유통 A주	1,435,110,665	24.71%	변동없음
2	선전시지성투자발전유한공사	유통 A주	1,341,378,000	23.09%	변동없음
3	중국원양운수(그룹)총공사	유통 A주	630,405,226	10.85%	변동없음
4	허베이항구그룹유한공사	유통 A주	290,400,968	5.00%	변동없음
5	중국교통건설주식유한공사	유통 A주	214,297,546	3.69%	변동없음

● **초상증권 현황과 경쟁력**

초상증권의 시가총액은 1,604억 위안으로 업계에서 3위이다. PER는 47.47배로 업계평균 이상으로 높게 책정되어 있는데, 회사의 규모를 늘리기 위한 갑작스러운 대량 주식발행과 융자가 주요 원인이다. 중국 남방의 선전시를 중심으로 발전하고 있으며 선전투자회사가 지분 50% 이상을 보유하고 있다. 증권사 중에서도 드물게 비유통주 19.75%를 보유하고 있는데, 후강통 실시 이후 늘어난 수요를 만족시키기 위해 점차 줄여나갈 계획이다. 중개와 투자자문의 비중이 전체 매출의 64%를 차지하는 초기 발전단계로, 증권투자와 은행투자 비중은 20% 이상이다. 중국 3대 경제특구인 광둥성을 중심으로 상하이, 홍콩, 베이징에서도 경영활동을 하고 있다. 중국 금융업계는 아직 증권업의 비중이 낮아서 금융분야에서 수익과 순수익의 순위는 낮은 편이다. 하지만 2014년 들어서 매출과 순이익 증가율이 가시적으로 높아지고 있는 점은 매우 고무적이다.

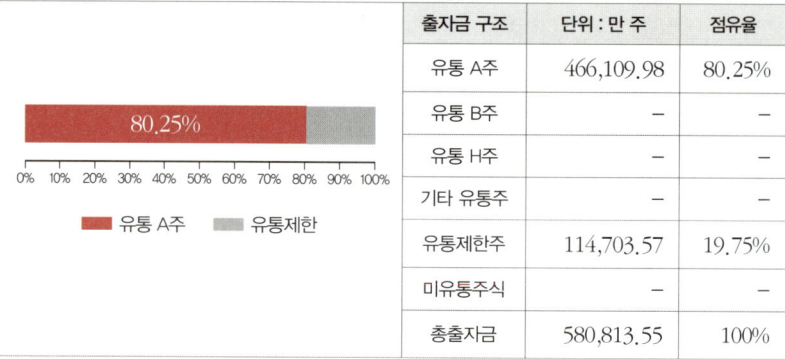

유통주/비유통주 분포 비교

출자금 구조	단위 : 만 주	점유율
유통 A주	466,109.98	80.25%
유통 B주	–	–
유통 H주	–	–
기타 유통주	–	–
유통제한주	114,703.57	19.75%
미유통주식	–	–
총출자금	580,813.55	100%

■ 핵심 경쟁력

초상증권의 핵심 경쟁력은 크게 3가지로 말할 수 있다.

첫째, 초상은행의 풍부한 자금지원과 전국에 가장 많은 영업망은 상품판매에 용이하다.

둘째, 2014년 상반기에 초상증권의 혁신과 협동업무는 많은 성과를 거두어 핵심 경쟁력이 눈에 띄게 강화되었다. 혁신업무에서도 융자융권과 장외파생상품거래 업무가 빠르게 성장하였고, 전통적인 업무의 업그레이드도 추진되었다. 협동에서도 지점기관의 종합경영협력이 눈에 띄게 발전하였다. 초상증권은 각 지점기관에서 100여 명에 달하는 경영전문가팀을 만들고, 각 업무조항들에 대해 하나하나 심혈을 기울여 견실한 내부협력 메커니즘을 구축하였다.

셋째, 적극적인 소프트 파워 구축으로 운영지원과 관리능력의 수준을 제고시켰다. 이것은 다음의 세 가지 측면에서 진행되었다. 우선 전면적으로 '사위일체'의 전략관리 시스템을 관철하고 전략적인 관리제어와 집행력을 강화하였다. 그다음에는 문화를 통해 조직의 결집력과 전투력을 제고시켰다. 마지막으로 핵심인재를 이끌고 여러 면에서 우수한 인재자원을 관리하였다.

이러한 전략들은 초상증권의 핵심 경쟁력을 더욱 공고히 하고 강화시키고 있다.

수익분석

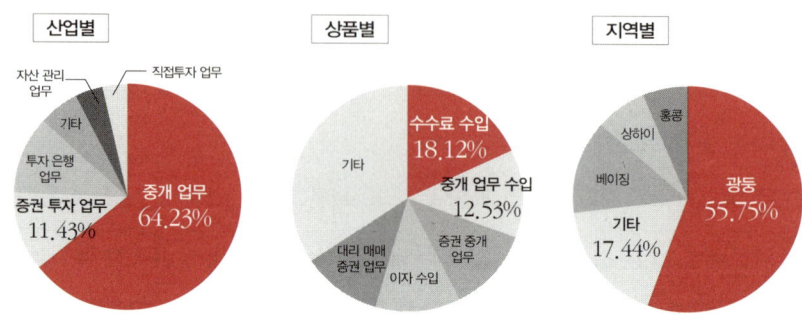

	업무명	영업 수입 (만 위안)	수입 비율	영업 원가 (만 위안)	원가 비율	이윤 비율	순이익율
산업별	중개 업무	231322.29	64.23%	108634.82	56.59%	72.95%	53.04%
	증권 투자 업무	41166.53	11.43%	7407.74	3.86%	20.07%	82.01%
	투자 은행 업무	40074.35	11.13%	20281.43	10.56%	11.77%	49.39%
	기타	21045.88	5.84%	48807.68	25.42%	−16.51%	−131.91%
	자산 관리 업무	14227.4	3.95%	3198.39	1.67%	6.56%	77.52%
	직접투자 업무	12312.85	3.42%	3648.95	1.90%	5.15%	70.36%
상품별	수수료 수입	226027.7	18.12%	−	−	−	−
	중개 업무 수입	156268.3	12.53%	−	−	−	−
	증권 중개 업무	150930.83	12.10%	−	−	−	−
	이자 수입	148472.51	11.90%	−	−	−	−
	대리 매매 증권 업무	136504.43	10.94%	−	−	−	−
	투자 수익	101853.82	8.16%	−	−	−	−
	융자 채권 이자 수입	96952.91	7.77%	−	−	−	−
	투자 은행 업무 수입	50238.97	4.03%	−	−	−	−
	기타	180239.46	14.45%	−	−	−	−
지역별	광둥	200771.55	55.75%	135331.64	70.49%	38.91%	32.59%
	기타	62826.81	17.44%	22568.44	11.76%	23.94%	64.08%
	베이징	48393.84	13.44%	13083.98	6.82%	21.00%	72.96%
	상하이	25256.68	7.01%	6318.51	3.29%	11.26%	74.98%
	홍콩	22900.42	6.36%	14676.44	7.64%	4.89%	35.91%

- **매매포인트**

■ 자산관리업무

　초상증권의 자산관리업무는 업계의 다른 회사보다 장점이 많다. 2004년에는 혁신시범자격을 획득해 8대 증권사 중 하나로 선정되어, 자산관리업무의 혁신발전을 위해 양질의 감독관리 환경을 구축하였다. 6개의 집합 재테크 상품의 발행과 설립업무를 완성하였으며, 해외보海外宝 및 지원피험智远避险 등 회신문서를 획득하였다. 업계 최초로 '집약적인 자산관리 계획 정기정액 투자업무'를 출시하였다. 수탁자금 규모는 93억 3,300만 위안으로 동기대비 55% 성장하였으며, 업계 4위이다.

■ 투자은행업무

　투자은행업무는 14억 1,200만 위안의 영업소득을 실현하였으며, 동기대비 52.41% 증가하였다. 영업이윤은 8억 3,500만 위안으로 동기대비 31.89% 증가하였다. 초상증권은 총 550억 1,300만 위안의 주식과 채권인수를 이루어 시장점유율 3.47%를 차지했다. 총 36개의 인수사업을 완료하였으며 업계 5위이다. 그중 IPO사업 20개로 동기대비 150% 상승하였다. 중소형고객관리 부문에서는 26개 사업의 주식융자업무를 진행하고 있다.

■ 증권자영업무

　증권투자업무에서 3억 8,200만 위안의 영업수익을 기록하여 동기대비 16.44% 증가하였다. 3억 100만 위안의 영업소득을 실현하여 동기대비 2.35% 증가하였다. 주가지수선물거래, 수권공사 경영관리층에 참여하였고, 증권부처에 신청서를 제출하고 관련 절차를 진행하기도 했다.

■ 선물중개업무

초상증권의 전액출자자회사인 초상선물유한공사의 등록자본은 3억 위안이다. 초상증권은 3대 거래소 자리를 보유하고 있다. 금융선물거래결제업무자격과 중국금융선물거래소 거래결제회원자격 및 선

향후 순이익과 주당순이익 예측 EPS

2014년 12월 23일까지 6개월 내 20개 기관이 예측한 초상증권의 2014년도 실적 : 2014년 매 주식의 수익은 0.61위안이 될 것으로 예측하며, 작년 동기대비 27.51% 성장한 것이다. 2014년의 순이익은 35억 4,600만 위안이 될 것으로 예상하며, 작년 동기대비 59.02% 성장할 것으로 보인다.

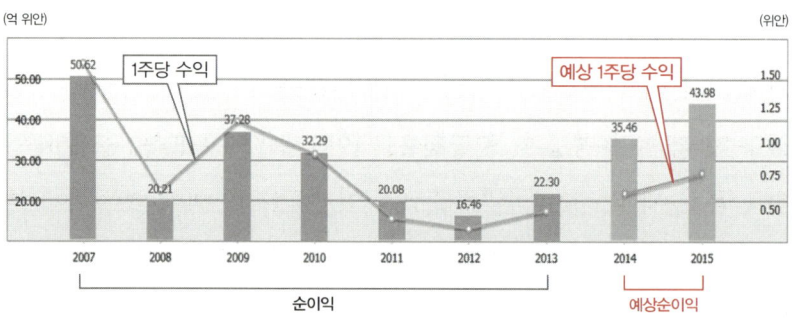

실적예측

• 연도별 1주당 예상수익 (단위: 위안)

	예측 기관수	최소치	평균치	최대치	업계평균
2014	20	0.53	0.61	0.83	0.49
2015	20	0.55	0.76	1.09	0.61
2016	8	0.60	0.86	1.34	0.73

• 연도별 예상순이익 (단위: 억 위안)

	예측 기관수	최소치	평균치	최대치	업계평균
2014	20	30.78	35.46	48.21	26.00
2015	20	31.94	43.98	63.31	33.10
2016	8	34.85	48.40	77.83	39.31

물중간중개업무자격도 보유하고 있다. 총자산 23억 3,800만 위안, 순자산 3억 5,900만 위안이다. 2010년 영업소득은 9,336만 위안, 영업이윤은 5,211만 위안, 순이익은 4,247만 위안이다.

■ 직접투자업무

초상증권의 전액출자자회사인 초상은행자본투자유한공사의 주요 업무는 자기자본금을 활용하여 역내 기업에 투자하는 것이다. 등록자본은 5억 위안이다. 총 자산액은 5억 1천만 위안, 순자산액은 5억 600만 위안이다. 2010년에 영업소득액 1,557만 위안을 달성하였고 영업이익은 102만 위안, 순이익은 621만 위안을 달성하였다. 그 밖에 역외 증권투자관리업무를 실시하고 있으며, 2015년 1월 현재 중국 증권관리감독위원회에 집약자산관리 계획을 신청한 상태이다.

■ 해외기관

초상증권은 가장 먼저 중국과 홍콩 두 지역의 감독관리부처로부터 역외분점 설립인가를 받은 역내 증권회사이다. 홍콩의 초상증권은 홍콩증권 및 선물사무감찰위원회가 등록한 법인단체이다. 1류(증권거래), 2류(선물계약거래), 4류(증권에 의견 제시), 6류(기관융자에 의견제시)와 9류(자산관리 제공) 자격을 보유하고 있다. 동시에 홍콩 연합거래소 증권 참여자 자격을 보유하고 있으며, 증권거래권도 있다. 홍콩 연합거래소를 통해 AMS/3시스템으로 증권시장거래를 할 수 있다.

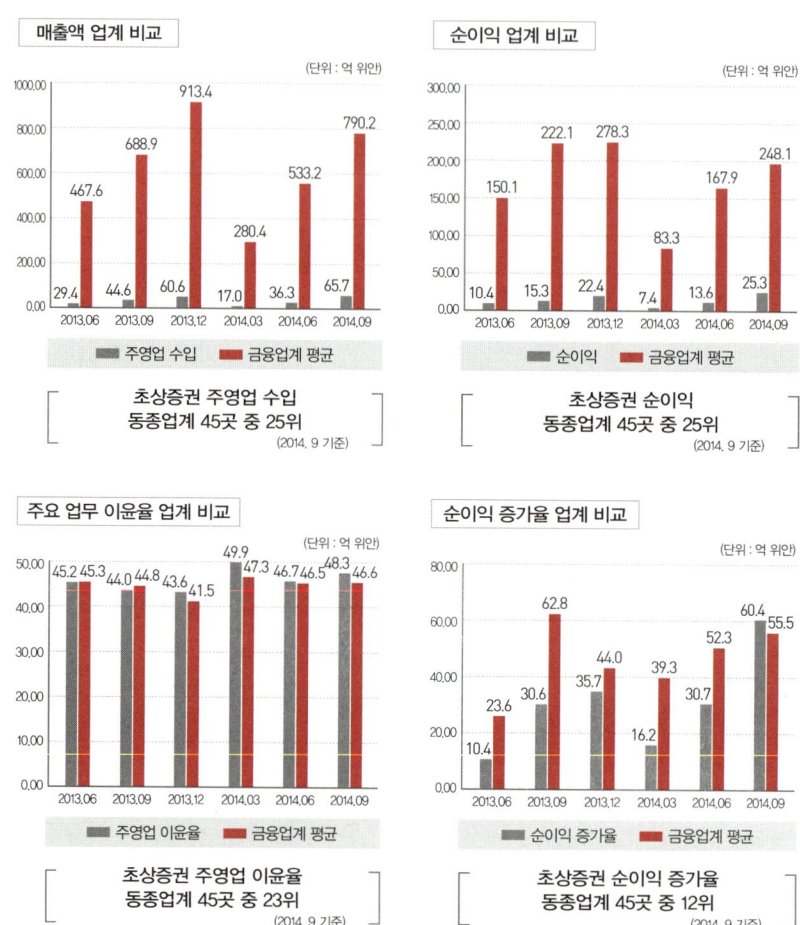

- **증자**

2014년 3월, 초상증권은 10명 이하의 특정 투자자에게 주당 9.72위안의 가격으로 12억 3,500위안의 주식을 비공개 발행하여 120억 위안 이하의 자금을 모집하였다. 모집자금은 자본금 보충과 자금운영에 사용될 예정이다. 상장 이후에는 여러 업무에서 뛰어난 성장세를 기록하고 있다. 하지만 동종업계의 거대 증권사와 비교해보았을 때 순자본 수준은 좀 더 성장할 수 있는 여지가 있다. 때문에 초상증권은 비공개 발행을 통해 자사의 혁신업무 규모를 확대하고 시장경쟁력과 리스크 대응 능력을 강화시키려고 한다.

재무제표

재무년도	2012	2013	2014	2015E	2016E
주당순이익	0.35	0.48	0.5904	0.726192	0.89321616
순이익(억 위안)	16.00	22.00	31.60	33.2838	40.939074
순이익 증가율(%)	-18.04	35.46	43.6158	53.647434	65.98634382
총수입(억 위안)	46	60	73.8	90.774	111.65202
총수입 증가율(%)	-10.71	30.45	37.4535	46.067805	56.66340015
BPS(위안)	5.53	5.83	7.1709	8.820207	10.84885461
ROE(%)	6.53	8.44	10.3812	12.768876	15.70571748
PER(배)	58.23	52.78	47.47	38.23	26.41
PBR(배)	3.802419	4.454632	4.92795564	4.881541295	4.147879986
자산·부채 비율(%)	65.89	67.31	74.7141	82.932651	92.05524261

6장

슈퍼차이나의 위력, 일대일로 一帶一路 테마주

1. 중국 일대일로 정책 환경분석

중국의 국민소설인 《서유기》는 우리나라에도 익숙한 고전이다. 당나라의 현장법사가 재주 많은 손오공과 함께 험난한 타클라마칸 사막(실크로드)를 지나 인도를 향해 대승불전으로 구하러 간다는 이야기이다. 이 작품은 우리에게는 해외문학이지만 중국에서는 서쪽세계(인도, 중앙아시아)에 대한 호기심, 갈망, 기회의 땅에 대한 이야기이다. 중국 4대 기서로 널리 알려져 있으며 학생들의 필독서이기도 하다. 이것은 또한 시진핑정권의 국가발전 구호인 중국의 꿈 中国梦(중화민족의 위대한 부흥)이며, 현대판 서유기인 일대일로 一带一路 정책의 정서에 부합하기도 한다.

2013년 9월, 시진핑 주석은 카자흐스탄 대학 강연에서 "실크로드 경제벨트는 30억 인구를 포함하는 지역으로 시장의 규모와 잠재력이 가장 크다"고 말했다. 이는 기존의 중국경제 개발정책인 서부대개발처럼 지역을 개발하는 것이 아니다. 실크로드 역사를 공유하는 관련 지역의 국가들이 경제벨트를 구성해 교류협력을 넓히자는 구상이다. 이러한 현대판 실크로드 구상은 중국의 꿈을 실현할 것이라는 희망으로 가득한 여론의 호응을 얻었다.

시진핑 주석은 얼마 뒤 이번에는 인도네시아에서 육지의 실크로드에서 한 발 더 나아간 해상 실크로드를 공동 건설하자고 제안한다. 거대한 러시아, 불편한 관계의 일본, 그리고 여러 친미 국가들과 근접해 있어서 영향권 확대가 어려우니 서쪽 중앙아시아와의 가능성을 본 것이다. 중국은 일대일로를 통해 아시아 전역을 잇는 교통 네트워크를 구축하고, 인구 30억 명을 포괄하는 새로운 시장을 생성하며, 이와 동시에 호연호통互联互通(서로 연결하고 서로 통한다)을 강조해 아시아 국가 내에서의 교류를 목표로 하고 있다.

시진핑 주석은 2014년 APEC 정상회의 연설에서 중국을 중심으로 한 아시아 국가 간의 정치, 경제, 문화 등의 다방면 협력의 중요성을 강조했다.

아시아 각국은 각자 흩어져 있는 불빛이다. 서로 연계하고 교류할 때 비로소 아시아의 하늘을 밝게 비출 수 있다.
(亚洲各国就像一盏盏明灯，只有串联并联起来，才能让亚洲的夜空灯火辉煌)
만약 일대일로가 솟아오르는 아시아의 날개라면 호연호통은 그 날개의 들끓는 혈관과 같다.
(如果将"一带一路"比喻为亚洲腾飞的两只翅膀，那么互联互通就是两只翅膀的血脉经络)

APEC 정상 회담을 기점으로 중국을 중심으로 한 새로운 아시아 질서 편성과 필요한 자금에 관한 구체적인 안을 제시함으로써 일대일로 정책은 더욱 탄력을 받게 되었다. 아시아인프라투자은행[AIIB] 설립 관련으로 20개국과 양해각서[MOU]를 체결하고 초기 운영기금 500억 달러를 지원하게 되었다. 2014년 11월 8일 APEC 비회원국 정상 초청 행사에서 실크로드 경제벨트 조성을 위한 400억 달러 출연을 약속하기도 했다. 시진핑 주석이 약속한 400억 달러는 기존에 예상한 163억 달러의 2배 이상으로, 중국의 '중국 중심 아시아권 통합 금융기구'에 대한 의지를 보여준다.

　이것뿐만이 아니다. 중국 최고의 경제운용 가이드라인을 제시하는 중국 공산당 중앙경제공작회의에서 최초로 '신창타이新常态' 개념을 공식적으로 언급하였고, 중국 경제발전을 이끌 전략적 기반으로 채택하기까지 하였다. 중국정부는 개혁개방 이후 35년간은 수출과 투자가 주도한 고속성장기라면, 앞으로의 35년은 이전과는 다른 경제발전 시대를 맞이하게 되었다고 강조했다. 신창타이, 즉 중국판 뉴노멀이라고 규정하고 선포한 것이다. 이것은 특히 인프라(기초설비) 및 신기술·상품·업종·비즈니스모델 부문에서 투자기회가 무궁무진하다는 것이기도 하다.

　실크로드 개발은 시진핑 주석의 지역연고와도 밀접한 관련이 있다. 시진핑은 대부분 아버지 시중쉰을 따라 베이징에서 나고 자랐지만 본적은 산시성陝西省 푸핑현富平縣이다. 산시성은 중국 주周나라 때부터 정치, 경제, 문화의 중심지였다. 산시성 출신들은 한때 산시성이 전 세계 역사의 중심지였다는 것과 시진핑 주석의 연고지라는 데에 큰 자부심이 있다.

　시안은 당나라시대의 장안이라는 이름이었는데 실크로드의 무역교류로 번성해 로마를 능가하는 국제도시였다. 실크로드는 장안에서 시작하여 산시, 간쑤甘肅, 신장新疆 등을 지나 중앙아시아, 동유럽, 인도, 이탈리아(로마)로 통한다. 이 실크로드에 속하는 중요 지역은 무역요충지였다. 중국은 21세기 실크로드 경제벨트 계획을 통해 주변 국가들과 함께 경제를 발전시키면서 관계를 돈독히 하려고 한다. 이것은 중국의 정치적·군사적 안전과 안보를 강화시켜주고, 동쪽 연안도시에 집중된 부를 서부로 이동시켜 연해와 내륙의 균형 발전을 실현한다. 세계로 뻗어나가기 위한 정책인 것이다.

일대일로의 성공적인 수행을 위해 중국 지도부들의 행보는 무척 적극적이다. 앞에서 언급했던 행보 외에도 시진핑 주석이 멕시코와 몽골 등을 방문하여 인프라 구축에 대한 양해각서를 작성하였다. 중국 국무원 리커창 총리가 러시아를 방문해 '모스크바-카잔' 구간 고속철도 협력을 위한 양해각서를 체결하였다. 이 노선은 베이징까지 연장되어 유라시아 대륙을 연결하는 총 7천㎞ 이상의 장거리 노선이 될 것이다.

멕시코 교통부가 추진하는 멕시코 고속철도 프로젝트 공개입찰에 유일하게 참가한 기업들도 중국의 주요 인프라건설업체들이었다. 이는 향후 중국과 멕시코의 관계를 보여주는 예라 할 수 있다. 2014년 7월에는 터키의 수도 앙카라와 이스탄불을 잇는 고속철도가 정식 개통했다. 중국 철도건축총공사가 시공한 것이다. 또한 중국은 베네수엘라, 브라질, 터키, 나이지리아 등 세계 각국에서 여러 건의 프로젝트를 수주했다. 11월에는 라오스, 태국, 미국, 러시아, 브라질 등 국가와 고속철도분야의 협력을 위한 양해각서를 체결하거나 실질적인 액션플랜을 수립하는 등 일대일로 사업에 힘을 실어주고 있다.

일대일로 사업으로 떠오르는 중국의 인프라업체들이 있다. 첫 번째가 중국철도건설이다. 이 기업은 종합건설그룹사로 철도, 도로, 도시레일교통, 공항, 항구, 부두, 터널, 교량, 수력발전소 등의 건설공사, 선로, 파이프라인, 설비 및 공사감리 등을 주요 사업으로 삼고 있다.

두 번째는 중국중철이다. 중국 대표 종합건설사로 주요 사업은 인프라건설, 탐사 설계 및 자문 서비스, 중장비 및 관련 부품 제조, 부동산 개발이다. 마지막으로 세 번째는 중국교통건설이다. 도로와 교량, 철도, 항만 등 대형 인프라사업의 설계, 건설, 준설공사 및 관련 장비 제조 사업을 진행하고 있다.

2. 중국교통건설

- **한글명** : 중국교통건설주식유한공사
- **중문명** : 中国交通建设股份有限公司
- **기업형태** : 국유기업
- **주소** : 베이징시 시청구 더성먼 와이다길 85호
- **종목코드** : 601800
- **영업분야** : 항구, 항로, 도로, 교량 건설
- **홈페이지** : www.ccccltd.cn
- **CEO** : 류원성 刘文生

● '세계 최초'가 어울리는 건설기업

중국 장강삼각주의 핵심 도시인 쑤저우시 苏州市 에서 황금항구라 불리는 남퉁시 南通市 까지는 육로가 아닌 해로를 통해서 이동한다. 34.2km의 거리를 바다 위의 고속도로를 통해서 이동하는 것이다. 이 대교를 통과하는 데만 30분 이상이 걸리고, 다리 위에서 운전하다 보면 꿈속에 있는 것처럼 느껴질 때도 있다. 창문을 열고 달리면 바다 향기가

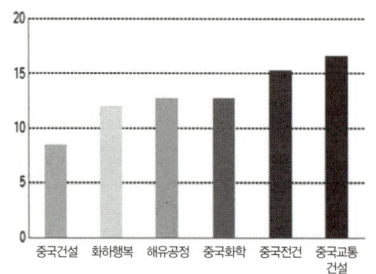
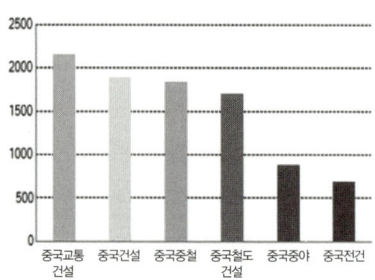

	중국 건설	화하 행복	해유 공정	중국 화학	중국 전건	중국교 통건설
PER	8.39	11.96	12.74	12.76	15.28	16.56
순위	1	2	3	4	5	5

	중국교 통건설	중국 건설	중국 중철	중국철 도건설	중국 중야	중국 전건
시가총액	2,156	1,890	1,836	1,705	879	678
순위	1	2	3	4	5	6

5대 대주주

순위	주주명	주식유형	보유주식수(주)	보유비율	증감(주)
1	중국교통건설집단유한공사	유통 A주	10,324,907,306	63.83%	변동없음
2	HKSCC NOMINESS LIMITED	유통 A주	4,361,983,480	26.97%	995,803
3	전국사회보장기금이사회전지삼호	유통 A주	92,592,593	0.57%	변동없음
4	중해집단투자유한공사	유통 A주	92,592,000	0.57%	변동없음
5	삼일중공주식유한공사	유통 H주	55,555,000	0.34%	변동없음

가득 밀려온다. 이 거대한 다리는 중국교통건설에서 중국 최초, 아니 세계 최초로 건설한 최장 대교로 기네스북에 이름을 올렸다. 중국교통건설의 성과는 이것 뿐만이 아니다. 상하이항구를 세계 1위로 만들어준 상하이양산심수항사업 上海洋山深水港과 141.48km의 운하사업인 창장심수항로정비사업 长江深水航道整治工程 등이 이 기업의 작품이다. 국가 중요 사업 설계와 도급 과정, 수리 공사, 교량 건설 과정 등에서 수많

은 '세계 최초' '유례없는 사례'를 만든 기업이 바로 중국교통건설이다. 이 기업은 2008년부터 매년 미국 〈포브스〉의 '세계 500대 기업'에 오르고 있다.

중국교통건설은 1956년에 설립된 국유기업이다. 인프라건설, 건설설계, 준설업무, 장비제조, 4가지 핵심 업무 영역에서 업계 최고이다. 중국 최대의 항구설계 및 건설기업이자 도로, 교각건설, 철도건설 및 설계기업이기도 하다. 뿐만 아니라 중국 최대 국제공정 하청업체이자 국제설계회사이다. 35개의 전액출자, 지주자회사를 보유하고 있으며 중국의 모든 성, 시, 자치구 및 홍콩특별자치구와 세계 120여 개의 국가 및 지역에서 사업을 진행하고 있다.

중국교통건설에서 수주를 받은 공사업무는 인프라건설, 교량, 터널, 골조공사, 전자설비, 탐측설계, 감리, 장비제조 등 다양한 분야를 아우르고 있다. 중국교통건설은 적극적으로 해외 원조사업과 해외 도급협력사업에 참여하여 다른 기업들에 뒤지지 않는 경쟁력을 발휘하고 있다. 1992년부터 ENR 세계 최대 255개의 도급업체 순위에 진입하였으며, 7년 연속으로 ENR 순위에서 중국 기업 중 1위를 차지하기도 했다(해외사업 수입 기준). 중국교통건설CCCC, 중공홍콩만CHEC, 중국도로교량CRBC, 진화중공ZPMC 등의 브랜드 명성은 전 세계에서 인정받고 있다.

중국교통건설은 인재양성, 인재대열 형성, 핵심인재 양성에 주력하고 있다. 중국 공정원工程院 원사院士, 전국 탐사설계의 대가 및 국가의 선두적인 수준을 지닌 국가급 전문가와 고급 엔지니어로 구성된 높은 수준의 과학연구팀을 보유하고 있다. 8개의 포스트닥터 과정 과학

중국교통건설의 대표시공 10

순위	항구공사	교량공사	해외업무	도로공사
1	다롄항대요만항구1기공사 (大连港大窑湾港区一期工程)	충칭차오톈먼창장대교 (重庆朝天门长江大桥)	말레이시아 페낭 2교	산시닝창–치판관고속도로 치판관터널 (陕西宁强至棋盘关高速公路棋盘关隧道)
2	쉬저우지에타이2선수문공사 (徐州解台二线船闸工程)	룬양대교 (润扬大桥)	인도네시아 수라바야–마두라해협대교	장시뤼이진 – 간저우고속도로 종공터널 (江西瑞金至赣州高速公路钟公隧道)
3	장쑤룽성도크공사 (江苏熔盛船坞工程)	난징산차오전경 (南京三桥全景)	마카오국제공항 인공섬공사	산시다(통)윈(성) 고속도로옌먼관고속도로 (山西大(同)运(城)高速公路雁门关隧道)
4	선전염전항2기부두 (深圳盐田港二期码头)	쥔산창장대교 (军山长江大桥)	몰타 30만 톤급 건식선거	촨장도로2랑산터널탐측설계 (川藏公路二郎山隧道勘察设计)
5	황화방파제공사 (黄骅防波堤工程)	윈난위안장대교 (云南元江大桥)	수단항 컨테이너박스 정박위치 공사	지칭고속도로 (济青高速公路)
6	다롄베이량수리공사 및 기밀창고 공사 (大连北良水工及筒仓工程)	장인창장대교 (江阴长江大桥)	시르다리야 강	시안–허페이고속도로 (西安-合肥高速公路)
7	다롄항 30톤 광석부두공사 (大连港30吨矿石码头工程)	어황대교야경 (鄂黄大桥夜景)	홍콩 신공항 플랫폼공사	칭장도로 (青藏公路格尔木—唐古拉山段)
8	다롄조선소30만톤도크공사 (大连造船厂30万吨船坞工程)	푸란뎬대교 (普兰店大桥)	에디오피아 순환도로공사	징진탕고속도로 (京津塘高速公路)
9	다롄신선중공30만톤도크공사 (大连新船重工30万吨船坞工程)	후룽시 고속도로 4도하대교 (沪蓉西高速公路四渡河大桥, 세계에서 가장 높은 현수교)	타우도로 수리사업	산시위옌즈촨허특대교 (陕西禹阎芝川河特大桥)
10	다롄중원6만톤급도크공사 (大连中远6万吨船坞工程)	저장항저우만연륙교 (浙江杭州湾跨海大桥)	마우리타니아 우정항구사업	후닝고속도로 (沪宁高速公路)

연구사무소를 운영하고 있다. 또한 수많은 산업전문 설비를 보유하고 있는데, 이 전문설비에는 현대화 준설조직, 전문항구기계운수조직, 각 해상공정함대 설비·육로용 공정기계, 각 선진과학연구 기계·설비를 포함하고 있다. 대형사업 및 복잡하고 어려운 사업협력을 진행하는 경쟁력 있는 기업이다.

● **중국교통건설 현황과 경쟁력**

중국교통건설은 중국 내 업계 1위 기업이다. 시가총액은 2,156억 위안에 달하고 PER도 16.56배로 양호한 수준이다. 이 기업은 국유기업으로 주식의 63.83%를 해당 기업이 보유하고 경영하고 있다. 상하이와 홍콩에 동시상장된 기업이며 홍콩 H주에 유통주가 27.37%가 있는데, 상하이보다 많다. 큰 규모만큼 비유통주 비중도 64.28%로 매우 높다. 점진적으로 비유통주에 대한 개혁이 있을 것으로 예측되며, 2015년 이후 비유통주가 시장으로 나와 많은 물량이 유통되면 주가가

유통주/비유통주 분포 비교

출자금 구조	단위 : 만 주	점유율
유동 A주	134,973.54	8.34%
유통 B주	–	–
유통 H주	442,750.00	27.37%
기타 유통주	–	–
유통제한주	1,039,750.00	64.28
미유통주식	–	–
총출자금	1,617,473.54	100%

요동칠 것으로 예상되어 주의가 필요하다. 업계 1위라는 강점 덕분에 해외 기관투자자들은 매수포지션을 취할 것으로 예측된다.

인프라건설이 매출의 81%를 차지하며, 강하구의 수심을 늘리는 준공업무 또한 증가추세이다. 매출의 83%는 중국 내에서 올리고 있고, 나머지는 17%는 해외이다. 다른 경쟁업체에 비해 해외 진출 비율이 높다. 큰 규모만큼 매출과 순이익이 업계를 주도하고 있지만, 매출성장률이나 순수익 증가율은 업계평균 이하이다. 하지만 전 세계의 경기가 침체되는 와중에도 거대 규모의 기업이 10% 이상의 성장률을

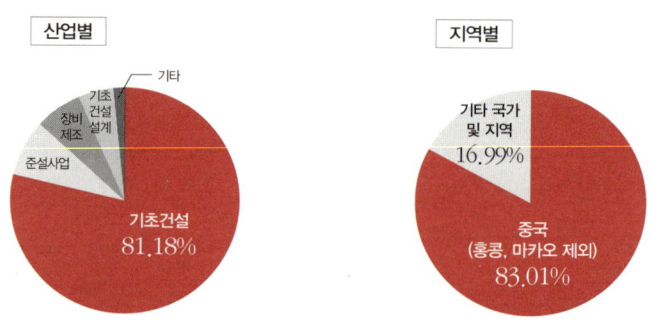

	사업 명칭	영업 수입 (만 위안)	매출 비율	영업 비용 (만 위안)	비용 비율	이익 비율	총이익률
산업별	기초건설	12803482.82	81.18%	11290975.23	82.30%	73.68%	11.81%
	준설사업	1316819.37	8.35%	1113068.66	8.11%	9.93%	15.47%
	장비제조	1091077.49	6.92%	944976.94	6.89%	7.12%	13.39%
	기초건설 설계	787405.27	4.99%	607136.72	4.43%	8.78%	22.89%
	기타	265565.69	1.68%	254902.89	1.86%	0.52%	4.02%
	내부상계	-492382.21	-3.12%	-491995.31	-3.59%	-0.02%	-
지역별	중국(홍콩, 마카오 제외)	13092087.51	83.01%	11370812.15	82.88%	83.85%	13.15%
	기타 국가 및 지역	2679880.91	16.99%	2348252.98	17.12%	16.15%	12.37%

기록한다는 것은 경이로운 수준이다.

■ 핵심 경쟁력

중국교통건설은 4가지 핵심업무 영역인 인프라건설건설, 인프라건설설계, 준공과 장비제조업무에서 업계 선두를 차지하고 있다. 60년간 여러 영역의 다양한 사업에서 쌓아온 풍부한 노하우와 운영 경험, 전문지식 및 기술로 고객들에게 인프라건설사업의 다단계 종합해결방안 등 다양한 서비스를 제공하고 있다.

중국교통건설은 2013년에 109개의 성급 이상의 과학기술상을 받았고 국가우수공사상 17개, 국가 과학기술진보상 1개, 노반魯班상 4개, 첨천루詹天佑상 7개, 국제컨설팅엔지니어 연합회FIDIC 백년중대토목공사상 3개를 수상하였다. 512개의 국가에서 특허를 획득하였다. 그중에서 중대과학연구상은 '역외심수항 건설 핵심기술 및 공사응용' 사업에서 국가진보 1등상을 수상하였다.

국가가 건설하는 중점공사도 계속해서 진행하고 있다. 강주오대교 천과터널港珠澳大桥沉管隧道의 전체 길이는 1km가 넘어 기록을 세웠으며, 난징웨이3길南京纬三路을 굴진기로 뚫었다. 중국교통건설이 자체적으로 연구개발하고 제조한 착정기를 성공적으로 판매하였다. 세계 최대 규모로 광석을 적하할 수 있는 동자커우항구를 건설하였으며, 동남아에서 가장 긴 빈청제2다리槟城二桥를 건설하였다. 또한 세계 지진방지 등급이 가장 높은 미국 뉴베이 다리를 개통하는 등 여러 작업을 통해 중국교통건설의 브랜드 가치를 한 단계 끌어올렸다.

● **매매포인트**

■ 프로젝트 건설

중국교통건설의 주 영업업무인 프로젝트 건설은 중국을 비롯해 전 세계에서 일류이다. 인프라건설설계, 인프라건설 건축설계, 준설 및 장비 제조를 주력 업무로 하는 글로벌 경영 대형국유상장공사이다. 또한 중국 최대의 항구 설계 및 건설 기업이기도 하다.

중국의 선진적인 도로, 다리(교각) 설계 및 건설기업이며 철도건설기업이다. 중국 최대 국제공정 하청업체이자 세계 최대의 준설기업이

향후 순이익과 주당순이익 예측 EPS

2014년 12월 24일까지 6개월 이내 총 12개 기관이 예측한 중국교통건설 2014년도 실적 : 2014년 주당 수익은 전년대비 10.67% 증가한 0.83위안이 될 것으로 예측한다. 2014년 순이익은 전년대비 10.8% 증가한 134억 4,900만 위안이 될 것으로 예측한다.

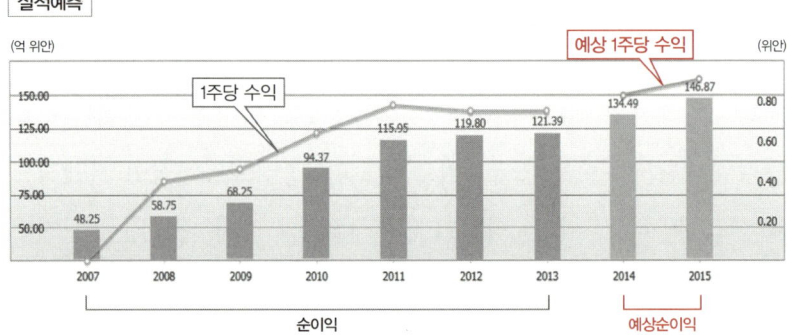

• 연도별 1주당 예상수익 (단위 : 위안)

	예측 기관수	최소치	평균치	최대치	업계평균
2014	12	0.76	0.83	0.89	0.62
2015	12	0.80	0.91	1.05	0.76
2016	7	0.89	1.07	1.37	0.95

• 연도별 예상순이익 (단위 : 억 위안)

	예측 기관수	최소치	평균치	최대치	업계평균
2014	12	122.93	134.49	143.40	49.58
2015	12	129.40	146.87	169.72	57.28
2016	7	144.05	174.94	221.76	72.68

고, 세계 최대의 항구기계 제조업체이기도 하다. 세계적으로 앞선 해양정보 선박제조업체이며 세계 일류 해양공정설계기업이다.

■ **해양공사장비**

중국교통건설은 컨테이너기중기, 산적하역기계, 해양공사장비, 중형 철골구조 및 축로기계설비 등 장비제조업무를 진행하고 있다. 그 밖에 제품의 연구개발과 제조를 하고 있다. 산하 회사인 진화중공^{振华重工}은 전 세계 항구기계, 해양공사를 보조하는 선박설계제조의 거두 기업이며 F&G는 세계 일류의 해양공사장비 설계기업이다.

■ **310억 위안의 도로사업 체결**

2014년 9월 26일에는 윈난성도로개발투자유한책임공사와 공동으로 중교윈난도로투자유한공사를 설립하였다. 윈난성 쑹밍-쿤밍, 취칭-쉬안웨이^{曲靖-宣威}, 멍즈-원산-옌산^{蒙自-文山-砚山}까지 연결하는 도로사업에 투자건설하였다. 이 사업의 초기 설계비용은 310억 8천만 위안으로 2013년 영업소득의 9.35%를 차지한다.

■ **브랜드 장점**

중국교통건설은 〈포브스〉에서 선정한 세계 500대 기업이며, 세계 210위 규모의 다양성과 전문성을 갖춘 그룹이다. 오랜 시간 글로벌 경영을 통해 관련 산업에서 탁월한 브랜드 장점이 있다. 자사 브랜드 중국교통건설^{CCCC}, 중공홍콩만^{CHEC}, 중국도로교량^{CRBC}, 진화중공^{ZPMC}은 이미 세계적으로 명성이 나 있다. 국내외 시장 경쟁에서도 이 브랜드들이 좋은 판매경로와 높은 시장인지도를 얻는 데 큰 도움이 될 것이다.

- **주식 교환합병과 도로 교량건설**

중국교통건설이 처음으로 공개 발행한 상해 A주 중 일부는 주식 교환합병과 도로 교량건설에 사용될 예정이다. 주식교환비율의 계산법

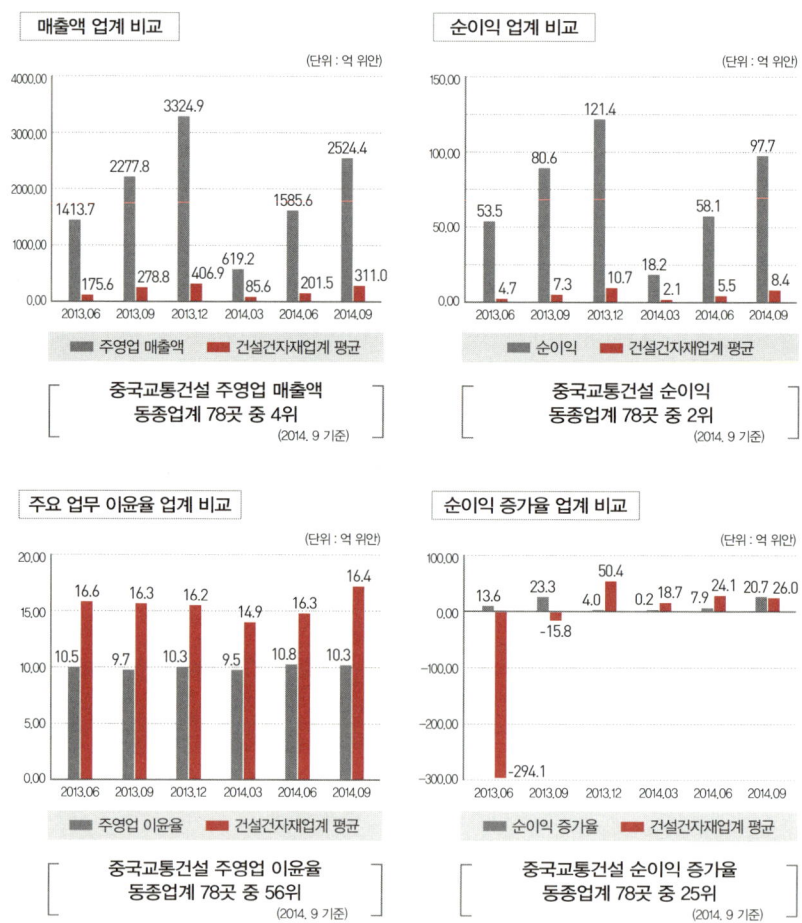

은 도로 교량건설의 주식교환가격에서 중교주식을 나눈 값이 주식교환가격의 비율이다. 도로 교량건설의 주식교환 가격은 주당 14.53위안이다.

- **모집자금 투자 계획 1 : 설비구매**

중국교통건설은 국내에서는 1인자 위치를 유지하고 해외시장의 적극적인 개척을 위해 모금자금 중 일부인 305억 5천만 위안을 설비 구매사업에 사용할 예정이다. 설비 구매에서 194억 5천만 위안은 준설선박구매에 사용될 예정이고, 111억 위안은 공사선박과 기계설비구매에 사용될 예정이다. 설비구매로 준설장비 수준을 높이고, 준설설비의 생산능력을 향상시키며, 인프라건설에 필요한 설비 수요를 효과적으로 줄일 계획이다. 공사시공 수준을 업그레이드하는 것이 목적인 것이다.

- **모집자금 투자 계획 2 : BOT사업에 투자**

중국교통건설은 자사의 시공계약액을 늘리고 인프라건설의 건설주업을 추진하기 위해 부분 모집자금 194억 5천만 위안을 건설교통 기초시설의 BOT사업에 투자하려고 한다. 이번 투자사업에는 광명도로 연장선사업, 셴닝咸宁-퉁산通山 도로사업, 위린榆林-자셴佳县 도로사업, 난징시 웨이싼루 도로사업, 푸링涪陵-펑두丰都 도로 공사사업, 펑두丰都-스주石柱 도로사업, 충칭삼환도로 융촨永川-장진 공사사업 등 총 7가지 BOT사업이 포함된다.

- **주식배당**

  중국교통건설은 투자자들이 합리적으로 투자금을 회수하는 것과 회사의 지속적인 발전 모두를 중요하게 여기고 있다. 매년 현금방식으로 분배되는 이윤이 해당연도에 실현한 분배 이윤의 10%를 초과하고 있다.

- **자원고정주식**

  중국교통건설의 홀딩스 주주 중교그룹은 자본공사의 A주가 상하이 증권거래소에서 상장한 날부터 36개월 이내에는 타인이 직접 혹은 간접적으로, 본사가 A주를 발행하기 전에 발행한 주식을 타인에게 양도

재무년도	2012	2013	2014	2015E	2016E
주당순이익	0.75	0.75	0.8175	0.891075	0.97127175
순이익(억 위안)	119	121	122.754137	124.6938647	126.8415776
순이익 증가율(%)	3.06	1.33	1.4497	1.580173	1.72238857
총수입(억 위안)	2962	3324	3767.474784	4315.353927	4999.387365
총수입 증가율(%)	0.29	12.24	13.3416	14.542344	15.85115496
BPS(위안)	5.42	5.9	6.431	7.00979	7.6406711
ROE(%)	14.69	13.29	14.4861	15.789849	17.21093541
PER(배)	19.44	22.12	16.56	15.47	14.38
PBR(배)	2.855736	2.939748	2.39889816	2.44268964	2.474932512
자산·부채 비율(%)	77.61	79.62	86.7858	94.596522	103.110209
마진률(%)	13.83	13.03	14.2027	15.480943	16.87422787
재고자산회전률(%)	3.18	3.16	3.4444	3.754396	4.09229164

하거나 위탁하지 않고 그 주식의 일부를 환매하지도 않는다.

3. 중국중철

- **한글명** : 중국중철주식유한공사
- **중문명** : 中国中铁股份有限公司
- **기업형태** : 국유기업
- **주소** : 베이징시 펑타이구 난쓰환시루 128호원 1호루 918
- **종목코드** : 601390
- **영업분야** : 토목공정건설 및 철도, 파이프라인
- **홈페이지** : www.crecg.com
- **CEO** : 위텅췬 于腾群

● 아시아 최대 종합형 건설그룹

중국중철주식유한공사(이하 중국중철)는 중국과 아시아 최대 다기능 종합형 건설그룹이자 세계 3대 건축공사 하청업체이다. 해외 55개 국가와 지역에서 230개가 넘는 해외사업을 진행하고 있고, 그룹에 소속된 직원 수만 30만 명에 이른다. 2,134개의 유효한 특허를 보유하고 있으며 그중 505개가 발명특허로 세계 최고의 수준이다. 미국 〈포브스〉가 선정한 세계 500대 기업 중 하나이다.

중국중철은 탐측설계, 시공설치, 부동산개발, 산업재조, 과학연구 컨설팅, 공사감리, 자본경영, 금융신탁, 자원개발과 대외경제무역을 하나로 통합한 다기능·특대형 그룹으로 본사는 베이징에 있다. 정부

의 철도공사 본사에서 경영업무를 하는 운영주체로 48개의 자회사와 지사, 기타 사업기관이 있다. 주로 타이완 이외의 성, 시, 자치구 지역과 60여 개의 국가 및 지역에 회사를 두고 있다. 구체적으로 17개의 시설공사 기업그룹, 6개의 탐측설계과학연구 기업, 4개의 공업제조기업, 중국해외, 중철국제, 베네수엘라지사, 라오스지사, 동방국제지사 등 5개의 국제업무회사를 보유하고 있다. 또한 10여개의 부동산, 금

중국중철의 대표적인 시공 10

순위	철도	시정공정 및 기타	도로	해외공사
1	베이징지하직경선 (北京地下直径线)	베이징철도 1호선, 5호선, 9통선(北京地铁1号线，5号线和八通线)	칭다오자오저우만 도로터널(青岛胶州湾公路隧道)	홍콩철도 602사업 (香港地铁602项目)
2	윈구이철도스린터널 (云桂铁路石林隧道)	우한잉우저우 창장대교 (武汉鹦鹉洲长江大桥)	광시난닝대교 (广西南宁大桥)	도로개조사업
3	우한톈싱저우창장대교 (武汉天兴洲长江大桥)	다롄 국제금융선물센터 (大连国际金融期货中心)	잉원도로사업잉시우터널(映汶公路项目映秀隧道)	방글라데시 Paksey 교사업
4	광선강철도3표 (广深港铁路3标)	샤먼둥통도상안 해저터널 (厦门东通道翔安海底隧)	친링종난산도로터널(秦岭终南山公路隧道)	라오스 13호 도로사업
5	융타이원철도역앞사전공사 (甬台温铁路站前工程)	우루무치시커라마이 길 (乌鲁木齐市克拉玛依路)	산터우만대교 (汕头海湾大桥)	아랍에미레이트 팜 쥬메이라 섬 사업 (阿联酋棕榈岛项目)
6	친링터널(秦岭隧道)	톈진퇀보신 다리공사 (天津团泊新桥工程)	동하이대교 (东海大桥)	
7	다야오산터널 (大瑶山隧道)	상하이시 바이롱항도시오염수(上海市白龙港城市污水)	청위고속도로 (成渝高速公路)	
8	난징창장대교 (南京长江大桥)	정저우시 징광길1사커우길 (郑州市京广路一沙口路)		
9	친선여객운반전용선 (秦沈客运专线)	상하이 F1국제카레이싱 (上海F1国际赛车场)		
10	칭장철도거얼무–라싸 (青藏铁路格尔木至拉萨段)	선전 야위엔리쟈오 (深圳雅园立交)		

융, 투자관리회사가 있다. 중국 최고의 기업이라는 명칭이 무색하지 않은 규모를 자랑한다.

● **중국중철 현황과 경쟁력**

중국중철의 시가총액은 1,836억 위안으로 업계 3위이다. PER는 19.47배로 업계평균을 상회하고 있지만, 대규모 프로젝트는 장기간에 걸쳐 수익이 창출되기 때문에 20배 이하는 양호한 수준이다. 하지만 PER가 15배 이하로 낮아진다면 투자를 고려해봐야 할 것이다. 중국정부 산하의 철도총국이 56%의 지분을 보유하고 있다. 특이사항으로는 중국 사회보장기금제도(우리나라 연금공단과 비슷함)와 중국 4대은행 중 하나인 중국은행이 주주로 있다는 것이다. 상하이거래소와 홍콩거래소에 동시상장되어 있으며 비율은 80:20이다.

매출의 35%는 철도사업, 34%는 각 시정부 공공사업에서 창출된

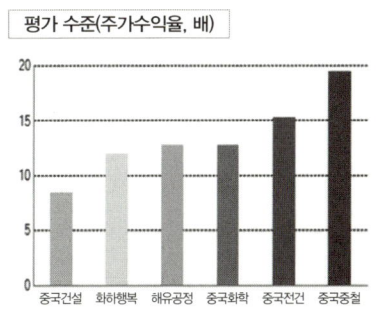

	중국건설	화하행복	해유공정	중국화학	중국전건	중국중철
PER	8.39	11.96	12.74	12.76	15.28	19.47
순위	1	2	3	4	5	14

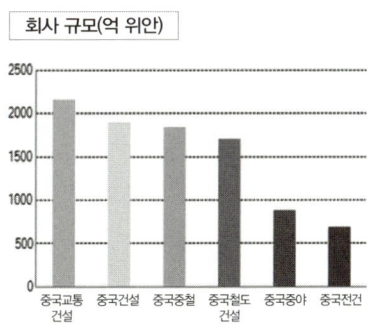

	중국교통건설	중국건설	중국중철	중국철도건설	중국중야	중국전건
시가총액	2,156	1,890	1,836	1,705	879	678
순위	1	2	3	4	5	6

다. 고속도로와 부동산개발 또한 비중이 증대되고 있는데, 교통건설이나 철도건설과는 다르게 공공산업의 여러 분야에서 활약하고 있다. 매출의 해외비중은 13%로 업계평균 이상이다. 교통건설과 마찬가지로 매출과 순이익은 업계평균 5배 이상이지만 매출증가율과 순이익률은 업계평균 이하이다.

■ 핵심 경쟁력

중국중철의 업무범위는 다양한 분야에 걸쳐 있다. 철도, 도로, 시정(도시행정), 부동산건설, 도시궤도교통, 수리수력발전, 공항, 항구, 부두 등 거의 모든 인프라건설 영역을 포함하고 있다. 프로젝트는 타이완을 제외한 모든 성, 시와 자치구 및 전국에 60여 개가 넘는 국가와 지역에 걸쳐 있으며 '전체 통합화'의 턴키방식이 가능하다. 그밖에도 다원화 전략을 펼치고 있다. 탐측설계와 컨설팅, 산업설비와 부품제조, 부동산개발, 광산자원개발, 고속도로운영, 물자무역, 금융 등 업무에서 비약적인 성장을 하고 있다.

전문성도 뛰어나다. 60여 년간 기업이 이어오면서 성장을 거듭해

5대 대주주

순위	주주명	주식유형	보유주식수(주)	보유비율	증감(주)
1	중국교통건설집단유한공사	유통 A주	11,950,010,000	56.10%	변동없음
2	HKSCC NOMINESS LIMITED	유통 H주	4,143,648,425	19.45%	1,246,560
3	전국사회보장기금이사회전지삼호	유통 A주	467,500,000	2.19%	변동없음
4	중국은행주식유한공사	유통 A주	33,829,762	0.16%	-2,334,988
5	자테빈	유통 H주	25,228,800	0.12%	새로진입

고속철도, 고원철도, 적재량이 큰 화물철도, 전기화철도, 특대형 교량, 심수 교량, 긴 터널, 교량 철골 구조, 실드 및 고속 전철기 연구개발제조, 자동차 시뮬레이션 및 도시궤도교통건설 등 다양한 분야에서 풍부한 노하우를 축적하였다. 독특한 관리방식과 기술로 뛰어난 전문성을 확보하였다.

중국중철의 기계장비는 수준이 높다. 이것은 회사의 경쟁력을 결정하는 중요한 요소인데, 현재 중국 내에서 가장 많은 수량의 터널굴진기계(실드 TBM), 아시아 기중능력 최대의 프리캐스트세그먼트선박, 심해수 위에서 작업이 가능한 풀세트기계를 보유하고 있다. 철도 건설을 위해 다리건설 기계 및 철길건설 기계 및 국내 최다의 전기화철도 건설의 시공설비를 보유하고 있다. 이밖에도 글로벌 수준의 중공기계 전문 설비를 보유하고 있으며, 세계적으로 우수한 TBM연구개발 제조기업이자 지식재산권을 보유한 3대 기업 중 하나이다. 2014년 6월 말 연구개발한 시공설비는 총 7만 8천 대이고, 216대의 실드머신 중

유통주/비유통주 분포 비교

출자금 구조	단위 : 만 주	점유율
유통 A주	1,709,251.00	80.25%
유통 B주	–	–
유통 H주	420,739.00	19.75%
기타 유통주	–	–
유통제한주	–	–
미유통주식	–	–
총출자금	2,129,990.00	100%

수익분석

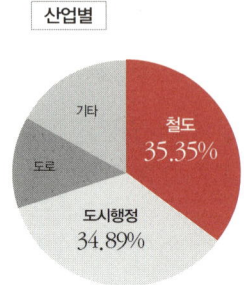

산업별

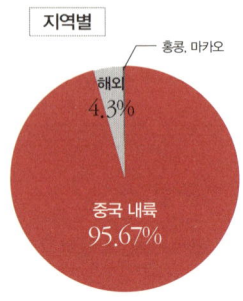

지역별

	사업 명칭	영업 수입 (만 위안)	매출 비율	영업 비용 (만 위안)	비용 비율	이익 비율	총이익률
산업별	철도	9706200.3	35.35%	9030878.8	36.53%	24.69%	6.96%
	도시행정	9579556.6	34.89%	8535899.7	34.52%	38.16%	10.89%
	도로	3528547.6	12.85%	3294256.8	13.32%	8.57%	6.64%
	기타	2509715.2	9.14%	2302503.3	9.31%	7.58%	8.26%
	부동산 개발	1047099.8	3.81%	752096.2	3.04%	10.79%	28.17%
	공정설계 및 부품 제조	645369.6	2.35%	505464.8	2.04%	5.12%	21.68%
	측량 설계 자문 서비스	443277.5	1.61%	303940.5	1.23%	5.10%	31.43%
지역별	중국 내륙	26271567.5	95.67%	23699264.8	95.85%	94.06%	9.79%
	해외	1180408.8	4.30%	1019102.3	4.12%	5.90%	13.67%
	홍콩, 마카오	7790.3	0.03%	6673	0.03%	0.04%	14.34%

철도 실드머신은 총 205대이다.

● **매매포인트**

▪ 주요 계약

선전시 도시궤도교통 11호선 BT사업, 앙골라 캐슈공사간 별장사업과 캐슈공사병원사업 계약, 탄자니아공화국 키감보니교奇加波尼桥 건설, 베이징지하철 14호선 궤도 전업 2표단 설치공사 등이 있다. 수익은 500만 위안으로 총 매출의 10%에 해당된다.

■ 인프라건설공사 하청업체

중국중철이 중국 주요 철도의 건설, 신축, 확장건설 및 개조 사업에 참가한 총 길이는 5만㎞이다. 현재 중국에서 운영되는 전체 철도의 3분의 2에 해당한다. 공사가 새로 체결한 철도건설 계약액은 4,069억 1천만 위안이다. 철도정규노선궤도(신선, 복선) 7,901㎞를 건설하였으며, 108㎞의 레일을 깔았다. 당시의 도시궤도교통사업은 전국 시장에서 50% 이상의 점유율을 차지하고 있다. 중국중철이 도로건설에서 새로 체결한 계약액은 764억 위안에 달하며, 전국 도로시장의 11.2%를 차지한다. 총 1,591㎞의 도로 건설을 끝마쳤고 그중 1,126㎞의 고속도로를 건설하였다.

■ 탐측설계와 컨설팅서비스

중국중철은 중국 인프라건설 탐측설계와 컨설팅서비스 산업의 핵심기업 중 하나이다. 고객들에게 철도, 고속도로, 도로, 교량, 터널 및 도시궤도 교통 등 건설의 모든 탐측, 설계, 컨설팅, 연구개발, 감독관리 업무를 제공하고 있다. 58%의 창장교량 탐측설계와 컨설팅업무를 담당하였으며 탐측설계업무의 도시궤도 교통의 운영 이정표를 제공하였다. 전국 도시궤도 교통공사의 전체 건설 운영 과정의 31% 이상을 담당하였다. 2010년 83억 3천만 위안의 영업소득을 실현하여 동기대비 22.54% 성장하였다.

향후 순이익과 주당순이익 예측 EPS

2014년 12월 24일 까지 6개월 이내 총 12개 기관이 예측한 중국중철 2014년도 실적 :
2014년 주당 수익은 전년대비 13.64% 증가한 0.50위안이 될 것으로 예측한다. 2014년 순이익은 전년대비 14.08% 증가한 106억 9,400만 위안이 될 것으로 예측한다.

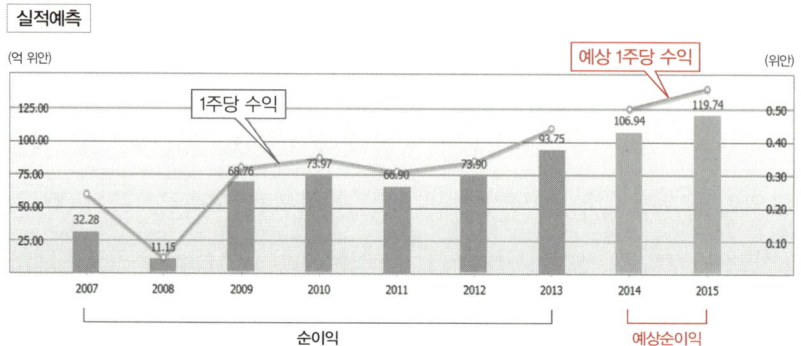

• 연도별 1주당 예상수익 (단위 : 위안)

	예측 기관수	최소치	평균치	최대치	업계평균
2014	12	0.48	0.50	0.54	0.62
2015	12	0.52	0.56	0.64	0.76
2016	7	0.56	0.62	0.67	0.95

• 연도별 예상순이익 (단위 : 억 위안)

	예측 기관수	최소치	평균치	최대치	업계평균
2014	12	102.24	106.94	113.90	49.58
2015	12	110.76	119.74	136.26	57.28
2016	7	119.28	132.80	143.17	72.68

■ **공사설비와 부품제조**

중국중철은 중국 전철기시장에서 선두이다. 또한 전 세계에서 가장 많은 생산량을 보유하고 있기도 하다. 철도부가 중국 내에서 유일하게 고망간강high manganese steel 크로싱의 연구개발을 허가한 회사이며, 국내 유일한 가속전철기 제조업체이다. 중국 교량구조산업의 선두기업이자 중국 내 대형철도교량 강철구조의 유일한 제조업체이다. 중국 최초로 궤도차, 궤도탐상차, 궤도연삭차, 전동작업차를 만든 회사이다. 철도부에서 인가한 기계를 제조생산하는 몇 안 되는 기업 중 하나이다. 중국중철은 대형 고량 철골구조 및 관련 전문 분야, 고속도로전

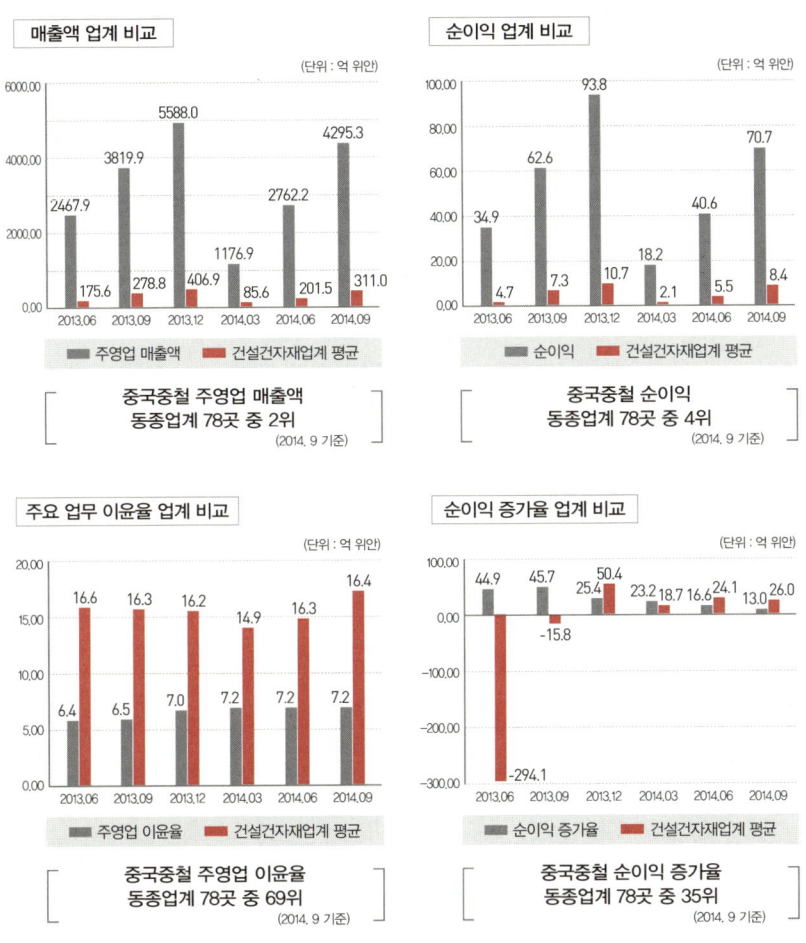

철기 시장에서 75%의 점유율을 차지하고 있다.

- **부동산개발**

중국중철은 완전출자자회사인 중철부동산유한공사를 설립하였다(등록자본 21억 위안). 책임회사는 부동산개발산업의 성장과 계획을 추진하고 여러 자회사의 부동산개발업무에 협조하고 있다. 중국중철의 개발사업은 주로 베이징, 광저우, 청두 등 대도시에 밀집되어 있다. 주장삼각주, 창장삼각주, 환보하이완 지역의 도시 및 기타 성급 도시에서 부동산개발 업무를 하고 있다. 지속적으로 오래된 도시의 개조업무, 신도시 및 신도시 지역건설 및 토지개발 업무를 진행하고 있다. 중국중철의 부동산 개발영업소득은 117억 1천만 위안으로 동기대비 114.6% 성장하였다. 개발단계인 사업면적은 1,456만㎡이며, 총 건축 개발면적은 2,501만㎡이다.

재무제표

재무년도	2012	2013	2014	2015E	2016E
주당순이익	0.34	0.44	0.4796	0.522764	0.56981276
순이익(억 위안)	73	93	120.217845	158.5679206	213.7044106
순이익 증가율(%)	9.94	26.85	29.2665	31.900485	34.77152865
총수입(억 위안)	4839	5604	6569.12088	7802.274938	9398.734163
총수입 증가율(%)	5.05	15.8	17.222	18.77198	20.4614582
BPS(위안)	3.68	4.07	4.4363	4.835567	5.27076803
ROE(%)	9.78	11.39	12.4151	13.532459	14.75038031
PER(배)	22.68	24.12	19.47	18.38	17.29
PBR(배)	2.218104	2.747268	2.41721997	2.487265964	2.550340756
자산·부채 비율(%)	83.92	84.59	92.2031	100.501379	109.5465031
마진률(%)	10.55	10.19	11.1071	12.106739	13.19634551
재고자산회전률(%)	2.47	2.37	2.5833	2.815797	3.06921873

4. 중국철도건설

- **한글명** : 중국철건주식유한공사
- **중문명** : 中国铁建股份有限公司
- **기업형태** : 국유기업
- **주소** : 베이징시 하이뎬구 푸싱로 40호 동관
- **종목코드** : 601186
- **영업분야** : 철도, 도로, 도시궤도교통, 공항
- **홈페이지** : www.crcc.cn
- **CEO** : 위싱시 余兴喜

● **중국 경제발전과 함께하는 건축업계의 주력군**

베이징 철도 박물관에 가면 다음과 같은 구호를 볼 수 있다.

逢山凿路, 遇水架桥

(산을 만나면 길을 트고, 물을 만나면 다리를 놓는다)

중국의 경제발전은 중국철도 발전의 역사와 함께했다고 할 수 있다. 중국의 철도산업은 세계에서 가장 잘 발달되어 있다. 미국과 유럽은 일찍이 소득의 증가와 항공기의 발전으로 기차가 과거의 유물로 변한 지 오래이지만, 중국에서 철도는 여전히 없어서는 안 되는 존재이다. 중국인민해방군에 철도사단이 있었고, 6·25전쟁에도 1개 사단이 참전해 물자운송과 보급로 확보를 위해 철도를 건설하기도 했다. 매년 춘절(중국의 설) 전후로는 철도이용률이 평소의 100배 이상으로

치솟는다. 고향으로 돌아가는 기차에 몸을 싣기 위해 창문으로 탑승하기도 한다. 중국철도건설은 중국 전역에 시속 400㎞ 속도의 기차가 다닐 수 있는 철도를 건설하고, 선진기술을 토대로 전 세계 70개국에서 철도사업을 실시하고 있다.

중국철도건설은 2007년 11월 5일 베이징에 설립된 국유기업이다. 국무원의 국유자산감독관리위원회에서 관리하는 초대형 규모의 건축기업이다. 2008년 3월 10일과 13일에 각각 상하이와 홍콩시장에 상장되었으며, 총 등록자본은 123억 3,800만 위안이다. 중국철건은 중국뿐만 아니라 전 세계에서도 실력과 규모를 겸비한 초대형 종합건설 그룹이다. 2014년 〈포춘〉이 선정한 '세계 500대 기업'에서 80위, '중국 500대 기업'에서 6위를 차지하였으며 2013년에는 '전 세계 250대 공사하청업체' 중 1위를 차지하였다.

고원철도, 고속철도, 고속도로, 교량, 터널과 도시궤도 교통 공사

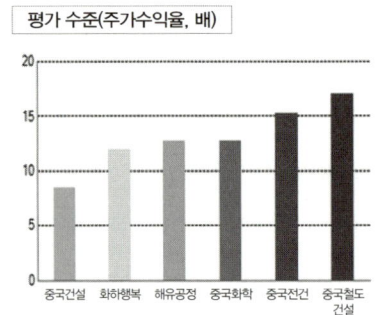

	중국건설	화하행복	해유공정	중국화학	중국전건	중국철도건설
PER	8.39	11.96	12.74	12.76	15.28	17.06
순위	1	2	3	4	5	10

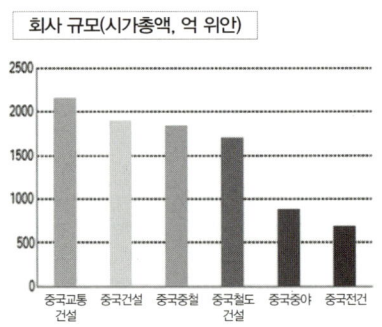

	중국교통건설	중국건설	중국중철	중국철도건설	중국중야	중국전건
시가총액	2,156	1,890	1,836	1,705	879	678
순위	1	2	3	4	5	6

설계 및 건설영역에서 산업 선두 지위를 차지하고 있다. 이외에도 동산, 산업재조, 물자물류, 특허경영, 광산자원 및 금융보험 등 다양하다. 타이완을 제외한 전국 31개의 성(시), 자치구, 홍콩 및 마카오 특별행정구역 및 세계 77개의 국가와 지역에서 사업을 하고 있다. 이미 시공하청을 중심으로 과학연가, 계획, 탐측, 설계, 시공, 감리, 보호, 운영과 융자까지 산업사슬을 보유하고 있으며 원스톱 종합 서비스가 가능하다. 2,839개의 특허와 230개의 국가급 공법을 보유하고 있다. 중국철건은 CEO인 장종옌张宗言의 지도 아래 '중국 건축업의 주력군이자 전 세계적으로 경쟁력을 보유한 대형 건설그룹'으로서 목표를 향해 전진하고 있다.

● **중국철도건설 현황과 경쟁력**

중국철도건설의 시가총액은 1,705억 위안으로 건설업계 4위이다. PER는 17.06배로 건설업 평균보다 높은 수치지만 대형 수주가 많아

5대 대주주

순위	주주명	주식유형	보유주식수(주)	보유비율	증감(주)
1	중국철로건설총공사	유통 A주	7,566,245,500	61.33%	변동없음
2	HKSCC NOMINESS LIMITED	유통 H주	2,055,621,547	16.66%	196,666
3	전국사회보장기금이사회전지삼호	유통 A주	245,000,000	1.98%	변동없음
4	가오화-HSBC-GOLDMAN, SACHS & CO.	유통 A주	52,227,352	0.42%	-917,813
5	남방동영자산관리유한공사	유통 H주	41,138,730	0.33%	10,922,602

단기간에 자금흐름이 적은 건설업계에서는 양호한 편이다. 국유기업으로 중국정부 산하의 철도건설총국이 지분의 61.33%를 보유하고 있다. 상해 A주와 홍콩 H주에 동시상장되어 있다. 비율은 83.17:16.83으로 상해 A주에 더욱 많은 주식이 유통되고 있다.

건설업이 주요 사업으로 86%를 차지하며 부동산, 공업제조의 비율

중국철도건설의 대표시공 10

순위	철도공사	해외공사	고속도로 공사	도시행정 공용설비 공사
1	광저우(广州) 신여객터미널	사우디아라비아 메카 경전철 공사	징주고속도로 (京珠高速公路)	톈진하이허터널 (天津海河隧道)
2	광선강(广深港) 여객전용선	알제리 동서 고속도로 공사	선다고속도로 (沈大高速公路)	베이징 지하철 10호선 2기 공사
3	후닝(沪宁) 고속철도	터키 앙카라 – 이스탄불 고속도로 2기 공사	지칭고속도로 (济青高速公路)	베이징 지하철 9호선 공사
4	정시(鄭西)철도 여객전용선	나이지리아 라고스방파제 공사	상하이펑푸고속도로 (上海奉浦大桥)	베이징 지하철 8호선 2기 공사
5	이완(宜万)철도	이스라엘 하이파시 카멜 고속도로 터널 공사	친링고속도로중난산고속도로터널 (秦岭高速公路终南山公路隧道)	베이징 지하철 6호선 1기 공사
6	바오시(包西)철도	수단 Dueim 대교 공사	청위고속도로 복선(成渝高速公路复线)(重庆境)	샤먼샹안(厦门翔安) 해저터널
7	징후(京沪)고속철도	통가 수도 CBD재건공사	푸남고속도로 (浦南高速公路)	난징창장터널 (南京长江隧道)
8	홍콩서(香港西)철도	마다가스카르34호 국도수리공사	징진 제2 통로 공사	칭다오자오저우만터널공사(青岛胶州湾隧道工程)
9	칭장철도 (青藏铁路, 1~2기)	태국 방콕 수완나품 공항 연락선 경전철 공사	췐3고속도로 (泉三高速公路)	아오먼 입법회 건물 (澳门立法会大楼)
10	다친철도(大秦铁路)	오만쿠웨이트—수단고속도로천기 공사	충칭위동창장대교 (重庆鱼洞长江大桥)	베이징대학 물리과학건물 (北京大学理科教学楼群)

은 상대적으로 낮은 건설업에 특화되었다. 수익의 95%가 중국 내에서 창출되고 해외비중은 4.5%로 낮다. 국유기업이자 업계 선두로서 영업이익과 순이익에서는 업계평균보다 10배 이상 높지만 영업이익 성장률이 낮다. 하지만 순이익의 증가율은 2014년 이후 꾸준히 상승하고 있고, 일대일로 사업을 통해 해외사업 수주가 더욱 늘어날 것으로 전망된다.

■ **핵심 경쟁력**

중국철도건설의 핵심 경쟁력은 크게 5가지로 말할 수 있다.

첫째, 우수하고 독특한 기업문화가 있다. 중국철건은 철도병의 우수한 전통과 분위기를 계승하였으며, 뛰어난 규범성과 집행능력을 가지고 있다. 용감하게 도전과 혁신을 받아들이며 "위험을 두려워하지 않고, 용감하게 고지를 선점하며, 업계 선두를 차지하고, 국내외에 이름을 떨친다"는 전략을 내걸고 업계에서 우수한 브랜드 가치를 창출해내고 있다.

둘째, 풍부한 노하우를 가진 관리팀이다. 중국철건의 관리 팀원들은 기업경영, 자산관리, 자본운영 및 기업문화 조성 등 여러 방면에서 풍부한 기업관리 노하우가 있다. 그래서 복잡하고 변화무쌍한 상황에도 현명하게 대처할 수 있는 능력이 있다.

셋째, 뛰어난 기술을 보유한 전문 인재 확보이다. 중국철건에는 중국공정원원사, 국가감찰설계사, 국무원 특별파견 전문가와 엔지니어 기술자 등 많은 인재가 있다.

넷째, 풍부한 공사건설자원을 보유하고 있다. 대량의 공사기술장

유통주/비유통주 분포 비교

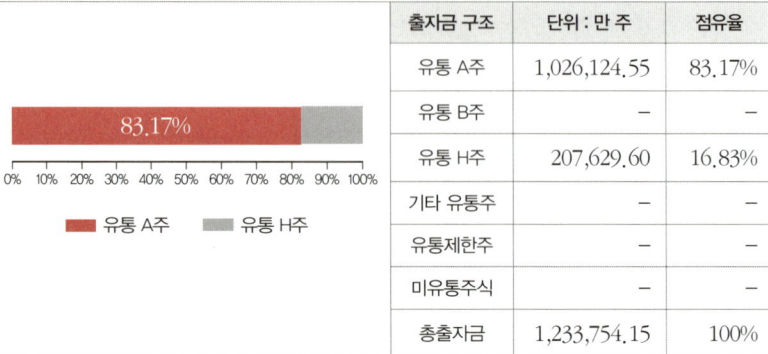

출자금 구조	단위 : 만 주	점유율
유통 A주	1,026,124.55	83.17%
유통 B주	–	–
유통 H주	207,629.60	16.83%
기타 유통주	–	–
유통제한주	–	–
미유통주식	–	–
총출자금	1,233,754.15	100%

비, 전문적이고 복잡한 공사를 완성할 수 있는 건설능력, 다양한 유형의 전문화된 기관을 갖추고 있다. 또한 사업체인을 완비하여 고객들에게 건설 초기 단계부터 복잡하고 어려운 단계에 이르기까지 모든 서비스를 제공하는 것이 가능하다. 최근에는 기술력이 한층 더 업그레이드되었으며, 2014년 6월 30일 기준으로 전체 고속철도 및 여객운반 시멘트상자 시설공정 설비客运专线混凝土箱梁가 376개로 늘어났다.

다섯째, 강력한 시장개발능력이다. 중국철건은 네트워크를 수립하여 시장의 흐름에 부합한 경영과 통일되고 과학적인 로컬라이징경영을 실시하고 있다. 현재 중국철건 및 산하 회사들은 이미 로컬라이징 경영 기관을 전국의 각 성과 시 및 각 주요 도시에 설립하여 기업규모를 성장시키고 있으며, 지속적인 발전을 위해 많은 공헌을 하고 있다.

● **매매포인트**

▪ **공사하청업무**

중국철건은 중국 최대의 철도건설회사 중 하나로 중국의 거의 모든 대형 철도건설사업에 참여하였다. 철도, 도로, 도시궤도, 수리수력발전, 교량, 터널, 공항 건설 등 여러 영역의 업무를 하고 있다. 중국철건이 완성한 다리 공사의 총 누적 길이는 2,396㎞, 터널의 누적 길이는 1,476㎞, 철도궤도의 총 누적 길이는 7,229㎞, 도로의 누적 길이는 2,762㎞이다. 아프리카, 아시아, 중동, 유럽 등 해외 45개 국가 및 지역의 인프라건설 공사사업에 참여하였다. 2010년 공사하청 업무의 영업소득과 이익은 동기대비 31.91%, 25.91% 증가하였다.

▪ **탐사설계 컨설팅업무**

중국철건은 중국 인프라건설 탐측설계 컨설팅산업의 선두주자로 탐측설계와 컨설팅서비스 시장에서 선두를 차지하고 있다. 지난 몇 년간 탐측설계 업무는 고속성장하였으며, 총 117건의 국가와 성급 중점건설사업을 완수하였다. 그중 완성된 철도사업의 탐측설계공사 누적길이는 총 4만 5,569㎞이고, 36개의 대형철도중추 탐측설계임무를 완수하였으며, 7,252㎞의 여객운반전용선과 고속철도 탐측설계공사를 완성하였다. 탐측설계 컨설팅업무의 영업소득은 83억 3,300만 위안에 달하여 동기대비 9.10% 성장하였고, 순이익은 22억 200만 위안으로 동기대비 16.80% 증가하였다.

■ 공업제조업무

쿤밍중철대형도로설비기계그룹昆明中铁大型养路机械集团과 중철궤도시스템그룹中铁轨道系统集团을 통해 대형 도로보수 기계설비, 전철기, 침목 등의 철도시스템 공업제품의 설계, 연구개발, 생산과 판매를 하고 있다. 공업제조업무의 영업소득은 92억 5,600만 위안으로 동기대비 13.68% 증가하였으며 순이익은 14억 4,700만 위안이다.

■ 해외 공사시장 개척

중국철건이 새로 수주한 해외계약은 156건으로 총 계약금액이 259

유통주/비유통주 분포 비교

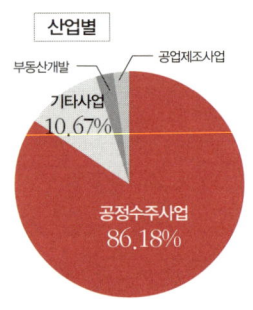
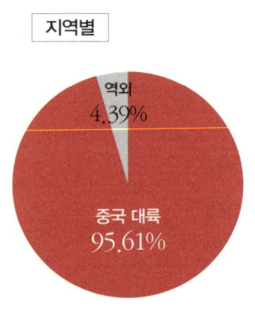

	사업 명칭	영업 수입 (만 위안)	매출 비율	영업 비용 (만 위안)	비용 비율	이익 비율	총이익률
	공정수주사업	22552025.6	86.18%	20495764	87.15%	77.54%	9.12%
	기타사업	2791396.8	10.67%	2608893.5	11.09%	6.88%	6.54%
산업별	부동산개발	664662.3	2.54%	482242	2.05%	6.88%	27.45%
	공업제조사업	588542.4	2.25%	460906.1	1.96%	4.81%	21.69%
	측량설계자문사업	360954.2	1.38%	246629.1	1.05%	4.31%	31.67%
	부서 간 상계	-788217.8	-3.01%	-776871	-3.30%	-0.43%	-
지역별	중국 대륙	25021268.9	95.61%	22460151	95.50%	96.58%	10.24%
	역외	1148094.6	4.39%	1057412.7	4.50%	3.42%	7.90%

억 1,200만 위안이며, 새로 계약한 계약금액의 3.5%를 차지한다. 2010년 말 현재 해외사업은 283건으로 계약액은 1,687억 위안이다. 해외(홍콩과 마카오 포함) 영업소득은 225억 위안으로 총 영업소득에서 4.78%를 차지한다.

■ 물류업무

완전출자자회사인 중철물자그룹유한공사는 이미 중국철도물자 공급영역에서 선두기업으로 성장하였다. 세계 최대의 철도공사 물류서비스업체로 전국 제2대 철도물자 공급업체 및 중국 최대의 도시 궤도 철도레일 공급업체이다. 오랜 시간 유류 완제품의 국내 도매권을 가지고 있었으며 전국에 25개의 물류배송센터, 31개의 대형 창고, 133만㎡의 물류공장, 4만m의 철도전용선과 3만 2,550㎢의 유류완제품 창고시설을 보유하고 있다. 중국 물류기업 중에서 7위이다.

■ 부동산업무

베이징 등 26개 도시에서 부동산 개발업무를 펼치고 있으며, 사업건설용지면적은 646만㎡이고 건축 총면적은 2,012㎡이다. 29개 사업이 21개의 도시에서 진행되었으며, 전체 사업면적은 183억 400만 위안으로 동기대비 141.3% 증가하였다. 영업소득은 51억 8,900만 위안으로 동기대비 98.73% 증가하였다. 부동산업무 순이익률은 29.95%이다.

향후 순이익과 주당순이익 예측 EPS

2014년 12월 24일 까지 6개월 이내 총 11개 기관이 예측한 중국중철 2014년도 실적 : 2014년 주당 수익은 전년대비 10.71% 증가한 0.93위안이 될 것으로 예측한다. 2014년 순이익은 전년대비 11.59% 증가한 115억 4,400만 위안이 될 것으로 예측한다.

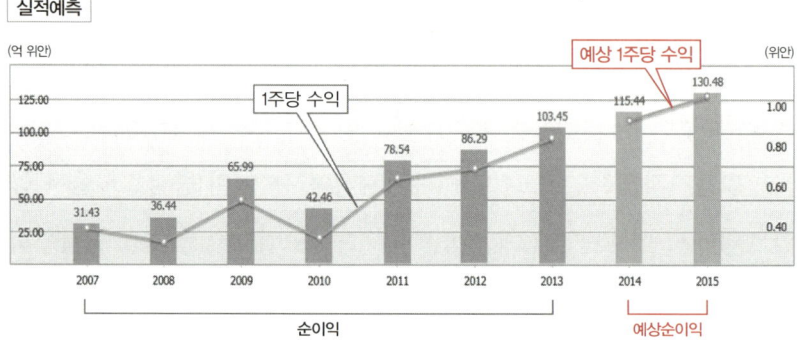

- 연도별 1주당 예상수익 (단위 : 위안)

	예측 기관수	최소치	평균치	최대치	업계평균
2014	11	0.89	0.93	0.97	0.62
2015	11	0.99	1.05	1.16	0.76
2016	7	1.05	1.18	1.38	0.95

- 연도별 예상순이익 (단위 : 억 위안)

	예측 기관수	최소치	평균치	최대치	업계평균
2014	11	111.04	115.44	122.43	49.58
2015	11	122.14	130.48	153.77	57.28
2016	7	129.54	147.90	189.85	72.68

■ **735억 위안 나이지리아 철도계약**

2014년 11월 20일, 중국철건의 자회사인 중국토목공사그룹유한공사가 나이지리아 연방교통부와 나이지리아 연해철도비즈니스계약을 정식체결하였다. 이 사업의 전체 길이는 1,402km이며 시속 120km로 공사가 진행되었다. 사업계약총액은 131억 2,200만 달러에서 119억 7천만 달러로 조정되었으며(735억 1,600만 위안), 이는 중국 회계연도 기준으로 2013년도 전체 수입에서 12.53%를 차지한다.

■ **40억 위안의 BT사업**

중국철건은 2014년 10월 8일에 두 가지 BT사업에 대해 낙찰을 진행하였다. 총 40억 7,100만 위안을 투자할 계획이고, 이는 2013년 전체 영업소득의 0.69%에 달하는 비용이다. 그중 중국철건의 중철14국그룹유한공사中铁十四局集团有限公司가 최근에 낙찰한 우한시 궤도교통8호선 1기토목건설시공부처武汉市轨道交通8号线一期土建施工部分 BT사업3표의 투자계획 금액은 13억 6,300만 위안이다. 중국철건의 중철11국그룹유한공사中铁十一局集团有限公司가 최근에 낙찰한 우한시 궤도교통공항선 토건설시공부처武汉市轨道交通机场线土建施工部分 BT사업의 투자계획 금액은 총 27억 800만 위안이다.

■ **나이지리아 74억 위안 사업체결**

중국철건 산하의 중철건중비건설유한공사中铁建中非建设有限公司의 완전출자자회사 중토나이지리아유한공사가 2014년 9월에 나이지리아 바이엘사주 정부와 나이지리아바이엘사주 고속도로사업 계약을 체결하였다. 계약금액은 1,874억 9,600만 나리아NGN(약 74억 2,800만 위안)로 이는 2013년 영업수익의 1.27%에 해당한다.

■ **볼리비아 고속도로건설 계약체결**

자회사인 중국철건국제그룹유한공사가 2014년 8월 28일에 볼리비아고속도로관리국과 볼리비아 루레나바케-리베라알타를 잇는 고속도로 계약을 체결하였다. 계약금액은 5억 7,900만 달러(35억 7천만 위안)인데, 이는 중국 회계기준 2013년도 수입의 0.61%에 해당하는 금

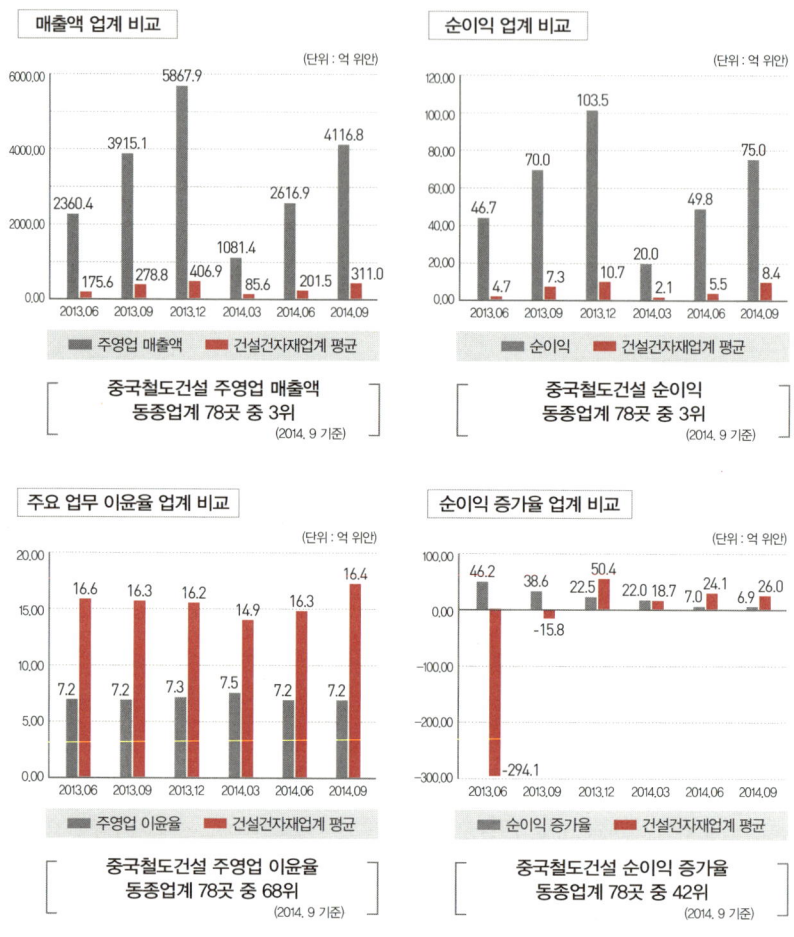

액이다.

- **국가 고속도로망 건설사업**

2014년 6월에 중국철건은 쿤밍시 인민정부국유자산감독관리위원회, 쿤밍시 교통투자유한책임공사, 쿤밍 교통산업주식유한공사 및 쿤밍시 고속도로건설개발유한공사와 협의를 체결하였다. 이 협의로 국가도로 쿤밍라오청고속도로 동남건설사업에 참여하였다. 이 참여로 중국철건이 상해 A주로 출자한 자금은 9억 2,500만 위안이다. 이 사업은 BT의 자본금 투자건설방식으로 진행하였다. 총 투자금액은 2013년 영업소득에서 0.79%를 차지한다.

- 멕시코 고속철도사업 낙찰

2014년 11월, 중국철건과 중국 남차주식유한공사 및 4개의 멕시코 현지회사로 구성된 멕시코시티-케레타로 고속철도사업이 낙찰되었다. 중국이 해외에서 최초로 시속 300km 고속철도사업을 낙찰 받

재무제표

재무년도	2012	2013	2014	2015E	2016E
주당순이익	0.69	0.84	0.9156	0.998004	1.08782436
순이익(억 위안)	86	103	125.319276	154.9189722	194.803135
순이익 증가율(%)	7.95	19.88	21.6692	23.619428	25.74517652
총수입(억 위안)	4843	5867	7220.188348	9035.35785	11511.30012
총수입 증가율(%)	5.89	21.16	23.0644	25.140196	27.40281364
BPS(위안)	5.83	6.56	7.1504	7.793936	8.49539024
ROE(%)	12.47	13.59	14.8131	16.146279	17.59944411
PER(배)	25.12	27.51	17.06	15.97	14.88
PBR(배)	3.132464	3.738609	2.52711486	2.578560756	2.618797284
자산·부채 비율(%)	84.74	84.84	92.4756	100.798404	109.8702604
마진률(%)	10.62	10.15	11.0635	12.059215	13.14454435
재고자산회전률(%)	3.5	2.83	3.0847	3.362323	3.66493207

은 사례이다. 입찰가격은 270억 1,600만 위안이라고 한다. 그중 회사가 부담한 계약금은 389억 5,520만 멕시코 페소로 위안화로는 178억 5,300만 위안이다.

7장

뉴노멀 정책으로 부상하는 은행업

1. 중국 은행업계 환경분석

2014년 5월 시진핑 국가주석에 의해 처음 제기된 '뉴노멀'은 금융위기 이후 중국경제 흐름에 대한 기본적인 관점이자 향후 경제정책의 기본방향이라 할 수 있다. 중국은 1979년 개혁개방 이후 2014년까지 수출과 투자가 주도하는 고속성장기에 있었지만, 앞으로 35년은 이전과는 다른 경제발전 시대를 맞이하게 된다. 매년 10%대의 고속성장이 아닌 7~8%의 중고속성장으로 전환하는 것이다. 그래서 서비스업 비중 확대, 소비 위주 성장, 소득분배 개선 등의 구조개선을 목표로 하고 있다. 뉴노멀로 경제구조가 조정되고 금리자유화가 지속되며, 전통적인 은행업의 성장이 둔화되는 위기의 시대인 것이다.

중국의 은행은 16개 상장은행을 기준으로 하여 대형 국유은행(공상은행, 농업은행, 중국은행, 건설은행, 교통은행)과 도시 상업은행 3개, 주식제 상업은행(초상은행, 흥업은행, 푸둥은행 외 5곳)이다. 상장은행은 매년 10% 이상의 순이익 증가율을 유지하고 있으며, 대형 국유은행의 순이익이 전체 순이익의 74%를 차지하는 독점형태이다. 하지만 이런 은행들은 은행 고유의 업무인 예대마진만을 주 수입으로 하고 있어 중진국의 단계에 들어선 중국경제에 걸림돌이다. 물론 한 나라의 경제가 급속히 발전하는 단계에서 은행이 안전하게 예금과 대출만 잘해도 국가경제에 도움이 된다. 하지만 경제성장률이 점차 둔화되는 시점에서는 예금과 대출이 줄어들게 되고, 은행은 새로운 수익창출에 나서야 한다. 유럽의 선진은행들은 일찍이 은행의 고유 업무뿐만 아니라 보험업과 증권업을 아우르는 종합금융회사로 발전해왔다.

2013년에 들어서면서 중국 대형 국유은행(9.4%)의 순이익 증가율이 주식제은행(14.6%)보다 낮아졌다. 또한 부실대출 규모는 국유은행이 75.9%로 주식제은행의 1.01%에 비해 매우 높다. 주식제은행들은 수익률과 자산건전성에 목적을 두지만 국유은행들은 공공성에 중점을 두기에 부실이 커졌고 향후 지속적인 성장에도 제동이 걸린 상태이다. 현대 중국이 건국된 이후로 사회주의 경제체제 안에서 국유은행은 소위 '갑 중의 갑'이었다. 우리나라 또한 10년 전만 해도 은행이 갑이던 시절이 있었다. 은행이 대출을 해주지 않으면 회사가 부도나던 시절이었다. 하지만 세계 금융위기 이래 모든 것이 변했다. 경영과 수익창출을 유연하게 하고, 자금운영을 투명하게 하지 않으면 은행도 글로벌 시대에서 살아가기 힘들다는 것을 겪은 것이다.

 변하는 시대에 적응하기 위해 국유은행 위주였던 은행업의 빗장이 풀어졌고, 상업은행도 공정하게 경쟁할 수 있는 기회가 주어졌다. 2013년 6월에 우리나라의 행정부격인 중국 국무원에서 '금융경제구조조정정책'의 일환으로 민간자본이 자기위험 부담형 민영은행을 설립할 수 있게 허가한 것이다. 또한 중국의 대형 전자상거래업체들도 예금과 펀드를 상품처럼 팔 수 있도록 허가했다. 특히 알리바바의 금융상품인 위어바오의 경우 3개월 만에 500억 위안의 자금이 몰렸다.

 중국 금융정책의 최종 종착역은 금리자유화이다. 시장의 상황에 맞추어 금리가 오르고 내리면서 안정적으로 자생하는 것이다. 이를 위한 조치로 2014년 11월에 예금금리는 0.25%, 대출금리는 0.4%로 낮추는 금리인하 조치를 실시하였다. 또한 은행의 이자율 결정 상한선을 기존의 1.1배에서 1.2배로 확대하였다. 이것으로 예금금리 상한은

2.75%에서 3.3%까지 은행이 자율적으로 결정할 수 있는 권한이 생겼다. 사실 대출금리는 이미 자율화로 들어섰다. 은행이 자신의 상황과 경영방침에 따라 이자율을 결정할 수 있는 권한이 점차 늘어나고 있는 추세이다. 예금금리는 2016년까지 자율화를 목표로 하고 있다.

우리가 다음에서 살펴봐야 할 주식제은행의 특징은 높은 배당률이다. 대표적으로 초상은행, 푸둥은행, 흥업은행이 그렇다. 평균배당률은 6%대로 일반 은행금리의 2배 이상이고, 중국 해외발전의 자금공급체로 향후 자산가치 상승까지 고려하면 매력적인 투자종목이라고 할 수 있다. 앞으로 중국정부의 기준금리 인하 정책은 낮아지는 경제성장률을 유지하기 위한 것으로, 예금금리를 낮추어 소비를 통한 경제성장에 주안점을 맞출 것이다.

중국은 2012년 이후 이미 경제성장률이 7%로 낮아지고 있다. 이 경제성장률은 실업률과 직접적인 관계가 있다. 실업률이 높아지면 정치에 대한 불만이 높아지기 때문에 중국정부는 지속적인 금융 정책을 통해 경제성장률을 유지하려 노력할 것이다. 기준금리 인하를 비롯해 향후 예정되어 있는 지급준비율 인하를 통해 시중자금 공급을 늘리거나 예대비율을 인하할 것이다. 이러한 정책들은 은행업계에 긍정적인 요소로 작용할 전망이다.

2. 초상은행

- **한글명** : 초상은행
- **중문명** : 招商银行股份有限公司
- **기업형태** : 국유상대주식기업
- **주소** : 광둥성 선전시 푸톈구 선난대로 7088호, 홍콩사췌도로 12호 미국은행센터 21층
- **종목코드** : 600036
- **영업분야** : 은행업
- **홈페이지** : www.cmbchina.com
- **CEO** : 쉬스칭许世清

● **중국에서 가장 경쟁력 있는 주식제은행**

필자가 중국에서 일할 때 만든 은행계좌가 바로 초상은행이었다. 회사의 주거래 은행에서 월급계좌를 만들었는데, 체크카드만 썼음에도 혜택범위가 경쟁사에 비해 월등히 많고 꾸준하다는 것을 느낄 수 있었다. 특히 자주 가는 음식점에서 수요일에 초상은행 고객 대상으로 반값 행사를 많이 하였다. 은행은 음식점 주인에게 초상은행과 거래를 하면 수수료 할인과 보조금혜택을 주었다. 필자는 외국인 신분이라 혜택을 느낄 수 있는 프로모션이 많지 않았지만, 상당히 인상적이었다.

초상은행은 중국 개혁개방의 최전선인 선전 경제특구에 1987년에 설립되었다. 다른 국유기업들과는 다르게 정부와 자본개방이 중국에서 가장 빠른 홍콩거래소 합작으로 설립되었다. 중국 최초의 기업법

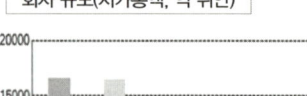
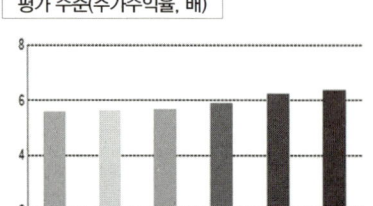
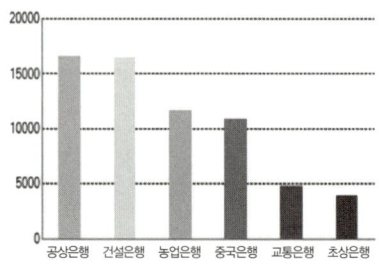

	흥업은행	공상은행	농업은행	푸동발전은행	중국은행	초상은행
PER	5.59	5.63	5.69	5.90	6.22	6.35
순위	1	2	3	4	5	7

	공상은행	건설은행	농업은행	중국은행	교통은행	초상은행
시가총액	1.66	1.65	1.16	1.09	4,835	3,876
순위	1	2	3	4	5	6

인 지주의 주주제로 설립된 상업은행이다. 또한 최초의 은행개혁 시범은행이기도 하다. 설립 이후 27년 동안 초고속의 중국 경제성장에 따라 많은 고객과 사회 각계의 성원을 받았다. 1억 위안의 자본금과 단일 영업점, 직원규모도 30여명에 불과했던 소규모 은행이 지금은 2,800억 위안의 자본금, 4조 4천억 위안의 총자산, 전국 800개의 영업점, 5만여 명의 직원을 갖춘 전국구 주주제 상업은행이 되었다.

현재 초상은행은 전 세계 100대 은행 중 하나이다. 중국의 은행감독관리위원회^{银监会}의 종합평가에서 지난 몇 년 간 상위권을 유지하기도 했다. 이와 동시에 〈파이낸셜타임즈〉, 〈유로머니〉, 〈더어셋^{The Asset}〉 등 권위 있는 매체들로부터 '최우수 상업은행상', '최우수 소매은행', '중국 최우수 개인은행', '중국 최우수 위탁 전문 은행상'에 선정되기도 했다. 또한 미국 〈포브스〉가 선정한 '세계 500대' 은행이기도 하다. 초상은행 브랜드 가치는 68억 달러로, 밀워드 브라운^{Millward Brown}

의 브랜드 전문 데이터베이스인 브랜즈^{BrandZ}에서 최우수 중국 브랜드 중 14위를 차지하기도 했다.

초상은행은 중국 상업은행 중에서 선두지위를 차지하고 있는데, 영국의 〈더 뱅커〉로부터 "중국에서 가장 경쟁력 있는 은행"이라는 평가를 받기도 하였다. 전국 30여 개의 경제 중심도시에 470개의 기관을 설립하였다. 그중에서 장강삼각주, 주강삼각주, 발해만의 3대 지구에 설립한 지점이 전체의 62%를 차지한다. 중국 110여 개 도시에 113개의 지점과 943개의 출장소가 있으며 1개의 지점급 전문 영업 기구(신용카드 센터), 1개의 대표처, 2,330개의 자주은행·ATM은행, 그리고 홍콩에 1개의 지점(홍콩 지점)이 있다.

해외에는 미국 뉴욕, 영국 런던, 타이페이에 지점과 대표처를 설립하였고 싱가폴에는 지점이 있다. 초상은행은 중국 대륙에 완전출자한 초상은행금융리스유한공사招银金融租赁有限公司와 홀딩초상운용관리유한공사를 설립하였으며, 미국의 대형 보험사인 시그나그룹 주식 50%를 보유하고 있다. 홍콩에는 완전출자한 융룽은행유한공사永隆银行有限公司와 초상은행국제금융유한공사招银国际金融有限公司를 보유하고 있다. 초상은행은 상업은행, 금융리스, 운용관리, 인수보험, 해외투자은행 등 다양한 금융인가를 보유한 은행그룹이다.

● **초상은행 현황과 경쟁력**

초상은행의 시가총액은 3,876억 위안으로 중국 5대 국유은행 다음으로 큰 은행이다. 주식제은행에서는 업계 1위이다. PER는 6.35배로 양호하다. 홍콩거래소 산하의 홍콩중앙결산회사와 중국정부 산하의

5대 대주주(2014년 09월 30일)

순위	주주명	주식유형	보유주식수(주)	보유비율	증감(주)
1	홍콩중앙결산(대리인)유한공사	유통 H주	4,532,422,696	17.97%	898,816
2	초상기선주식유한공사	유통 A주	3,162,424,323	12.54%	변동없음
3	안방재산보험주식유한공사	유통 A주	1,856,605,092	7.36%	272,417,468
4	중국원양운수(그룹)총공사	유통 A주	1,574,729,111	6.24%	변동없음
5	생명보험유한공사	유통 A주	1,011,075,427	4.01%	-20,712,006

초상국이 대주주로 있다. 상해 A주와 홍콩 H주에 동시상장되어 있으며 비유통주는 없다.

매출의 대부분은 예대마진과 커미션에서 창출되고 상하이, 베이징, 톈진, 중서부지역 등지에서 고루 활동하고 있다. 매출, 순이익, 매출 증가율 모두 업계평균 이상이지만 대형은행으로서 신성장동력이 부족해서 순이익 성장률은 업계평균 이하이다. 하지만 인터넷 금융의 위협과 대형 국유은행 틈바구니 속에서도 16%의 성장률을 보인 것은 긍정적으로 보인다.

■ **핵심 경쟁력**

초상은행은 소매은행업에서 강점이 있으며 재무관리, 개인은행, 신용카드, 전자은행 같은 분야에서 앞선 서비스를 제공하고 있다. 신흥 공사업무가 박차를 가하면서 현금관리, 해외금융 등의 업무에서도 시장을 선점하고 있다. 초상은행의 업무구조, 고객구조 및 소득구조는 지속적으로 업그레이드되고 있으며 전략 조정 이후 눈에 띄는 성과를 이뤘다.

초상은행은 전자업무의 새로운 활로를 개척하는 등 혁신을 거듭하고 모바일금융과 금융인터넷의 새로운 모델을 발굴하며 정보기술 플랫폼의 장점을 안정적으로 업데이트하였다. 장기적으로는 '고객을 위한 변화'라는 기치를 내걸고 높은 품질의 서비스를 핵심 경쟁력의 중요 요소로 삼아 기반을 다지고 있다. 해외금융 플랫폼의 빠른 성장에 힘입어 고객에게 우월한 해외 금융서비스가 가능하다. 초상은행의 브랜드 영향력은 지속적으로 확대되고 있으며 중국 국내와 국제시장에서의 인지도가 지속적으로 상승하고 있다.

● **매매포인트**

■ **철밥통 철폐와 능력제 인재등용**

초상은행은 '서비스, 혁신, 안정적인 성장'의 기치를 내걸고 효율성, 품질, 규모, 구조가 조화를 이루는 성장을 지속적으로 추진해 중국 내 동종업계 중 눈에 띄는 성과를 거두었다. 초상은행은 초기에 모든 소유권과 경영권을 분리하였다. 이사회, 감사회, 경영진을 명확히 구분하여 서로를 제약하며 균형적인 관리를 이루도록 한 것이다. 선진적이고 현대적인 기업관리 구조를 일찍 구축한 덕분에 철밥통, 철의자, 철임금(안정적이고 해고위험이 없는 것을 상징)의 '3철三铁 제도'를 타파하고, 인재의 채용과 퇴사, 간부의 승진과 강등, 대우의 변경이 가능한 '6능六能' 제도를 도입할 수 있었다.

수익분석

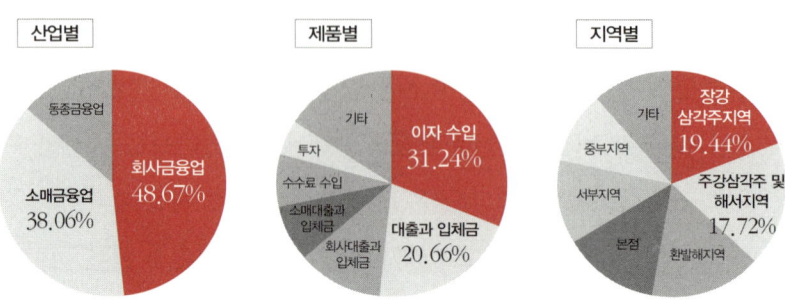

	업무명	영업 수입 (만 위안)	매출 비율	영업 비용 (만 위안)	비용 비율	이익 비율	총이익률
산업별	회사금융업	4100700	48.67%	2435600	55.05%	41.61%	40.61%
	소매금융업	3206800	38.06%	1693500	38.28%	37.82%	47.19%
	동종금융업	1143200	13.57%	98600	2.23%	26.11%	91.38%
	기타업종	−24700	−0.29%	196800	4.45%	−5.54%	896.76%
제품별	이자 수입	10627700	31.24%	−	−	−	−
	대출과 입체금	7030900	20.66%	−	−	−	−
	회사대출과 입체금	4019500	11.81%	−	−	−	−
	소매대출과 입체금	2754100	8.09%	−	−	−	−
	수수료 수입	2533500	7.45%	−	−	−	−
	투자	1743800	5.13%	−	−	−	−
	기타	5313800	15.62%	−	−	−	−
지역별	장강삼각주지역	1638400	19.44%	−	−	−	−
	주강삼각주 및 해서지역	1492800	17.72%	−	−	−	−
	환발해지역	1328200	15.76%	−	−	−	−
	본점	1138600	13.51%	−	−	−	−
	서부지역	1018700	12.09%	−	−	−	−
	중부지역	857300	10.17%	−	−	−	−
	동북지역	415500	4.93%	−	−	−	−
	부속기구	414900	4.92%	−	−	−	−
	해외	121600	1.44%	−	−	−	−

▪ 선진화된 정보화 시스템

초상은행은 다른 기업들보다 빠르게 통일된 IT 플랫폼을 구축하여 중국 내 최초로 모바일뱅킹을 설립하였다. 고객들이 동일 은행의 전 지점에서 입출금이 가능하도록 실시간 송금 서비스도 제공한다. 이렇게 다양하고 혁신적인 서비스상품을 보유하고 있다는 것은 초상은행의 경쟁력을 말해준다. 특히 고객번호를 기반으로 한 'One card through 시스템一卡通(한 장의 카드로 모든 서비스 이용)'의 체크카드는 현재까지 총 6,400만 장을 발급하였다. 이 카드를 사용하는 고객들의 평균예금액은 1만 2,200위안으로 전국의 평균을 훨씬 웃돈다. 고객들이 가장 선호하는 은행카드이기도 하다.

▪ 중국 최초로 모바일뱅킹 도입

2013년 초상은행의 개인 모바일뱅킹은 고속성장을 이루며 2013년에 금융·연구 전문기관 아시안 뱅커가 선정한 '중국 최고의 모바일뱅킹 제품' 대상을 받았다. 또한 중국 최초로 위챗은행微信銀行이라는 신개념을 도입하여 모바일 인터넷의 금융서비스 범위를 확장하였다. 이것은 고객과 더욱 친밀한 상품으로 거듭나 고객들의 일상 통신생활에서도 응용이 가능하도록 한 것이다. 이렇게 다층적이고 다양화된 스마트 서비스 모델을 구축해 고객들이 더 쉽게 이용할 수 있는 서비스를 만든 결과, 위챗은행은 혁신적인 돌풍을 일으키며 빠르게 성장하였다.

▪ 중국 최초의 VIP 대상 재테크 상품 출시

진쿠이화金葵花 재테크는 중국에서는 최초로 VIP 고객들을 대상으로 만든 상품이다. 중국 내 주식제은행 중 가장 먼저 개인은행서비스 수준을 높여 중국 내외에서 '중국 최고의 개인은행'이라는 극찬을 받았다. 중국 내 은행 최초로 단순 개인현금관리 서비스를 뛰어넘는 대기업 그룹 자금관리를 실시하여 고객들이 가장 선호하는 은행으로 자리매김했다. 그 외에 개인저축예금, 개인소비대출, 자산위탁관리, 기업연금, 역외금융 등의 서비스를 제공하고 있다.

- **우수한 리스크 관리능력과 자산 관리능력**

초상은행의 리스크 관리도 우수한 자산 관리로 좋은 평가를 받고 있다. 초상은행의 부실대출 비율은 2014년 3월 말 기준으로 0.92%, 부실자산 대비 대손충당금대출 비율은 262.79%이다. 초상은행도 21세기에 들어서면서 역외자산 업무가 중지되기도 했다. 여타 은행들처럼 심각한 유동성 위험에 직면함과 동시에 빠른 성장 과정에서 누적된 불량 자산 리스크 축적 등의 악재를 만난 것이다. 하지만 정보화, 세

유통주/비유통주 분포 비교

출자금 구조	단위 : 만 주	점유율
유통 A주	2,062,894.44	81.80%
유통 B주	–	–
유통 H주	459,090.12	18.20%
기타 유통주	–	–
유통제한주	–	–
미유통주식	–	–
총출자금	2,521,984.56	100%

향후 순이익과 주당순이익 예측 EPS

2014년 12월 23일까지 6개월 내 22개 기관이 예측한 초상은행의 2014년도 실적 : 2014년 매 주식의 수익은 2.37위안이 될 것으로 예측하며, 작년 동기대비 3.04% 성장한 것이다. 2014년의 순이익은 598억 4,600만 위안이 될 것으로 예상하며, 작년 동기대비 15.66% 성장할 것으로 보인다.

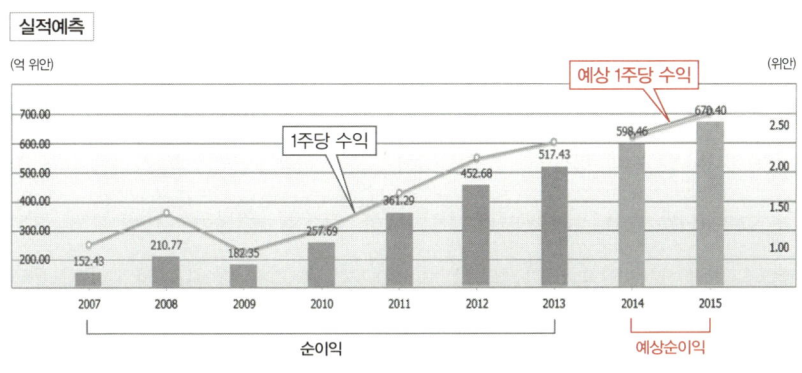

• 연도별 1주당 예상수익 (단위 : 위안)

	예측 기관수	최소치	평균치	최대치	업계평균
2014	22	2.26	2.37	2.61	1.63
2015	21	2.42	2.66	2.92	1.82
2016	14	2.67	2.98	3.31	2.22

• 연도별 예상순이익 (단위 : 억 위안)

	예측 기관수	최소치	평균치	최대치	업계평균
2014	22	570.80	598.46	658.24	1084.25
2015	21	610.32	670.40	736.42	1156.50
2016	14	673.37	751.87	834.57	1173.19

계화의 기회를 포착해 점진적으로 과학적 전략을 수립하고 이를 성공적으로 실천하였다. 무엇보다 인터넷 서비스에서는 은행의 규모와 상관없이 동일선상에서 출발했기 때문에 이것을 기회로 인터넷은행, 폰뱅킹, 모바일뱅킹, ATM 등 다양한 전자망을 개척하였다. 또한 오프라인 영업점들의 부족한 점들을 보완하고 대형은행의 장점을 발휘해 많은 VIP의 고객을 확보하였다.

■ **대담한 도전**

초상은행은 다양한 시도를 통해 안정적으로 글로벌 시장에 정착하였다. 중국정부의 적극적인 지원 속에서 각고의 노력을 거쳐, 미국에서 17년 만에 대중국 자본은행시장에 대한 진입장벽을 넘어 뉴욕에 지점을 설립하였다. 그것도 글로벌 금융위기가 가장 심각했던 2008년 10월에 이루어졌다. 당시 뉴욕시장이었던 블룸버그는 이를 "꽁꽁 얼어붙은 월가에 불어온 봄바람"이라고 비유하였다. 이와 동시에 홍콩 4대 은행 중 하나이자 75년의 역사의 홍콩 융룽永隆은행을 약 300억 홍콩달러에 인수했다. 합병 후 시너지 효과를 발휘하여 〈파이낸셜 타임즈〉가 '유일무이한 성과사례'라고 극찬하기도 하였다.

■ **중소형 은행의 리더**

중국 인민은행이 발표한 은행신용 수지보고서에 따르면 32개 중소형은행 중 초상은행의 예대율 총액과 시장점유율 순위는 다음과 같다. 위안화 예대율 시장점유율 11.62%로 1위, 위안화 저축예대율 총액 시장점유율 20.96%로 1위, 위안화 대출총액 시장점유율 10.35%로 2위, 위안화 개인 소비대출 총액 시장점유율 23.19%로 1위이다.

■ **신용카드업무**

초상은행의 신용카드 총 발급 수는 3,477만 장이며 당해의 증가발행수는 404만 장, 유통카드 수는 1,754만 장이다. 신용카드 누적거래액은 3,920억 위안이고 유통카드의 매달 평균거래액은 1,854위안이며, 신용카드 입출금액은 33.5%에서 35.33%로 상승하였다. 신용카드 이자수익은 30억 7,200만 위안으로 전기대비 32.3% 증가하였으며, 신용카드 비이자업무 수익은 32억 7,300만 위안으로 전기대비 29.47% 증가하였다.

■ 개인은행업무

초상은행은 전국 16개의 중점도시에 개인은행센터를 설립하였으며, 〈유로머니〉로부터 '중국 지역 최고의 개인은행 대상', 〈아시아머니〉로부터 '아시아 최고 개인은행 대상', 〈더어셋〉이 선정한 '중국 최고 개인은행 대상'을 수상하였다. 글로벌 컨설팅업체 베인앤컴퍼니 Bain&Company와 손잡고 〈중국 VIP 분석 中国私人财富报告〉을 발표하였다. 이는 연구 데이터를 기초로 중국의 VIP 개인자산시장에 대해 처음 연구를 진행한 것으로, 그동안 부재했던 중국 개인자산시장 종합연구의 공백을 메웠다. 이듬해에는 개인은행 고객 수가 42%, 개인은행 고객의 총자산이 49% 증가하였고, 전국 16개 중심도시에 20개의 개인은행센터를 설립하여 개인은행 고객서비스 점유율을 확대하였다.

■ 융룽은행

초상은행은 융룽은행(등록자본 15억 홍콩달러)의 모든 권익을 갖고 있다. 융룽은행은 오랜 역사가 있는 은행으로, 1933년에 화교자본으로 설립되었다. 초상은행은 5년 내에 초상은행과 융룽은행을 역외금융서비스 영역에서 가장 강력한 경쟁력을 가진 은행그룹으로 만들 계획이다. 더 나아가 전 세계 금융시장에서 큰 영향력을 가지는 현대화, 국제화, 종합화 상업은행으로 만들 계획이다. 역외금융시장은 중국

이외에 홍콩, 마카오를 시작으로 동남아시아 위주로 건설하고 있다. 향후에는 전 세계에 역외금융시장을 설립하여 위안화 국제화에 기여할것으로 보인다.

- **초상운용**

  초상운용관리유한공사招商基金管理有限公司(등록자본 2억 1천만 위안, 지분

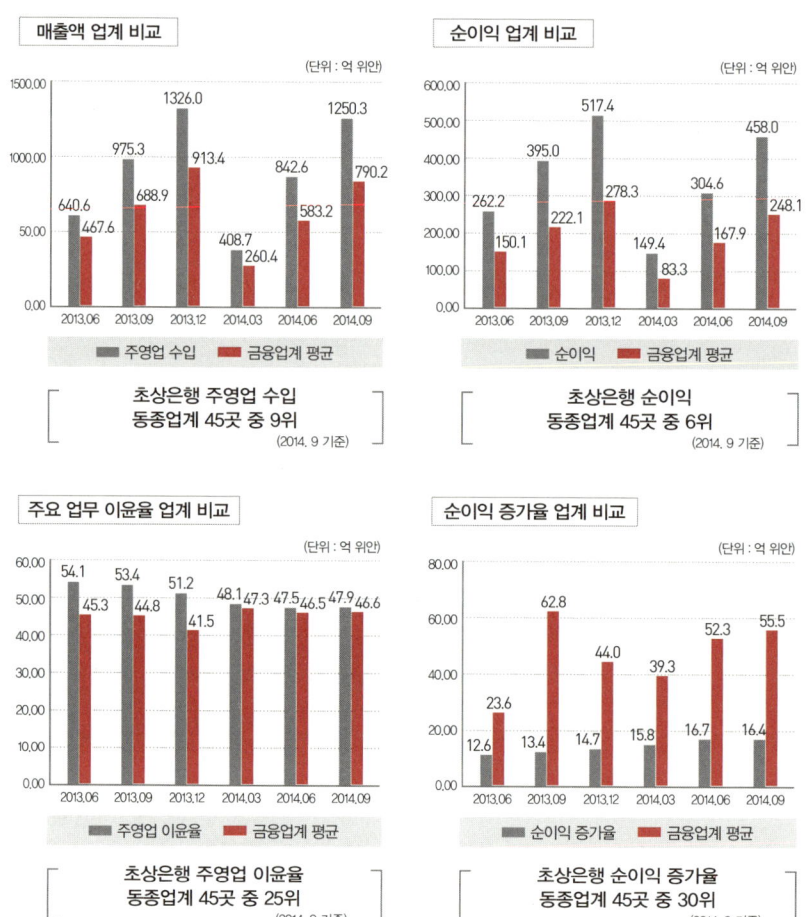

33.4%)는 중국 증권관리감독위원회中国证监会의 비준을 받아 설립한 첫 번째 해외 합자운용관리공사로 2002년 12월 27일에 설립되었다. 총자산은 7억 6,900만 위안으로 17개의 개방식 운용기금을 관리하고 4개의 사회보험 포트폴리오, 22개의 연금 포트폴리오, 22개의 재테크 포트폴리오, 1개의 QFII 포트폴리오를 관리하였다. 관리자산의 합은 650억 위안에 달하며 동기대비 170억 위안이 증가했는데, 시장점유율이 눈에 띄게 상승하고 있다. 초상운용의 영업소득은 5억 6,600만 위안에 달해 동기대비 11.85% 성장하였고, 순이익률은 1억 6,300만 위안으로 동기대비 15.60% 성장하였다.

재무제표

재무년도	2012	2013	2014	2015E	2016E
주당순이익	2.1	2.3	2.553	2.83383	3.1455513
순이익(억 위안)	4526800	5174300	6084407.627	7400736.97	9066642.862
순이익 증가율(%)	25.31	14.3	17.589	21.63447	22.51
총수입(억 위안)	11336700	13260400	15847504.04	19573252.24	24268875.45
총수입 증가율(%)	17.9	16.97	19.51	23.51	23.99
BPS(위안)	9.29	10.53	11.6883	12.974013	14.40115443
ROE(%)	24.78	23.12	23.32808	23.53803272	23.74987501
PER(배)	9.78	8.62	6.35	5.86	5.63
PBR(배)	2.423484	1.992944	1.48133308	1.379328717	1.337117963
자산·부채 비율(%)	94.12	93.38	103.6518	115.053498	127.7093828

3. 푸둥발전은행

- **한글명** : 상하이푸둥발전은행주식유한공사
- **중문명** : 上海浦东发展银行股份有限公司
- **기업형태** : 국유상대주식기업
- **주소** : 상하이시 중산 동1로 12호
- **종목코드** : 600000
- **영업분야** : 은행업
- **홈페이지** : www.spdb.com.cn
- **CEO** : 선쓰 沈思

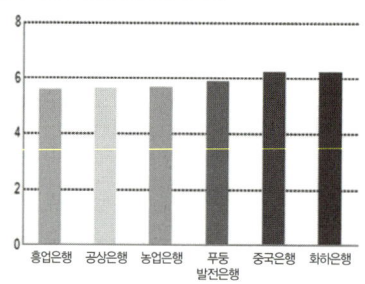

	흥업은행	공상은행	농업은행	푸둥발전은행	중국은행	화하은행
PER	5.59	5.63	5.69	5.90	6.22	6.25
순위	1	2	3	4	5	6

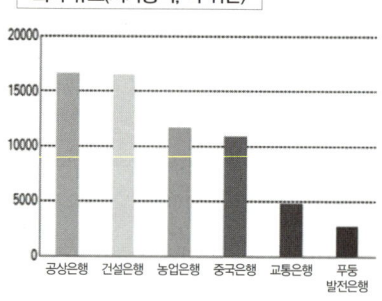

	공상은행	건설은행	농업은행	중국은행	교통은행	푸둥발전은행
시가총액	1.66	1.65	1.16	1.09	4,835	2,738
순위	1	2	3	4	5	10

● **상해 A주의 첫 번째 상장기업**

　　상하이푸둥발전은행주식유한공사 上海浦东发展银行股份有限公司(이하 푸둥은행)은 1992년 중국 내 경제가 가장 발달된 상하이에 설립된 주식제은행이다. 상하이의 높은 금융 수준과 풍부한 자본을 토대로 안정적인 실적과 높은 신뢰도, 그리고 빠른 성장세로 중국 금융시장에서도 주목 받고 있는 상장사이다. 상하이거래소에는 1999년 11월 10일에 주식을 상장하였고, 주식거래 등록번호는 상해 A주에서 가장 첫 번째이고 기억하기도 쉬운 '600000'이다. 등록번호가 쉬울수록 상장사들이 선호하고 투자자들도 기억하기 쉬운데, 그렇기 때문에 투자금 유입도 다른 기업보다 높다. 참고로 중화권 최대 부호이자 홍콩거래소의 대표 상장회사인 리자청의 장강실업 등록번호 또한 '00001'이다.

현재 푸둥은행은 시짱西藏, 닝샤宁夏 이외 29개의 성·직할시·자치구에 39개의 1급 지점을 포함해 총 915개의 영업점을 보유하여 전국적인 은행 서비스망을 구축했다. 최근에는 다양한 영역과 시장을 넘나드는 경영방식을 펼치고 있다. 그 일환으로 홍콩 지점 서비스를 개시하고, 런던에 대표처를 설립하는 등 업무를 성공적으로 진행하고 있다. 또한 푸둥농촌은행, 운용관리유한공사浦银安盛基金管理有限公司, 금융리스유한공사浦银金融租赁有限公司, 실리콘밸리은행浦发硅谷银行 등의 기관을 투자·설립하였다. 이는 푸둥은행이 상업은행으로서 종합적이고 글로벌화된 경영 메커니즘을 형성했음을 의미한다.

푸둥은행은 〈포춘〉이 선정한 세계 500대 자산기업 중 460위이고, 〈포브스〉가 발표한 '2013 글로벌 2000대 기업'에서는 125위로 선정되기도 했다. 영국 〈더뱅커〉가 선정한 '2013 세계은행 1000대 기업' 중 핵심자산 부문에서 53위로 선정되었다. 상장 이후에는 다년간 〈아시아위크〉의 '중국 상장 100대 기업'으로 선정되었다. 푸둥은행의 브랜드 가치는 147억 9,100만 위안으로 평가받으며, '2013년 최우수 중국 브랜드 가치 랭킹'에서는 15위를 차지하였다.

금융서비스분야에서는 세심하고 수준 높은 서비스를 제공하며, 적극적으로 사회적 책임을 이행하고 있는 기업이기도 하다. 2013년에는 중국은행업협회中国银行业协会로부터 '사회 최고 공익자산 공헌상'과 '최고 사회 책임 특수 공헌 지점상', '공익 자산 우수 사업상'을 수상한 바 있다. 푸둥은행의 자회사에는 스탠다드앤푸어스Standard&Poor's가 'BBB+'의 장기채권인 신용평가등급과 'A-2'의 단기채권인 신용평가등급을 부여하였다. 또한 무디스Moody's가 평가한 장기예금평가등급 Baa(투자급), 단기예금평가등급 Prime-3, 자산능력평가등급 D를 안정적으로 유지하고 있다.

● **푸둥발전은행 현황과 경쟁력**

푸둥은행의 시가총액은 2,738억 위안으로 전체 은행업계에서 10위이고 주식제은행업계에서는 2위이다. 안정적인 리스크와 자산관리를 토대로 업계에서도 5.9배의 낮은 PER를 유지하고 있다. 중국 최고의 통신업체인 차이나모바일이 지분의 20%를 보유한 대주주이다. 그 외

5대 대주주(2014년 09월 30일)

순위	주주명	주식유형	보유주식수(주)	보유비율	증감(주)
1	중국이동통신그룹광둥유한공사	유통 A주	3,730,694,283	20.00%	변동없음
2	상하이국제그룹유한공사	유통 A주	3,157,513,917	16.93%	변동없음
3	상하이국제신탁유한공사	유통 A주	975,932,794	5.23%	변동없음
4	상하이궈신투자발전유한공사	유통 A주	377,101,999	2.02%	변동없음
5	바이롄그룹유한공사	유통 A주	190,083,517	1.02%	변동없음

의 지분은 상하이시와 상하이 내 자본으로 이루어져 있다. 경영권 방어를 위해 전체 주식의 20%가 비유통주로 상하이 자본이 실질적인 경영권을 보유하고 있다. 대출수수료와 채권 및 각종 투자가 전체 매출의 70%를 차지하는데, 기업과 부동산 대출이자가 매출의 핵심이다. 중국 화동지역인 상하이와 저장성지역을 중심으로 전국에 매장을 확대하고 있다.

- **핵심 경쟁력**

푸둥은행의 전략은 고객을 중심으로 하는 기본 정책에 혁신을 추구하는 것이다. 이러한 발전 방식 전환으로 날로 복잡해지고 있는 금융 환경과 시장에서 효과적으로 경쟁력을 확보하고 있다. 뛰어나 은행업무 처리능력과 높은 수준의 기업고객을 기반으로 주식제은행 중에서도 선두를 차지하고 있다. 신중하고 높은 효율의 리스크 관리가 운영되고 있고 전면적인 리스크 관리체계를 구축하였다. 새로운 자본협의를 수립하고 실시·운영하는데 적극적이며, 자산 수준이 동종업계에서도 높은 편이다.

전략적인 경영정책과 수준 높은 마케팅 네트워크를 확보하고 있으며, 지점 기관은 이미 전국 대부분의 성과 직할시에 위치해 있다. 1인당 소득이 높고 경제발전 수준이 높은 지역은 대부분 배치되어 있으며, 경제성장 수준이 가장 앞선 장강삼각주지역에서는 높은 보급률을 보이고 있다. 전방위적으로 전자뱅킹망을 대폭 늘려 푸둥은행의 제품과 서비스 보급률을 향상시켰다. 관리그룹은 노하우가 풍부하며 높은 수준의 직원들이 근무하고 있고, 고위 임원들은 금융업과 경영업무의 전문가들이다. 경쟁력을 가진 인재를 독려하고 양성하는 문화가 구축되어 있어 뛰어난 인재들을 확보하고 있다.

● **매매포인트**

■ **상하이시 국유자산위원회 산하**

　푸둥은행의 대주주는 상하이국제그룹유한공사上海国际集团有限公司이며 실질적으로 지배하는 곳은 상하이시 국유자산위원회上海市国资委이다. 상하이국제금융센터 건설은 푸둥은행이 전국적인 네트워크를 가진 은행으로 기반을 넓히는 데 유리한 조건이 되었고 자산규모를 확대하는 데 긍정적인 영향을 미쳤다. 이와 동시에 이윤률이 높아 중간업무와 소매업무 수준이 빠른 속도로 성장하고 있다. 푸둥은행은 금융혁신을 우선적으로 실행할 기회를 얻었으며 푸둥리스설립, 푸둥AXA설립이 대표적인 사례이다. 또한 상하이 현지에 대형 금융 플래

유통주/비유통주 분포 비교

출자금 구조	단위 : 만 주	점유율
유통 A주	1,492,277.71	80.00%
유통 B주	–	–
유통 H주	–	–
기타 유통주	–	–
유통제한주	373,069.43	20.00%
미유통주식	–	–
총출자금	1,865,347.14	100%

그숍을 건설하면서 많은 기회를 얻게 되었다.

- **상하이국제금융센터 건설에 따른 이익**

2009년 4월 중국 국무원은 위안화 국제화 지위에 걸맞는 금융시장 시스템을 위해 상하이국제금융센터를 2020년까지 설립하겠다고 발표했다. 이는 지속적으로 금융시장의 폭과 깊이를 확장하고 비교적 선진화되고 다양한 기능을 가진 금융시장 체계를 형성하기 위한 것이다. 이 전략은 상하이 금융기업과 관련 기업의 미래성장에 중요한 기회가 될 듯하다. 대주주는 상하이국제그룹이지만 실제로 지배하는 곳은 상하이 국유자산위원회이다.

- **차이나모바일의 유입**

푸둥은행과 차이나모바일은 '전략협력협의'를 공식적으로 체결하였다. 이 전략협력협의에 따르면 푸둥은행과 차이나모바일은 현장결제 및 원거리결제를 포함한 모바일결제 영역에서 협력하고, 향후 다양한 금융서비스 기능을 제공하는 핸드폰 금융 소프트웨어 및 모바일 지불 안전 솔루션을 연구개발하고 보급하기로 하였다. 두 회사는 서로의 장점을 극대화하여 고객서비스와 사업망을 공유하는 등 여러 영역에서 협력하고 있다.

- **기업대상의 업무**

푸둥은행은 주식제은행 중 기업예금잔고와 기업대출잔고 순위에서 각각 2위를 차지했다. 푸둥은행 전 지점의 기업고객은 총 62만 개로,

수익분석

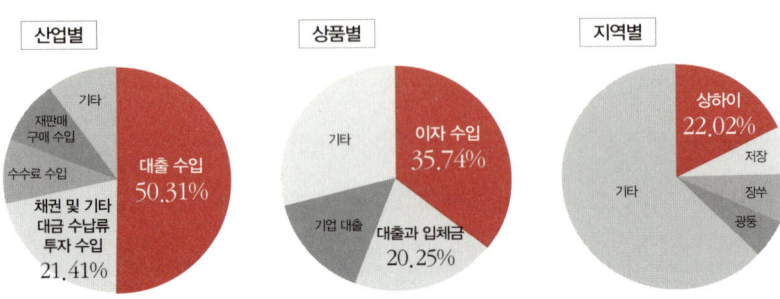

	업무명	영업 수입 (만 위안)	매출 비율	영업 비용 (만 위안)	비용 비율	이익 비율	총이익률
산업별	대출 수입	5815400	50.31%	–	–	–	–
	채권 및 기타 대금 수납류 투자 수입	2474900	21.41%	–	–	–	–
	수수료 수입	1080600	9.35%	–	–	–	–
	재판매 구매 수입	1055700	9.13%	–	–	–	–
	기타	1133400	9.82%	–	–	–	–
상품별	이자 수입	10265000	35.74%	–	–	–	–
	대출과 입체금	5815400	20.25%	–	–	–	–
	기업 대출	4406700	15.34%	–	–	–	–
	기타 대금 수납류 투자	1765000	6.15%	–	–	–	–
	개인 대출	1276300	4.44%	–	–	–	–
	수수료 수입	1080600	3.76%	–	–	–	–
	금융 자산 재판매 구매	1055700	3.68%	–	–	–	–
	기타	3056300	10.65%	–	–	–	–
지역별	기타	1702300	28.83%	781100	26.67%	30.96%	54.12%
	상하이	1300100	22.02%	525300	17.94%	26.04%	59.60%
	저장	500400	8.48%	553800	18.91%	-1.79%	-10.67%
	장쑤	499800	8.47%	232100	7.93%	9.00%	53.56%
	광둥	383000	6.49%	197600	6.75%	6.23%	48.41%
	베이징	300800	5.09%	115500	3.94%	6.23%	61.60%
	허난	282300	4.78%	121700	4.16%	5.40%	56.89%
	랴오닝	262000	4.44%	134400	4.59%	4.29%	48.70%
	산둥	257400	4.36%	118700	4.05%	4.66%	53.89%
	톈진	209800	3.55%	66500	2.27%	4.82%	68.30%
	쓰촨	206400	3.50%	81900	2.80%	4.18%	60.32%

향후 순이익과 주당순이익 예측 EPS

2014년 12월 23일까지 6개월 내 19개 기관이 예측한 푸둥발전은행의 2014년도 실적 : 2014년 매 주식의 수익은 2.42위안이 될 것으로 예측하며, 작년 동기대비 10.3% 성장한 것이다. 2014년의 순이익은 453억 2,200만 위안이 될 것으로 예상하며, 작년 동기대비 10.75% 성장할 것으로 보인다.

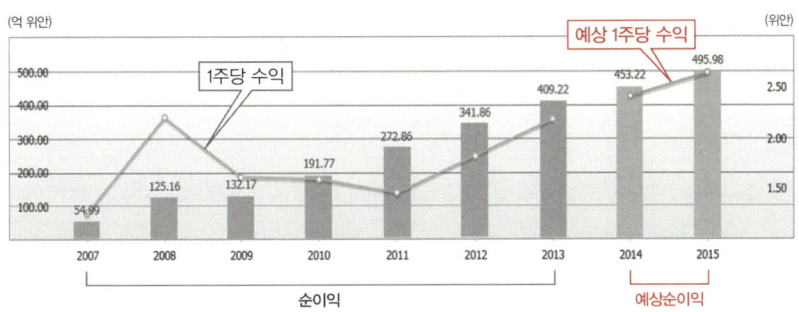

• 연도별 1주당 예상수익 (단위 : 위안)

	예측 기관수	최소치	평균치	최대치	업계평균
2014	19	0.88	2.42	2.72	1.48
2015	18	0.97	2.65	3.36	1.63
2016	9	2.65	3.10	4.09	1.95

• 연도별 예상순이익 (단위 : 억 위안)

	예측 기관수	최소치	평균치	최대치	업계평균
2014	19	164.15	453.22	511.94	697.97
2015	18	180.94	495.98	632.30	737.33
2016	9	494.83	579.23	770.04	798.58

기업대상 예금액은 1조 3,625억 5,800만 위안으로 연초대비 26.33% 증가하였다. 기업대상 대출잔액은 9,286억 2,100만 위안으로 연초대비 20.43% 증가하였고, 기업대상 부실대출률은 0.55%로 연초대비 0.31%p 하락하였다.

■ **지점 네트워크의 우세**

푸둥은행은 "상하이에 본사를 두고 전국적으로 서비스를 한다 立足上海, 服务全国"는 발전 전략에 따라 연강연해지역과 중국 내의 주요 중심

도시에 지점을 설립하였다. 2010년에는 새로 개설한 구이양贵阳점을 포함해 90개의 영업망을 설치하였다. 전국 총 134개의 도시에 34개의 지점을 설립하여 전체 지점망 수가 655개에 이른다.

■ 푸둥실리콘밸리은행유한공사 설립

중국 은행감독관리위원회의 허가를 받아 미국 실리콘밸리은행유한공사와 합작해 상하이에 중외합자은행인 '푸둥실리콘밸리유한공사'를 설립하기로 하였다. 해당 은행의 등록자금은 10억 위안으로 푸둥은행과 미국 실리콘밸리은행유한공사가 각각 50%의 지분을 보유한다.

■ 푸둥리스 설립

2012년 4월 푸둥은행과 중국 상용비행기유한책임공사 및 상하이국제그룹유한공사가 공동으로 발기하여 푸둥은행금융리스주식유한공사를 설립하였다. 상하이에서 등록하였으며 등록자본은 27억 위안이다. 푸둥은행은 그중 18억 위안을 투자하여 18억 주를 보유하고 있는데, 이는 전체 주식의 66.67%이다. 금융리스공사 설립으로 융자리스 업무를 시작하는 것은 은행의 기존 업무를 효과적으로 보완하면서 날로 다양해지는 고객들의 서비스 요구를 충족시키는 기회가 될 것으로 보인다. 이것은 또한 푸둥은행 업무구조와 수익구조를 최적화하여 더욱 종합적인 경영 메커니즘과 더 나은 다양한 수입 메커니즘을 만드는 계기가 될 것이다.

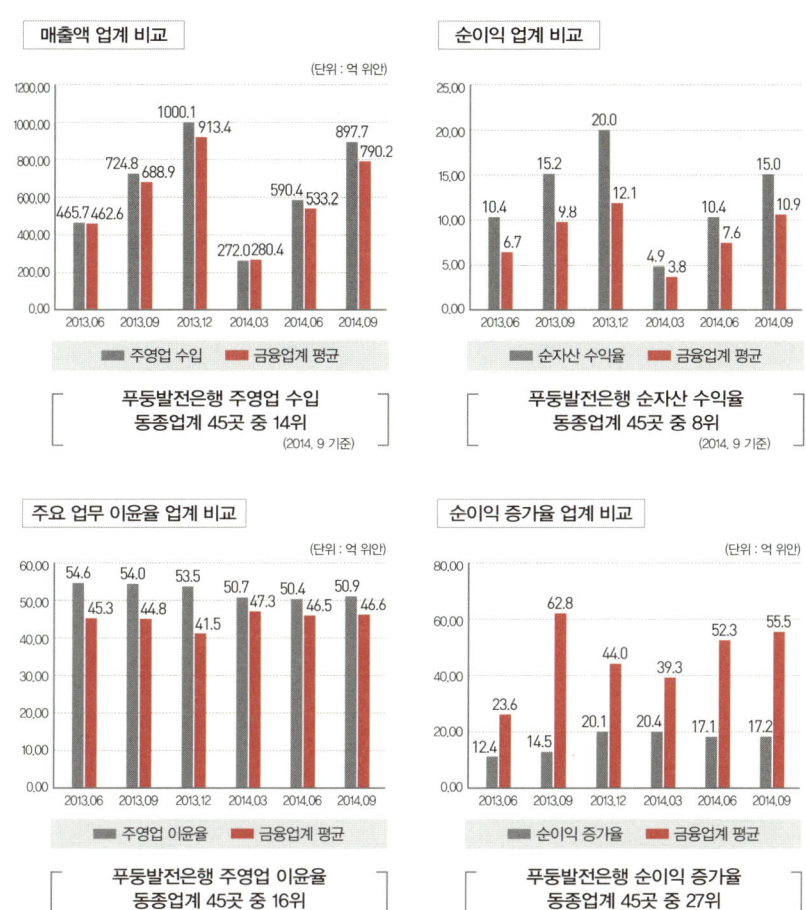

- 푸둥AXA

　푸둥AXA펀드관리유한공사는 중국과 프랑스가 합자하여 만든 펀드 회사로 2007년 8월 설립되었다. 중국 내에서 두 번째로 큰 은행계 펀드공사이며 등록자금은 2억 위안이다. 푸둥은행의 지분은 51%, 프랑스 AXA의 지분은 39%, 상하이 성룽盛融의 지분은 10%이다.

재무제표

재무년도	2012	2013	2014	2015E	2016E
주당순이익	1.83	2.19	2.20971	2.22959739	2.249663767
순이익(억 위안)	3418600	4092200	5121388.3	6870342.404	8899154.516
순이익 증가율(%)	25.29	19.7	25.15	34.15	29.53
총수입(억 위안)	8295200	10001500	12377856.4	15785480.27	19973368.18
총수입 증가율(%)	22.14	20.57	23.76	27.53	26.53
BPS(위안)	9.52	10.96	11.05864	11.15816776	11.25859127
ROE(%)	20.95	21.53	21.72377	21.91928393	22.11655749
PER(배)	11.56	9.14	5.95	5.63	5.12
PBR(배)	2.42182	1.967842	1.292564315	1.234055685	1.132367743
자산·부채 비율(%)	94.29	94.37	104.7507	116.273277	129.0633375

4. 흥업은행

- 한글명 : 흥업은행주식유한공사
- 중문명 : 兴业银行股份有限公司
- 기업형태 : 국유상대주식기업
- 주소 : 푸젠성 푸저우시 푸둥로 154호
- 종목코드 : 601166
- 영업분야 : 은행업
- 홈페이지 : www.cib.com.cn
- CEO : 탕빈/唐斌

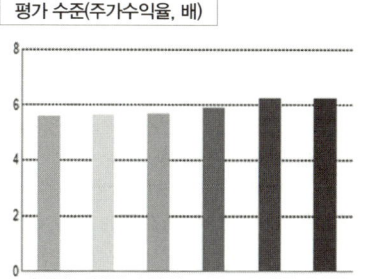
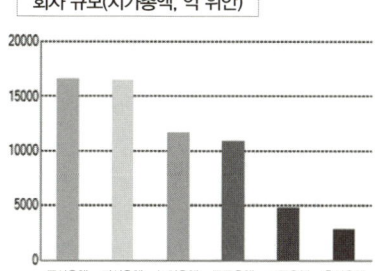

	흥업은행	공상은행	농업은행	푸둥발전은행	중국은행	화하은행
PER	5.59	5.63	5.69	5.90	6.22	6.25
순위	1	2	3	4	5	6

	공상은행	건설은행	농업은행	중국은행	교통은행	흥업은행
시가총액	1.66	1.65	1.16	1.09	4,835	2,856
순위	1	2	3	4	5	9

● **화교자본의 결정체**

　금융이 성공하기 위한 가장 중요한 전제조건은 자본이다. 초상은행은 중국정부와 홍콩의 자본으로 성장했고, 푸둥은행은 중국경제의 중심지인 상하이를 배경으로 발전했다. 상대적으로 흥업은행은 중국에서도 변방인 푸젠성에 위치해 있어 정부의 손길이 닿기 어려운 곳이지만 타이완, 말레이시아, 필리핀, 일본의 화교자본이 집중되어 있다. 흥업은행은 화교자본의 결정체이자 자산운영체이다.

　화교자본은 중국의 개혁개방 당시 중국 경제성장의 견인차 역할을 해왔다. 화교경제권이 중국 대외개방 정책의 변화를 계기로 부상한 것은 동일한 언어, 역사적 경험의 공유, 혈연 및 지연 등을 통해 강력하게 결집되어 있는 동남아 거주 화교 집단의 공동체적 바탕이 토대가 되었다. 말레이시아·필리핀·인도네시아에서 중국계는 인구의 절반 이상을 상회하고 있고, 전 세계 어디를 가도 화교는 쉽게 만날 수 있다. 홍콩 항생은행恒生銀行의 마가렛 렁 행장은 "21세기의 세계경제는 유럽, 북미, 중국계 지역(중국, 홍콩, 타이완)으로 3극화될 것"이라고도 말했다.

흥업은행은 1988년 8월에 설립되었다. 본부는 화교자본의 중심지인 푸젠성 푸저우시에 위치해 있고, 2007년 2월 5일 정식으로 상하이 거래소에 상장되었다. 등록자본은 190억 5,200만 위안이다. 전국의 주요 도시에 98개의 지점, 826개의 지점기관을 설립하였다. 전액출자 자회사인 흥업금융리스유한책임공사와 홀딩스자회사를 보유하고 있으며, 흥업국제신탁유한공사와 흥업펀드관리유한공사도 보유하고 있다. 인터넷은행 '온라인흥업'을 만들었고, 폰뱅킹 '95561'과 모바일은행 '무선흥업(wap.cib.com.cn)'을 가지고 있다. 전 세계 1천여 개의 은행과 대리업 관계를 구축하고 있다.

영국 파이낸셜타임즈가 발행하는 〈뱅커The banker〉에 따르면 흥업은행은 전 세계 1천 개 은행 중 총자산 순위가 164위로, 세계 200대 은행의 대열에 들어섰다고 한다. 비교적 강한 자주혁신 의식과 제품 연구개발 능력이 있다. 상품설계를 통해 효율적으로 고객을 분류하는데, 동종업무와 채권투자는 업계에서 선두를 차지하고 있다. 시장 지위와 브랜드 이미지가 안정적으로 향상되어 〈뱅커〉의 전 세계 50대 은행으로 선정되기도 했다. 미국 〈포춘〉의 세계 500대 기업과 전 세계 200대 상장기업에 선정되었다. 중국 내외에서 권위 있는 기관과 조직들로부터 '2013년 아시아 최고 주주수익률 은행', '사회적 책임을 가장 잘 이행한 상업은행', '가장 혁신적인 은행', '가장 환경 보호에 많은 공헌을 한 은행상' 등을 수상하였다.

- **흥업은행 현황과 경쟁력**

  흥업은행의 시가총액은 2,856억 위안으로 금융업계 9위, 주식제은행업계 3위이다. 화교자본과 해외 선진경영을 받아들여 일찍부터 낮은 PER를 유지하고 있는데, 5.59배로 업계 1위이다. 푸젠성 재정부와 아시아 최고 은행인 항생은행이 대주주로 있다. 그 외에 중국인민재산보험과 중국담배공사, 중국 최대 생명보험인 인수보험이 대주주로 있다. 업계평가는 최상위이다. 경영권 방어를 위해 15.08%의 비유통주를 보유하고 있으며, 대출 수익과 각종 수수료 수익이 매출의 대부분을 차지한다. 중국뿐만 아니라 타이완, 동남아 등지에도 적극적으로 금융활동을 펼치고 있다. 매출, 순이익, 매출증가율 모두 업계평균 이상으로 우수하고 순이익 증가율 또한 15%대로 양호하다. 하지만 정부의 대출금리 상한폭 감소와 5대 국유은행들의 마케팅으로 순이익 증가율이 감소추세이다.

  - **핵심 경쟁력**

    흥업은행은 경영관리체계 메커니즘 개혁을 심화시켜 오늘날 은행업계의 경쟁에서 유리한 위치를 차지하고 활력 넘치는 성장을 할 수 있게 되었다. 시장에 민감하게 반응하며 앞을 내다보는 판단과 뚜렷한 혁신능력이 있다. 흥업은행은 다년간 예민하게 시장의 변화를 감지하고 다른 기업보다 발 빠르게 업무혁신을 이룬 것으로 알려져 있다. 업계 최초로 후순위금융채와 혼합자본채권 등 혁신적인 자본보완 수단을 도입하였으며, 최초로 녹색금융시장의 문을 열었을 뿐만 아니라 '적도원칙'을 도입하였다. 업계 최초로 동종업계 간 협력 플랫폼을

6대 대주주(2014년 09월 30일)

순위	주주명	주식유형	보유주식수(주)	보유비율	증감(주)
1	푸젠성재정청	유통 A주	3,402,173,769	17.86%	변동없음
2	항생은행유한공사	유통 A주	2,070,651,600	10.87%	변동없음
3	중국인민재산보험주식유한공사	유통 A주	948,000,000	4.98%	변동없음
4	중국담배총공사	유통 A주	613,537,500	3.22%	변동없음
5	중국인민생명보험주식유한공사 (개인보험 만능)	유통 A주	474,000,000	2.49%	변동없음
6	중국인민생명보험주식유한공사 (개인보험 수익)	유통 A주	474,000,000	2.49%	변동없음

구축하는 등 다양한 시도를 하였다.

통화시장, 자본시장, 채권시장, 은행 간 시장, 비非은행금융기관 시장, 귀금속, 외화 및 파생상품거래 등 각종 시장에서 선두에 있다. 그룹화·종합화 경영에서 지속적으로 영향력을 발휘하고 있으며, 끊임없는 새로운 시도의 산물로 완전출자자회사인 흥업금융리스유한책임공사興業金融租赁有限责任公司, 홀딩스자회사인 흥업국제신탁유한공사興業国际信托有限公司, 흥업펀드관리유한공사興業基金管理有限公司를 보유하게 되었다. 은행을 주체로 하고 신탁, 리스, 펀드, 자산관리 등을 포함한 종합적인 금융서비스그룹을 형성하였다.

흥업은행은 중국 내에서 유일한 대외수출 핵심 시스템 기술 은행이다. 가장 먼저 메인데이터센터, 도시재난경비시스템, 타지재난경비시스템이 삼위일체가 된 재난경비 시스템을 보유한 은행이자 중국에서 최초로 국제공인인증을 받은 재난경비 5급 기준을 통과한 은행이다. 중국 인민은행 재난경비에서 규정한 은행으로 키인덱스시스템의 가

용성, 골드카드 시스템 거래의 성공률 등 다년간 안정적으로 업계에서 선두를 달리고 있다.

● **매매포인트**

▪ **흥업국제신탁유한공사**

　흥업은행은 중국 대형 유통업체인 련화그룹 련화신탁 联华信托의 지분 51.18%를 8억 5,200만 위안에 인수했다. 련화신탁은 중국에서 가장 먼저 역외 전략투자자를 유입한 신탁회사지만 그룹 차원의 경영능력 부족으로 적자경영 상태였다. 하지만 흥업은행에 인수되고 '흥업국제신탁유한공사'로 이름을 바꾸면서 재도약의 기회를 맞게 된다. 풍부한 자본과 뛰어난 경영능력으로 무장한 흥업은행 지원 아래, 1년 만에 자산총액이 8억 7,900만 위안에 달하게 된다. 또한 신탁업무자산 잔여액은 326억 5천만 위안이다. 당해년도에 실현한 이윤액은 1억 300만 위안으로 순이익은 7,589만 위안이다. 현재 흥업은행 증권신탁업무 규모는 170여 억 위안이며, 그중 양광사모신탁 규모는 120여 억 위안으로 전 세계 신탁업계의 선두를 달리고 있다. 흥업국제신탁유한공사는 9개의 종합관리부처가 있으며, 전국의 주요 경제 중심도시에 11개의 업무발전부처를 설립하였고, 1개의 영어판매서비스 부처를 설립하였다.

▪ **전국적인 지점망**

　흥업은행은 총 577개의 지점을 보유하고 있다. ATM 기기 등 618대의 자동입출금기기를 포함하여 총 4,140대의 관련 기기를 운영하고 있다. 인터넷뱅킹, 폰뱅킹, 모바일뱅킹 등의 사이버뱅킹 거래액은 16조 700억 위안으로 동기대비 37.32% 증가하였다. 거래횟수는 7,200만 회로 동기대비 54.04% 증가하였다. 흥업은행 사이버뱅크의 창구 거래 대체율은 55.35%에 달한다.

■ **소매업무**

흥업은행의 소매예금 총액은 2010년 말까지 1,858억 위안으로, 초기대비 26.49% 증가하였다. 개인대출 여분액은 2,250억 위안으로 초기대비 33.13% 증가하였다. 개인 부실대출 비율은 0.17%로 0.06%P 감소하였고, 제3자가 카드를 보유한 고객은 177만 2,700장이며 13.91% 증가하였다. 2010년 말까지 '흥업통興业通(흥업은행의 체크카드 상품)' 개인경영 대출거래 건수는 2만 152건이며, 누적 대출금은 277억 1,900만 위안이다. 누적발행한 신용카드는 720만 1,400장이고 새로

유통주/비유통주 분포 비교

출자금 구조	단위 : 만 주	점유율
유통 A주	1,617,961.67	84.92%
유통 B주	–	–
유통 H주	–	–
기타 유통주	–	–
유통제한주	287,272.01	15.08%
미유통주식	–	–
총출자금	1,905,233.68	100%

발행한 카드는 138만 900장이다. 동종업계의 신용카드 자산 상황 중 가장 양호하다.

- **동종업계 업무**

　신상품 개발 개수는 76개, 누적상품 수는 312개이다. 은행에서 처리한 결제거래 회수는 395만 9,600건으로 동기대비 51.33% 증가하였고, 결제금액은 5,192억 3,500만 위안에 달한다. 협력은행에 판매한 재테크 상품은 767억 3,300만 위안으로 동기대비 49.08% 증가하였고, 누적 계약고객은 246명이다. 온라인으로 연동된 회사는 177곳이고, 7개의 협력은행 정보가 함께 제공된다. 총 16개의 협력은행이 관련 시스템의 유지 및 정비서비스를 하고 있다. 제3자 관리업무를 하고 있는 증권업체는 93곳이며, 신탁 재테크 업무량은 1,843억 위안으로 동기대비 42.69% 증가하였다. 동종업계의 '은행플랫폼' 상표등록 신청은 국가상표국의 정식비준을 받았으며 '은행플랫폼' 상표가 정식으로 시작되었다.

- **모바일 금융상품의 혁신을 추진**

　흥업은행은 중국연합인터넷통신회사와 전력협력협의를 체결하였다. 이 협의에 따라 양자는 각자의 전문 영역에서 장점을 최대한 발휘하여 양자 간 기초통신, 금융서비스, 모바일인터넷 응용, 연합혁신과 시장판매 등의 영역에서 전면적인 협력을 추진한다. 공동으로는 모바일 금융상품의 혁신을 이루고 모바일결제, 모바일뱅킹, 부가가치업무 등 전략적인 협력을 추진하여 모바일 금융서비스의 수준을 업그레이

수익분석

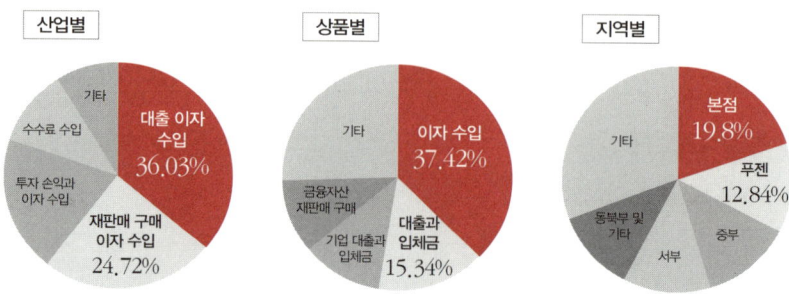

	업무명	영업 수입 (만 위안)	매출 비율	영업 비용 (만 위안)	비용 비율	이익 비율	총이익률
산업별	대출 이자 수입	4452200	36.03%	–	–	–	–
	재판매 구매 이자 수입	3055400	24.72%	–	–	–	–
	투자 손익과 이자 수입	2401200	19.43%	–	–	–	–
	수수료 수입	1353500	10.95%	–	–	–	–
	기타	1095900	8.88%	–	–	–	–
상품별	이자 수입	10862300	37.42%	–	–	–	–
	대출과 입체금	4452200	15.34%	–	–	–	–
	기업 대출과 입체금	3248600	11.19%	–	–	–	–
	금융자산 재판매 구매	3055400	10.53%	–	–	–	–
	채권 및 기타 투자	2316600	7.98%	–	–	–	–
	수수료 수입	1353500	4.66%	–	–	–	–
	기타	3737600	12.86%	–	–	–	–
지역별	본점	1176300	19.80%	439000	16.78%	22.18%	62.68%
	푸젠	762900	12.84%	370000	14.14%	11.82%	51.50%
	중부	753000	12.68%	399600	15.27%	10.63%	46.93%
	서부	739200	12.44%	283700	10.84%	13.70%	61.62%
	동북부 및 기타	693400	11.67%	321700	12.30%	11.18%	53.61%
	광둥	482400	8.12%	209300	8.00%	8.21%	56.61%
	상하이	412600	6.95%	137300	5.25%	8.28%	66.72%
	베이징	369400	6.22%	135900	5.19%	7.02%	63.21%
	장쑤	287300	4.84%	142900	5.46%	4.34%	50.26%
	저장	264300	4.45%	176900	6.76%	2.63%	33.07%

드할 계획이다.

- **주식출자 은행업체**

  흥업은행은 5억 6,100만 위안을 구강은행九江銀行에 출자하여 2억 2,320만주의 주식을 보유하고 있으며, 20%의 지분을 갖고 있다.

- **우선주 발행**

  2014년 6월에 흥업은행이 발행한 우선주는 3억 주 이하로, 총액은 300억 위안 이하이며 모두 회사의 1급 자본을 보충하고 자본충족률을

향후 순이익과 주당순이익 예측 EPS

2014년 12월 23일까지 6개월 내 24개 기관이 예측한 흥업은행의 2014년도 실적 : 2014년 매 주식의 수익은 2.45위안이 될 것으로 예측하며, 작년 동기대비 13.43% 성장한 것이다. 2014년의 순이익은 466억 9,300만 위안이 될 것으로 예상하며, 작년 동기대비 13.3% 성장할 것으로 보인다.

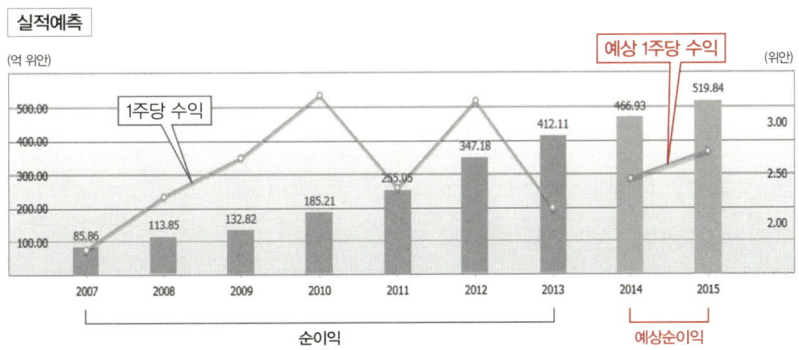

- 연도별 1주당 예상수익 (단위 : 위안)

	예측 기관수	최소치	평균치	최대치	업계평균
2014	24	0.78	2.45	2.66	1.48
2015	22	0.71	2.72	3.21	1.63
2016	14	2.65	3.18	3.71	1.95

- 연도별 예상순이익 (단위 : 억 위안)

	예측 기관수	최소치	평균치	최대치	업계평균
2014	24	148.61	466.93	507.49	697.97
2015	22	135.27	519.84	612.76	737.33
2016	14	523.24	610.63	707.74	798.58

높이는 데 사용하고 있다. 주목할 만한 점은 회사의 주주인 푸젠성 재정부가 2,500만 주를 매수한다는 점이다. 흥업은행이 이번에 발행한 우선주의 주당 가격은 100위안이며 발행대상은 200명 이하로 '우선주시범관리방법'과 기타 법률법규규정의 조건에 부합하는 투자자이다. 흥업은행 주주인 푸젠성 재정부는 2,500만 주를 구매하고 발행한 우선주 배당률에 대해 매매문의를 하지 않고 최종 확정된 배당률에 동의하기로 하였다. 흥업은행은 배당률에 대해 우선주 납입금은 5년을 주기로 하여 매 주기 내 배당률은 동일하게 책정하기로 하였다.

첫 번째 주기의 배당률은 가격 매매문의 방식이나 관련 기관으로부터 인가를 받은 방식으로 진행하기로 하였고, 발행 전 흥업은행의 최근 2개 회계연도 보통주의 연간 평균 순자산 수익률보다 높지 않게 책정하기로 하였다. 또한 이 우선주는 비누적주식률 결제방식으로 정했는데, 즉 우선주 주주에게 발행하지 않은 주식의 경우에는 계산에 포함시키지 않기로 한 것이다. 이 우선주는 강제 주식전환 트리거 사건 발행 시 중국 은행감독관리위원회의 관련 요구에 따라서 심사에 보고되기로 하였다. 결정된 이후에는 강제 전화주식 가격에 따라서 전액 회사의 A주 보통주로 전환되기로 하였다. 초기 강제 전환주의 가격은 주당 9.86위안으로 정하였다.

▪ 인터넷금융 전략협력

2014년 6월 흥업은행은 베이징의 바이두시대인터넷기술유한공사百度时代网络技术有限公司와 전략협력협의를 체결하였다. 협의에 따르면 흥업은행은 바이두가 은행업계에서 유일하게 전면적 전략협력 파트너로 지정한 은행이다. 양측은 각 기업 영역의 장점을 최대한 발휘하여 금융과 인터넷 영역에서 전면적인 협력을 추진하기로 하였다. 또한 각자의 상품과 응용서비스 수준을 높이기로 하였다. 인터넷 금융혁신 협력, 빅데이터 협력, 상품판매 협력 등도 진행할 예정이다.

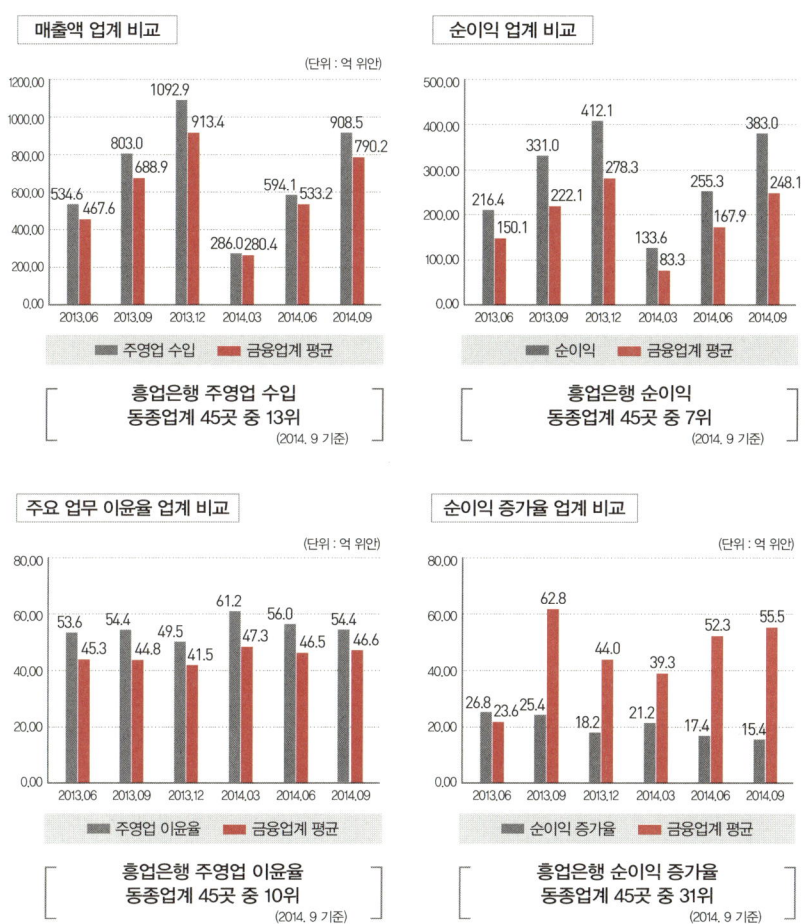

- **사이버뱅크**

　흥업은행은 2000년에 개인 사이버뱅크를 출시한 이후 줄곧 고객 중심의 서비스 이념을 견지해왔다. 지속적으로 은행의 고도화와 업그레이드를 추진하고 고객경험을 통해 고객들의 만족도를 높이고 있다. '온라인흥업' 개인 사이버뱅크 5.0버전을 출시하였는데, 이 버전은 '심플함, 사용하기 쉬움, 안전함'을 지표로 한다. 사용자들의 체험을 중시하였으며 전자은행 인터페이스, 처리과정, 안전보장 등 영역이 전면적으로 고도화되어 혁신을 일으켰다. 거래 프로세스의 재조정을 통해 상용기능의 조작이 간편해졌고, 기술구조의 고도화를 통해 고객의 방문이 빠르게 늘었다. 업그레이드 이후 등록, 조회, 계좌이체 등 주요 기능 페이지의 응답시간이 50% 이상 빨라졌다.

　뿐만 아니라 업계에서 가장 먼저 '한 번 클릭으로 즉시 계좌이체一键直转' 서비스를 출시하였다. 이 서비스로 고객들은 우선 계좌이체 정보를 설정한 후 필요할 때 간단한 조작으로 빠르고 정확하게 즉시 계좌이체를 할 수 있게 되었다. 이 밖에 핸드폰 번호와 별명을 연동한 송금방식, 자동계약 문자알림방식, 자금집계 등 개인 사이버뱅크 영역에서 다양한 상품으로 혁신을 이루었다. 이것은 사용자가 다양한 서비스를 체험할 수 있도록 하여 호평을 받았다.

　흥업은행의 개인 사이버뱅크는 사용자 체험을 확장시키는 데 좋은 성과를 거두었는데, 과학적으로 업무 프로세스 개선을 위해 노력한 덕분이라고 할 수 있다. 흥업은행은 사이버뱅크 고객체험이 가능한 서비스 그룹도 설립하였다. 중국 내외에서 고객의 피드백과 동종업계의 선진적인 경험 노하우를 받아들여 제품설계를 '프로세스 지향'에서

'체험 지향'으로 바꾸었다. 제품 생명 주기의 온오프라인 전방위 프로세스 관리시스템을 구축하고, 제품운영에서는 유동적인 고효율의 고객체험을 구축하고 지속적으로 메커니즘을 개선시켰다.

재무제표

재무년도	2012	2013	2014	2015E	2016E
주당순이익	3.22	2.16	2.3976	2.661336	2.95408296
순이익(억 위안)	3471800	4121100	5172392.61	6649110.7	8358597.061
순이익 증가율(%)	36.12	18.7	25.51	28.55	25.71
총수입(억 위안)	8761900	10928700	15092534.7	20587726.58	27406381.63
총수입 증가율(%)	46.35	24.73	38.1	36.41	33.12
BPS(위안)	13.35	10.49	11.6439	12.924729	14.34644919
ROE(%)	26.65	22.39	24.8529	27.586719	30.62125809
PER(배)	12.52	9.42	5.59	5.31	4.65
PBR(배)	3.33658	2.109138	1.38927711	1.464854779	1.423888501
자산·부채 비율(%)	94.75	94.53	104.9283	116.470413	129.2821584

8장

미래 핵심동력, 우주·항공산업

1. 중국 우주산업 환경분석

우주개발은 중국의 수많은 미래 경제성장 동력 중에서도 중요한 산업이다. 우주개발은 우주탐사 영역 외에도 군수산업과 연동이 가능한 영역으로 정치적 위상과 영향력이 증대되는 산업이기도 하다. 우주에서도 세계 최고를 넘보는 중국이 개발에 박차를 가해야 하는 산업이기도 하다.

중국의 우주개발은 산시성 위주로 발전하였다. 산시성은 시진핑 주석의 고향이기도 하다. 2012년에 시진핑이 국가주석이 되면서 산시성의 대표산업인 우주산업이 더 주목받고 있다. 우리나라에 이휘소 박사가 있다면 중국에는 첸쉐썬이 있다. 첸쉐썬은 인공위성·핵폭탄·수소폭탄 개발의 1등 공신이며 전 미국 국방부 과학고문이었는데, 중국이 우주강국으로 부상하는 기틀을 만들었다.

중국은 1992년 9월에 정식승인된 유인 우주비행 프로젝트로 유인 우주선 발사, 우주도킹docking(인공위성이나 우주선이 우주공간에서 서로 결합하는 것) 실험, 우주정거장 건설을 목표로 하고 있다. 1999년 유인우주선 선저우神舟 1호 발사, 2011년 선저우 8호로 발사로 우주도킹 실험에 성공했으며, 2013년에는 창어 3호로 달 착륙에 성공하였다. 이로써 중국은 미국, 러시아에 이어 세계 3대 우주강국으로 부상하게 되었다. 중국에서 개발된 신소재 중 80%는 우주과학기술이 민간경제부문에 응용되면서 파생된 것으로 알려져 있는데, 그만큼 우주산업의 영향력이 막강하다는 뜻이다.

중국의 우주강국 부상은 짧은 기간에 집약적으로 이뤄졌다. 미국과 소련이 본격적인 우주개발 경쟁에 돌입한 1960년대 후반에 들어서야 겨우 인공위성과 발사체 연구를 시작했다. 미국이 우주정거장 스카이랩을 궤도에 올리고 바이킹 1호가 화성에 착륙해 사진을 전송할 무렵에는 처음으로 인공위성 발사에 성공하는 정도였다. 그러더니 1990년대 후반의 비약적인 경제성장과 함께 우주개발도 가속도가 붙었다. 1999년에 최초의 우주선 선저우 1호, 2003년에 최초의 유인우주선 선저우 5호 발사에 잇따라 성공했다. 우주개발은 냉전시절 미국과 소련이 국가적 자존심을 다투는 동시에 대륙간탄도탄ICBM과 우주방어체제 등 군사 전략 차원에서 이뤄져 왔다. 이런 점에서 중국의 우주강국 도약은 동북아는 물론 세계 안보질서에 적잖은 영향을 끼칠 것으로 보인다. 기술발전 속도와 사회주의 국가 특유의 강력한 정책의지, 연구개발에 필요한 풍족한 자금 등을 감안하면 중국의 우주개발은 점점 속도가 붙을 것이다.

중국의 우주개발계획은 1986년 3월 덩샤오핑의 '863계획863计划'에서 시작되었다. 이것을 시작으로 핵·항공우주 관련 기술이 크게 성장하게 되었다. '세 걸음 전략三步走战略'인 921공정921工程을 통해 2003년 유인우주선인 선저우 5호 발사에 성공했다. 우주도킹 실험은 2011년 선저우 8호 발사로 성공하였고, 이제 2023년 우주정거장 건설만 남겨두고 있다. 실험용 우주정거장 건설계획을 위해 2011년에 톈궁天宫 1호를 발사함에 따라 소련, 미국에 이어 세계에서 세 번째로 우주정거장 발사국이 되었다. 2015년 톈궁 2호, 늦어도 2016년까지는 톈궁 3호를 발사할 계획이다. 중국이 독자적인 우주정거장 건설을 완료하는 2020년쯤에는 미국과 러시아가 공동운영하는 국제우주정거장ISS의 수명이 다한다. 그러면 중국이 세계 유일의 우주정거장 보유 국가가 될 것이다.

중국은 자국의 우주개발이 미국, 러시아보다 저비용·고효율을 달성했다고 주장한다. 1992년 이후 20년간 도킹까지 투입한 자금이 약 350억 위안(약 6조 2천억 원)으로, 미국의 1년 우주산업 관련 예산이 약 180억 달러인 것을 생각하면 적은 것이다. 하지만 중국은 지난 20년간 유인우주 플랫폼, 우주발사체, 위성 등에서 괄목할 만한 성과를 달성하였다. 해외진출에도 적극적이어서 1990년대 이후 베네수엘라, 나이지리아 등 제3국의 위성을 제작해 수출하고 있다.

중국의 우주개발 현황

날짜	내용
2011년 9월	실험용 우주정거장 톈궁 1호 발사. 소련, 미국에 이어 세계에서 세 번째로 우주정거장 발사
2011년 11월	선저우 8호 발사. 톈궁 1호와 두 차례 도킹 성공. 미국과 소련에 이어 세계에서 세 번째로 도킹에 성공
2012년 6월	네 번째 유인우주선 선저우 9호 발사
2013년 6월	다섯 번째 유인우주선 선저우 10호 발사
2013년 12월	달 탐사선 창어(嫦娥) 3호 발사. 달 탐사차 옥토끼(玉兎) 탑재. 첫 번째 달 착륙 시도

• 자료 : 바이두바이커(BaiduBaike, 百度百科), 코트라

2014년 이후 중국의 우주개발 계획

날짜	내용
2015년	톈궁 2호 발사
2023년	우주정거장 건설완료
2025~2030년	우주인 달 착륙. 원격탐사-착륙-탐사의 3단계, 화성 프로젝트

• 자료 : 바이두바이커(BaiduBaike, 百度百科), 코트라

또한 중국의 독자적 GPS시스템인 북두위성항법(베이더우)北斗导航 구축은 민간에도 보급되어 연평균 25%의 무서운 속도로 성장 중이다. 베이더우는 2012년 말에 정식으로 서비스를 시작해 태국, 라오스, 브루나이에 진출하였다. 2020년쯤에는 서비스가 전 세계로 확대될 예정이고, 중국과 주변 지역에는 ㎝급 위치서비스를 제공할 계획이다. 북두위성항법 및 위치서비스로 벌어들일 수 있는 수익이 2015년에는 2,250억 위안, 2020년에는 4천억 위안이 넘을 것으로 전망된다.

2. 중국위성

- **한글명** : 중국동방홍위성주식유한공사
- **중문명** : 中国东方红卫星股份有限公司
- **기업형태** : 국유기업
- **주소** : 베이징시 하이뎬구 중관춘남대로 31호 선저우테크놀러지빌딩 12층
- **종목코드** : 600118
- **영업분야** : 위성 및 관련 제품 연구개발
- **홈페이지** : www.spacesat.com.cn
- **CEO** : 완인쥔 万银娟

● **중국의 우주산업을 이끄는 세계 일류 항공우주 기업**

중국위성은 중국동방홍위성주식유한공사 中国东方红卫星股份有限公司의 줄임말로 중국의 우주산업을 주도하는 회사이다. 중국위성은 각종 탐사위성을 30회 이상 발사하였고, 미국의 GPS위치정보시스템과 유사

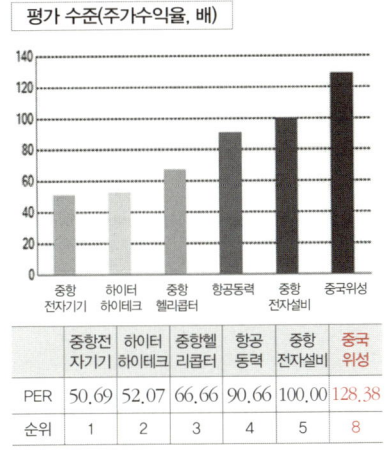
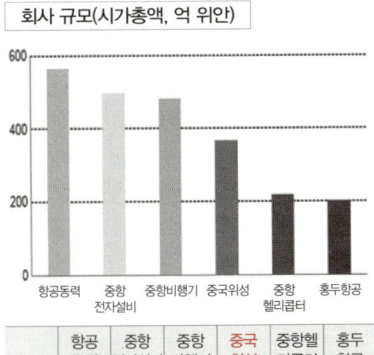

한 북두위성항법을 개발했다. 이는 우주산업뿐만 아니라 다른 분야에도 널리 응용되었다. 초소형 지구국VSAT서비스, 우주선 제작에 사용되는 티타늄사업 등으로도 영역을 확장하고 있다.

 냉정하게 말하면 우주산업을 위한 우주선 제작은 수익증대에 큰 역할을 하지 못한다. 초기에 투입되는 자금이 많고 발사가 성공한다고 하더라도 효과적으로 이익을 창출하지 못하기 때문이다. 일반적인 과학위성 한 대를 우주로 쏘아 올리는 데 약 300억 원 이상의 자금이 필요하다. 국가적으로는 국제정치적 효율과 과학기술 발전이라는 성과가 있는 것이지만, 수익창출을 목적으로 하는 기업이나 주주로서는 썩 내키지 않는 일이다. 그러나 중국위성은 우주개발분야 중 위성항법장치와 방송국에서 널리 쓰이는 VSAT초소형지구국을 상업화시키면서 장기적인 매출과 기업수익에 긍정적인 영향을 미치고 있다. 중국위성은 '자금의 블랙홀'이라 불리는 우주개발분야에서 중항전자설비와 함께 수익을 내는 소수 기업 중 하나다.

　중국위성은 우주 지상 일체화 설계, 연구제작, 서비스 운영 능력을 갖춘 산업화 기업으로 10여 개의 자회사와 항천동방홍航天东方红, 항천항성航天恒星 등의 유명 브랜드를 가지고 있다. 소형 위성과 마이크로 위성 연구제작분야에서 CAST968(CAST1000) 플랫폼으로 대표되는 일련의 소형 위성과 마이크로 위성 공용 플랫폼을 성공적으로 개발했다. 지형 관측, 해양 모니터링, 환경 모니터링, 공간 탐측, 과학 실험 등 용도가 서로 다른 여러 개의 소형 위성 발사에 성공하기도 했다. 우주선 일부 부품 생산 능력도 갖추고 있다. 그 외에도 위성 지면 응용 시스템 및 설비제조분야에서 우주선 지상관제소 시스템 통합, 위성 항법, 위성 통신, 위성 원격 센서, 정보 전송 및 영상 처리 5대 분야에서 20여 가지 제품이 있다. 북두위성항법, 동중통动中通 위성 제품 시장에서 다른 기업을 능가하는 시장점유율을 차지하고 있다. 톈후이天绘 원격센서위성 데이터의 전체 대리권을 가지고 있다.

5대 대주주(2014년 09월 30일)

순위	주주명	주식유형	보유주식수(주)	보유비율	증감(주)
1	중국항공테크놀로지그룹공사 제5연구원	유통 A주	611,520,616	51.71%	변동없음
2	중국공상은행 (징순장성선정주식형증권투자펀드)	유통 A주	31,134,289	2.63%	-2,000,000
3	중국농업은행 (중국우정핵심성장주식형증권투자펀드)	유통 A주	15,000,000	1.27%	-12,916,900
4	베이징우주비행기총체설계부	유통 A주	9,803,643	0.83%	변동없음
5	중국공상은행 (눠안주식증권투자펀드)	유통 A주	8,533,753	0.72%	2,499,968

직원 수는 약 3천 명이며, 핵심 기술 경쟁력과 일정 수준의 산업 규모를 갖춘 항공우주분야의 핵심 기업으로 세계 일류 종합형 항공우주 기업이다. 중국위성은 '2대 주력 사업, 산업의 확장, 종합 경영, 규모의 성장' 전략에 따라 빠르게 성장하고 있으며, 매년 30억 위안 이상의 사업수익을 창출하고 있다.

■ 위성항법 응용

중국위성의 위성항법 응용은 가장 상업화된 기술로 북두위성항법시스템이 있다. 이와 비슷한 것으로 미국의 GPS시스템, 유럽의 갈릴레오 시스템, 러시아의 글로나스^{GLONASS}가 있다. 2000년부터 3개의 '북두항법시험위성'을 성공적으로 발사하여 북두항법시험시스템을 구축하였다. 이 시스템은 서비스 구역 내 사용자에게 지리 경위도 정보를 제공해준다. 또한 단신 메시지의 양방향 통신과 정밀시간 전송 서비스도 제공한다. 인터넷지도서비스, 전자통신, 수리, 도로 교통, 철도 수송, 어업 생산, 탐사, 산림 방화 및 국가 안전 등 수많은 분야에서도 중요한 역할을 하고 있다. 중국의 북두위성항법 시스템이 미국이나 러시아의 시스템과 차별화된 점은 사용자가 자기 위치를 알 수 있다는 것이다. 다른 사람에게 자기가 어디에 있는지 알려줄 수도 있다. 항법과 이동 데이터 통신 장소, 예를 들면 교통 수송, 조정 지휘, 수색 구조, 지리 정보 실시간 문의 등의 이용에 적합하다.

중국위성은 위성항법을 응용해 우주항법 단말기, 지면항법 단말기 제품 및 항법장치의 핵심 칩을 연구제작하고 있다. 대표적인 제품으로 자동차, 선박, 비행기 탑재 및 휴대형 북두항법 장치 고객 단말기,

북두·GPS 듀얼 모듈 항법 장치 고객 단말기, 1세대 북두칩 등이 있다. 중국 북두항법 네트워크의 문자 생방송 업무 및 정부의 863계획 '응급재해용 특수 항법 장치 단말기 기술 및 시범' 사업을 진행하고 있으며, 항법 단말기 제품은 여러 응용 시범 사업에서 광범위하게 사용되고 있다.

■ 위성 제작

중국위성은 1천kg 이하의 소형 위성 및 마이크로 위성의 연구제작과 생산에 힘쓰고 있으며 시스템 개발, 시스템 설계, 시스템 통합 및 궤도 서비스 일체화를 위해 노력 중이다. 주요 제품은 CAST100·CAST968(CAST100)·CAST2000로 대표되는 세 종류의 소형 위성 소프트 플랫폼으로 지면 관측, 해양 관측, 우주 과학, 통신, 기술 실험 등 여러 분야 수요에 부응하고 있다. 30기 이상의 현대화 소형 위성 발사에 성공하였으며, 중국시장의 90%를 차지하고 있다. 2011년 5월에는

유통주/비유통주 분포 비교

출자금 구조	단위 : 만 주	점유율
유통 A주	118,248.91	100%
유통 B주	–	–
유통 H주	–	–
기타 유통주	–	–
유통제한주	–	–
미유통주식	–	–
총출자금	118,248.91	100%

베네수엘라 원격 센서 위성회사와 계약을 체결하여 중국 원격 센서 위성 완제품 수출의 신기원을 이루었다.

- **원격 센서 위성 응용**

중국항공의 우주분야는 축적된 기술력과 위성 자원 우위를 기초로 고객에게 원격 센서 위성 데이터 수신, 처리 및 응용 서비스를 제공한다. 빅데이터 고속 처리, 위성 궤도 시뮬레이션 및 지면 영상 평가, 수리공정업계 원격 센서 응용, 디지털 도시정보 공유, 교환 및 발표 등 여러 가지 핵심 기술을 보유하고 있다. 주요 제품은 스마트 원격 정보 처리 시스템, 항법 소프트웨어, 디지털 도시공간 데이터 서비스 공유 시스템, 원격 측량 생산 네트워크화 데이터 관리 플랫폼, 원격 측량 제어기지 데이터 관리 및 응용 시스템이다. 위성 연구제작 분야에서 다른 업체들을 앞서는 지위를 기반으로 원격 센서 위성 자원을 이용하여 데이터 수신, 데이터 생산, 데이터 처리 및 전문 응용 등의 원격 센서 산업 구축 능력을 갖추었다.

- **대형 지상관제센터 시스템 통합**

중국위성은 대형 지상관제센터 시스템 통합 분야에서 원격 센서 위성 데이터 수신, 시스템 처리 연구제작과 관련된 사업을 진행하고 있다. 대형 지상관제 응용 시스템 구축에서 단일기기, 부품 및 설비 성능 분석, 실험 및 테스트까지 풍부한 대형 위성 지상관제 응용 시스템을 연구제작하고 있다. 또한 개발 및 통합 프로젝트 운영 경험과 풍부한 기초 기술을 보유하고 있다.

수익분석

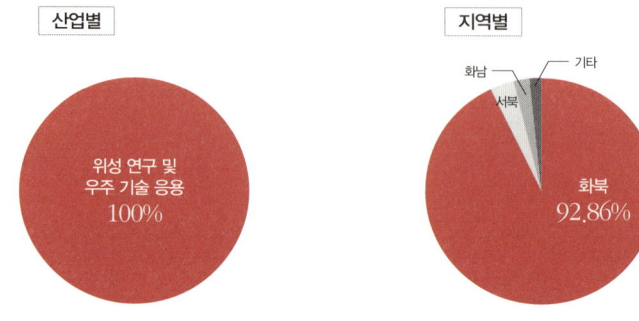

	업무명	영업 수입 (만 위안)	수입 비율	영업 원가 (만 위안)	원가 비율	이윤 비율	순이익율
산업별	위성 연구 및 우주 기술 응용	220167.52	100%	193476.81	100%	100%	12.12%
지역별	화북	204453.31	92.86%	–	–	–	–
	서북	7179.32	3.26%	–	–	–	–
	화남	5309.05	2.41%	–	–	–	–
	기타	3225.84	1.47%	–	–	–	–

● **중국위성 현황과 경쟁력**

　중국위성의 시가총액은 367억 위안으로 우주항공업계 4위이지만 우주업계에서는 1위이다. PER는 128.38배로 무척 높은데 이것은 수행하는 사업 대부분이 국가정책 산업이기 때문이다. 이 분야는 단기간의 수익보다는 장기간 국익과 관련된 기술을 개발하는데, 일반적으로 수익보다 투자가 많다. 정부 산하의 과학기술부가 대주주로 지분의 51.71%를 가지고 있으며 100% 유통주이다. 매출의 100%가 인공위성과 우주연구에서 나오고, 시진핑 주석의 고향인 화북지역에서 매출의 대부분이 창출된다. 매출과 매출증가율은 업계평균보다 낮지만 순이익은 업계평균 이상이다.

■ 핵심 경쟁력

중국위성은 항공과학기술그룹공사의 계열사로 항공 핵심 기술과 수많은 하이테크 인재가 포진해 있다. 연구개발 능력이 뛰어나고 계열사로 있는 다수의 자회사는 하이테크 기업들이다. 중요한 자회사는 모두 자체적인 독립 연구개발 부서가 설립되어 있으며 연구개발 조직과 실험, 테스트, 연구개발 시설을 구비하고 있어 핵심 시스템, 핵심 부품의 개발을 수행할 수 있다.

위성 연구제조 분야에서도 핵심 기술이 있다. 소위성 시리즈의 공공 플랫폼 개발, 신기술 보급, 위성 소형화 제품 개발 등의 분야에서 뛰어난 성과를 거두었다. 소형 위성의 성공적인 발사와 안정적인 궤도운행에 큰 역할을 하였다. 위성응용 분야에서도 VSAT시스템, 높은 안보성의 클라우딩 컴퓨팅 시스템, GNSS에 기반한 고정밀 궤도 결정 및 측정 기술 등 다양한 핵심 기술을 가지고 있다. 그래서 시장 수요와 동향에 따라 핵심 및 관련 기술의 융합으로 기술 수준이 높고 판매망에 적합한 신제품을 즉각적으로 개발하여 고객의 수요를 만족시킬 수 있다.

특허, 소프트웨어 저작권, 독점 기술 100여 개를 가지고 있으며 약 2,300명의 과학 인재가 있는데 전체 직원의 68.39%를 차지한다. 뛰어난 기술력과 높은 인재보유율은 위성 연구제작과 응용업무에서 보다 빠르게 핵심 경쟁력을 확보할 수 있게 해준다.

향후 순이익과 주당순이익 예측 EPS

2014년 12월 23일까지 6개월 내 12개 기관이 예측한 중국위성의 2014년도 실적 : 2014년 매 주식의 수익은 0.30위안이 될 것으로 예측하며, 작년 동기대비 7.14% 성장한 것이다. 2014년의 순이익은 3억 5,200만 위안이 될 것으로 예상하며, 작년 동기대비 15.12% 성장할 것으로 보인다.

실적예측

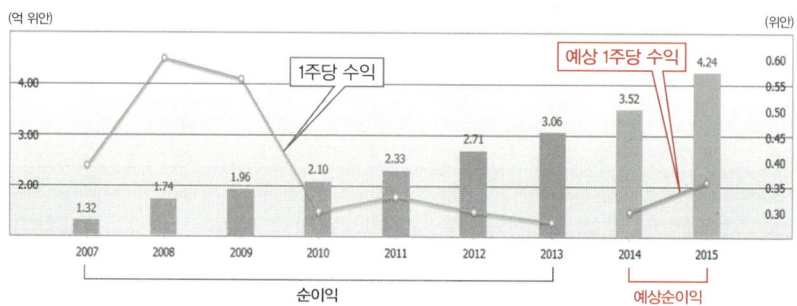

- 연도별 1주당 예상수익 (단위 : 위안)

	예측 기관수	최소치	평균치	최대치	업계평균
2014	12	0.19	0.30	0.33	0.61
2015	12	0.21	0.36	0.41	0.83
2016	8	0.23	0.41	0.49	1.06

- 연도별 예상순이익 (단위 : 억 위안)

	예측 기관수	최소치	평균치	최대치	업계평균
2014	12	2.26	3.52	3.90	7.98
2015	12	2.51	4.24	4.85	10.55
2016	8	2.71	4.81	5.79	13.09

● **매매포인트**

▪ **소형 위성 연구제작 사업**

중국위성은 현재 상해 A주 상장사 중 유일한 완전 위성체 제작 기업이다. 전문 자회사 위탁 방식으로 베이징이나 선전 등에서 산업기지를 구축하고, 소형 위성 연구제작의 양대 사업과 전문 제품 회사를 기반으로 우주산업 성장구조를 구축하고 있다. 전액출자자회사인 항천동방홍위성유한공사는 소형 위성 제작이 주력 사업인데, 제5연구원의 소형 위성 연구제작 인재를 흡수하여 상당한 수준의 소형 위성 완전체의 설계·조립·테스트 및 실험분야 인재를 보유하고 있다. 2010년 이후 원격 센서 9호, 원격 센서 11호, 톈후이 1호, 실천 6호 등 여러 기의 위성발사에 성공하였고 약 10기의 궤도위성을 안정적으로 운영하고 있다. 동시에 신형 소형 위성 플랫폼 구축 프로젝트는 완전체 및 시스템 분류 방안의 설계 업무를 완료하였고, 샘플 연구제작 단계에 진입하여 안정적으로 사업을 진행하고 있다. 항천동방훙은 매년 2억 위안 이상의 순익을 달성하고 있다.

■ 북두위성항법

중국위성은 중국 유일의 항공우주급 항법 시스템 생산 기업이다. 위성항법, 지상관제 시스템 통합, 통신 제품, 원격 센서 및 영상 전송 등 4대 섹터의 위성 응용 사업은 중국위성 미래성장의 주요 동력이다. 항천항성과기유한공사航天恒星科技有限公司, 항천항성우주기술응용유한

중국위성의 우주선 발사 사례

번호	위성 명칭	발사일	주요 임무
1	실천 11호 01위성	2009년 11월 12일	국토자원조사
2	원격센서위성 7호	2009년 12월 9일	지진재해예측
3	희망 1호	2009년 12월 15일	무선전기과학실험
4	원격센서위성 7호(발사체 1기에 위성 3개 탑재)	2010년 3월 5일	자원탐사
5	톈후이 1호 위성	2010년 8월 24일	과학실험
6	원격센서위성 11호	2010년 9월 22일	국토 및 농업조사
7	실천 6호 04조 B위성	2010년 10월 6일	우주환경탐사

• 공개된 자료로 구성

공사航天恒星空间技术应用有限公司의 투자 사업이 단계적 성과를 거두어 여러 가지 제품이 출시되면서, 일부 제품은 시장개척의 돌파구를 마련하게 되었다. 양사의 매년 순익은 1억 위안에 달한다.

초소형지구국VSAT, Very Small Aperture Terminal은 지름 60~180㎝의 접시형 안테나로 정지궤도에서 선회중인 통신위성과 송수신하는 소형 위

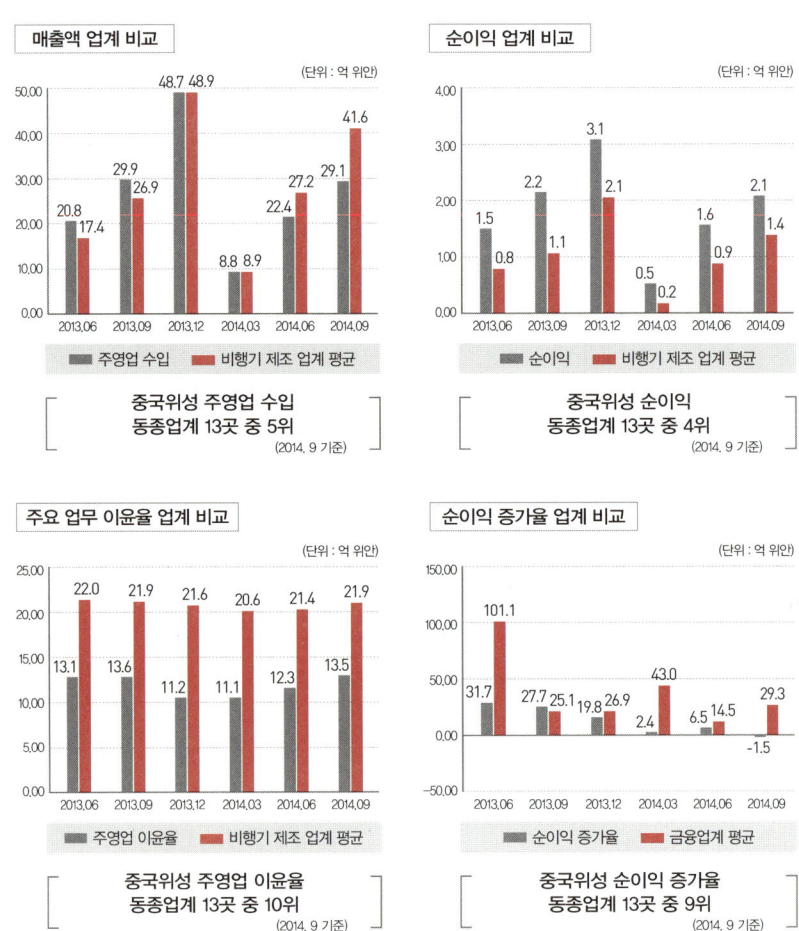

성 지구국이다. 음성정보는 물론 동화상 데이터 등을 통신위성을 통해 세계 곳곳에 송신하고 수신할 수 있다. 이 VSAT서비스는 위성을 통한 사설 통신망의 경제성이 높은 북미를 중심으로 수요가 집중되어 있다. 미국의 대형마트 체인들은 VSAT시스템을 이용해 물류 및 영업 효율을 높이고 있다. 도시에서 멀리 떨어진 외진 지역을 대상으로 원격교육을 할 때도 효과적으로 이용할 수 있으며, 재난대비 통신망으로도 유용하다.

■ 티타늄 사업

중국위성은 9,600만 위안(지분 60%)을 출자하여 남천홀딩스 蓝天控股

재무제표

재무년도	2012	2013	2014	2015E	2016E
주당순이익	0.3	0.28	0.3052	0.332668	0.36260812
순이익(억 위안)	2	3	3.27	3.5643	3.885087
순이익 증가율(%)	16.33	13.04	14.2136	15.492824	16.88717816
총수입(억 위안)	42	48	52.32	52.0288	62.161392
총수입 증가율(%)	17.99	12.74	13.8866	15.136394	16.49866946
BPS(위안)	2.62	3.42	3.7278	4.063302	4.42899918
ROE(%)	12.4	10.28	11.2052	12.213668	13.31289812
PER(배)	150.2	130.1	128.38	78.12	55.11
PBR(배)	18.6248	13.37428	14.38523576	9.541317442	7.336738154
자산·부채 비율(%)	49.16	42.24	46.0416	50.185344	54.70202496
마진률(%)	13.43	11.53	12.5677	13.698793	14.93168437
재고자산률(%)	6.74	8.02	8.7418	9.528562	10.38613258

와 티타늄합금 기업을 설립한다. 등기자본은 1억 6천만 위안으로, 상업용 항공기 티타늄합금 죔쇠 사업을 진행하였다. 이 기업은 죔쇠(표준형, 비표준형)의 종합 개발, 생산가공 및 하이테크 합금 소재 생산가공이 주력 사업이다. 중국상업용항공기유한책임공사 中国商用飞机有限责任公司가 인가한 제품공급업체이다. 중국위성의 지배주주인 중국항톈과기그룹공사 제5연구원 소속 산둥전자연구소 山东电子研究所(국산 위성이나 우주선 등 하이테크 정밀 비행기기 티타늄 표준 죔쇠 제품의 인가 공급업체)의 기술을 기반으로 기술개발 및 제품 연구제작을 진행하였다. 상업용 항공기 티타늄 죔쇠 사업의 총 투자비용은 3억 2천만 위안으로, 기타 필요 자금은 전략적 투자 혹은 은행 대출 방식으로 해결하였다. 2014년 들어서면서 순수익이 1천만 위안을 넘어섰다.

- **지배주주 보유 지분 증가**

2012년 이후 중국위성의 지배주주인 중국항천과기그룹공사 제5연구원 계열의 베이징우주비행완전체설계부 北京空间飞行器总体设计部는 상하이거래소를 통해 2급 시장에서 회사 전체 주식의 매입을 늘리고 있다. 이는 우주산업의 부가적인 수익이 창출되는 중국위성의 지분을 늘려 적자인 모회사의 경영 상황을 개선하려는 의도로 보인다.

3. 중항전자설비

- **한글명** : 중항기재전자주식유한공사
- **중문명** : 中航机载电子股份有限公司
- **기업형태** : 국유기업
- **주소** : 베이징시 차오양구 바오광시 갑5호원 20호 건물 8~9층
- **종목코드** : 600372
- **영업분야** : 항공, 우주, 항공기
- **홈페이지** : www.aviconics.cn
- **CEO** : 치샤戚侠

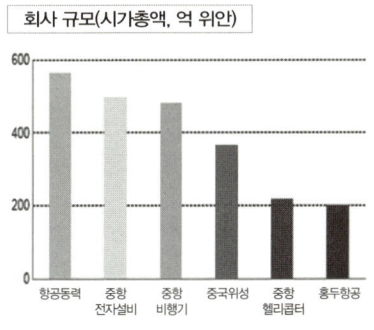

	중항전자기기	하이터하이테크	중항헬리콥터	항공동력	중항중기	중항전자설비
PER	48.73	49.85	65.89	89.11	95.44	99.26
순위	1	2	3	4	5	6

	항공동력	중항전자설비	중항비행기	중국위성	중항헬리콥터	홍두항공
시가총액	553	495	446	338	213	192
순위	1	2	3	4	5	6

● **특허가 많아 안정적 발전이 기대되는 기업**

　우주선과 항공기 개발은 소수 기업의 노력만으로는 힘든 분야이며, 몇 개의 기업만으로 테크놀로지의 집약체인 우주선을 제작할 수 없다. 중국 과학기술부에 따르면 우주선 하나를 개발하기 위해 국내외

1천 개 이상의 기업이 협력한다고 한다. 우주선 개발은 자국의 과학기술력을 총 동원해 제조하는 기술의 최상위이자 국가위상을 드높이는 결정체이다. 중항전자설비(이하 중항)는 그중에서도 우주선과 항공기의 핵심인 조종실의 각종 설비, 비행제행 제어 시스템, 조종실 계기 제어 시스템 등을 개발하는 기업이다. 939개의 신제품 연구개발, 57건 특허를 보유한 조종실 관련 기술개발에 특화된 기업이다.

중항처럼 특정 분야에 특허를 다수 보유하면 기업이 안정적으로 발전하는 것이 가능하다. 특히 중국은 특허의 보장기간이 30년이기 때문에 수익상승에 긍정적인 역할을 한다. 중항은 검증된 기술력을 바탕으로 꾸준한 성장을 하고 있다. 정부 주도 산업인 우주선 개발 외에도 중국위성처럼 응용분야에 적극적으로 참여하여 산업화를 진행하는 회사이다. 30회 이상 진행된 우주선 발사와 중국 민영항공기 C919기, 전투기, 자동차의 각 조종실과 운전석에 중항의 특허가 빠짐없이 들어가 있다. 그만큼 중국 산업 전반에서 영향력이 크고 무궁무진한 발전가능성이 있다.

5대 대주주(2014년 09월 30일)

순위	주주명	주식유형	보유주식수(주)	보유비율	증감(주)
1	중국항공테크놀로지공업주식유한공사	유통 A주	760,323,599	43.22%	변동없음
2	중항항공전자시스템유한책임공사	유통 A주	319,254,545	18.15%	변동없음
3	중국항공공업그룹공사	유통 A주	158,090,063	8.99%	변동없음
4	한중항공공업(그룹)유한공사	유통 A주	123,690,611	7.03%	변동없음
5	중국농업은행	유통 A주	21,124,849	1.20%	-4,875,151

상해 A주에 상장된 13개의 경쟁업체들의 재무제표를 비교해봐도 중항의 우위가 한눈에 들어온다. 조종이라는 제한된 분야에 특화되어 매출은 4위이지만 순이익은 업계 2위이다. 겉은 수수하지만 꽃게 알처럼 속이 꽉 찬 기업이다. 우주항공 관련 기업은 일반인이 이해하고 파악하기에는 어려운 점이 많고 공부할 부분도 많다. 하지만 정보에 접근하기 어려운 기업일수록 투자하는 경쟁자는 적다. 특히 다수의 투자자를 단시간에 만족시켜야 하는 핫머니가 적다. 핫머니가 적다는 것은 주가가 요동치는 것이 적어 기업이 안정적으로 성장할 수 있다는 뜻이다. 수익률과 배당률만 보고 투자하는 기관투자자들의 놀이판이 될 가능성이 적기 때문에 장기간 투자해 성과를 내기 좋다는 점을 꼭 기억하자.

중국항공전자설비의 원래 명칭은 중항항공탑재전자주식유한공사中航机载电子股份有限公司로 자동차생산 국유기업으로 창설되었으나 자동차산업에서는 이렇다 할 성과를 내지 못했다. 1999년 국유기업 개혁을

유통주/비유통주 분포 비교

출자금 구조	단위 : 만 주	점유율
유통 A주	175,916.29	100%
유통 B주	-	-
유통 H주	-	-
기타 유통주	-	-
유통제한주	-	-
미유통주식	-	-
총출자금	175,916.29	100%

수익분석

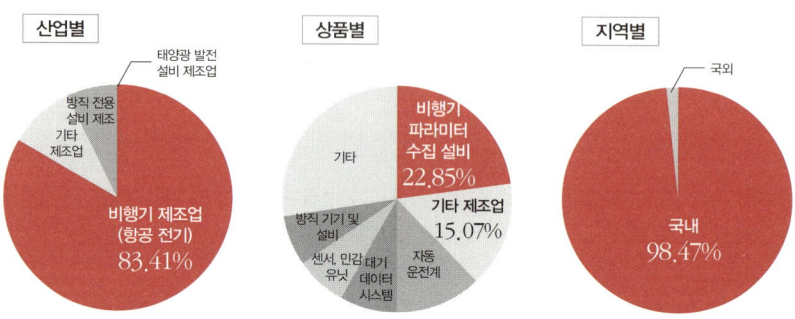

	업무명	영업 수입 (만 위안)	수입 비율	영업 원가 (만 위안)	원가 비율	이윤 비율	순이익율
산업별	비행기 제조업(항공 전기)	229070.36	83.41%	154811.39	80.07%	91.36%	32.42%
	기타 제조업	25966.44	9.46%	19769.42	10.23%	7.62%	23.87%
	방직 전용 설비 제조	19582.35	7.13%	18753.96	9.70%	1.02%	4.23%
	태양광 발전 설비 제조업	2.65	0.00%	3.39	0.00%	0.00%	-28.01%
상품별	비행기 파라미터 수집 설비	62759.58	22.85%	40423.65	20.91%	27.48%	35.59%
	기타 제조업	41396.75	15.07%	29727.93	15.38%	14.36%	28.19%
	자동 운전계	33167.02	12.08%	23586.61	12.20%	11.79%	28.89%
	대기 데이터 시스템	22714.17	8.27%	14320.91	7.41%	10.33%	36.95%
	센서, 민감 유닛	19880.09	7.24%	14839.56	7.68%	6.20%	25.35%
	방직 기기 및 설비	19582.35	7.13%	18753.96	9.70%	1.02%	4.23%
	비행기 GPS설비	17442.68	6.35%	12054.98	6.24%	6.63%	30.89%
	비행기 지시 게이지	15170.21	5.52%	10967.7	5.67%	5.17%	27.70%
	비행기 경고 시스템	12414.58	4.52%	8678.34	4.49%	4.60%	30.10%
	AHRS 시스템	9947.19	3.62%	6776.15	3.50%	3.90%	31.88%
	전용 구동, 작동 시스템	7411.14	2.70%	4424.03	2.29%	3.67%	40.31%
	항공 조명 시스템	5476.5	1.99%	3582.58	1.85%	2.33%	34.58%
	조정실 조작, 빛 조절 시스템	4191.98	1.53%	3179.98	1.64%	1.25%	24.14%
	전기 제어 장치	3064.9	1.12%	2018.4	1.04%	1.29%	34.14%
	태양광 인버터	2.65	0.00%	3.39	0.00%	0.00%	-28.01%
지역별	국내	270410.43	98.47%	190127.82	98.34%	98.77%	29.69%
	국외	4211.37	1.53%	3210.34	1.66%	1.23%	23.77%

계기로 항공기 개발 산업으로 업종을 전환하게 된다. 현재 연구인원은 약 3,200명으로 전체 직원의 23%인데, 연구개발을 통한 신기술 개발에 기업의 사활을 걸고 있다. R&D 자금투자는 매년 증가하여 신제품 연구개발에 주로 투입한다. 이와 동시에 제품의 모듈화와 시스템화 연구강화를 통해 업계에서 우위를 차지하고 있다.

이 기업이 보유한 각종 항공전자 연구실은 국제표준을 충족하는 중국 유일의 기록장치 파손·보존 실험실이다. 중항은 중국 인민해방군 표준을 충족하는 항공기자재 환경실험과 업계표준을 충족하는 환경

향후 순이익과 주당순이익 예측 EPS

2014년 12월 24일까지 6개월 내 11개 기관이 예측한 중항전자설비의 2014년도 실적 : 2014년 매 주식의 수익은 0.38위안이 될 것으로 예측하며, 작년 동기대비 6.53% 성장한 것이다. 2014년의 순이익은 6억 6,400만 위안이 될 것으로 예상하며, 작년 동기대비 5.77% 성장할 것으로 보인다.

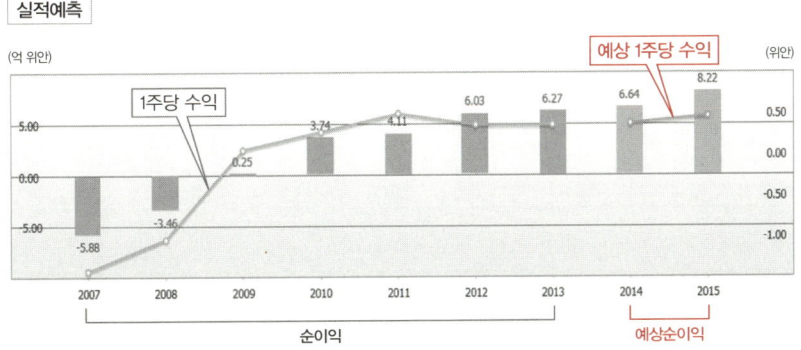

• 연도별 1주당 예상수익 (단위: 위안)

	예측 기관수	최소치	평균치	최대치	업계평균
2014	11	0.30	0.38	0.46	0.88
2015	10	0.36	0.47	0.57	1.05
2016	6	0.45	0.55	0.62	1.26

• 연도별 예상순이익 (단위: 억 위안)

	예측 기관수	최소치	평균치	최대치	업계평균
2014	11	5.27	6.64	8.09	11.50
2015	10	6.39	8.22	10.03	12.06
2016	6	7.92	9.73	10.91	13.04

실험능력을 갖고 있다. 항공기, 항공기 엔진, 미사일 등의 항공기 항공 전자시스템과 설비의 설계, 연구제작 능력, 시스템 통합 능력까지 구비하였다. 공산주의 국가에서 유일하게 우주산업이 발달했던 러시아의 러시아항공전자사·러시아항공우주설비그룹공사와 기술협력 관계를 맺고 있다. 또한 미국의 애쉬텍^{Ashtech}, 프랑스의 플라이바이와이어시스템프랑스$^{Fly\ By\ Wire\ Systems\ Frances}$·탈레스그룹^{Thales}·사프란^{SAFRAN}·사젬^{Sagem} 등 세계적으로 유명한 항공제조 기업들과 우호협력 관계를 맺어 자동비행제어기술, 플라잉바이와이어$^{Flying\ By\ Wire}$기술 및 부품 하도급 생산 등 업무를 하고 있다.

항공기 조종실의 핵심 기술은 항공기의 안정과 조종을 담당하는 비행 제어 시스템과 조종실 계기 제어 시스템이다. 비행 제어 시스템의 자동 비행 제어 시스템은 장거리 비행에서 필수적인 기술로 자동 가속 페달 제어, 자동 항법, 자동 공항 진입, 자동 착륙, 자동 지형 추적·회피 등의 시스템을 포함한다. 조종실 계기 제어 시스템은 조종사와 항공기 간의 정보 전달 인터페이스이다. 조종사에게 항공기 비행 자세, 비행 고도 등의 비행 계수 및 환경, 목표, 임무 프로그램 등의 비행 정보를 제공한다. 조종사는 제어 시스템을 통해 임무 지령과 임무 계수를 입력해 항공기를 조종하여 비행 임무를 완수하게 된다. 관련 기술의 대표 제품으로는 항공기 제어기인 플랩PDU, 비행 속도를 나타내는 속도-M수 조합미터, 항행 방향의 측량하는 자이로, 온도에 민감한 부품으로 이루어진 항공기의 각 부분 온도를 전달하는 정온센서이다.

● **중항전자설비 현황과 경쟁력**

중항의 시가총액은 496억 위안이다. PER는 99.26으로 매우 높은 수준인데, 앞으로는 산업화가 가속화되면서 줄어들 전망이다. 단기투자로 수익을 내기에는 쉽지 않은 수치이다. 중국정부의 항공과기부가 지분의 43.22%를 보유하고 있다. 중항은 정부의 지원과 정책 아래 꾸준히 성장하고 있다. 100% 유통주를 보유하고 있으며, 비행기 제조 분야 매출의 83%를 차지한다. 매출, 순이익, 매출증가율은 업계평균을 상회하지만 순이익 증가율은 2014년 들어서 감소추세이다.

중국정부는 후진타오 전 주석 때부터 항공기 사업을 자국의 향후 핵심 성장동력이자 국가전략 산업으로 삼고 있다. 후진타오정권 때 미국을 방문해 수십조 원에 해당하는 항공기를 구매하면서 정치적으로 이용하기도 한다. 그런 맥락에서 시진핑정권 초기의 자국 항공산업에 대한 투자는 중국의 주요 수출국인 미국과 유럽의 눈치를 보는 것일 수 있다. 항공기는 부가가치가 높고 산업 전반에 영향력이 커서 100대의 여객기가 창출하는 경제효과 및 취업률 증가는 상당히 높다. 중국의 항공기 개발은 정권이 안정되는 2015년부터 재도약의 시기를 맞을 것으로 보인다.

■ **핵심 경쟁력**

중항의 주요 사업은 항공전자로 항공 제조 산업계의 핵심 부분인데, 항공전자 산업 라인을 완벽에 가깝게 갖추고 있다. 특히 이 영역에서 시스템, 설비, 부품 등 제품의 완전한 산업체인이 있는 연구개발 및 제조 시스템을 갖추고 있어 기술적 우위를 점하고 있다. 이를 통해 강력한 신제품, 신기술 자체 연구개발 능력을 구비하고 있다. 전문 분야에서도 뚜렷한 경쟁력이 있으며 시장점유율이 높고 이익창출 능력 역시 뛰어나다.

중항의 제품은 항공, 비항공 방위, 비항공 민간 상품, 3가지 영역으로 나뉜다. 각 영역에서 협력 구도를 보이고 있으며 합리적인 사업 구

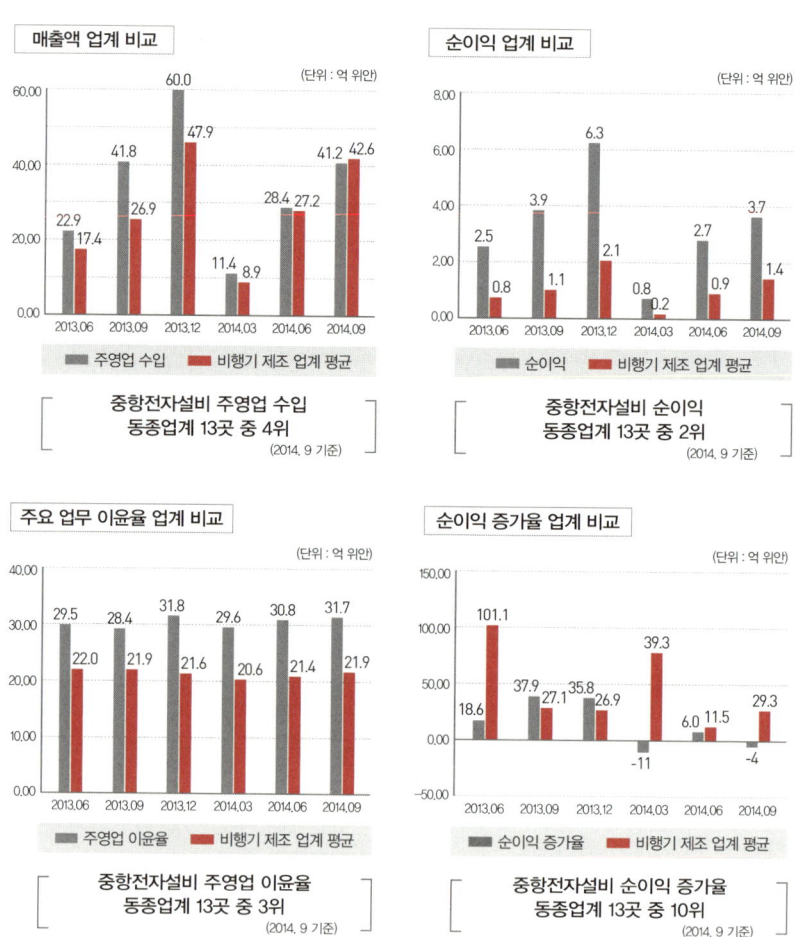

조를 추구한다. 다양한 수익구조를 구성하는 동시에 경영 리스크를 분산시킴으로써 위기 대비 능력을 갖추고 있다.

비즈니스 혁신 센터 플랫폼을 통해 제품구조의 최적화를 추구하고, 제품의 기술수준을 높이며, 고부가가치 상품 및 업무 확대로 강력한 비즈니스 혁신 능력을 구비하고 있다. 중항은 풍부한 경험을 바탕으로 경영 관리·제품 연구개발·시장 확장 관련 인재를 기르고 발굴하였다. 기업의 미래 발전을 대비한 강력한 인력풀을 갖추고 있는 것이다. 기업문화 또한 우수한데, '항공을 통한 애국, 군軍을 강하게 민民을 부유하게'라는 전통을 잇고 '혁신, 개방, 신용, 성장'의 신념으로 가치 창조, 비즈니스 성공, 주주의 수익확보에 집중하고 있다. 주주가 수익을 얻고 직원이 만족하는, 고객이 신뢰하고 믿음을 지키는 우수한 상장 기업이 되고자 노력하고 있다.

● **매매포인트**

▪ **가변형 항공조명 제조**

중항은 중항그룹中航集团으로부터 상항전기上航电器 및 란항기전兰航机电 지분 100%를 매입하였다. 두 회사는 항공 조명과 제어 시스템 제품 제조회사로 상항전기는 항공, 우주, 궤도교통 등 분야에서 자동 조광 시스템, 항공기 내외 조명 시스템 등 600개의 전기전자제품 생산하고 있다. 상항전기의 태양광 인버터는 유럽CE 인증을 획득하여 중국 기업 중 유일하게 해당 제품 인증을 받은 기업이다. 란항기전은 항공모터, 전자기 모터, 항공기 실외 조명, 항공기 탑재 컴퓨터의 제품을 생산한다. 중항은 정부의 국방과학공업위원회로부터 중국 최대 항공기 실외 조명 제품 전문 생산 기업으로 인정받았다. 중항이 인수한 상항정기와 란항기전에서는 중국 군용 항공기 조명 시스템을 독점하고 있다.

- **특허 제품과 시스템**

중항은 1970년부터 항공기 자동 조종 장치의 연구 설계 및 생산을 시작하였다. 타사 제품 카피부터 시작하여 독자적인 개발 과정을 거쳐 현재는 상당한 수준의 설계, 실험, 생산력을 갖추고 있다. 선진 수준의 자동 비행 제어 시스템 핵심 시뮬레이션 실험실도 보유하고 있

재무제표

재무년도	2012	2013	2014	2015E	2016E
주당순이익	0.36	0.36	0.3924	0.427716	0.46621044
순이익(억 위안)	6	6	6.54	7.1286	7.770174
순이익 증가율(%)	14.35	4.12	4.4908	4.894972	5.33551948
총수입(억 위안)	55	59	64.31	70.0979	76.406711
총수입 증가율(%)	17.36	8.2	8.938	9.74242	10.6192378
BPS(위안)	3.44	2.78	3.0302	3.302918	3.60018062
ROE(%)	12.16	10.38	11.3142	12.332478	13.44240102
PER(배)	135.11	111.23	99.26	66.12	54.12
PBR(배)	16.429376	11.545674	11.23047492	8.154234454	7.275027432
자산·부채 비율(%)	43.84	61.35	47.7856	66.8715	52.086304
마진률(%)	31.61	32	34.4549	34.88	37.555841
재고자산회전률(%)	2.07	2.19	2.2563	2.3871	2.459367

다. 생산하는 제품들은 각종 전투기, 화물 항공기, 헬리콥터, 무인 비행기 및 미사일 제작에 이용하고 있다.

4. 중국 항공산업 환경분석

중국항공공업집단공사中国航空工业集团公司의 중국 항공산업 예측에 따르면, 향후 20년 동안 민간 항공기 수가 현재의 3.7배 규모인 7,200여 대에 이를 것으로 전망했다. 중국의 민간 항공기 수는 2012년 말 여객기 1,841대와 화물기 100대를 합쳐 1,944대였는데 이는 미국에 이어 세계 2위 규모이다. 2030년에는 세계 항공기시장 점유율도 9%에서 15%로 증가할 것으로 예상했다. 이 예측대로라면 중국의 항공산업은 폭발적인 성장세를 나타날 것이다. 이미 21세기의 세계 질서는 정치·경제적으로도 미국이 중국의 눈치를 보는 모양새이다. 신흥 강대국을 넘어 G2시대로 급속히 재편되고 있다. 이러한 환경에서 중국은 항공대국으로 급성장하고 있다. 중국의 항공부문은 매년 10% 이상 지속적으로 성장해 전 세계 항공시장을 선도할 것으로 전망된다. 민간항공 운송분야에서도 급속한 성장을 이뤄 항공운송대국의 기틀을 마련하였다.

중국의 항공산업에 대한 투자 및 발전방식을 요약해본다면 다음과 같다. 첫째, 항공산업의 중심축이 되는 거점을 국가 주도로 대규모 투자를 하고 자본을 유치해 대량의 자원을 활용하여 확보하고 개발을 추진해나간다. 둘째, 해외의 세계적인 기업과 합작해 선진기술을 습

득한 후, 독자개발에 나서 자체 브랜드를 생산한다. 이러한 방식으로 미래첨단산업의 토대를 굳건히 다져 세계시장에 영역을 넓혀가는 방식이다. 중국의 항공분야의 발전은 당분간 지속될 것으로 전망된다. 빠른 경제성장과 함께 항공기산업도 크게 성장하고 있고, 지속적으로는 항공기 생산능력을 더욱 강화시킬 것으로 보인다. 중국의 항공기산업은 연구개발, 생산, 교육 등 각 분야에 걸쳐 하나의 시스템을 이루고 있다.

중국의 항공기산업은 군용항공기 중심으로 발전했는데, 1950년대 중반부터 소형 다목적 비행기를 시험제작하기 시작하였다. 1960년대에는 중·단거리 여객기와 중형 수송기를 제작하기 시작하였으며, 1970년대까지는 군사부문에 중점을 두고 연구개발 및 생산을 했다. 대형 여객기의 연구 및 시험생산도 이루어졌다. 이때 만들어진 항공기 대부분이 전투기, 폭격기, 근접지원기 등 군사용 항공기들이다. 수송기, 헬리콥터, 경비행기 등은 일부만 생산되었으며 여객수송, 농업, 공업, 물리탐광物理探矿, 지질탐사 등 범용으로 사용되었다.

1980년대에는 대외개방과 경제성장이 맞물려 민간부문의 항공수요가 급격히 증가했다. 민간항공운송업을 중점적으로 육성하는 정책을 추진하여 항공기산업 및 항공운송업 체제를 개혁하고, 해외기업과의 합작을 통하여 신형 여객기를 개발하는가 하면 각종 여객기를 도입했다. 수송기 부문이 급속히 발전한 시기로 중대형 수송기 개발계획의 추진과 몇몇 신기종의 비행기가 계속 생산되었다.

민항기의 연구제작 생산은 주로 하얼빈, 난창南昌, 시안西安, 스자좡石家庄 등 비행기 제조공장과 시안·상하이의 전문설계연구소专门设计研

究所에서 이루어졌다. 중소형 항공기는 점차 독자적으로 연구개발하고, 대형 항공기는 해외기업과의 합작을 통한 연구개발능력을 형성하고 있다. 2007년 에어버스Airbus와 AVIC, HAIG哈尔滨航空机产业有限公司, Harbin AircraftIndustry Group 등의 공동출자로 복합재료생산 및 부품공장을 하얼빈과 다롄에 설립하였다.

 이러한 변화는 항공기생산 또는 관련 산업뿐만 아니라 항공운송부문에서도 비약적인 발전을 촉진하고 있다. 이미 미국, 영국, 이탈리아, 독일 등과 합작하여 민간 수송용 항공기를 제작하거나 항공전자·기계 등을 적극적으로 도입하고, 수출산업으로도 육성하기 위해 기무종합技贸综合, comprehensive technology transactions 또는 공무종합工贸综合, comprehensive industry transactions을 장려하고 있다. 중국의 항공기산업은 새로운 전환기를 맞이하고 있다.

5. 중국항공헬리콥터

- **한글명** : 중항헬리콥터유한공사
- **중문명** : 中航直升机股份有限公司
- **기업형태** : 국유기업
- **주소** : 헤이룽장성 하얼빈시 하이테크놀로지개발구 집중개발구 34호 건물
- **종목코드** : 600038
- **영업분야** : 항공 제품 및 부품 개발
- **홈페이지** : www.hafei.com
- **CEO** : 구샤오후이顾韶辉

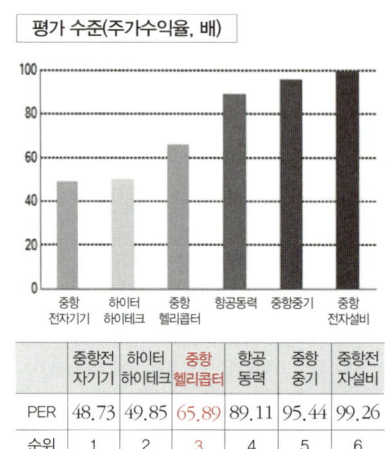
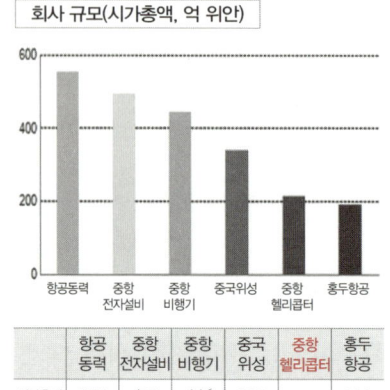

● 중국 최초 자체 헬리콥터 개발과 상업화에 성공

중국항공헬리콥터유한공사中航直升机股份有限公司(이하 중항헬리콥터)는 중국에서 최초로 자체 헬리콥터 개발과 경비행기 제조 상업화에 성공한 기업이다. 세계 유일의 미국 보잉 787 공급자이면서 유럽의 에어버스와의 협력으로 중국 항공기산업 발전을 주도하는 대표 기업이다. 총 누적 생산 판매량은 2,200여 대에 달하며 중국 항공사업과 국방건설에 지대한 공헌을 하였다. 중국에서 가장 선진화된 경형헬리콥터 '직9'는 중항헬리콥터의 가장 인기있는 제품으로, 중국 공군이 가장 많이 보유하고 있다. 중항헬리콥터는 중국 공군의 전력에 많은 영향을 미친다. 덩샤오핑, 장쩌민, 후진타오 등 국가 지도자들이 직접 방문하고 시찰하여 회사 발전에 많은 관심과 지지를 표명하였다.

기존의 회사명은 합비항공공업中航工业哈飞이었는데, 2015년 1월 1일부로 중항헬리콥터유한공사로 바뀌었다. 중국 항공공업그룹의 핵심기업으로 주로 헬리콥터와 관련된 사업을 진행하고 있다. R&D, 생산, 시험비행을 하는 중국 유일한 곳이며, 헬리콥터와 고정날개 항공기의 연구제조 능력을 가진 대형 항공제조 기업이다. 중국의 헬리콥터, 경형 다용도 비행기, 항공 복합재료 부속품의 과학연구 생산기지를 보유하고 있다.

1952년에 설립되었으며 중국 1차 5개년 계획 156개 핵심 건설사업 중 하나로, 초기 5대 항공기 공장 중 하나였다. 이후 국유기업 개혁을 통해 헬리콥터분야에서 항공기분야까지 사업 범위를 넓혀가고 있다. 국내 최고 수준의 이화학 계량설비와 능력을 보유하고 있으며 기술력이 뛰어나다. 분광, 화학 분석 등 이화 테스트 및 계량 검증이 가능한 기업이다. 중국 최고의 리벳 기술을 보유하고 있다. 50여 년의 역사로 기술이 축적되어 있는데, 특히 세계 유명 항공기업들과의 상호협력으로 많은 인재들을 배출하고 있다. 이들은 자신들이 보유한 뛰어난 기술을 바탕으로 항공우주제품을 쏘아 올리고 있다. 1,400명의 엔지니어가 있는데, 그중 약 480여명이 고급인력이고 30명이 국가급 전문가들이다.

5대 대주주(2014년 09월 30일)

순위	주주명	주식유형	보유주식수(주)	보유비율	증감(주)
1	하얼빈항공공업(그룹)유한공사	유통 A주	168,856,523	28.65%	변동없음
2	중항헬리콥터유한책임공사	유통 A주	110,726,172	18.78%	변동없음
3	하얼빈비행기공업그룹유한책임공사	유통 A주	48,070,786	8.15%	변동없음
4	중국항공테크놀러지공업주식유한공사	유통 A주	38,029,758	6.45%	변동없음
5	중국건설투자유한책임공사	유통 A주	29,670,000	5.03%	-596,717

자체적으로 연구개발한 헬리콥터, 일반 비행기, 특수 비행기와 복합재료 부품능력이 있다. 몇 년간 대대적으로 '과기흥기科技兴企(과학기술로 기업의 발전을 촉진) 전략'을 실시하며 기술투자를 늘리고, 기술의 혁신 시스템을 구축하기 위해 노력해왔으며, 제품의 연구개발 능력을 제고해왔다. 현대 비행기 설계이념과 선진기술을 보유한 높은 수준의 R&D 인재를 대거 양성하고, 전문기술을 완벽하게 갖추고 있다. 또한 포스트닥터 R&D 프로그램을 만들었으며, 국가급의 기업기술센터, 중고급 엔지니어 직원 양성 기지 등을 보유하고 있다. 중국 과학원 공정물리연구소, 베이징항공우주대학, 하얼빈공업대학·공정대학, 서안교통대학 등 대학들과 산학협력을 하고 연구소와 대학의 R&D 역량을 이용하여 기술혁신과 신 공업개발에 박차를 가하고 있다.

● 중항항공헬리콥터 현황과 경쟁력

중항헬리콥터의 시가총액은 213억 위안으로 우주항공업계 5위이

유통주/비유통주 분포 비교

출자금 구조	단위 : 만 주	점유율
유통 A주	39,265.00	66.61%
유통 B주	–	–
유통 H주	–	–
기타 유통주	–	–
유통제한주	19,682.67	33.39%
미유통주식	–	–
총출자금	58,947.67	100%

지만, 헬리콥터분야에서는 1위이다. PER는 65.89로 중국 우주항공업계 평균이상으로 업계 3위이다. 하얼빈항공업그룹과 중항헬리콥터가 대주주로 있으며, 중국정부 산하 과학기술부에서도 지분을 보유하고 있다. 비유통주 비율은 33.39%이다. 매출의 97%가 헬리콥터를 비롯한 항공기 제조에서 창출된다. 매출과 순이익 모두 업계평균이고, 중국 내의 헬리콥터 수요증가로 순이익 증가율은 100% 이상으로 고속성장하고 있다.

수익분석

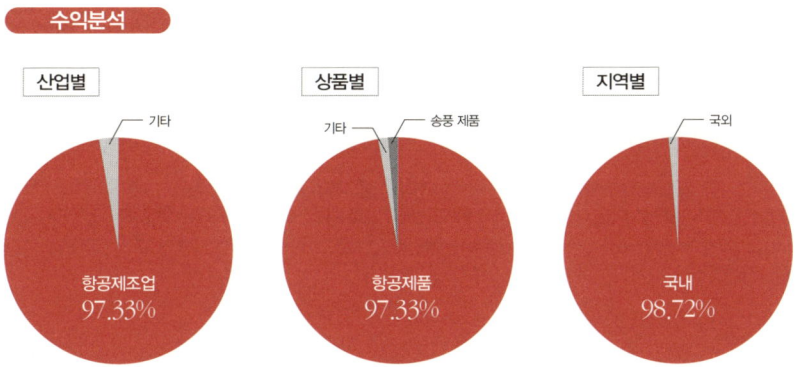

	업무명	영업 수입 (만 위안)	수입 비율	영업 원가 (만 위안)	원가 비율	이윤 비율	순이익율
산업별	항공제조업	522483.21	97.33%	466015.98	97.61%	95.06%	10.81%
	기타	14328.14	2.67%	11394.06	2.39%	4.94%	20.48%
상품별	항공제품	522483.21	97.33%	466015.98	97.61%	95.06%	10.81%
	송풍제품	7303.32	1.36%	6723.25	1.41%	0.98%	7.94%
	기타	7024.82	1.31%	4670.81	0.98%	3.96%	33.51%
지역별	국내	529943.31	98.72%	469202.74	98.28%	102.25%	11.46%
	국외	6868.04	1.28%	8207.3	1.72%	-2.25%	-19.50%

■ 핵심 경쟁력

중항헬리콥터는 헬리콥터, 고정익 항공기의 연구제조와 복합 자재 기체 부품 도급 생산 및 항공 프로펠러 제조를 핵심 사업으로 한다. 기존 핵심 제품으로는 헬기 9시리즈, 헬기 11시리즈, 헬기 8시리즈 등의 해당 모델 부품과 Y12 시리즈 비행기가 있다. 중국에서도 손꼽히는 기술을 보유하고 있다. 최근 제품 구조조정과 제품개선을 했으며, 주요 제품 모델의 비약적인 발전으로 헬리콥터 시리즈 상품이 순조롭게 발전할 수 있는 구조가 형성되었다.

생산 관리 시스템도 개선하여 다양한 기술 능력을 중국 최고 수준으

향후 순이익과 주당순이익 예측 EPS

2015년 1월 12일까지 6개월 내 9개 기관이 예측한 중항헬리콥터의 2014년도 실적 : 2014년 매 주식의 수익은 0.55위안이 될 것으로 예측하며, 작년 동기대비 11.83% 성장한 것이다. 2014년의 순이익은 3억 2,300만 위안이 될 것으로 예상하며, 작년 동기대비 30.68% 성장할 것으로 보인다.

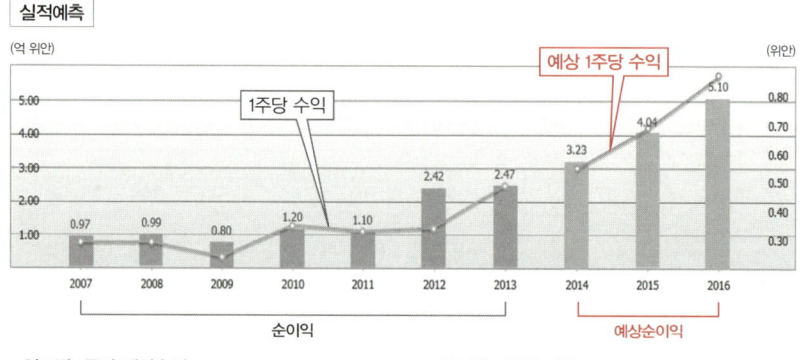

• 연도별 1주당 예상수익 (단위 : 위안)

	예측 기관수	최소치	평균치	최대치	업계평균
2014	9	0.50	0.55	0.64	0.96
2015	9	0.58	0.69	0.90	1.25
2016	9	0.62	0.87	1.31	1.56

• 연도별 예상순이익 (단위 : 억 위안)

	예측 기관수	최소치	평균치	최대치	업계평균
2014	9	2.94	3.23	3.77	37.94
2015	9	3.43	4.04	5.30	48.14
2016	9	3.64	5.10	7.73	55.26

로 끌어올려 복합자재, 디지털 제어기기 가공, 부품조립, 최종조립 테스트 등 핵심 능력이 중심이 되는 생산구조를 형성하였다. 특히 중국에서 유일하게 항공 프로펠러 연구개발 및 생산기지를 보유하여 완전한 프로펠러 데이터베이스를 만들었다. 독립적인 연구개발, 자체 디자인 및 생산, 테스트 능력을 갖추었다.

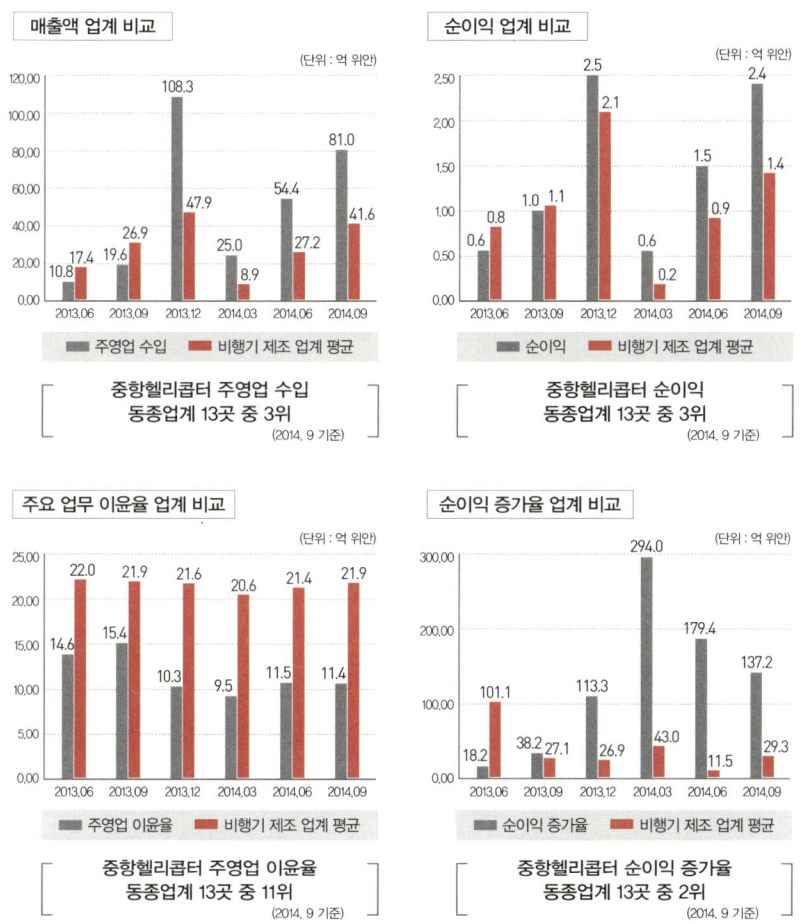

고효율의 최적화 프로세스를 갖춘 지휘 제어 시스템으로 헬리콥터 및 통신용 항공기를 독립적으로 연구제작하고 개조할 수 있는 능력을 갖추었다. 자유로운 항공기 설계로 전면적인 전산화 디자인도 실현하였다. 현대화된 최종 조립 생산 라인으로 연간 100대 이상의 헬리콥터와 고정익 항공기를 생산할 수 있다. 헬리콥터 프로펠러 평행 시험대는 중국 최고 수준이며, 강도 시험실은 완제품의 정적 테스트를 책임지고 있다. 특히 검사교정실은 중국정부 외에도 미국과 영국의 항공기관으로부터 인정을 받았다.

● **매매포인트**

▪ **세계 유일의 보잉 787 공급자**

중항헬리콥터는 세계에서 유일하게 보잉 787 날개 동체 페어링을 공급하는 업체이다. 처음 납품을 한 이후로 지금까지 보잉사와 협력을 유지하고 있다. 날개 동체 페어링 외에도 보잉 787 다른 부품의 수주를 받아 관련 하청생산을 시작하였다.

▪ **비즈니스 제트기 조립생산**

세계적인 기업들과 재벌들은 비즈니스 제트기 구매에 열을 올리고 있다. 제트기가 보다 빠르고 정확하게 사업을 진행하기 위한 필수품이 된 것이다. 마이크로소프트, 애플, 구글 등 세계 100대 기업 중 상당수가 비즈니스 제트기를 보유하고 있다. 제트기의 상용화가 진행되면서 가격도 낮아져 비즈니스용 제트기 구매가 활발해지고 있다. 중항헬리콥터는 브라질 항공공업공사^{ANAC}와 포괄적 업무협의를 체결하면서 제트기 산업에 뛰어들었다. 이 협력으로 공장부지, 시설 및 인력 자원을 활용하여 중국 합자회사의 Legacy600/650 비즈니스 제트기를 조립생산중이다.

보잉사는 중국에 항공기제조기술을 이전하는 것에 대해 부정적이었지만, 에어버스는 유럽 재정위기 이후 나빠진 경영상태를 개선하기 위해 기술이전에 적극적이다. 중국 항공기 자체제작에 주도적인 중항헬리콥터는 자본의 10%에 해당하는 3천만 위안의 주식을 투자하여 톈진중천항공공업투자유한책임공사天津中天航空工业投资有限责任公司를

재무제표

재무년도	2012	2013	2014	2015E	2016E
주당순이익	0.34	0.49	0.5341	0.582169	0.63456421
순이익(억 위안)	2	2	2.18	2.3762	2.590058
순이익 증가율(%)	5.23	2.14	2.3326	2.542534	2.77136206
총수입(억 위안)	88	108	117.72	128.3148	139.863132
총수입 증가율(%)	3.2	22.75	24.7975	27.029275	29.46190975
BPS(위안)	4.73	10	10.9	11.881	12.95029
ROE(%)	7.42	5.99	6.5291	7.116719	7.75722371
PER(배)	74.12	78.84	65.89	53.23	44.12
PBR(배)	5.499704	4.722516	4.30202399	3.788229524	3.422487101
자산·부채 비율(%)	67.98	71.51	77.9459	84.961031	92.60752379
마진률(%)	13.53	10.86	11.8374	12.902766	14.06401494
재고자산회전률(%)	1.04	1.4	1.526	1.66334	1.8130406

설립하였다. 회사 설립 후 에어버스 A320시리즈 비행기 톈진 완성품 라인 사업 공사의 중국 투자 주체로서 사업을 2009년 12월에 100% 완성하였다. 이와 동시에 새로 설립한 회사의 발전을 위해 항공 공업 관련 산업 및 서비스업에 투자하고 있다. 이 합작을 통해 에어버스 A350XWB모델의 주요 부품을 생산한다. 중국은 앞으로 A350XWB모델의 비행기 제조에서 업무에 5% 이상 참여하고, 합자로 설립한 제조센터의 복합재료 부품제조에서도 5%의 업무를 분담한다. 또한 에어버스 A320시리즈 비행기의 방향키 생산량을 지속적으로 증가시키기 위해 3개였던 월 생산량을 2020년까지 21개로 확대할 계획이다.

중항헬리콥터의 일반 항공업은 앞으로 '신흥성장점'으로 도약할 것이다. 조兆 위안 단위의 시장규모로 커지며, 향후 10년간 모든 산업사슬에 황금 성장기를 가져올 것으로 전망된다. 예측에 따르면 저공공역의 범위가 2010년부터 점차 개방되어 2015년 중국의 비행기 보유량은 4,460대에 달할 것으로 전망되며, 앞으로 5년 동안 비행기 보유 대수를 3,230대로 늘릴 예정이다. 비행기 한 대당 평균 가격은 500만 위안이다. 이것은 공업 발전 비율을 1:10으로 예측했을 때 같은 업종의 시장수요가 320억 위안이라고 한다면, 과거 5년 전의 평균수요보다 3.6배 증가한 것이다.

6. 안후이사창전자

- **한글명** : 안후이사창전자
- **중문명** : 安徽四创电子股份有限公司
- **기업형태** : 국유상대주식기업
- **주소** : 안후이성 허페이 하이테크놀로지산업개발구
- **종목코드** : 600990
- **영업분야** : 위성TV방송
- **홈페이지** : www.sun-create.com
- **CEO** : 리우융웨 刘永跃

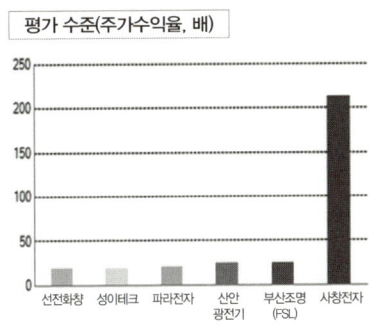

	선전화창	성이테크	파라전자	산안광전기	부산조명(FSL)	사창전자
PER	18.56	18.60	20.23	23.95	24.16	211.96
순위	1	2	3	4	5	100

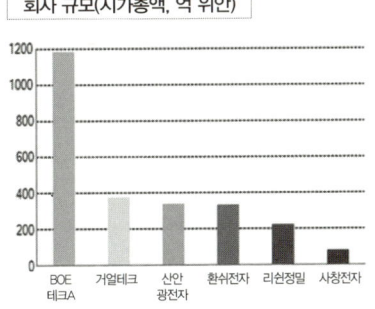

	BOE테크A	거얼테크	산안광전자	환쉬전자	리쉰정밀	사창전자
시가총액	1,179	378	335	331	224	78.8
순위	1	2	3	4	5	34

● **레이더 무선통신산업 독점**

레이더와 무선통신은 전파를 이용해 각종 정보를 전달하고 파악하는 기술로 기상관측·방송통신부터 실생활의 와이파이까지 광범위하게 이용된다. 국가차원에서는 군사용, 우주개발, 항공기 등에서 필수

적인 기술이다. 이 기술은 일상에서 항상 사용하지만 전문적인 영역이라 사람들이 잘 알지 못한다. 더욱이 투자를 하는 경우라면 관심이 적어 아는 사람만 투자하는 블루오션 영역이다. 중국의 인구와 날로 발전하는 경제규모를 생각했을 때 레이더 무선통신사업을 독점하는 중국기업은 투자자에게 상당히 매력적일 것이다.

안후이사창전자는 세계적인 경제 전문지 〈포브스〉에서 선정한 '중국에서 가장 잠재력 있는 100대 기업'이다. 도플러 기상 레이더 등 레이더 전자통신제품 연구생산에 특화된 기업이다. 군사, 위성 TV 방송, 위성항법장치, 모바일 통신, 도시 스마트 교통, 캠퍼스 내 통신망 등 다각화되는 레이더와 통신분야에서 다양한 사업을 진행하고 있다. 중국의 레이더와 전자 정보 시스템 연구제작 생산의 주요 기업 중 하나로, 경쟁업체가 적고 독보적인 경쟁우위를 확보하고 있다. 특히 안후이사창전자의 대표적인 제품인 레이더 시리즈는 기업의 주 수입원으로 중국뿐만 아니라 미국과 중동에도 수출하고 있다. 우수한 과학기술을 보유한 제품들을 기반으로 업계에서 눈에 띄는 성과를 거두었으며, 연평균 성장속도가 동종업계의 평균을 훨씬 앞서고 있다.

안후이사창전자의 전신인 화동(안후이)전자공정연구소는 1965년 설립되었으며, 2000년대 국유기업 개혁의 여파로 중국 과학기술부에서 분리되어 독립한 회사이다. 연구소적인 성격이 강해서 직원 690명 중 50%가 R&D에 종사한다. 직원 평균연령이 30세로 활기차고 역량이 뛰어난 젊은 인재들로 구성되어 있다.

● **안후이사창전자 현황과 경쟁력**

안후이사창전자의 시가총액은 76억 4천만 위안이다. 대형 전자업체가 많이 상장되어 있는 상해 A주에서 업계 39위이지만, 레이더분야에서는 1위이다. PER는 100배로 매우 높은 수준이다. 하지만 시진핑, 리커창 등이 미래를 이끌 핵심기술로 레이더 분야에 주목하고 있고, 중국 내에서 많은 호응을 얻어 높게 평가되어 있다. 중국정부 산하의 전자과학그룹이 지분의 42%를 보유하고 있고, 중국 1위 은행인 공상은행이 2대 주주로 있다. 일찍부터 비유통주를 개혁해 현재는 100% 유통주로 구성되어 있다. 매출의 64%가 레이더와 레이더 관련 제품에서 나오고 있다. 매출과 순이익, 매출증가율은 업계평균 이하지만 특화된 기술력과 레이더가 다양하게 이용되고 있어 순이익 증가율이 가파르게 상승하고 있다.

■ **핵심 경쟁력**

국가검증을 받은 기술센터, 민용 항공 교통 통신 항로 유도 모니터

5대 대주주(2014년 09월 30일)

순위	주주명	주식유형	보유주식수(주)	보유비율	증감(주)
1	화동전자공정연구소 (중국전자테크놀러지그룹공사 제38연구소)	유통 A주	57,416,666	42.00%	변동없음
2	중국공상은행	유통 A주	5,500,183	4.02%	3,701,019
3	중국농업은행	유통 A주	3,700,000	2.71%	-2,200,000
4	중국건설은행주식유한공사	유통 A주	2,280,950	1.67%	신규
5	중국농업은행주식유한공사	유통 A주	2,149,983	1.57%	신규

링 설비 임시 허가증, 전산 통신 시스템 종합 1급 자격, 하이테크 기업 인정, 군용 전자 장치 연구 생산 허가증, 민방 정보 시스템 건설 보안 항목 디자인(시공)자격 인증서군용 전자 장비 연구 생산 허가증, 북두 항공 민용 서비스 자격 증명서 등을 갖추고 있다. 안후이사창전자의 기술력과 제품은 기상, 민용 항공, 민간, 군용 등 광범위한 분야에서 활용되고 있다. 레이더, 공공안전분야의 중요한 제조업체 가운데 한 곳으로 기상 레이더, 항공 관리 레이더, 응급 지휘 통신 등 분야에서 최고 수준을 자랑한다. 수준 높은 과학 연구, 믿을 만한 제품 품질, 신속한 계약 이행 능력, 사려 깊은 AS로 시장에서 유리한 경쟁 고지를 차지하고 있다.

안후이사창전자의 제품 중 레이더 부분은 비교적 일찍 시작해 중국 기상 레이더 기술 발전에 중요한 역할을 하였다. 비, 바람, 구름 예측 등 3대 시리즈 레이더 제품을 만들었고 P, L, S, C, X, Ku, Ka, W 등 주파수대를 수용하였다. 적재 플랫폼으로 고정식, 탑재식, 항공 탑재

유통주/비유통주 분포 비교

출자금 구조	단위 : 만 주	점유율
유통 A주	13,670.20	100%
유통 B주	–	–
유통 H주	–	–
기타 유통주	–	–
유통제한주	–	–
미유통주식	–	–
총출자금	13,670.20	100%

식, 기기 탑재식 등을 포함한다. 기상, 민용 항공, 군사 등 분야에 넓게 사용되고 있다. 중국 최초로 국산 민용 항공 관리 1차 레이더를 연구제작하였고, 중국에서 유일하게 임시 사용 허가증을 취득한 업체이다. 항공 관리 레이더 국산화에 새로운 지평을 열었다는 평가를 받고 있다.

공공안전 영역에서는 응급 지휘 소프트웨어 플랫폼, 응급 지휘 처리기, 스마트 IP 지휘 관리(상호 접속), 안전 예방 종합 관리, 개별 이미지 전송 등 일련의 핵심 기술을 보유하고 있어 해당 분야에서 핵심 경쟁력을 구축하였다. 시스템 설계 능력, 차량 개조 설계 능력, 공정 설계 능력, 완성품 테스트 능력 등이 업계 최고 수준이다.

다년간의 투자와 기술 연구로 레이더, 응급 지휘 통신 시스템 등 분야에서 수많은 중국 최고 기술이 있다. '안후이성 응급 지휘 장비 공정 기술 연구 센터'가 인허가를 받아 만들어졌고, 모형 공항 도플러 레이더가 '중국전기그룹공사의 과학진보 3등상'을 수상하였다. '인터넷 접속 제어 시스템 공정 기술 규범' 국가기준이 심의를 통과하였다. '북두 1호 유저 인터페이스'가 국가 중요 신제품 인정을 획득하였고, 'GSM 디지털 광섬유 터미널' 등 10개 신제품이 성급 신제품 인증서를 얻었다. 28개의 국가 특허 라이선스를 획득하였고 그 가운데 특허 2개, 소프트웨어 저작권 등록 라이선스 9개가 포함되어 있다.

안후이사창전자의 연구 능력도 업계에서 정평이 나 있다. 국가정책 방향, 사용자 수요에 부합하고 국가가 인정한 기업 기술 센터로써 기상 레이더, 항공 관리 레이더, 응급 통신, 북두 GPS 분야의 기술 연구 및 과학 성과를 주요 사명으로 산다. 8㎜ 재래식 구름 측정 레이더, 전상 도플러 구름 측정 레이더, X주파수 기상 예측 레이더를 성공적으로 제작하였다. 그 외에 휴대식 지휘소, 스마트형 교통 신호 관리 등 시스템을 성공적으로 개발했다.

안후이사창전자는 시장경쟁력도 뛰어나다. 기상, 항공 레이더 산업의 선두업체로 창립 이후 29개의 성, 시, 자치구, 홍콩특별행정구에 고객을 확보해왔다. 중국 기상국의 차세대 기상 레이더와 군용 기상 레이더 시장에서 높은 점유율을 자랑하며, 민항 공항 기상 레이더와 국산 항공 관리 1차 레이더 시장에서 높은 위치에 있다. 2010년 11월, 중국에서 유일하게 민용항공국의 '민용항공 공중교통 통신 신호 항로

수익분석

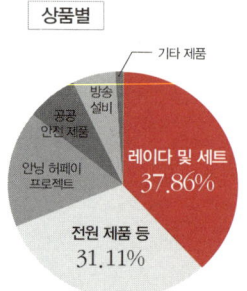

	업무명	영업 수입 (만 위안)	수입 비율	영업 원가 (만 위안)	원가 비율	이윤 비율	순이익율
상품별	레이다 및 세트	15464.88	37.86%	10325.27	32.29%	57.95%	33.23%
	전원 제품 등	12706.56	31.11%	10467.02	32.73%	25.25%	17.63%
	안닝 허페이 프로젝트	6815	16.68%	5932.56	18.55%	9.95%	12.95%
	공공안전 제품	2942.52	7.20%	2480.89	7.76%	5.21%	15.69%
	방송 설비	2535.98	6.21%	2500.51	7.82%	0.40%	1.40%
	기타 제품	384.33	0.94%	274.69	0.86%	1.24%	28.53%

유도 감시 설비 임시 사용 허가증(허가 사용 설비명 및 모델 : 1차 모니터링 레이더)'을 획득한 업체가 되었다.

공공 안보 사업 부문에서는 2007년부터 전자 정보 산업의 기술, 인재, 자원 등의 우위로 응급 지휘 통신 시스템 영역에서 사업을 시작하였다. 주요 제품 출시, 전형적인 시범 응용 등의 방식으로 기술, 제품, 시장 등에서 전방위적인 업무 협력 및 혁신을 추구한다. 응급 지휘 소프트웨어 플랫폼, 응급 지휘 처리기, 스마트 IP 지휘 제어, 안전 예방 종합 관리, 개별 이미지 전송 등 시리즈 핵심 기술을 확보하였고 공공 안보 산업에 핵심 경쟁력이 있다.

● **매매포인트**

안후이사창전자는 정부의 지원 아래 기상과 군사용, 항공우주용 레이더를 지속적으로 개발할 것으로 보인다. 중국정부 산하의 중국 기상 레이더 생산기지를 설립 및 운영하고 있고, 민용 레이더 조립제품 및 부품조립 설비에서 줄곧 업계 선두로 중국 측우 레이더시장의 3분의 1을 차지하고 있다. 군용 레이더에서도 독보적으로 앞서고 있다. 중국정부는 2010년에 국가기밀 보호차원에서 이 기업의 각종 레이더 관련 기술을 '중국 군수 과학연구 2급 기밀 보호'로 지정하였고, 민간 항공 관리 영역으로 진출할 수 있는 자격을 부여하였다.

2014년 중국 민간항공관리국에 따르면 향후 10년간 레이더를 포함한 항공 관련 시장이 황금 성장기를 맞이하여 몇 조 위안이 넘는 시장으로 성장할 것이라고 한다. 2015년 중국이 보유한 일반 항공기 대수는 4,460대로, 5년 이후에는 3,230대가 더 늘어날 예정이다. 비행기 한 대 당 평균가격은 500만 위안에 달할 것이고, 공업 성장 비율은 1:10까지 늘어날 것으로 예측된다. 또한 동종업계의 시장수요액은 5년 전 평균수요인 70억 위안보다 3.6배 성장하여 320억 위안에 달할 것으로 예측되고 있다.

TV방송분야에서도 무선 통신 설비 및 모듈 등 제품을 전문적으로 연구제작하여 생산한다. 안후이사창전자는 정부 공업부처에서 인가한 위성 TV방송설비 제조기업이고, 중국에서 첫 번째로 디지털방송용 레이저를 생산했다. 이외에도 안후이사창전자가 연구제작하고 생

향후 순이익과 주당순이익 예측 EPS

2015년 1월 12일까지 6개월 내 6개 기관이 예측한 안후이사창전자의 2014년도 실적 : 2014년 매 주식의 수익은 0.65위안이 될 것으로 예측하며, 작년 동기대비 63.48% 성장한 것이다. 2014년의 순이익은 8,900만 위안이 될 것으로 예상하며, 작년 동기대비 74.48% 성장할 것으로 보인다.

실적예측

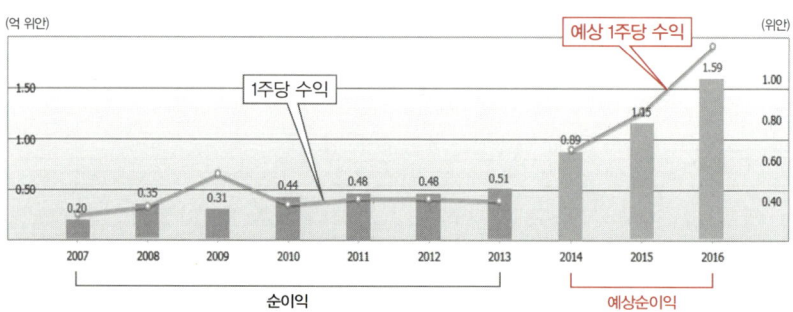

- 연도별 1주당 예상수익 (단위 : 위안)

	예측 기관수	최소치	평균치	최대치	업계평균
2014	6	0.57	0.65	0.68	0.59
2015	6	0.61	0.84	0.91	0.81
2016	5	1.02	1.16	1.20	1.03

- 연도별 예상순이익 (단위 : 억 위안)

	예측 기관수	최소치	평균치	최대치	업계평균
2014	6	0.78	0.89	0.93	8.02
2015	6	0.83	1.15	1.24	10.64
2016	5	1.39	1.59	1.64	13.21

산한 통신 설비 제품, 통신 무선주파수 부품 시리즈 제품들은 모바일 통신, 방송TV설비의 핵심 부품 중 하나로 모바일 통신 공업과 국내 위성 TV공업이 성장함에 따라 전망이 밝다.

또한 중국은 방송인터넷 검열이 엄격한데 2014년 7월에는 지방정부와 협력하여 동영상 검사시스템 건설운영계약을 체결하였다. 계약 총액은 8,590만 위안이며 향후 5년간 운영과 관리를 담당한다. 주로

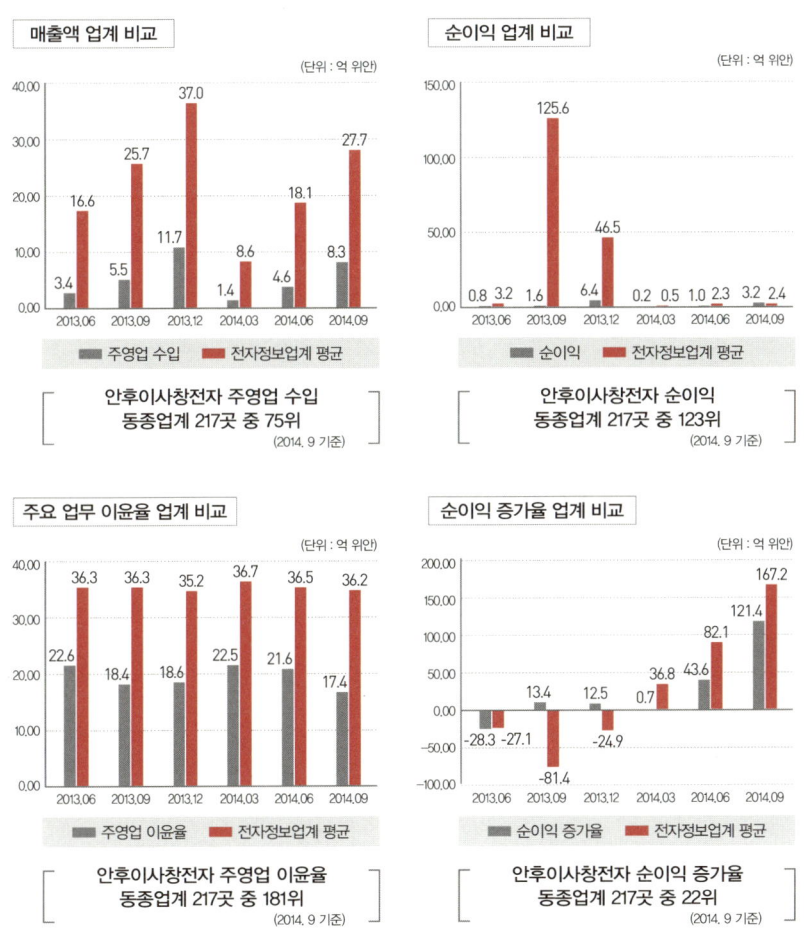

8장_미래 핵심동력, 우주·항공산업　363

'동영상, 저장시스템과 영상 종합관리응용 플랫폼 시스템(검사센터 포함)'을 검사한다. 다른 지방정부와의 협력도 늘어날 것으로 전망된다.

긴급 지휘 통신 시스템의 연구개발·생산·집성을 하고 있으며 위성 항법 집적회로 및 사용자 단말기 연구개발·생산·운영을 하고 있다. 도시 스마트 교통 영상 감시 시스템의 연구개발·생산·집성, 전원과 특수소자의 연구개발과 생산을 진행하고 있다. 또한 생산에 필요한 원부자재, 측정 계량기, 기계설비, 부품 및 기술을 수입한다. 해외 건축의 스마트 시스템의 집약 공정의 탐측, 자문, 설계, 감리도 도급한다. 이 외에도 역외사업에 필요한 설비와 자료를 수출하며 해외사업에 필요한 노동인원을 해외파견하고 있다.

재무제표

재무년도	2012	2013	2014	2015E	2016E
주당순이익	0.41	0.4	0.42	0.43	0.44
순이익(억 위안)	48	51	59.67	69.8139	81.682263
순이익 증가율(%)	-4.57	12.47	14.5899	17.070183	19.97211411
총수입(억 위안)	1003	1116	1305.72	1527.6924	1787.400108
총수입 증가율(%)	4.23	4.06	4.7502	5.557734	6.50254878
BPS(위안)	0	0	0	0	0
ROE(%)	10.21	6.08	7.1136	8.322912	9.73780704
PER(배)	142.2	120.3	117.11	89.4	66.3
PBR(배)	14.51862	7.31424	8.33073696	7.440683328	6.456166068
자산·부채 비율(%)	62.99	59.21	69.2757	81.052569	94.83150573
마진률(%)	18.06	19.28	22.5576	26.392392	30.87909864
재고자산회전률(%)	3.82	3.58	4.1886	4.900662	5.73377454

9장

아시아 최대 규모의 상하이 디즈니랜드 테마주

1. 상하이 디즈니랜드 환경분석

● **중국 내 문화산업 발전의 계기**

2008년 세계 금융위기 이후 10% 이상을 기록하던 경제성장률이 7%로 낮아짐에 따라, 중국은 장기적이고 안정적인 경제성장 동력이 필요하게 되었다. 실물경제에만 집중하다 서서히 문화산업 쪽으로 눈을 돌리고 있다. 문화산업은 안정적인 성장이 가능하기 때문이다. 중국의 문화산업은 2004년 이후 매년 23%의 고속성장을 보여왔다. 문화산업 총액은 한화로 약 700조 원으로 GDP의 3.5%를 차지한다. 지역별로도 고속성장을 하고 있는데, 정치수도인 베이징에서는 문화산업이 GDP에서 차지하는 비중이 15%를 넘는다. 상하이나 저장성은 매년 15%씩 급성장하고 있다.

잘 성장한 브랜드 하나만 있어도 불황을 극복할 수 있다. 이러한 이유로 중국도 문화산업 육성에 힘쓰는 것이다. 1930년 대공황 때도 월트디즈니의 미키마우스가 신성장동력 역할을 하면서 위기의 미국경제를 활성화시키지 않았는가? 월트디즈니 미키마우스는 미국 문화산업의 시발점이 되기도 했다. 다른 나라도 마찬가지이다. 우리나라는 금융위기 이후 게임산업이 발전했고, 일본도 위기 당시 애니메이션 산업을 활성화했다.

전 세계 브랜드 중 5위인 월트디즈니의 브랜드 파워는 막강하다. 디즈니랜드는 월트디즈니의 주요 수입원인데, 전체 수입의 3분의 1이 디즈니랜드에서 발생한다. 중국정부가 상하이 디즈니랜드를 허가한 것도 디즈니의 성공비결인 브랜드 파워를 배우려는 전략으로 보인다.

상하이 디즈니랜드 개장은 중국 내 애니메이션 등 문화산업과 테마파크 여행업이 발달하는 계기가 될 것으로 업계는 예측하고 있다. 중국 테마파크 조성분야 대표기업인 화챠오청华侨城 그룹의 CEO 겸 총재인 런커레이는 상하이 디즈니랜드 개장이 중국 테마파크기업들에게 위협이 되기보다, 오히려 중국 테마파크 산업의 파이를 키워주는 기회로 작용할 것이라고 전망했다. 홍콩 디즈니랜드가 2006년 개장한 후 선전深圳에 있는 화챠오청의 '환러구欢乐谷' 놀이동산의 관광객이 증가한 것을 그 예로 들 수 있다. 환러구의 방문객은 10.2% 증가했으며, 2007년과 2008년에 환러구 방문객 수가 총 200만 명이나 증가하는 효과가 있었다.

상하이 디즈니랜드 건설은 2011년 4월 8일에 상하이 푸둥浦东 촨샤川沙 지역에서 시작되었다. 상하이 디즈니랜드는 중국의 첫 번째이자 아시아에서는 일본과 홍콩에 이어 세 번째이며, 세계에서는 여섯 번째로 건설되는 디즈니 테마파크이다. 상하이 디즈니랜드 1기 공사의 총면적은 3.9㎢로 주변에는 2개의 호텔과 쇼핑몰 등을 갖췄으며, 인공호수도 조성되었다.

● **상하이 디즈니랜드의 경제적 효과와 건설 내용**

상하이시 인구는 2천만 명이 넘는데, 주강삼각주 지역을 합칠 경우 7,500만 명에 이른다. 상하이를 찾는 중국 내 관광객이 1년에 1억 명이며, 외국인 관광객은 700만 명에 달한다. 여기에 상하이 디즈니랜드가 개장해서 관광객이 크게 증가할 것으로 예상된다. 상하이시 정부 예측에 따르면 연평균 700만 명에서 1천만 명의 관광객이 상하이

디즈니랜드를 찾을 것이라고 한다. 관광업 외에도 항공과 육상 대중교통 이용량이 크게 늘어나고 컨벤션, 오락, 금융보험, 부동산개발이 크게 증가할 것이다. 이로 인해 상하이는 국제적인 도시로서 브랜드 가치를 높일 수 있을 것이다.

상하이 디즈니랜드 개장 후 5년 내에 1기 공사비용이 회수될 것이라 보고 있다. 2010년 상하이 엑스포보다 경제적 효과가 장기적일 것이다. 미국 월트디즈니는 상하이 디즈니랜드의 입장료를 1인당 220위안으로 제안했다. 이 외에 기념품, 식사, 입장료 등 디즈니랜드에서 소요되는 비용이 1인당 600위안일 것이라 예측하고 있다. 또한 디즈니랜드로 인해 상하이시 문화산업 GDP가 약 40억 위안가량 신규창출될 것으로 예상하고 있다.

상하이 디즈니랜드는 상하이시 정부가 투자한 사업 중 가장 규모가 큰 사업으로 2014년까지 투자한 금액만 해도 상하이 엑스포보다 약 1.7배 많은 500억 위안에 달한다. 건설 규모도 상하이 엑스포 핵심 구

전 세계 디즈니 테마파크 규모 비교

설립지역	완공시기	면적(㎢)	투자액	연간 관광객 수(만 명)
LA	1995년	2.07	1,700만 달러	2,000
올랜도	1971년	122.28	7억 6,600만 달러	1,600
파리	1992년	19.51	440억 달러	1,200
도쿄	1983년	7.8	4,800억 엔(확장 포함)	1,730
홍콩	2005년	1.26	141억 홍콩달러	450
상하이(1기 공사)	2014년	3.9	245억 위안(37억 달러)	700~1,000

• 자료 : 〈중국경제주간〉, 상하이 KBC 정리

역 면적 3.28㎢의 2배 이상인 7㎢에 달한다. 1기 공사만 해도 3.9㎢이다. 상하이 엑스포가 단기적인 효과가 있었다면, 상하이 디즈니랜드는 상하이경제 전반에 장기적인 영향을 줄 것으로 보인다.

상하이 디즈니랜드와 주변 호텔, 소매판매점 등의 레저지역 공사를 책임지는 상하이디즈니랜드개발공사는 미국 월트디즈니와 중국 국유기업인 상하이선디공사上海申迪가 각각 43%와 57%를 출자하여 설립하였다. 상하이선디 그룹은 상하이루자쮀이陸家嘴 그룹유한공사, 상하이원광文广발전유한공사, 상하이진장锦江국제지주공사가 합자 설립한 국유기업이다. 이외에도 월트디즈니와 상하이선디공사는 각각 70%와 30%를 출자해 합자기업을 별도로 설립했는데, 주변 오락지역 관리와 운영을 총괄하도록 할 계획이다. 상하이 디즈니랜드의 지분은 상하이선디그룹과 미국 월트디즈니가 각각 57%와 43%를 보유하고 있다. 또한 선디그룹은 상하이루자쮀이그룹이 1억 3,500만 위안을 출자해 전체 지분의 45%를 보유하고 있다.

상하이 디즈니랜드 1기 공사는 250억 위안의 자금이 투자되었으며 테마파크 핵심구역, 부대시설구역, 통제구역이 각각 7㎢, 13.6㎢, 86.5㎢ 면적에 건설된다. 뿐만 아니라 주변 호수, 주변 강, 주변 도로, 테마파크 구역에 있는 지하철 11호선, 주변 지역의 수로 개조 등도 잇달아 착수되고 있다.

중국은 일본을 따돌리고 세계 제2의 테마파크시장으로 거듭날 것이다. 상하이 디즈니랜드로 인해 중국 테마파크 이용객은 1억 2,700만 명으로 증가할 것이라 기대하고 있다. 50억 달러를 투자한 중국 상하이 디즈니랜드는 기존의 디즈니랜드 테마파크 중 가장 큰 규모의 캐

입장객 기준 세계 10대 테마파크 기업 순위

기업명	2013년 입장객(명)	2012년 입장객(명)	변화율(%)
디즈니	132,549,000	126,479,000	4.8
멀린 Merlin	59,800,000	54,000,000	10.7
유니버셜 Universal	36,360,000	34,515,000	5.3
Oct Parks	26,320,000	23,359,000	12.7
식스 플래그 Six Flags	26,100,000	25,750,000	1.4

• 자료 : 2013 Global Attractions Attendance Report, 코트라

슬을 건설할 계획인데, 이는 아시아 최대 규모이다. 상하이 디즈니랜드는 세계 5대 테마파크중 하나가 될 것이다. 상하이 디즈니랜드로 인해 중국은 테마파크시장에서도 2020년 전 성장세가 멈추는 미국을 추월해 전 세계 1위의 테마파크시장으로 거듭나고 있다.

전 세계 디즈니랜드의 매출구조를 보면 테마파크와 리조트를 통한 수입이 스튜디오 수입의 2배 이상이다. 콘텐츠 창출보다 이를 활용한 부가산업이 더 큰 이익을 가져온 것이다. 이전에는 입장료 수익이 테마파크 전체 수익의 대부분이었지만 디즈니의 경우 입장료, 상품구매, 기타항목의 비율이 3:3:4이다. 입장료는 유지비로만 활용될 정도로 수입구조가 다변화되고 있어, 중국 전체 테마파크 문화생활의 매출구조와 서비스 향상에 큰 기여를 할 것이다.

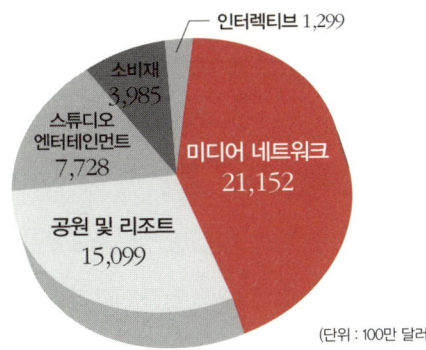

• 자료 : The Walt Disney Company Reports Fourth Quarter and Full Year Earnings for Fiscal, 코트라

2. 상하이공항

- **한글명** : 상하이국제공항
- **중문명** : 上海国际机场股份有限公司
- **기업형태** : 국유기업
- **주소** : 상하이시 푸둥신구 치항로 900호
- **종목코드** : 600009
- **영업분야** : 공항운영 및 물류업
- **홈페이지** : www.shairport.com
- **CEO** : 황예黃曄

● **상하이 자유무역지대 수혜주**

　상하이공항은 2015년 상하이 디즈니랜드 개장을 앞두고 관심을 많

이 받은 종목이다. 인천공항, 김해공항과 서비스가 유사하지만 물류, 이용자수 분야에서 중국 최고의 공항으로 발전해왔다. 상하이공항은 중국의 개인소득이 상승하면서 비행기 여행이 늘어나 중국인들이 꼭 가고 싶은 1위 도시의 공항이다. 중국 전역에서 몰려드는 관광객 수가 연평균 1억 명에 육박할 것으로 예상되는데, 이 늘어난 관광객 수를 토대로 상하이공항의 주 수입원인 항공 운송 서비스가 대폭 늘어 경영에 긍정적으로 작용할 것으로 보인다. 또한 QFII적격외국인투자자 자격을 획득한 해외 유수의 기관투자자들이 보유하는 종목이기도 하다. 신 상하이로 대두되어 대륙 제2의 홍콩을 지향한 상하이 자유무역지대 수혜주이면서, 상해 180지수의 종목이라는 점이 매력적이다.

상하이는 인구 2,500만의 대도시로 초대형 기차역 3곳과 공항 2곳이 있으며, 중국 동부의 교통요충지이며, 세계 1위의 컨테이너물동량을 보유해 항만분야에서도 세계 1위의 도시이다. 중국 대륙에서 두 곳

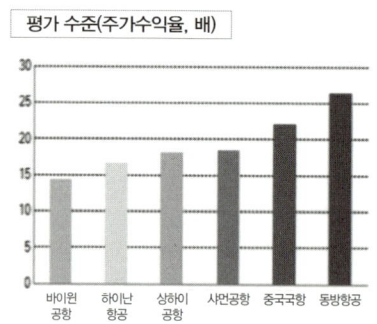

	바이원공항	하이난항공	상하이공항	샤먼공항	중국국항	동방항공
PER	14.29	16.60	18.15	18.38	22.04	26.37
순위	1	2	3	4	5	6

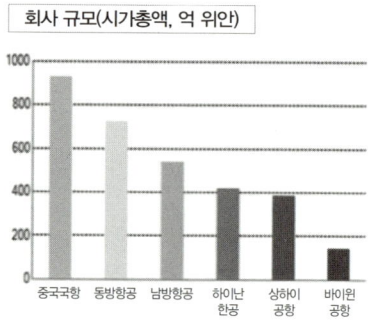

	중국국항	동방항공	남방항공	하이난항공	상하이공항	바이원공항
시가총액	928	724	537	418	382	142
순위	1	2	3	4	5	6

의 민간 국제공항을 보유한 도시로 한 곳은 상하이 푸둥국제공항上海浦东国际机场, 다른 한 곳은 상하이 홍차오국제공항上海虹桥国际机场이다. 두 공항 모두 상하이공항그룹 소속이다.

상하이공항그룹은 중국 국가민항총국国家民航总局(이하 민항총국)과 상하이시 정부의 일괄 지도를 받으며, 관련 부처 및 업무 파트너와 함께 해당 국가전략을 전면적으로 시행하는 국유기업이다. 우리나라 국제공항인 인천공항과 같은 맥락이다. 상하이공항의 규모는 세계적이며, 주요 자산으로는 푸둥국제공항 라운지 건물과 비행 구역 및 관련 부대 자산 등이 있다. 시장에서 독점 지위에 있기 때문에 강력한 자원 경쟁력을 자랑한다.

상하이공항그룹의 사업분야는 공항과 관련된 전반적인 업무이다. 구체적으로는 국내외 항공 운송 기업 및 승객에게 지대 보장 서비스를 제공하고 임대하는 것이다. 임대 공항 내 항공 영업 공간, 비즈니스 공간, 사무 공간을 운영하고 있으며 국내 무역(특수 규정 제외), 광고

6대 대주주(2014년 09월 30일)

순위	주주명	주식유형	보유주식수(주)	보유비율	증감(주)
1	상하이공항(그룹)유한공사	유통 A주	192,695,844	17.62%	변동없음
2	이펀드자산관리(홍콩)유한공사(고객자금)	유통 A주	40,737,676	3.73%	22,427,854
3	이펀드자산관리(홍콩)유한공사 (거래소 고객자금)	유통 A주	27,047,727	2.47%	8,737,905
4	UBS AG	유통 A주	25,487,484	2.33%	-3,438,555
5	미국 예일대	유통 A주	24,349,506	2.23%	변동없음
6	GIC PRIVATE LIMITED	유통 A주	22,515,206	2.06%	-6,178,731

영업, 화물 운송 대리, 통관 대리 신고, 검사 신고 대리 업무, 장거리 여객 터미널, 항공 운송 관련 기타 업무를 수행하고 있다. 종합 개발 등 국가정책에서 허용한 기타 투자 프로젝트를 진행하고 있다.

상하이 푸둥국제공항은 중국(홍콩, 마카오, 타이완 포함)의 3대 공항 중 하나로 베이징수도국제공항, 홍콩국제공항과 더불어 중국 3대 국제 항공 터미널로 불린다. 상하이 푸둥 장강 해구 남쪽의 연안 지대에 위치해 있다. 용지면적은 40㎢, 상하이시 중심가와 30㎞ 떨어져 있고 홍차오공항과의 40㎞ 떨어져 있다. 푸둥국제공항은 1990년대에 건설되어 길이 4천m, 너미 60m의 4E 등급 남북 방향 트랙 1개, 평행 활주로 2개, 80만㎡ 에이프런, 비행기 정차대 76개를 갖추고 있다. 화물 운송 창고 면적은 5만㎡이다. 또한 GPS, 통신, 모니터링, 기상과 물류 보장 등 시스템을 도입하여 24시간 전천후 서비스가 가능하다. 연간 30만 번의 비행기 이착륙이 가능하고, 연간 3,650만 명의 승객 수용 능력을 보유한 아시아 최고의 공항이다.

유통주/비유통주 분포 비교

출자금 구조	단위 : 만 주	점유율
유통 A주	109,347.64	56.75%
유통 B주	–	–
유통 H주	–	–
기타 유통주	–	–
유통제한주	83,348.21	43.25%
미유통주식	–	–
총출자금	192,695.84	100%

■ 유통 A주 ■ 유통제한

상하이 훙차오공항은 상하이시 서쪽 교외에 위치하고 있고 시 중심가와는 12km 떨어져 있다. 상하이 푸둥국제공항이 세워지기 전에는 중국에서 가장 바쁜 공항이었다. 공항에는 트랙과 활주로가 각각 하나씩 설치되어 있다. 트랙 길이는 3,400m이고, 너비는 57.6m이다. 정차대 면적은 48.6만㎡이며, 66대 비행기가 정차할 수 있는 정차대를 확보하고 있다. 공항 라운지 건물의 크기는 8만 2천㎡로, 총 15개의 라운지가 있고 VIP실은 18개이다. 15곳의 수화물 반송 시스템을 보유하고 있다.

훙차오공항은 국내선의 출발과 도착 및 국제선의 비상착륙을 담당하고 있는데, 매일 540만 대의 비행기가 이착륙한다. 한해 평균 이용한 승객 수는 2,263만 명으로 중국 민간 공항 중 4위이다. 우편물 처리량은 38만 8,904톤으로 5위이며, 연간 평균 18만 7,045대 비행기가 이착륙을 하며 이는 5위의 수준이다.

● **상하이공항 현황과 경쟁력**

상하이공항은 공항·항공업계에서는 시가총액 385억 위안으로 5위이지만, 공항업계에서는 광둥성의 백운공항보다 2.5배 이상 큰 규모를 가진 공항업계 최강자이다. 상하이공항그룹이 17.62%의 지분을 보유하고 있고, 상하이 내 자산투자관리회사에서 6.2%의 지분을 가지고 있다. 특이한 점은 미국의 예일대가 상하이공항 지분 2.23%를 갖고 있다는 점이다. 비유통주는 43.25%로 상하이공항그룹의 지분과 합쳐 60% 이상이다. 경영권 방어를 위해 비유통주를 개혁하지 않고 있지만, 정부의 비유통주 축소 요구로 인해 점차 비유통주 비중이 줄어들 것으로 보인다. 공항 관련 업무가 매출의 96%를 차지하고 마진율은 43%로 높은 편이다. 항공업계, 공항업계 모두 비교했을 때 전체 매출에서 항공업계에 미치지는 못하지만 순이익은 2배 이상 높다. 공항 관련 수익 또한 매 분기 40% 이상 고속성장하고 있다.

■ **핵심 경쟁력**

상하이공항은 상하이 항공 요충지 건설 계획 종합 목표에 따라 다년간의 노력을 통해 국내·국제선 네트워크를 구축하였다. 이로써 세계 여러 나라와 중국을 연결하는 하늘길을 만들었다. 아태지역의 핵심 허브로 도약하였으며 세계 항공 네트워크의 중요한 길목을 만들었다.

상하이지역 항공 서비스 수요에 대한 지속적인 증가와 상하이공항

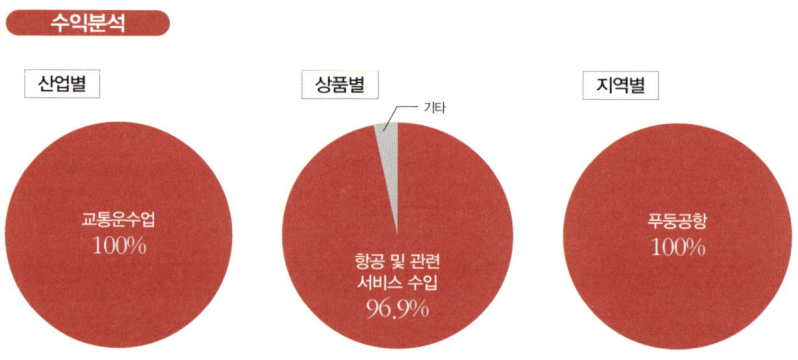

수익분석

	업무명	수입 비율	매출 비율	영업 원가 (만 위안)	비용 비율
산업별	교통운수업	100.00%	100.00%	100.00%	43.86%
상품별	항공 및 관련 서비스 수입	96.90%	95.67%	98.48%	44.58%
	기타 수입	3.10%	4.33%	1.52%	21.49%
지역별	푸둥공항	100.00%	100.00%	100.00%	43.86%

요충지 건설에 따른 수요를 만족시키기 위해 항공 요충지 건설 추진, 서비스 품질 향상, 관리 효율 제고 등을 통해 핵심 경쟁력을 확보하였다. 보통 항공 요충지는 전 세계 주요 항공 간선 네트워크와 전 세계 항공 운송의 제고점으로 경쟁구도가 형성되어 있다. 상하이공항은 이에 대해 위기의식을 느끼고 업무량 확대, 환승 개선을 추진하였다. 시장 마케팅 강화, 환승 업무 확대, 항공 라인 네트워크 최적화, 지면 반영 네트워크 개선, 지원 정책 발굴 등의 조치를 통해 요충지 건설에 박차를 가하고 더 많은 승객을 확보하고자 노력하고 있다.

상하이공항은 항공 요충지 건설을 추진함과 동시에 승객의 관점에서 '제고, 집중, 혁신'을 통해 서비스 품질을 체계적으로 개선하고 고객만족도를 지속적으로 높였다. 관리 시스템 건설 강화, 서비스 개선 혁신 및 기초적인 서비스 수립을 통해 관리 효율을 높이고 탁월한 서비스 체험을 추구하였다. 안정적인 서비스 품질을 제공하여 고객을 위한 가치를 창출하였다.

● **매매포인트**

▪ **중국 유일의 공항 라운지 건물과 트랙**

상하이공항은 국내외 항공 운송 기업 및 승객에게 지대 보장 서비스를 제공하고 임대 공항 내 항공 영업 공간, 비즈니스 공간, 사무 공간 등을 운영한다. 주요 경영 자산으로 푸둥공항의 트랙과 공항 라운지 건물 및 푸둥항유공사浦东航油公司(등록자본 3억 5천만 위안, 연 평균 70억 위안의 영업수입, 순수익 3억 위안의 알짜 기업)의 40% 지분이다. 중국 내 공항

기업 중 유일하게 공항 라운지 건물과 트랙을 가진 회사로 경제가 발달된 장강삼각주长江三角洲에 자리하고 있다. 넓은 측면에서 보면 아시아-태평양 중심 공항으로 규정이 가능하다.

■ **상하이 디즈니랜드 테마주**

2009년 11월 24일 중국 발전개혁위원회发展和改革委员会는 상하이 디즈니랜드 부지를 통과시켰다. 총 116만㎡로 놀이공원 구역, 부대 구역, 공공사업 구역, 주차장을 포함한 면적이다. 2015년에 상하이 디

향후 순이익과 주당순이익 예측 EPS

2014년 12월 15일까지 6개월 내 16개 기관이 예측한 상하이공항의 2014년도 실적 : 2014년 매 주식의 수익은 1.08위안이 될 것으로 예측하며, 작년 동기대비 11.34% 증가한 것이다. 2014년의 순이익은 20억 8,700만 위안이 될 것으로 예상하며, 작년 동기대비 11.44% 성장할 것으로 보인다.

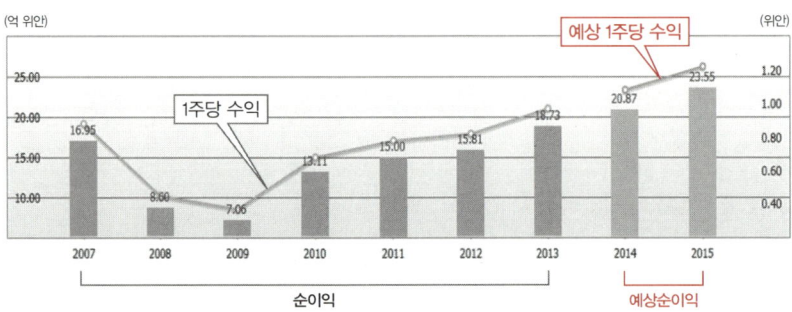

- 연도별 1주당 예상수익 (단위 : 위안)

	예측 기관수	최소치	평균치	최대치	업계평균
2014	16	0.97	1.08	1.18	0.59
2015	16	1.09	1.22	1.31	0.68
2016	10	1.29	1.45	1.69	0.76

- 연도별 예상순이익 (단위 : 억 위안)

	예측 기관수	최소치	평균치	최대치	업계평균
2014	16	18.69	20.87	22.74	15.67
2015	16	21.00	23.55	25.27	16.81
2016	10	24.95	27.91	32.60	19.50

즈니랜드 개장으로 매년 3천만 명이 이용가능하고, 한해 입장권 판매액은 60억 위안이며, 입장료 1위안 당 8위안의 소비가 발생할 것으로 예상된다. 서비스 산업 가치가 480억 위안으로 추산된다.

▪ 국제 화물 운송 요충지

UPS의 국제 항공 환적 센터가 푸둥공항 화물 운송지역에 설립되어 있으며, 물류업계의 또 다른 선두주자 DHL도 있다. 푸둥공항은 5개의 트랙과 38개의 전세기 정차 위치를 확보한 화물 운송 지역을 건설하면서 상하이 자유무역지구의 국제공항 보세 물류 단지와 결합하여 국제 화물 운송 요충지로 발돋움하고 있다. 홍콩시위로 인해 홍콩 내 기업들이 상하이로 옮겨오면서 물류량이 꾸준히 증가하고 있다.

▪ 공황 확대를 위한 푸둥공항 2기 공사

늘어난 물류량과 이용자 수로 인해 총 투자액 20억 6,900만 위안(회사출자 16억 8,100만 위안)의 상하이 푸둥국제공항 2기 비행 구역 및 부대시설 공사가 실시되었다. 이후 10년간 4,200만 명의 승객이 상하이 푸둥국제공항을 이용했고, 약 37만 회의 비행 횟수를 달성하였다. 상하이공항은 푸둥공항 확장 공사의 주요 프로젝트를 계속 추진하고 있다. 푸둥공항은 연평균 33만 대의 비행기가 이착륙하고, 약 2,060만 명의 승객이 이용하고 있으며, 322.80만 톤의 우편물을 처리한다. 각각 평균 15.36%, 27.12%, 26.92% 성장세를 보이고 있다. 이로써 상하이공항은 4천만 명을 수송한 특대형 공항으로 발돋움하였으며, 우편 처리량으로는 세계 3위의 공항이 되었다.

- **국제 항로**

2004년 7월에 중국과 미국이 항공 개방에 대한 새로운 협의를 체결함에 따라 많은 항공편이 추가되었다. 그중 화물 운송 항공편 증가가 가장 많다. 푸둥공항은 중국 3대 중심 공항 중 하나로 탁월한 위치 경쟁력이 있다. 상하이지역의 모든 국제 항로를 운영하고 있으며, 앞으로 국제 요충지로써 지위가 강화될 것이다. 국외 항공사 진입 및 대형

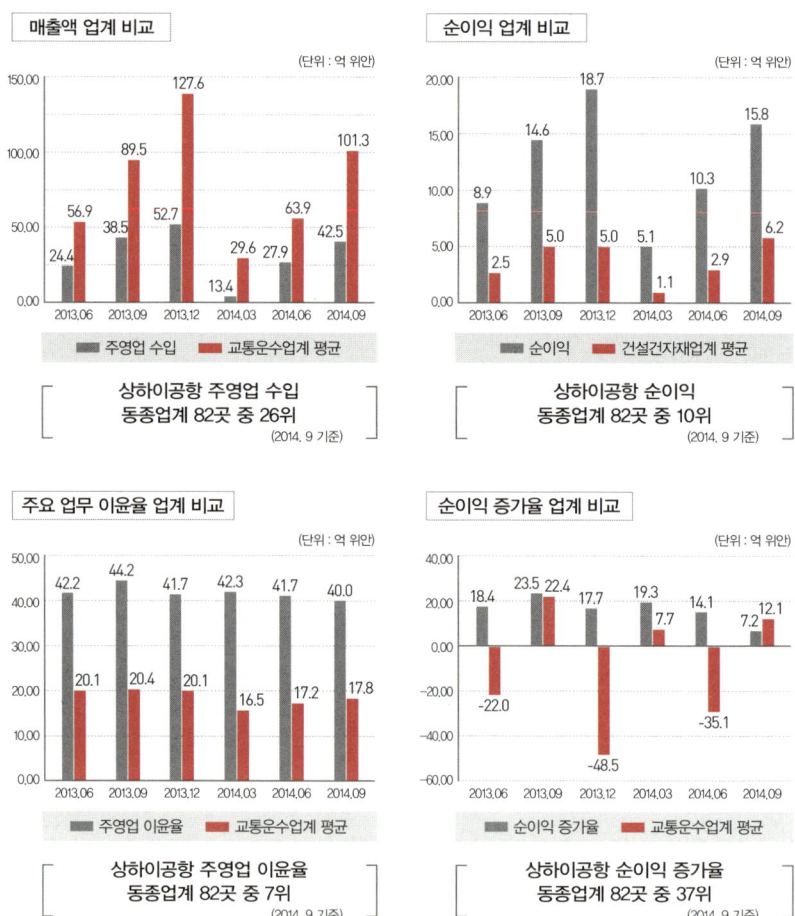

항공기 사용 비율이 늘어남에 따라 업체 요금 수준이 안정적으로 증가할 것으로 기대된다.

- **공항 상품 무역 산업**

푸둥공항 제2 라운지 건물의 운영이 시작된 후에는 푸둥공항 라운지 건물 내 순상품 무역 면적이 기존의 8천㎡에서 2만 8천㎡로 확장될 것으로 기대된다. 새로운 상품 무역 구역은 '최저 보증금+수입 분할' 모델을 채용하여 정식 운영이 시작된 후에는 회사의 상품 무역 수입이 현저하게 증가할 것으로 예상된다. 단지 임대 면적 또한 5만㎡에서 10만㎡로 늘어난다.

재무제표

재무년도	2012	2013	2014	2015E	2016E
주당순이익	0.69	0.84	0.98	1.15	1.35
순이익(억 위안)	86	103	126.9578	161.5030174	212.9255781
순이익 증가율(%)	7.95	19.88	23.26	27.21	31.84
총수입(억 위안)	4843	5867	7319.6692	9440.177367	11565.16129
총수입 증가율(%)	5.89	21.16	24.76	28.97	22.51
BPS(위안)	5.83	6.56	7.68	8.98	10.51
ROE(%)	12.47	13.59	15.9	18.6	21.77
PER(배)	11.78	12.77	14.94	17.48	20.45
PBR(배)	1.47	1.74	2.03	2.38	2.78
자산·부채 비율(%)	84.74	84.84	99.26	116.14	135.88

3. 상하이루자쮀이그룹

- 한글명 : 상하이루자쮀이그룹
- 중문명 : 上海陆家嘴金融贸易区开发股份有限公司
- 기업형태 : 국유기업
- 주소 : 상하이시 푸둥신구 어산로 101호 1호층
- 종목코드 : 600663
- 영업분야 : 부동산 개발, 경영, 판매, 임대, 중개
- 홈페이지 : www.ljz.com.cn
- CEO : 왕후이 王辉

● 금융무역지구의 개발을 총괄하는 기업

상하이루자쮀이그룹은 상하이시 정부 산하의 54개 대형그룹 중 하나이다. 중국에서 가장 일찍 해외자본을 받아들인 상하이는 1978년 개혁개방 이후 상하이 개발을 위해 시정부가 각 지역을 구 단위로 나누어 건설회사를 선택해 해당 지역의 주요 건물과 환경조성에 힘썼다. 상하이루자쮀이그룹도 여러 건설회사 중 하나였다. 그렇다면 어떻게 구 단위의 건설회사가 상장회사이자 그룹으로까지 성장할 수 있었을까?

상하이시 면적은 $6,300km^2$로 서울 면적 $605.2km^2$의 10배가 넘는다. 루자쮀이그룹이 담당하는 지역은 상하이의 랜드마크 동방명주가 있는 루자쮀이구이다. 동방명주의 주변은 다 루자쮀이그룹과 연관이 있다고 생각하면 틀림없다. 50층 이상의 빌딩들이 즐비하고 중국에서도 평당 부동산가격이 가장 비싼 지역으로, 평당 수십억을 호가하는

지역이 많다. 루자쮀이그룹은 이 지역의 토지를 우선적으로 매입·임대·건설했는데, 1990년대부터 이어진 중국 내 부동산 경기호황 덕분에 그룹으로 승격되었다. 설립 이후 지금까지 총 11.07㎢를 개발하였으며, 2만 8천 가구와 750개 기업이 이주하였다. 양도 토지면적은 25만 7천㎢, 기획건축 총면적은 759만 6천㎡, 해외 투자 유치액은 82억 달러에 달한다.

루자쮀이그룹은 루자쮀이 금융센터구역^{CBD}, 죽원비즈니스구역^{竹园商贸区}, 동성생활단지^{东城社区}, 류리현대생활구역^{六里现代生活区}, 루자쮀이 소프트웨어단지^{陆家嘴软件园} 등 지역에서 종합 기획 개발 작업을 주도하고 있다. 즉 중국의 유일한 '금융무역' 지역의 국가급 개발구로, 루자쮀이 금융무역구의 토지개발과 총괄적인 경영을 책임지고 있다. 중국 개혁개방의 상징적 의미가 있는 '소루자쮀이 금융 센터 구역 기획 모형'이 중국 혁명박물관에 소장되어 있는데, 이는 루자쮀이그룹이 중

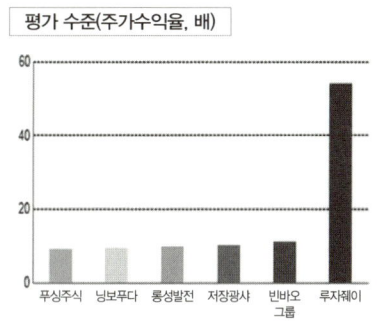

	푸싱주식	닝보푸다	롱성발전	저장광샤	빈바오그룹	루자쮀이
PER	9.02	9.48	9.77	9.98	10.96	53.95
순위	1	2	3	4	5	65

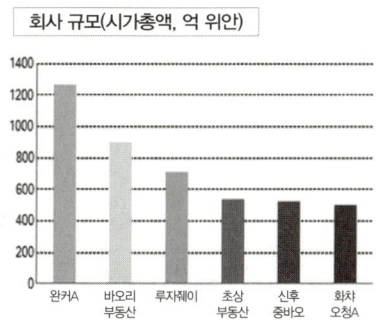

	완커A	바오리부동산	루자쮀이	초상부동산	신후중바오	화차오청A
시가총액	1,265	897	710	533	517	495
순위	1	2	3	4	5	6

국의 발전과 함께했다는 것을 보여준다. 현재 관광 컨벤션, 도시 종합 서비스 등 산업 발전에 주력 중이다.

　루자쭤이그룹이 투자한 상하이신국제박람센터에서는 11회의 상하이 국제 모터쇼, 15회의 화동 수출입 상품 무역 회의, 7회의 상하이 국제 산업 박람회, 중국 국제 건축 박람회 등 국내외 유명 박람회가 성공적으로 개최되었다. 또한 푸둥빈강대로浦东滨江大道, 루자쭤이센터 그린벨트陆家嘴中心绿地, 세기대로世紀大道 등 관광 레저 프로젝트와 시정부 교통 공사를 추진하여 역내 투자 환경과 서비스 기능을 크게 향상시켰다. 빈강대로는 상하이 관광 축제 10대 관광도로 중 3위에 선정되기도 했다.

　루자쭤이그룹의 가치는 2015년 말 개장한 상하이 디즈니랜드 건설 수주와 향후 관리를 맡으면서 다시 주목받기 시작했다. 상하이 디즈니랜드 프로젝트의 1~3기 부지면적은 800만~1천만㎡로, 루자쭤이그룹이 대주주로 있는 상하이선디공사가 총괄한다. 루자쭤이그룹은

5대 대주주

순위	주주명	주식유형	보유주식수(주)	보유비율	증감(주)
1	상하이루자쭤이(그룹)유한공사	유통 A주	1,076,556,437	57.64%	변동없음
2	상하이국제신탁유한공사	유통 A주	53,234,998	2.85%	변동없음
3	SCBHK A/C KG INVESTMENTS ASIA LIMITED	유통 B주	46,352,388	2.48%	-336,600
4	TARGET VALUE FUND	유통 B주	38,431,167	2.06%	변동없음
5	SCBHK A/C BBH S/A VANGUARD EMERGING MARKETS STOCK INDEX FUND	유통 B주	10,420,616	0.56%	-6,650

놀이공원 구역, 부대 시설 구역, 공공사업 구역, 주차장의 관리에 힘쓰고 있다. 디즈니랜드 완공 후에도 상하이 최대의 부동산그룹인 루자쮀이가 경영과 관리를 감독한다. 상하이 디즈니랜드가 본격적으로 호황에 들어갈 것이라 예상하는 2016년부터는 상하이 여행, 호텔, 식당, 관광, 교통 등의 산업으로 그룹에 직간접적인 혜택이 있을 것이라 기대하고 있다.

● **상하이루자쮀이그룹 현황과 경쟁력**

상하이루자쮀이그룹은 시가총액 710억 위안으로 건설업계 3위이다. 대출과 투자가 많아 PER는 53.95배로 매우 높은 수준이다. 상하이루자쮀이그룹이 지분의 57%를 보유하면서 경영권을 가지고 있다. A주와 외국인 전용투자처인 B주에 동시에 상장되어 있으며 비율은 72:27이다. 매출에서 부동산임대 수익이 전체 매출의 53.25%로 가장 많고, 부동산판매 26.54%, 부동산 관리업 16.26%이다. 상하이와 톈

유통주/비유통주 분포 비교

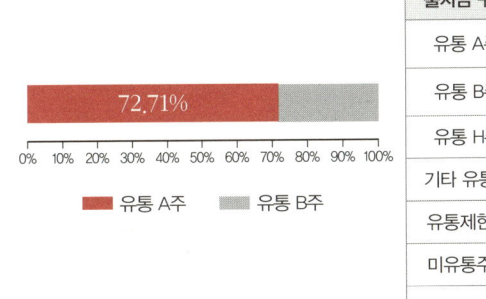

출자금 구조	단위 : 만 주	점유율
유통 A주	135,808.40	72.71%
유통 B주	50,960.00	27.29%
유통 H주	–	–
기타 유통주	–	–
유통제한주	–	–
미유통주식	–	–
총출자금	186,768.40	100%

진시에서 활동하며 주로 상하이지역 비율이 93%로 매우 높다. 매출액은 업계평균과 비슷하지만 상하이 토박이 건설사답게 안정적인 운영으로 순이익에서는 업계평균의 2배 이상이다. 분기별 매출증가율이 40% 이상으로 고속성장하고는 있지만, 투자와 대출의 증가로 순이익은 감소추세이다. 향후 디즈니랜드와 자유무역지대 등으로 인한 우선투자는 긍정적이다.

■ 핵심 경쟁력

상하이루자줴이그룹 여러 사업 중 경영형 물류사업은 지속적으로 성장하고 있다. 각종 임대 가능 물류 사업 면적이 2008년 44만㎡에서

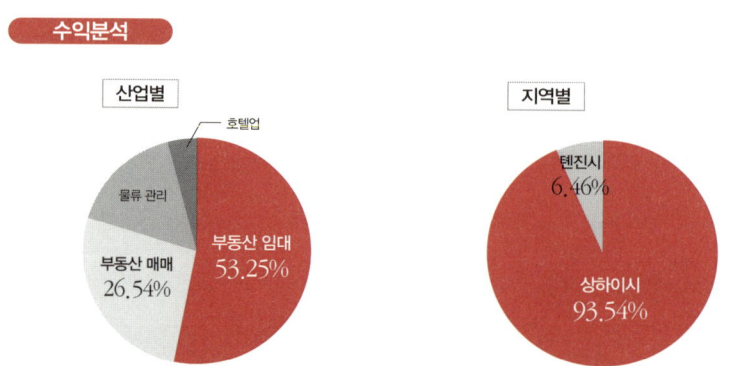

수익분석

	업무명	영업 수입 (만 위안)	매출 비율	영업 비용 (만 위안)	비용 비율	이익 비율	총이익률
산업별	부동산 임대	78563.29	53.25%	11354.99	23.49%	67.75%	85.55%
	부동산 매매	39162.3	26.54%	11164.97	23.10%	28.22%	71.49%
	물류 관리	23995.09	16.26%	21739.03	44.97%	2.27%	9.40%
	호텔업	5818.49	3.94%	4079.54	8.44%	1.75%	29.89%
지역별	상하이시	138006.4	93.54%	–	–	–	–
	텐진시	9532.76	6.46%	–	–	–	–

2013년 100만㎡로 늘어났고, 현재 시공 중인 면적은 200만㎡를 초과하였다. 안정적인 성장세를 유지할 것으로 보고 있다. 상하이루자쮀이그룹은 다년간의 시장 경험을 통해 이미 전문적인 마케팅팀을 구축하였고 일정한 고객자원을 확보하였다. 이로써 효과적으로 마케팅 원가를 제어할 수 있게 되었다. 현재 이 기업의 마케팅팀은 상품별로 오피스 마케팅, 비즈니스 마케팅, 주택형 마케팅으로 분류되어 있으며 마케팅 부서 간의 분업과 협업을 진행하고 있다. 전문 마케팅 부서는 제품 영업을 더 효율적으로 할 수 있게 만들었다.

이 기업은 지배주주인 상하이(그룹)유한공사의 중요한 상업형 부동산 플랫폼으로써 여전히 유리한 발전의 기회를 맞이하고 있다. 지배주주의 참여와 개발 투자가 진행되고 있는 디즈니쳰탄 프로젝트(디즈니랜드와 근방 지역에 상업지역을 만드는 프로젝트)는 회사의 부동산 사업 발전에서 큰 의미가 있다. 지배주주의 전폭적인 지원 속에서 이미 쳰탄 국제비즈니스 지역에 성공적으로 진출하였고, 쳰탄센터는 해당 지역의 랜드마크 건축물이 되었다.

● **매매포인트**

2014년 하반기부터 중국 부동산 경기가 심상치 않다. 중국의 3~4선 도시부터 시작하여 주요 대도시까지 부동산가격이 떨어지고 있다. 반면에 상하이는 오히려 매년 가격이 오르고 있다. 중국의 경제가 상하이에 집중되어 있기 때문이다. 이미 세계 최대 도시로 성장한 상하이의 집값은 뉴욕이나 런던, 도쿄에 비해 성장가능성이 높다. 투자성이 높다는 판단하에 건설사들이 상하이시에 꾸준히 투자하면서 부동산가격이 상승하고 있다. 루자줴이그룹의 사업분야는 부동산, 공사하청, 저장 운송, 자동차 임대, 관광, 광고 등이다. 이 중에서 토지 1등급 개발 사업의 임대가 주요 수입원이다. 토지임대 방식에서 점차 토지임대와 부동산 사업의 판매 및 임대 방식의 병행경영으로 전환하고 있다. 지금도 임대 업무와 부동산 판매 수입이 일정 부분 지속적으로 증가하고 있다.

■ **부동산임대와 토지임대**

　루자줴이금융사무빌딩陆家嘴金融城写字楼의 평균 임대율은 90%를 상

향후 순이익과 주당순이익 예측 EPS

2014년 12월 20일까지 6개월 내 6개 기관이 예측한 루자줴이그룹의 2014년도 실적 :
2014년 매 주식의 수익은 0.77위안이 될 것으로 예측하며, 작년 동기대비 3.64% 하락한 것이다. 2014년의 순이익은 15억 2,700만 위안이 될 것으로 예상하며, 작년 동기대비 5.74% 상승할 것으로 보인다.

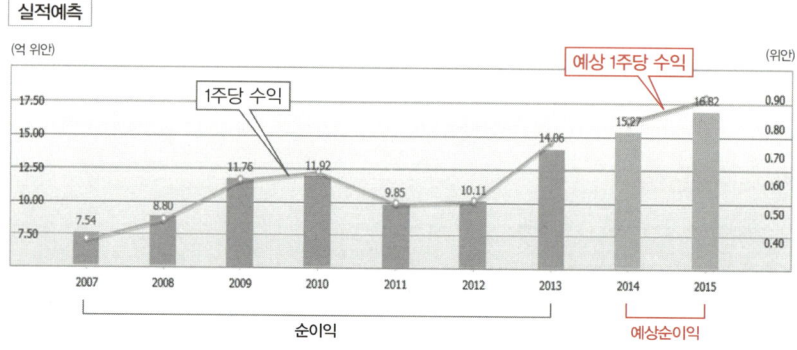

• 연도별 1주당 예상수익 (단위 : 위안)

	예측 기관수	최소치	평균치	최대치	업계평균
2014	6	0.77	0.82	0.88	1.19
2015	5	0.83	0.90	0.96	1.53
2016	2	1.10	1.12	1.15	2.03

• 연도별 예상순이익 (단위 : 억 위안)

	예측 기관수	최소치	평균치	최대치	업계평균
2014	6	14.46	15.27	16.44	44.61
2015	5	15.50	16.82	17.86	57.44
2016	2	20.58	21.07	21.57	74.77

회한다. 비어 있는 사무실이 적다. 회사의 연평균 임대 수입은 4억 5,600만 위안이고 매년 물가상승률과 주변 부동산임대 가격상승에 따라 연평균 14.12%가 증가하고 있다.

토지임대 사업은 업계에서 1등급 개발 사업으로 불린다. 토지임대 사업은 양도 전 토지를 정리하고 투자·개발하는 것으로, 그야말로 '맨땅'을 용지로 전환하여 양도기준을 만족하면 매매하는 것이다. 토지임대 수입은 16억 6,800만 위안이고 연평균 11.23% 증가한다.

■ 투자 컨벤션 사업

완전자회사인 루자쮀이전람발전공사 陆家嘴展览发现公司가 9억 5천만 위안으로 신상하이국제박람센터 주식 50%를 매입하였다. 신국제박람센터는 상하이 최대 컨벤션 센터로 전시장 17곳, 로비 3곳, 실외 전시장 13곳, 4천 대 차량을 수용할 수 있는 실내 주차장 3곳 및 기타 부대시설 등이 있다. 실내 전시관 면적은 20만㎡, 실외 면적은 13만㎡이다. 신국제발람센터 투자로 연수익이 2,500만 위안이 증가했다.

■ 중국 최고의 상하이센터

상하이시도시건설투자개발총공사 上海城市建设投资投资开发总公司·상하이건공그룹총공사 上海建工团总公司와 합자하여 상하이센터빌딩건설공사 上海中心大厦建设公司를 설립하고 Z3-2지역을 개발하였다. 해당 부지는 소루자쮀이 구역으로 상업 복합 용지이다. 건축 면적은 20만㎡에 달한다. 해당 공사 용지 2만㎡을 24억 위안으로 평가하여 주식을 매입하고, 현금 3천만 위안을 별도로 출자하여 총 24억 3천만 위안을 투자하였는데 센터빌딩건설공사의 45% 주식을 차지하게 되었다. 상하이센터빌딩에 대한 총 투자액은 148억 위안이다. 2008년 11월에 착공하여 높이 632m, 121층으로 상하이글로벌금융센터의 492m, 101층 기록을 넘어서면서 중국 최대 높이 신기록을 새로 썼다.

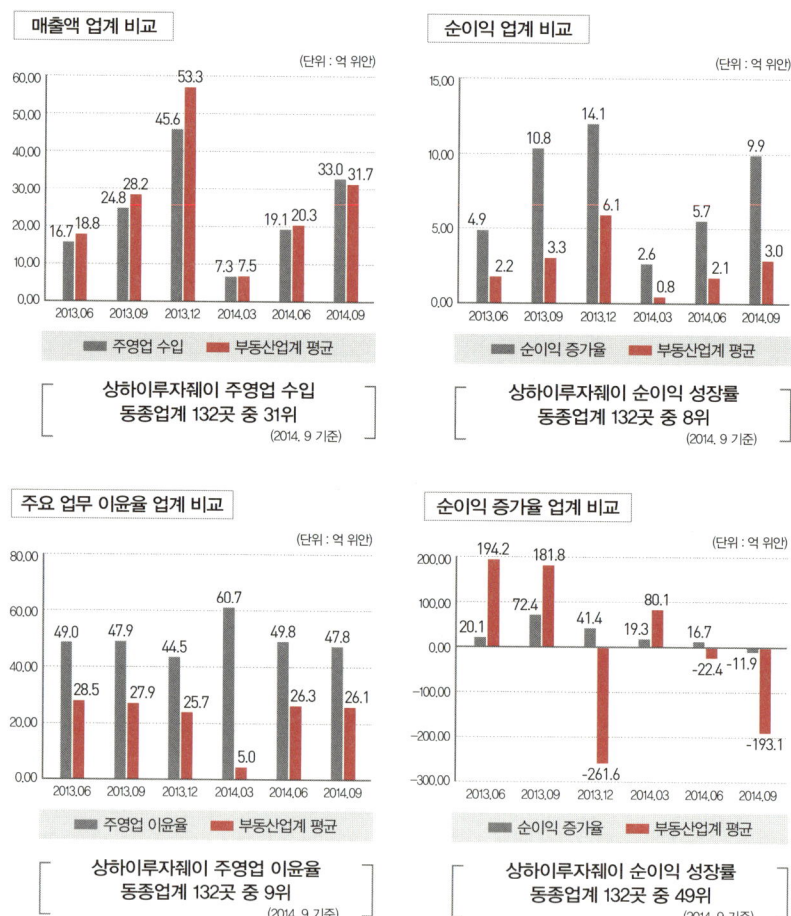

- **루자쮀이소프트웨어 단지**

　루자쮀이그룹이 주도 개발한 상하이루자쮀이소프트웨어 단지이다. 상하이 시급 소프트웨어 산업기지로 승인을 받았다. 루자쮀이소프트웨어 단지의 용지면적은 43만㎡이며, 역내 경영 목적의 임대 가능 사업면적은 15만㎡를 초과하였다. 아웃데스크 중국연구소, 후지제록스 연구소, 화웨이 상하이연구소, 프랑스 선급협회 중국 본사, 대지혜 등 유명 소프트웨어 개발 업체와 R&D 기구가 입주해 있다. 그 외 루자쮀이96 광장은 6만 6천㎡로 55%의 지분을 보유하고 있다.

- **상하이금융센터 건설 수혜**

　2009년 4월, 중국 국무원은 금융시장 체계 강화를 요구하는 관련 의견서를 발표하였다. 상하이금융센터는 2020년까지 중국 경제력 및

재무제표

재무년도	2012	2013	2014	2015E	2016E
주당순이익	0.54	0.75	0.88	1.03	1.20
순이익(억 위안)	10.10	14.05	17.36	20.31	23.76
순이익 증가율(%)	2.65	39.07	23.55	27.55	21.96
총수입(억 위안)	34.92	45.09	60.46	75.06	96.27
총수입 증가율(%)	-16.17	29.14	34.09	24.15	28.26
BPS(위안)	6.20	6.04	7.07	8.27	9.67
ROE(%)	9.01	11.69	13.68	16.00	18.72
PER(배)	38.47	30.77	54.95	43.96	35.17
PBR(배)	3.47	3.60	7.52	7.03	6.58
자산·부채 비율(%)	57.14	60.59	70.89	82.94	97.04

위안화 국제 지위에 걸맞은 국제 금융 센터 설립을 건설 종합 목표로 하고, 금융시장의 폭과 깊이를 부단히 확대하여 다양한 기능과 요구를 구현하는 금융시장 체계 형성을 핵심 임무로 한다는 내용이다. 상하이 금융 기업 및 관련 기업의 향후 발전에 좋은 기회가 될 것으로 기대된다.

4. 중국동방항공

- 한글명 : 중국동방항공
- 중문명 : 中国东方航空股份有限公司
- 기업형태 : 국유기업
- 주소 : 상하이시 창닝구 공항3로 92호, 홍콩금종도로 95호 통일 센터 21층 B실
- 종목코드 : 600115
- 영업분야 : 항공업, 물류업
- 홈페이지 : www.ceair.com/m.ceair.com
- CEO : 왕젠汪健

● 상하이 기반의 세계 3위 항공사

우리나라에 대한항공이 있다면 중국에는 동방항공이 있다. 중국동방항공은 상하이에 기반을 두고 있는 중국 주요 항공기업 중 하나로, 중국정부의 중국민용항공국CAAC 항공사 업무가 분리되어 발전했다. 루자쮀이그룹과 마찬가지로 중국 내 대외개방이 가장 활발한 상하이

를 배경으로 지속적으로 성장하고 발전하고 있다. 운행승객 수 기준으로 중국 내 2위 항공사이며, 시장가치 기준으로 세계 3위 항공사이다. 중국 항공사로서는 유일하게 뉴욕·홍콩·상하이 증권거래소에 상장되어 있다. 국제·국내·지역노선을 운항하고 있으며 허브공항은 상하이 홍차오공항과 상하이 푸둥국제공항, 쿤밍 우자바국제항공과 시안의 셴양국제공항이다. 항공사연합체인 스카이팀SkyTeam의 정식회원사로서 대한항공, 델타항공, 에어프랑스 등과 협력관계를 맺고 있으며 상하이 엑스포의 공식후원사이기도 하다.

중국동방항공의 주요 영업 기지는 상하이에 있다. 항공편 점유율 기준으로 홍차오공항과 푸둥공항에서의 시장점유율은 각각 54%와 39.2%이다. 승객 수 기준으로 보면 홍차오공항과 푸둥공항에서의 시장점유율은 각각 52.2%와 37.9%이다. 상하이 절반 이상의 고객은 동방항공을 이용한다. 여행업계는 상하이 자유무역지구, 디즈니랜드 개

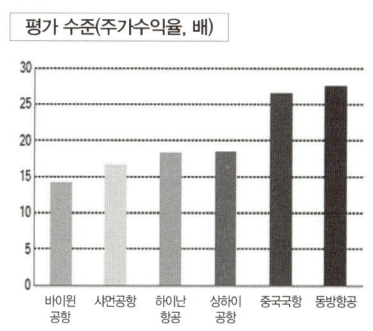

	바이원 공항	샤먼 공항	하이난 항공	상하이 공항	중국 국항	동방 항공
PER	14.14	16.55	18.20	18.36	26.42	27.48
순위	1	2	3	4	5	6

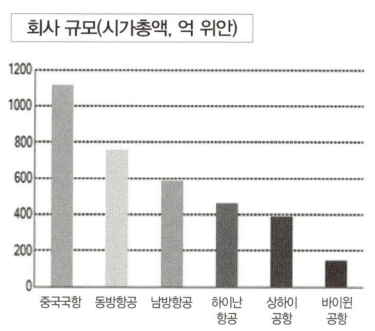

	중국 국항	동방 항공	남방 항공	하이난 항공	상하이 공항	바이원 공항
시가총액	1,112	754	582	458	387	140
순위	1	2	3	4	5	6

장으로 2015년 이후 매년 상하이를 방문하는 여행객 수가 1억 명 이상이 될 것이라 판단하고 있다. 외국인 여행객의 80% 이상, 중국 내 여행객 50% 이상이 항공기로 상하이를 방문할 예정이고, 시장점유율이 높은 동방항공의 수익도 급상승할 것으로 예상된다.

매주 9,600편의 항공편을 운행하며 30개의 국가와 지역을 항행한다. 국내외 182개 도시에 항공 서비스를 제공하고 있으며 일평균 비행기 이용률은 9.7시간에 달한다. 중국민항총관리국 통계에 따르면 동방항공의 항공편 정시 도착율은 79.04%로 2년 연속 민항업계 1위, 서비스 만족도 1위를 고수하고 있다. 총 600대 이상의 항공기를 보유하고 있으면 늘어나는 항공기 이용으로 매년 30대 이상의 구매를 계획하고 있다. 주요 항공기 구매처는 유럽의 에어버스와 미국의 보잉사인데, 2010년부터 중국 주도로 에어버스와 공동개발된 C919항공기를 지속적으로 구매할 것으로 보인다. 항공기 구매가격 하락으로 인한 매출상승은 동방항공 주가에 긍정적인 영향을 미친다.

● **중국동방항공 현황과 경쟁력**

동방항공의 시가총액은 항공업계 2위인 754억 위안이다. 중국 전체를 아우르는 중국국항에 비해 시가총액은 낮지만 중국에서 경제가 가장 발달된 상하이와 저장성이 포함된 화동지역의 지방항공사라는 점에서는 최고 규모를 자랑한다. PER는 27.48배로 업계 6위이다. 수백억을 호가하는 여객기 구입으로 단기에 많은 자본이 투입되는 항공업계에서는 높은 PER는 일반적이다. 동방항공그룹이 지분의 40%, 홍콩거래소가 지분의 30%를 가지고 있다. 상하이거래소와 홍콩거래소에 동시상장한 기업이다. 5.51%의 비유통주를 보유하고 있지만 적은 수준이며, 후강통으로 인해 늘어난 유통량으로 곧 제한이 풀릴 것으로 보인다.

  매출의 대부분은 항공업무에서 발생하며, 여객기 운영과 화물기의 수익비중은 90:10이다. 중국 내 뿐만 아니라 국제선의 비중 또한 30%로 높은 편이다. 매출과 순이익률은 업계를 상회하지만 순이익 증가율은 2012년 말 시진핑정권이 들어선 이후 줄곧 하락하고 있다. 반부패 정책으로 해외여행과 국내여행을 제한했기 때문인데, 2014년 중순부터 순이익률이 다시 상승하고 있다. 자유무역지대와 2015년 개장한 상하이 디즈니랜드의 효과로 기업에 장기적인 수익창출을 불러오고 긍정적인 요소로 자리 잡을 것이다.

■ **핵심 경쟁력**

  동방항공은 항공 운수에 모태를 둔 기업이다. 항공 운수는 기술력, 투자율, 위험성, 기복은 크되 수익은 적은 산업 특징 및 국내 항공 자

5대 대주주(2014년 09월 30일)

순위	주주명	주식유형	보유주식수(주)	보유비율	증감(주)
1	중국동방항공그룹공사	유통 A주	5,072,922,927	40.03%	변동없음
2	HKSCC NOMIEES LIMITED (동방항공국제주식(홍콩)유한공사 포함)	유통 A주	4,178,529,298	32.97%	68,000
3	동방항공금융주식유한책임공사	유통 A주	457,317,073	3.61%	변동없음
4	상하이련화투자유한공사	유통 A주	427,085,429	3.37%	변동없음
5	중국항공연료그룹공사	유통 A주	421,052,632	3.32%	변동없음

원 포화 등의 원인으로 진입 문턱이 높은 편이다. 그래서 중국 국내 항공 운송 시장의 경쟁 구도가 비교적 안정적이다. '국제 경제, 금융, 항공 운송, 무역'의 4개 센터 건설 계획, 정부의 상하이 자유무역지구 정책 지원, 2015년 상하이 디즈니랜드 개장 등을 기회로 상하이시장 장악을 위해 적극적으로 노력하고 있다. 비교적 강력한 지역적·규모적 경쟁력을 갖추고 있다.

동방항공은 스카이팀 얼라이언스의 주요 회원으로 얼라이언스 항공 라인 네트워크와 연결되어 있어 177개 국가의 1,052개 목적지를 취항할 수 있다. 얼라이언스 내에서 지속적인 협력 프로젝트를 추진함으로써 회원들 간의 협력업무를 심화·발전시켰다. 동방항공의 마일리지 서비스인 '동방만리행'으로 스카이팀 얼라이언스 20개 회원사의 마일리지 서비스, 멤버십 서비스를 이용할 수 있다. 우수 고객은 전 세계 516곳의 VIP라운지를 사용할 수 있다. 지난 수년간 지속적인 발전으로 2,213만 명의 고객을 확보하였고 기업의 안정적인 고객군

유통주/비유통주 분포 비교

출자금 구조	단위 : 만 주	점유율
유통 A주	778,221.39	61.40%
유통 B주	–	–
유통 H주	419,319.00	33.08%
기타 유통주	–	–
유통제한주	69,886.50	5.51%
미유통주식	–	–
총출자금	1,267,426.89	100%

으로 자리 잡았다. 그 외 적극적인 단체승객 유치로 4,520팀의 단체승객을 확보하였고 회사의 기반을 다지는 데 큰 힘이 되었다.

브랜드 이미지 관리, 홍보, 브랜드 유지 등 관련 업무를 추진하기 위한 다년간의 노력으로 시장에서 우수 브랜드 이미지를 구축하였다. 2014년 상반기 중국 최대의 언론사〈신랑경제〉가 선정한 2013년 '최고 블루칩 회사', 제5회 세계 항공사 경쟁력 랭킹에서 '2014년 아시아 최고 경쟁력 항공사', '2014년 10대 아시아 인기 항공사'의 영예를 거머쥐었다.

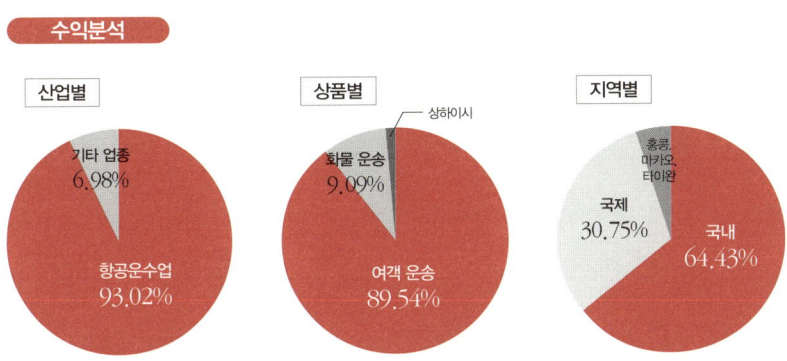

	업무명	영업 수입 (만 위안)	매출 비율	영업 비용 (만 위안)	비용 비율	이익 비율	총이익률
산업별	항공운수업	3961700	93.02%	3681000	93.73%	84.55%	7.09%
	기타 업종	297400	6.98%	246100	6.27%	15.45%	17.25%
상품별	여객 운송	3547400	89.54%	–	–	–	–
	화물 운송	360300	9.09%	–	–	–	–
	상하이시	54000	1.36%	–	–	–	–
지역별	국내	2552600	64.43%	–	–	–	–
	국제	1218400	30.75%	–	–	–	–
	홍콩, 마카오, 타이완	190700	4.81%	–	–	–	–

● **매매포인트**

■ **신실크로드로 인한 간접수혜**

　동방항공은 2010년부터 서부대개발과 중동·중앙아시아를 가르는 일대일로 산업에 투자하는 등 적극적인 행보를 보이고 있다. 2010년 12월 윈난성 국유자산관리위원회와 함께 출자하여 합자회사 동방항공윈난유한공사东方航空云南有限公司를 설립하였다. 등록자본은 26억 6,200만 위안, 현금 및 자산으로 23억 8천만 위안을 출자하여 65%를 차지한다. 윈난항공 시장점유율을 확대하는 데 유리한 고지를 차지한 것이다.

■ **스카이팀 얼라이언스 가입**

　스카이팀 얼라이언스 가입으로 코드 공유, SPA협정 등 국제 협력 방식을 통해 전 세계 주요 시장에 더 넓은 항공 운송 서비스를 제공하고자 하는 것이 가능해졌다. 스카이팀 얼라이언스는 세계 3대 항공 얼라이언스 중 하나로 2000년 6월 설립되었다. 에어프랑스, 중국남방항공 등 9개 회원 항공사와 2개 공동 경영 항공 회사를 보유하고 있다. 얼라이언스 9개 회원사 및 2개 공동 경영사의 항선 네트워크와 결합하여 승객은 한 장의 항공권을 통해 수하물 직송 및 세계 169개 국가 856곳의 목적지를 논스톱으로 환승할 수 있게 되었다. 국제적으로 매출증가에 지속적으로 기여를 하고 있다. 국제업무와 국내업무 수입 비율이 현재의 3:7에서 4:6으로 전환되고 있다.

▪ 중국 최대 항공 화물 운송 회사 중화항

중국동방항공은 중국원양그룹中国远洋运输集团 등과 함께 중국화물운송항공유한공사中国货运航空有限公司(이하 중화항)에 20억 5천만 위안을 증자하여 중외합자기업으로 전환하였다. 그중 중국동방항공이 10억 4,550만 위안을 증자하였다. 증자 이후 등록자본은 30억 위안에 달했고 51%의 지분을 보유하게 되었다. 중화항은 각각 2,932만 위안과 3억 8,686만 위안으로 상하이화물항공과 장성항공의 항공 화물 운송업 및 관련 자산을 매입했다. 중화항의 새로운 항공기 부대 규모는 20대이며, 이로써 상하이를 기지로 둔 공공 항공 운송 기업을 형성하게 되었다. 중국 국내 최대 항공 화물 운송 회사가 탄생한 것이다. 상하이에서 우한武汉, 난창南昌, 쿤밍昆明, 광저우广州, 정저우郑州, 창사长沙, 시안西安, 난닝南宁, 란저우兰州의 총 9개 화물 운송 라인이 이미 개통되었고 유럽, 북미 및 아시아 태평양 등 양방향 국제 화물 운송 라인 상품을 출시할 계획이다.

▪ 세수 혜택

중국 재정부와 국가세무총국은 통지규정을 통해 2010년 1월 1일부터 중화인민공화국 국내 업체 또는 개인에 제공하는 국제 운송 서비스에 대해 영업세를 면제한다고 발표했다. 중국동방항공의 국제 항로 여객 운송 업무는 적용 범위에 속하여 2010년 1월 1일부터 국제 항로 여객 운송 수입은 영업세를 면제받게 되었다.

■ 기회와 리스크

항공회사에서 유류가격은 원유가격의 변화에, 원유구매는 환율의 변화에, 항공기 구매 및 임대는 주가에 영향을 미친다. 유가하락, 위안화절상은 주가상승 동력이지만 유가상승과 위안화절하는 주가에 부정적인 역할을 하기 때문에 투자에 앞서서 유가와 위안화 전망을 예측하는 것이 중요하다. 전 세계적으로 셰일가스, 태양열과 같은 대체에너지가 증가하고 미국과 중동, 러시아의 정치적인 문제로 석유가격은 하락추세이다. 위안화도 1달러당 6위안으로 2008년의 8위안에

향후 순이익과 주당순이익 예측 EPS

2014년 12월 20일까지 6개월 내 12개 기관이 예측한 동방항공의 2014년도 실적 : 2014년 매 주식의 수익은 0.13위안이 될 것으로 예측하며, 작년 동기대비 33.84% 하락한 것이다. 2014년의 순이익은 16억 6,900만 위안이 될 것으로 예상하며, 작년 동기대비 29.74% 하락할 것으로 보인다.

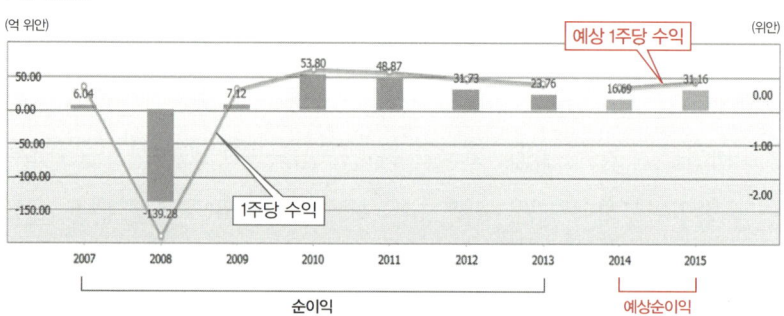

- 연도별 1주당 예상수익 (단위 : 위안)

	예측 기관수	최소치	평균치	최대치	업계평균
2014	12	0.09	0.13	0.18	0.45
2015	11	0.15	0.25	0.41	0.63
2016	7	0.21	0.28	0.37	0.87

- 연도별 예상순이익 (단위 : 억 위안)

	예측 기관수	최소치	평균치	최대치	업계평균
2014	12	11.08	16.69	23.02	14.48
2015	11	18.76	31.16	51.68	21.67
2016	7	26.49	35.39	46.95	26.62

비해 점차 하락하고 있다. 무엇보다 자체적으로 여객기 개발에 성공하면서 환율의 영향이 이전에 비해 다소 줄어들 것으로 보인다.

■ 원유가격 하락 및 원유옵션 계약

항공유는 기업의 중요한 경영 요소이면서 주가등락의 주요 요인이기도 하다. 항공권을 구매할 때 적게는 3분의 1에서 많게는 2분의 1까지 드는 비용이 유류할증료이다. 그래서 항공기업의 실적은 유가의 영향을 비교적 크게 받는다. 중국동방항공은 항공유 원가를 제어하기 위해 원유 단순 헤지 거래를 진행하고 있다. 거래품종은 미국 WTI 원유와 싱가폴 항공 연료 등을 기초 자산으로 하는 원유옵션이다. 옵션으로 원유가격의 위험을 헤지하면서 안정적인 원유공급과 가격을 유지하고 있다. 2014년 말부터 이어진 유가하락으로 항공업계는 때 아닌 특수를 맞이하고 있다. 낮아진 원유가격으로 항공권의 전체 가격도 낮아져 이용자가 늘어나면서 매출증대에 큰 기여를 하고 있다.

■ 위안화절상 수혜

항공업은 전형적인 외환부채형 산업으로 위안화절상은 항공사가 관련 환차익을 얻을 수 있게 하며, 항공유 수입 가격의 하락 및 임대 원가 절감으로 간접 수혜도 받게 한다. 추산에 따르면 위안화절상이 1% 이뤄질 때마다 항공사의 이익률은 0.5% 상승하는데, 3대 항공주식의 이윤을 보면 남방항공이 0.04위안, 동방항공이 0.03위안, 에어차이나가 0.02위안 상승했다. 민감도는 남방항공 20.8%, 동방항공 60.7%, 에어차이나 9.4%에 달했다. 회사 최대 부채 항목(비행기 구매 또는 임대) 대다수가 달러 등의 통화로 결제되고 있다. 그 외의 환율 변동은 항공기, 항공 자재, 항공 연료 등 국외에서 구매하는 원가와 국외 공항에서의 이착륙 비용에 영향을 미친다. 2010년 재무비용은 4억 3,100만 위안으로 동기대비 12억 800만 위안이 감소한 수치이며, 2011년 1분기 재무비용은 3,858만 위안으로 동기대비 91.36% 감소하였다. 이는 달러대비 위안화절상으로 인한 환차익 증가 때문이다.

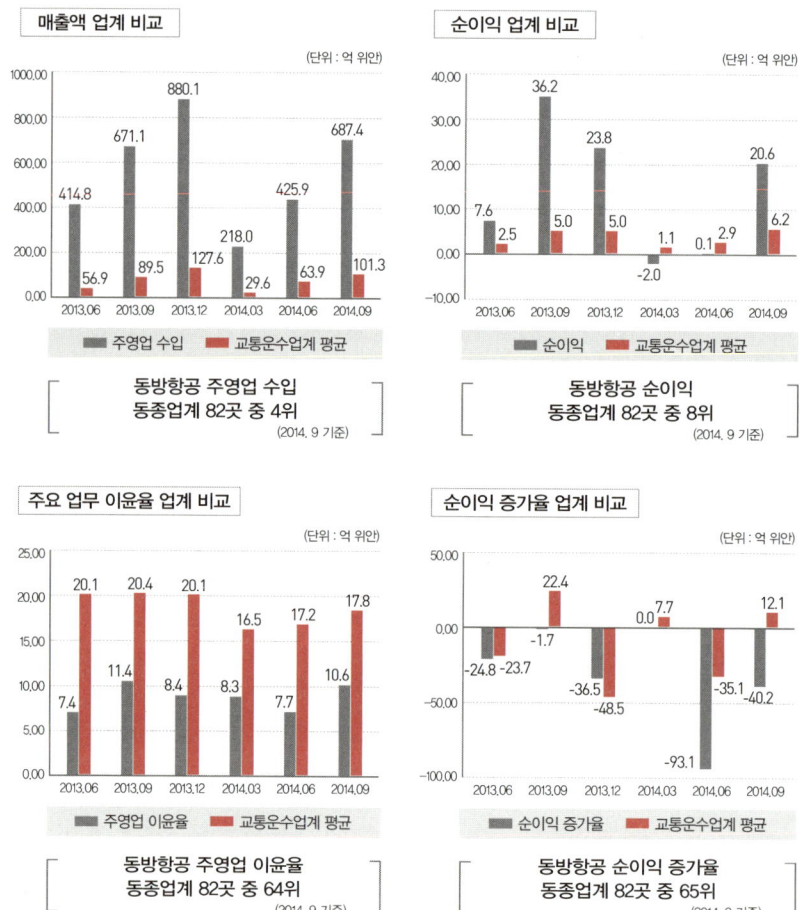

재무제표

재무년도	2012	2013	2014	2015E	2016E
주당순이익	0.30	0.20	0.23	0.27	0.32
순이익(억 위안)	31.60	23.70	21.54	23.02	25.71
순이익 증가율(%)	-29.81	-25.12	-9.12	6.88	11.67
총수입(억 위안)	864.70	880.60	899.66	922.44	949.78
총수입 증가율(%)	1.90	1.85	2.16	2.53	2.96
BPS(위안)	2.07	2.04	2.39	2.79	3.27
ROE(%)	15.48	10.97	12.83	15.02	17.57
PER(배)	17.59	21.98	27.48	16.49	9.89
PBR(배)	2.72	2.41	3.53	2.48	1.74
자산·부채 비율(%)	79.30	80.92	94.68	110.77	129.60

5. 광명유업

- 한글명 : 광명유업
- 중문명 : 光明乳业股份有限公司
- 기업형태 : 국유기업
- 주소 : 상하이시 우중로 578호
- 종목코드 : 600597
- 영업분야 : 유제품
- 홈페이지 : www.brightdairy.com
- CEO : 선샤오옌 沈小燕

● 중국 유제품업계 현황

중국에서 식후에 요거트 하나를 마시는 것은 필수이다. 중국은 우리나라보다 요거트 제품이 많다. 필자가 중국에서 생활하던 초기에는 인구가 많아서 그런가 싶었지만 실제로 중국의 식생활 때문이다. 우리나라는 유산균 덩어리인 김치를 식사 때마다 먹지만, 중국은 기름에 볶고 튀긴 요리가 많은 만큼 몸에 꼭 필요한 유산균 섭취가 부족하다. 그래서 식후에 요거트를 마시는 것이다.

시진핑정권이 들어서면서 소비증가, 소황제폐지 두자녀정책, 도시화율 증가로 유제품 섭취 비율이 매년 20%씩 무섭게 성장해가고 있다. 유제품은 우유·요거트·치즈·분유 등 1차 가공품과 빵·과자 같은 2차 가공품에도 사용된다. 식품 매출의 10% 이상이 유제품으로 중국 내 500억 달러의 시장을 형성하고 있다. 또한 매년 2천만 명에서 3천만 명의 신생아가 태어나고, 4억의 16세 이하 인구, 2억의 12세 이

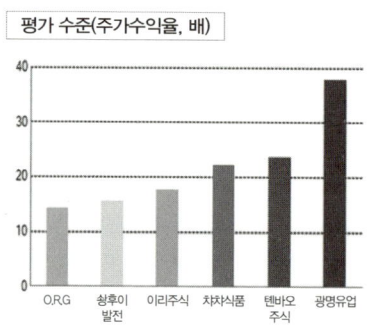

	O.R.G	쌍후이 발전	이리 주식	챠챠 식품	텐바오 주식	광명 유업
PER	14.25	15.61	17.57	22.22	23.67	37.72
순위	1	2	3	4	5	16

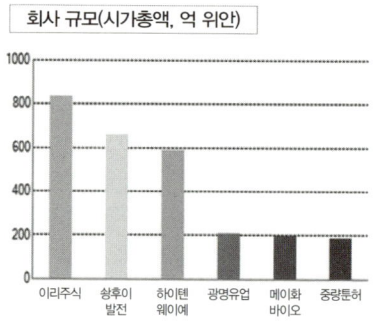

	이리 주식	쌍후이 발전	하이텐 웨이예	광명 유업	메이화 바이오	중량 툰허
시가총액	834	658	589	204	195	184
순위	1	2	3	4	5	6

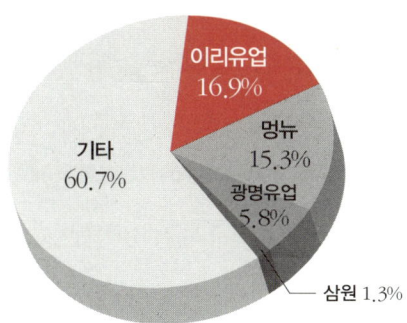

하 인구 덕분에 유제품시장은 더욱 확대될 전망이다. 현재 중국의 유제품시장은 이리유업, 멍뉴, 광명유업이 16.9%, 15.3%, 5.8%로 시장을 점유하고 있다. 나머지 60%는 각 지역별로 브랜드가 차지하고 있다.

거대한 국토만큼 다양한 브랜드들이 경쟁하던 중국 유제품시장은 2007년 전후로 판세가 확 바뀌게 된다. 바로 멜라민 파동이다. 필자가 중국에서 생활하던 시기였는데, 직접 멜라민 파동을 겪으면서 중국 유제품에 대한 신뢰가 무척 낮아졌다. 수많은 브랜드 중 전국구 브랜드인 멍뉴·이리·광명보다 싼 삼원이라는 지역 브랜드의 요거트를 즐겨 먹었다. 약 50원 정도 가격 차이가 있었지만 실질적으로는 맛 차이가 별로 없었기 때문이다. 그런데 멜라민 파동 이후 중국정부에서 발표한 내용을 보니 멜라민이 가장 많이 들어 있는 브랜드가 삼원이어서 경악을 금치 못했던 기억이 있다. 중국에서는 '식품안전불감증'이라는 새로운 용어까지 등장했다.

중국 유제품시장은 2007년 이후 국유기업 3곳을 위주로 발전하고 있다. 60%에 달하는 지방 유제품시장은 관리가 부실하고 문제가 발생하는 빈도가 높아 국유기업으로 대체하는 추세이다. 국유기업인 명뉴와 이리도 멜라민을 첨가해 전 국민적인 비난을 받았는데, 유일하게 광명유업만이 멜라민을 첨가하지 않아 신뢰가 높아졌다. 광명유업은 멜라민 파동을 계기로 무섭게 성장하기 시작했다.

● **신뢰를 지키는 유제품기업**

광명유업의 전신은 1911년 상하이에서 영국 상인이 설립한 상하이 커더유업이다. 경제 중심지 상하이를 배경으로 중국 최초로 외국 선진기술을 도입하여 발전한 회사이다. 우유와 유제품의 개발·생산·판매뿐만 아니라 젖소와 황소의 사육·양육, 물류배송, 영양 보충식품 개발, 생산 및 판매하는 종합 유제품 기업이다. 세계 최고의 유제품 연구원과 유제품 가공 설비를 갖추고 있으며 유제품 가공기술이 우수하다. 신선우유, 요거트, 초고온 멸균유, 분유, 버터, 치즈, 과즙음료

5대 대주주(2014년 09월 30일)

순위	주주명	주식유형	보유주식수(주)	보유비율	증감(주)
1	상하이유업(그룹)유한공사	유통 A주	366,498,967	29.93%	변동없음
2	광명식품(그룹)유한공사	유통 A주	302,352,699	24.69%	변동없음
3	중국생명보험주식유한공사 (전통-보통보험상품-005L-CT001호)	유통 A주	21,569,077	1.76%	신규
4	중국생명보험주식유한공사 (수익-개인수익-005L-FH002호)	유통 A주	17,154,228	1.40%	신규
5	중국공상은행	유통 A주	14,211,298	1.16%	신규

등 다양한 제품이 있다. 현재 중국 내에서 최대 규모로 유제품을 생산·판매하고 있다. 유제품 이외에도 음료(과즙 및 야채즙류, 단백음료류), 기타 음료류, 식품용 플라스틱 포장용기 등 제품 관련 산업의 기술을 개발하고 있다. 인재교육과 목축업 기술, 서비스업, 화물과 기술의 수출입 업무도 하고 있다.

광명유업에서 보유한 '광명표' 유제품 상표는 상하이시에서도 매우 유명하다. 상표 최고기관인 국가공상행정관리국상표국国家工商行政管理局商标局으로부터 중국 저명상표famous mark로 인정을 받았다. 광명유업은 '소소광명', 대추우유, 모쓰리안莫斯利安 등 다양한 제품을 성공적으로 개발하였다. 특히 모쓰리안은 국내 최초로 개발한 냉장보관이 필요 없는 상온 요거트로, 이 제품으로 요거트업계에서 광명의 위치가 한층 더 공고해졌다. 관련 데이터에 따르면 화동지역은 광명이 시장을 선점하고 있다. 광명의 신선우유와 요거트 판매실적은 지속적인 성장세를 보이고 있다.

광명유업은 기술적인 우위가 뛰어나며 안전분야에서도 우수한 기업이다. 상하이시 하이테크놀로지 기업 인증을 얻었으며, 뛰어난 기술력으로 업계를 이끌고 있다. 광명유업은 정밀관리 강화, 식품안전 확보, 'AIB1000'을 참고기준으로 삼아 '공장천분工厂千分' 시험체계를 구축하고 점차 완비해나가고 있다. 공장천분 시험체계 기준 내용은 유제품의 품질관리 시스템이다. 건축설비 등과 같은 하드웨어 설비, 검측공정, 공정과정 제어, 직원훈련과 관리, 환경위생 등을 포함하며 매년 상황에 맞추어 엄격한 시험시스템을 실시하고 있다. 광명유업이 소유한 모든 공장은 HACCP(위험분석 및 핵심 제어점) 시스템의 재심인증과 국가 GMP(유제품 량호생산규범)의 인정을 받았으며, 국제 ISO22000(식품안전관리)과 연동하여 시스템을 구축하고 있다.

● **광명유업 현황과 경쟁력**

광명유업의 시가총액은 204억 위안으로 상해 A주에 상장된 식품기업 중 업계 4위, 유제품업계에서는 3위이다. PER는 37.72배로 업계 평균보다 높은 수준인데, 중국 내에 수입 유제품 소비가 늘어나 해외에 공장이 설립된 영향이다. 상하이유업과 광명식품이 경영권을 가지고 있고, 인수보험과 공상은행도 투자하고 있는 회사이다. 99.99% 유통주로 비유통주는 거의 없는 편이다.

매출의 73.72%는 우유 관련 제품에서 나오고 있으며 가공품의 비중은 21%로 매년 증가추세이다. 상하이에서의 매출이 25%로 중국 내 지역에서 가장 많고 중국 본토뿐만 아니라 홍콩, 마카오, 동남아시아에도 수출되고 있다. 전 국민적 신뢰를 바탕으로 성장하는 회사인

유통주/비유통주 분포 비교

출자금 구조	단위 : 만 주	점유율
유통 A주	122,430.20	99.99%
유통 B주	–	–
유통 H주	–	–
기타 유통주	–	–
유통제한주	16.71	0.01%
미유통주식	–	–
총출자금	122,446.91	100%

만큼 원유값이 하락하는 상황에서도 매출, 순이익 등 각 지표의 증가율이 업계평균 2배 이상으로 고속성장하고 있다.

■ 핵심 경쟁력

광명은 중국 내 유제품업계 3위와 상하이 유제품업계 1위의 기업으로 국가 유명브랜드 '광명' 등 지명도 높은 브랜드를 다수 가지고 있다. 우수한 유제품 가공, 기술 및 설비 보유를 통해 유베스트^{UBEST}, 优倍 고품격 고급 신선유, 창요우^{畅优} 락토바실러스 플란타룸 발효 요거트, 모쓰리안 파스퇴르균 요거트 등의 고급 브랜드가 있다. 특히 국내

수익분석

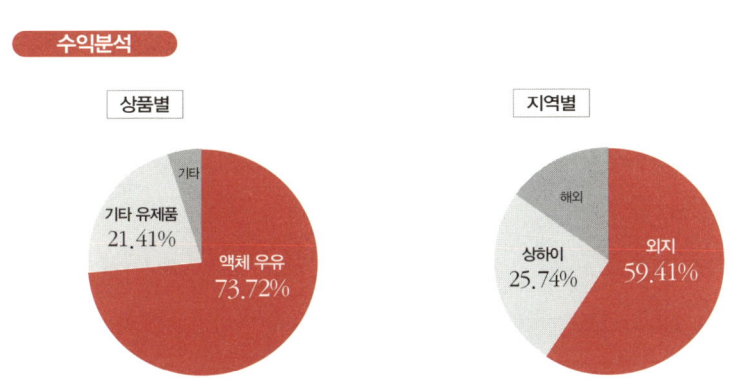

업무명		영업 수입 (만 위안)	매출 비율	영업 비용 (만 위안)	비용 비율	이익 비율	총이익률
상품별	액체 우유	721958.85	73.72%	415936.14	65.30%	89.37%	42.39%
	기타 유제품	209653.98	21.41%	178222.99	27.98%	9.18%	14.99%
	기타	47762.88	4.88%	42779.28	6.72%	1.46%	10.43%
지역별	외지	581837.99	59.41%	–	–	–	–
	상하이	252103.22	25.74%	–	–	–	–
	해외	145434.49	14.85%	–	–	–	–

와 뉴질랜드에 안정적인 공급이 가능하고 우수한 품질의 원유 확보하고 있다. 뉴질랜드 캔터베리 지역 설산에 있는 목장에서 순수한 원유를 수입한다. 퓨어 캔터베리 제품은 국제식품법전위원회의 지도 준칙 및 '중국주민 선식 영양 참고섭취량', 요우창优创OPO건강균형성장 시스템에 따라 중국의 어린이의 체질에 부합하고, 연약한 장에 적합하여 아이들이 쉽게 소화시키고 영양을 섭취할 수 있도록 한 제품이다. 이외에도 유업생물 과학기술 국가중점실험실, 특허기술, 풍부한 시장 경험 및 활로개척 경험이 있다.

● 매매포인트

■ 모쓰리안 상온 요거트

모쓰리안 상온 요거트는 뉴스에 보도될 정도로 획기적인 상품이다. 기존의 요거트 저장방식에 새로운 자극이 되었으며, 광명유업의 주력 상품으로 거듭나게 되었다. 광명유업의 궈번형 회장은 "모쓰리안 요거트는 가장 우수한 품질의 원유로 만들었으며 독자적인 L99익생균종을 발효시켜 사용하였다. 앞으로 모쓰리안 요거트는 약 10억 위안의 판매량을 일으킬 것으로 보인다"고 밝혔다. 이 제품은 세계 식품품질평가 검증대회世界食品品质评鉴大会에서 '몽드셀렉션Monde Selection 대상'의 영예를 안았다. 몽드셀렉션은 1961년 유럽공동체EC와 벨기에 경무부(경제무역부)가 공동 창설한 독립적인 국제조직으로 식품의 품질감독을 목적으로 설립되었는데, 국제식품업계의 '노벨상'이다.

- **뉴질랜드 신레이트밀크 인수합병과 고급 분유시장 진입**

광명유업은 8,200만 뉴질랜드 달러(약 3억 8,200만 위안)로 뉴질랜드의 신레이트밀크Synlait Milk Limited의 51% 지분 2,602만 1,600만 주를 인수하였다. 이 거래 이후 3~5년 내의 상장할 계획이라고 밝혔다. 신레이트밀크는 2005년 뉴질랜드 캔터베리Canterbury에 설립된 기업으로 분유생산 가공업무에 주력하고 있다. 주요 제품은 대용량 고급분유로 뉴질랜드 5대 우유가공업체 중 하나이다. 매년 8월 1일에서 다음해 8월 31일까지의 재무연례보고를 발표한다. 광명에서 2,500만 뉴질

향후 순이익과 주당순이익 예측 EPS

2014년 12월 23일까지 6개월 내 22개 기관이 예측한 광명유업의 2014년도 실적 : 2014년 매 주식의 수익은 0.47위안이 될 것으로 예측하며, 작년 동기대비 42.42% 성장한 것이다. 2014년의 순이익은 5억 7,500만 위안이 될 것으로 예상하며, 작년 동기대비 41.72% 성장할 것으로 보인다.

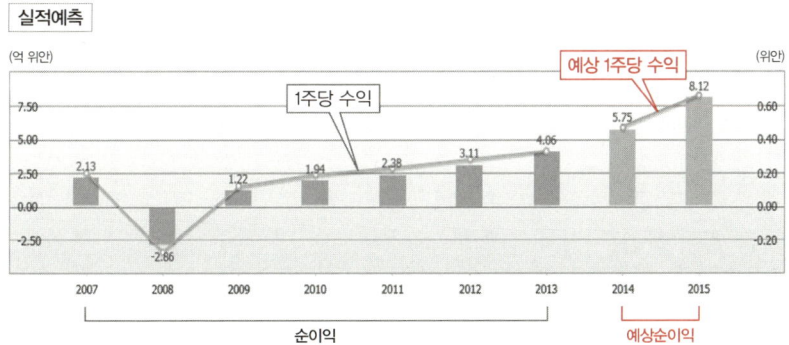

- 연도별 1주당 예상수익 (단위 : 위안)

	예측 기관수	최소치	평균치	최대치	업계평균
2014	22	0.43	0.47	0.65	0.97
2015	22	0.54	0.66	0.90	1.23
2016	19	0.67	0.88	1.24	1.51

- 연도별 예상순이익 (단위 : 억 위안)

	예측 기관수	최소치	평균치	최대치	업계평균
2014	22	5.27	5.75	7.96	17.51
2015	22	6.61	8.12	11.02	21.28
2016	19	8.20	10.84	15.18	25.91

랜드 달러의 자본을 인수하여 총자산이 1억 8,500만 위안, 순자산이 307만 뉴질랜드 달러이다. 판매수익이 1억 6,500만 뉴질랜드 달러에 이르며 순이익이 511만 뉴질랜드 달러에 달한다.

　재무예측에 따르면 이 기업의 향후 3년 동안의 판매 예상금액은 각 2억 8,000만 뉴질랜드 달러, 3억 8,500만 뉴질랜드 달러, 4억 5,900만 뉴질랜드 달러이다. 각 순이익은 184만 뉴질랜드 달러, 423만 뉴질랜드 달러, 1,082만 뉴질랜드 달러로 내부수익률[IRR]은 18%이다. 뉴질랜드는 유업이 발전하기에 적당한 환경을 가지고 있어 낮은 비용으로 유제품 생산이 가능하다. 일체화되고 우수한 생산설비를 보유하고 있어 프리미엄 제품의 판매를 늘릴 수 있다. 또한 우수한 관리인재를 보유하고 있어 광명유업의 이미지를 제고시킬 것으로 기대된다.

　광명유업은 인수사업을 통해 해외에서 안정적으로 우수한 품질의 원료를 공급할 수 있게 되었다. 이렇게 생산 플랫폼을 확보하면서 비용이 절감되는 효과가 발생했다. 앞으로도 원료공급은 확실한 보장 받게 되었다.

　뉴질랜드 유제품의 국제시장에서의 명성과 소비자들의 인지도는 세계적으로 널리 알려져 있다. 그렇기에 이번 인수사업은 광명유업이 고급 영아 분유 시장에 진출하는 데 확실한 발판이 될 것으로 보인다. 신레이트밀크는 시장성과 생산기지로서의 역할뿐만 아니라, 새로운 이윤 성장점을 모색하는 데도 이상적인 역할을 하고 있다. 순이익이 171만 위안을 달성할 것이라 밝혔다.

- **생산능력 확대**

　광명유업은 14억 6,800만 위안을 투자하여 민행마교광명유업산업단지건설사업 闵行区马桥光明乳业工业园区을 진행하였다. 광명마챠오공업단지의 총면적은 약 15만 7,878㎡이며, 총 건축면적은 12만 5,760㎡이다. 공업단지에는 종합집약생산구역, 종합동력부처, 물류배송센터기지 등이 포함된다. 단지 건설 이후 유제품의 일일 생산량은 2천 톤까지 가능하며, 시공도면 설계부터 완공까지 약 30개월 정도 필요할 것으로 본다. 투자 회수기간은 6.19년으로 예상된다.

　광명유업은 톈진광명에도 증자를 결정하였으며, 톈진광명을 톈진시 베이전과기단지신개발구로 이전하기로 결정하였다. 톈진광명 단지 건설 계획은 톈진 베이전과기단지신개발구에 새 공장을 건설하는 것을 중심으로 이루어지며, 전체 면적은 약 10만㎡이다. 단지건설 후 일일 신선유 생산량은 1천 톤까지 증가할 것으로 보인다. 톈진 단지건설 투자총액은 2억 위안이다. 톈진광명 건설사업은 심의과정부터 완공, 그리고 구 공장 설비의 이전까지 총 27개월의 시간이 소요될 것으로 보이며 투자 회수기간은 8년 5개월로 예상된다.

- **대주주의 재편성**

　상하이시 국유자산국유기업개혁부처 上海市国资国企改革总体部署에 따르면 기존의 상하이농공상(그룹)유한공사 上海农工商(集团)有限公司는 증자발행을 하고 광명식품(그룹)유한공사로 이름을 변경하였다. 그중 광명식품(그룹)유한공사를 포함하여 상하이농공상(그룹)유한공사, 상하이시 당업음주(그룹)유한공사 上海市糖业烟酒(集团)有限公司 및 진장국제(그룹)유한공시 錦江国际(集团)有限公司 등 식품 관련 자산이 포함된다. 2009년 7월 기존에 상실식품 上实食品이 보유한 광명유업 31억 주를 협의를 통해 15억 5,000만 위안으로 광명식품그룹이 양도받았다. 양도 후 광명식품그룹은 31억 주의 주식과 상하이 우유그룹이 보유한 주식을 보유하게 된다. 이로써 실질적으로 광명유업이 보유한 주식은 총 68만 주로

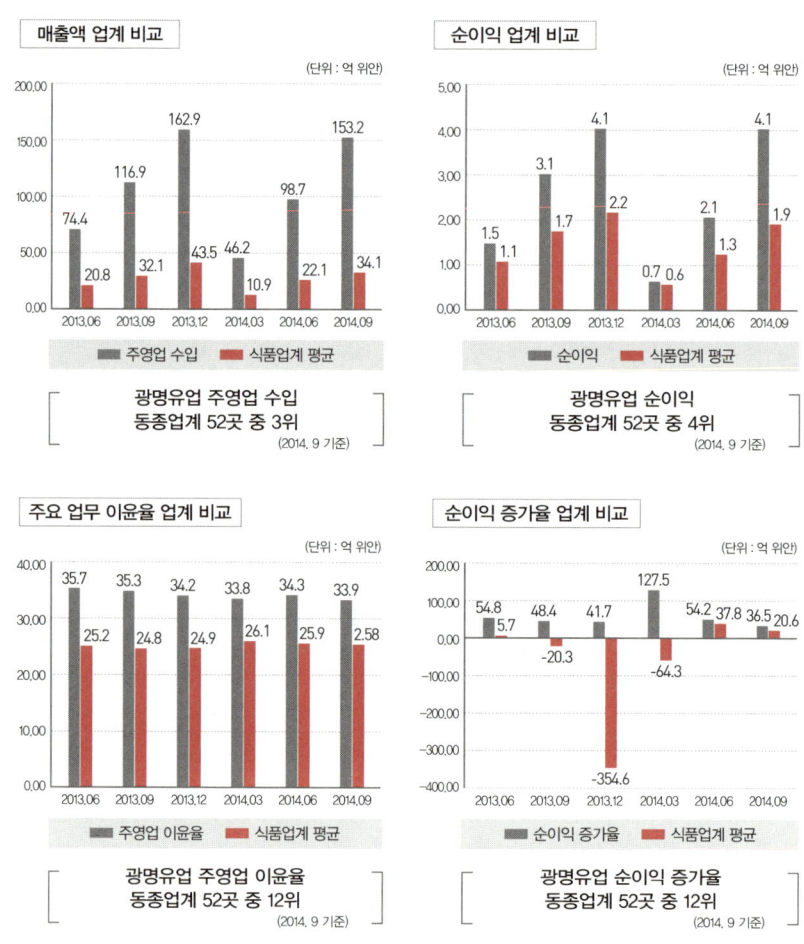

65.448%이다. 이번 인수합병은 상하이시 국유자산관리부처^{上海市国有资产管理部门}의 업무 일환으로, 산업을 통합하는데 일조하였다. 광명식품그룹은 상실식품이 보유한 광명유업의 주식을 인수하여 광명유업의 장기적인 발전에 토대를 마련하였다.

재무제표

재무년도	2012	2013	2014	2015E	2016E
주당순이익	0.28	0.33	0.3663	0.406593	0.45131823
순이익(억 위안)	311.26	406.05	508.171575	623.678974	821.3228409
순이익 증가율(%)	30.89	30.43	25.15	22.73	31.69
총수입(억 위안)	13775.25	16290.01	18920.84662	22576.35418	27206.76442
총수입 증가율(%)	16.85	18.26	16.15	19.32	20.51
BPS(위안)	3.28	3.49	3.8739	4.300029	4.77303219
ROE(%)	10.4	9.9	10.989	12.19779	13.5395469
PER(배)	40.56	38.41	37.72	35.62	31.85
PBR(배)	4.21824	3.80259	4.1450508	4.344852798	4.312345688
자산·부채 비율(%)	52.62	56.57	62.7927	69.699897	77.36688567
마진률(%)	35.12	34.75	38.5725	38.99	39.13
재고자산회전률(%)	8.45	8.45	9.3795	10.411245	11.55648195

10장

정부의 보호 아래 꾸준히 성장하는 전력산업

1. 중국 전력산업 환경분석

중국의 전력산업은 2003년 이후로 연 성장률이 25%에 달하며 급속히 발전하고 있다. 중국 국가발전개혁위원회에 따르면 향후 5년간 전력망 총 투자액이 2억 5천만 위안에 달할 것이고, 연평균 투자액은 5천억 위안을 넘어설 것으로 예측하고 있다. 전력망 건설 투자의 지속적인 성장과 철도전기화 수요 촉진에 따라 전력산업은 더 큰 시장으로 성장할 전망이다. 2017년까지 전기산업의 판매수익은 1조 3천억 위안에 이를 것이며, 연평균 성장률은 약 23%에 달할 것으로 예측된다. 중국 철도부의 '중장기철로망규획'에 따른 철도 전기화 건설프로젝트에서 중국산 설비의 사용률과 국산화 비율이 기존 10% 미만에서 70%까지 증가하며 중국 전기설비산업 발전의 발판이 만들어졌다. 중

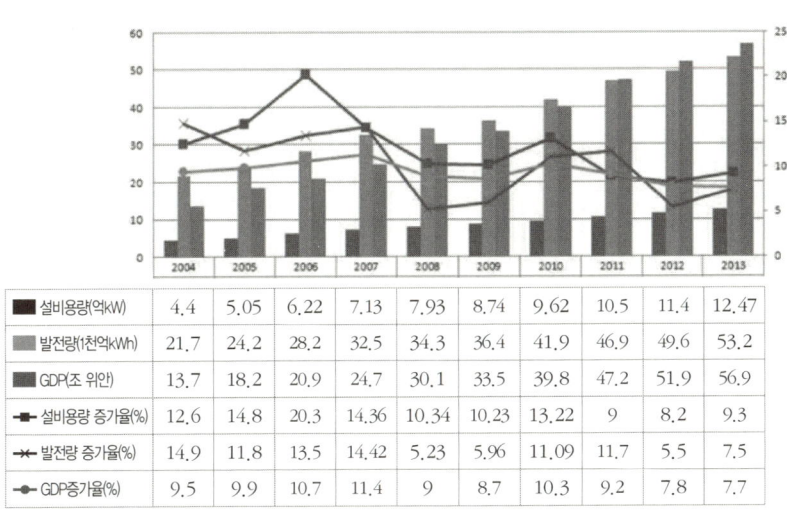

최근 10년간 중국 발전설비용량, 전력소비량, GDP 증가 추이

	2004	2005	2006	2007	2008	2009	2010	2011	2012	2013
설비용량(억kW)	4.4	5.05	6.22	7.13	7.93	8.74	9.62	10.5	11.4	12.47
발전량(1천억kWh)	21.7	24.2	28.2	32.5	34.3	36.4	41.9	46.9	49.6	53.2
GDP(조 위안)	13.7	18.2	20.9	24.7	30.1	33.5	39.8	47.2	51.9	56.9
설비용량 증가율(%)	12.6	14.8	20.3	14.36	10.34	10.23	13.22	9	8.2	9.3
발전량 증가율(%)	14.9	11.8	13.5	14.42	5.23	5.96	11.09	11.7	5.5	7.5
GDP증가율(%)	9.5	9.9	10.7	11.4	9	8.7	10.3	9.2	7.8	7.7

국정부의 강력한 산업정책 지원 아래 송배전 영역의 프로젝트가 연달아 추진되며 전력산업 발전의 성장동력으로 중국 전력산업의 비상이 강력히 예고되고 있다.

전력전기 산업은 발전, 송전, 변전, 배전, 용전 설비 및 전기기자재와 특수 용도의 전기장비 등을 생산하는 산업을 의미한다. 이 산업은 중국 국민경제에서 중요한 장비 산업으로 중국뿐만 아니라 전 세계적으로 발전 잠재력이 큰 시장 중 하나이다. 특히 중국시장은 전 세계 송배전 시장의 4분의 1을 차지하고 있다.

스마트그리드는 최신 정보통신기술ICT을 활용하여 전력망을 지능화·고도화함으로써 고품질의 전력서비스를 제공하고 에너지 이용효율을 극대화하는 사업이다. 중국뿐만 아니라 우리나라 한국전력도 이미 시행하고 있는 신사업이다. 한국전력은 제주 SG실증단지 구축사업(2009.12~2013.05)에 참여하여 스마트미터·지능형 송배전기기·디지털변전시스템 등을 설치하였고, 실시간요금제·전기자동차 충전소·신재생발전원 품질개선 및 전력망통합운영 등의 실증사업을 진행하고 있다. 스마트그리드는 전력사용의 효율성 대폭증가, 첨단 가전기기와의 연계, 풍력이나 태양광 발전 등 신재생에너지와 연계, 전기자동차 운행을 위한 설비구축, 전력관리의 통합운영센터를 통해 보다 효율적이고 실용적인 에너지 사용을 가능하게 해준다. 이러한 산업에 중국 또한 진출하고 있다.

2013년 1월, 중국이 발표한 〈에너지 발전 제12차 5개년 계획〉에 따라 지능형 전력망인 스마트그리드 건설이 가속화되는 추세이다. 향후 5년간은 스마트그리드의 전면적인 건설기간이며, 더 나아가 초고

압전력망과 도시 및 농촌 배전망 건설 가속화를 진행할 계획이다. 또한 2025년까지 업그레이드 단계로 전면적으로 통일된 '견고한 스마트 그리드'를 건설할 예정이다. 중국 에너지관리기구에 따르면 중국은 2020년까지 전력기술 및 장비가 국제적인 수준에 도달할 전망이다.

중국 내 스마트그리드 수요도 증가하고 있다. 블룸버그뉴에너지파이낸스BNEF에 따르면 2013년 중국의 스마트그리드 투자액이 처음으로 미국을 넘어서며 세계 1위의 스마트그리드 투자국으로 부상하였다. 국가전력망공사国家电网公司의 보고서에 따르면 2014년 중국의 스마트그리드 투자액은 750억 위안을 넘어섰고, 변전소 100곳의 스마트화 작업을 완성하고, 6천만 대의 스마트미터기를 설치하였다. 스마트그리드 프로젝트 32개(세부항목 311개) 중 29개(세부항목 298개)가 완성한 상태이며, 스마트변전소 843곳을 새롭게 설립하면서 스마트그리드로 전력산업의 중심을 이동시키고 있다.

중국의 주요 발전방식은 화력발전이다. 화력발전이 80.7%로 수력발전 14.7%, 풍력 2.6%, 원자력발전 2.0%를 합친 것보다 많다. 우리

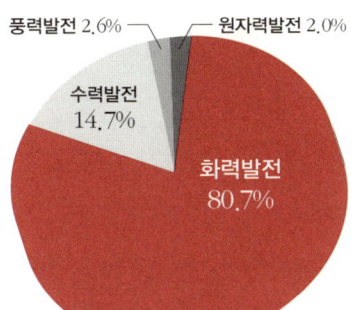

중국의 전력발전방식 분포
풍력발전 2.6%
원자력발전 2.0%
수력발전 14.7%
화력발전 80.7%

나라의 전력 70% 이상이 원자력발전인 것과 비교하면 구조가 다르다. 이것은 중국이 세계 1위의 석탄 보유국이라 핵폐기물 걱정이 없는 화력발전 위주로 전력을 생산하기 때문이다. 수력발전도 화력에 비해 비중이 적지만 유럽국가들의 수자력발전이 5% 미만인 것을 보면 풍부한 자원을 가진 나라임을 알 수 있다.

공업대국인 중국에서는 2차산업인 제조업이 전력의 70% 이상을 사용하고 있다. 14억이 넘는 인구의 전력사용량도 14.8%를 차지한다. 제조업의 경기가 전력회사의 매출과 절대적인 상관관계가 있음을 알 수 있는 대목이다. 중국의 전력업계는 전력을 생산하는 국유 5대 발전소, 발전소에서 생산된 전기를 구매하여 각 지방발전소에 판매하는 띠엔왕회사, 각 지방의 발전소로 나뉜다. 국유 5대 발전소의 전력생산량이 총생산의 40%이고, 화능전력이 5대 발전소 중에서도 가장 많은 전력을 생산하는 것으로 알려졌다.

중국 전력 가격은 우리나라와 마찬가지로 정부 산하 기관에서 각 국유전력회사로부터 구매해 가격을 책정하고 고객에게 판매를 하는 형태이다. 전력회사의 원가 구조를 보면 원료인 석탄이 70% 이상을 차지하는데, 전력 가격을 결정하는 데는 석탄 가격의 변화가 중요하다는 것을 알 수 있다. 2014년 말부터 진행된 세계 에너지경쟁으로 세계 석탄 가격은 지속적으로 하락하는 추세이다. 전기를 구매하는 중국정부 직속의 뎬왕회사의 전력구매 가격이 전력회사 매출에도 큰 영향을 미친다. 피동적인 수익구조인 것이다. 그래서 스마트그리드와 같은 개발사업을 통해 열악한 수익구조를 탈피하려고 한다.

2. 장강전력

- **한글명** : 중국장강전력주식유한공사
- **중문명** : 中国长江电力股份有限公司
- **기업형태** : 국유기업
- **주소** : 베이징시 시청구 금융대로 19호 푸케빌딩 B동
- **종목코드** : 600900
- **영업분야** : 전력 생산, 경영 및 투자
- **홈페이지** : www.cypc.com.cn
- **CEO** : 러우전(楼坚)

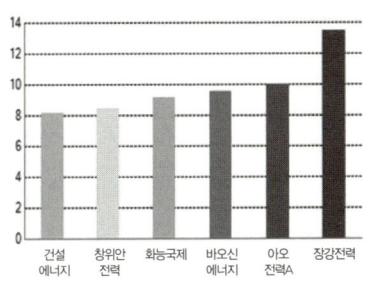

평가 수준(주가수익율, 배)

	건설에너지	창위안전력	화능국제	바오신에너지	아오전력A	장강전력
PER	8.15	8.41	9.13	9.54	10.01	13.44
순위	1	2	3	4	5	15

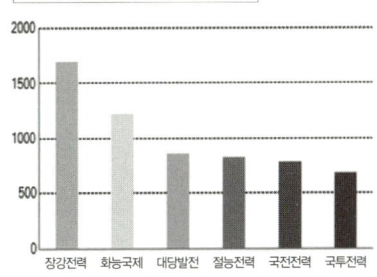

회사 규모(시가총액, 억 위안)

	장강전력	화능국제	대당발전	절능전력	국전전력	국투전력
시가총액	1,693	1,217	852	818	774	682
순위	1	2	3	4	5	6

● **세계 최고의 수력발전소**

2014년 중국 최대의 싼샤(三峡)댐 발전소는 988억 킬로와트시^{kWh}의 전력을 생산했다. 이는 브라질·아르헨티나·파라과이 남미 3개국에 걸쳐 있는 세계 최대 규모 이타이푸(Itaipu)댐의 발전량을 뛰어넘는다. 그

야말로 세계 최고, 세계 최대 용량의 에너지를 발전하고 있는 것이다.

규모를 보자면 이타이푸댐이 싼샤댐보다 크다. 이타이푸댐의 길이가 7.37㎞인데 반해 싼샤댐의 길이는 2.3㎞이다. 하지만 저수량을 보면 이타이푸댐이 190억 톤에 불과하지만 싼샤댐은 390억 톤이다. 효율성면에서 싼샤댐에 미치지 못하는 것이다. 전체 전력생산의 14.7%를 수력발전으로 공급하고 있는 중국에서 싼샤댐은 10% 이상의 전력을 공급하는 핵심 전력건축물이다.

수력발전은 화력이나 원자력과 달리 초기에 댐, 발전소와 같은 시설건설비용이 많이 투입된다. 석탄가격에 따라 전력단가와 기업의 수익률이 변화하는 화력발전보다 안정적으로 전력을 생산하고, 원자력발전과 같이 원자력폐기물처리 위험성이 적은 클린에너지로 손꼽힌다. 세계 최고의 규모와 효율성으로 수력발전 기술력을 세계에 입증한 중국의 댐 건설기술은 러시아, 아프리카에서도 인기가 좋다. 2000년 이후부터 74개국에 330개 댐 건설에 참여하고 있다. 규모나 효용성을 보더라도 중국정부가 지원하며, 14억이 넘는 인구의 10%가 사용하는 발전소는 안정성 면에서 장기 투자처로 매력적이다.

5대 대주주

순위	주주명	주식유형	보유주식수(주)	보유비율	증감(주)
1	중국장강산샤집단공사	유통 A주	12,099,532,950	73.33%	변동없음
2	중국원자력공업집단공사	유통 A주	261,594,750	1.59%	변동없음
3	중국석유천연가스집단공사	유통 A주	257,559,750	1.56%	변동없음
4	화능국제전력주식유한공사	유통 A주	257,559,750	1.56%	변동없음
5	상하이충양투자유한공사	유통 A주	138,597,860	0.84%	12,272,182

싼샤댐은 중국 장강전력주식유한공사中国长江电力股份有限公司(이하 장강전력) 산하의 수력발전소이다. 장강전력은 '세계 수력발전의 리더'를 목표로 싼샤 발전소를 비롯한 중국 내 2위의 거저우바 수력발전소, 세계 10대 수력발전소에 포함되는 시뤄두溪洛渡·샹자바向家坝 발전소를 위탁운영 중이다. 전체 발전설비용량은 2,527만 7천Kw로 중국 전체 전력 생산량의 18%를 차지하고 있다.

● **장강전력 현황과 경쟁력**

장강전력의 시가총액은 1,693억 위안으로 업계 1위이다. PER는 13.44배로 업계평균보다 높지만 대형사업 위주인 수력발전에서 13.44배는 양호한 수치이다. 중국정부 산하의 중국장강삼협그룹이 지분의 73.33%를 보유하고 경영권을 쥐고 있다. 국유기업으로 비유통주가 40.93%로 많은 편인데, 비유통주 개혁으로 주가가 하락하기보다는 많아진 물량과 업계 1위라는 요소가 긍정적으로 작용해 가능성이 낮아졌다. 더욱이 기존의 주주들은 비유통주 개혁으로 무상증자

유통주/비유통주 분포 비교

출자금 구조	단위 : 만 주	점유율
유통 A주	974,594.15	59.97%
유통 B주	–	–
유통 H주	–	–
기타 유통주	–	–
유통제한주	675,405.85	40.93%
미유통주식	–	–
총출자금	1,650,000.00	100%

가능성이 커졌다.

　전력업계는 수익의 대부분이 창출되고 마진율은 55%로 양호하지만, 수력발전의 장기운영으로 인한 감가상각비와 관리비 증가 리스크는 염두해야 한다. 매출과 순수익 또한 업계평균보다 3배에서 10배 이상이며 매출증가율 또한 2배 이상이다. 감가상각비와 관리비로 인한 순이익률 하락은 2013년까지 계속되었지만 2014년부터 전력가격 상승과 화력발전 단가상승으로 순이익률이 증가추세여서 앞으로의 전망이 장밋빛이다.

■ 핵심 경쟁력

　장강 수자원은 장강전력의 핵심 자원이다. 각 단계의 조절 노하우

수익분석

업무명		영업 수입 (만 위안)	매출 비율	영업 원가 (만 위안)	비용 비율	이윤 비율	총이익률
산업별	전력	905378.35	96.36%	403274.96	93.60%	98.69%	55.46%
	기타	34228.46	3.64%	27583.84	6.40%	1.31%	19.41%
상품별	전력	905378.35	96.36%	403274.96	93.60%	98.69%	55.46%
	기타	34228.46	3.64%	27583.84	6.40%	1.31%	19.41%

와 기초 자료를 종합하여 물 비축 후 장강 중상류 지역의 수문 예보 법칙을 탐구하고 있다. 장강 중상류 유역의 수자원 정보에 대한 공유 플랫폼을 건설하여 더욱 완벽한 유역 댐 정보를 공유하고, 메커니즘을 만들고 강우 예측 정확도를 높이고자 한다. 유역의 계단식 발전소 '4개 댐 공동 조정' 등 과학적인 제어방법 연구를 통해 유역 계단식 공동 조절 능력을 강화하려고 한다. 혁신적인 제어 이념과 정비된 제어 운행 메커니즘으로 '제어 일체화'의 제어 운행 관리모델을 안정적으로 추진하고 있다. 또한 유역 계단식 발전소의 시너지 효과를 높이는 방법을 마련하고 장강 유역의 홍수 예방, 수상 운송, 발전 등 종합적인 효율을 충분히 발휘할 수 있도록 한다. 장강전력의 유역 수자원에 대한 종합적인 이용 능력과 계단식 공동 제어 능력이 안정적으로 강화되었다.

대형 수력발전소의 운영 및 관리 능력은 발전소 설비의 안전성, 건전성, 경제성, 환경적 운영을 보장하는 능력이다. 이는 기업의 정상적인 생산·원가효율과 직접적인 관계가 있다. 즉 국제 일류 발전소를 운영하는 핵심역량이다. 장강전력이 소유한 산샤댐, 거저우댐 모두 설비군관리에 복잡한 기술을 요하고 안전적인 운영에 대한 책임이 막중하다.

또한 원가관리를 강화하고 지속적인 효율 제고는 시장경쟁에 참여하는 데 기본적인 과제이다. 부단한 통합과 혁신으로 수위가 크게 변하는 조건에서도 설비의 전면 작동 능력을 확보하였고 다른 수위에서도 설비의 안전적인 운행을 보장하는 기술을 확보하였다. 이로써 안정적인 생산에 견실한 기반을 마련하였다. 국제 일류 발전소와 정밀

발전이라는 목표를 시종일관 견지하고 설비관리를 중점으로 안전·고효율의 메커니즘을 수립하였고, 기업의 대형 발전소 운영 및 관리 능력이 부단히 제고되었다.

역외, 대량 발전, 다양한 타깃 시장에 대한 영업능력은 장강전력의 핵심 역량이다. 새로운 시장화 규칙에 적응할 수 있는 기본적인 영업 능력을 구비하였고, 시장화 흐름에 맞는 경영 이념을 만들었다. 뛰어난 시장 교섭 능력을 갖추어 다양한 거래 조건과 방식 및 시장 조합 방법을 활용할 수 있으며, 판매 수입을 늘릴 수 있다. 시장 규칙을 심층적으로 분석할 수 있는 능력도 뛰어나다.

향후 순이익과 주당순이익 예측 EPS

2014년 12월 24일까지 6개월 이내 총 11개 기관이 예측한 장강전력 2014년도 실적 : 2014년 주당 수익은 전년대비 18.25% 증가한 0.65위안이 될 것으로 예측한다. 2014년 순이익은 전년대비 18.75% 증가한 107억 7,100만 위안이 될 것으로 예측한다.

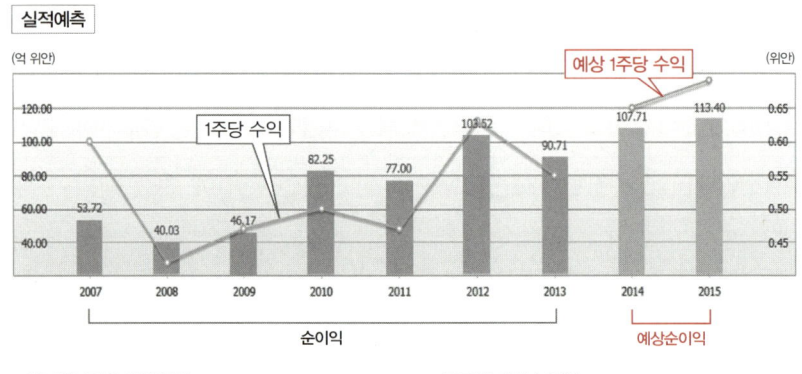

• 연도별 1주당 예상수익 (단위: 위안)

	예측 기관수	최소치	평균치	최대치	업계평균
2014	11	0.58	0.65	0.72	0.71
2015	11	0.61	0.69	0.75	0.82
2016	6	0.58	0.66	0.76	0.91

• 연도별 예상순이익 (단위: 억 위안)

	예측 기관수	최소치	평균치	최대치	업계평균
2014	11	95.59	107.71	118.18	56.37
2015	11	100.65	113.40	124.00	61.30
2016	6	95.70	109.38	125.40	60.65

● **매매포인트**

　전력생산 및 경영과 투자, 전력생산 기술자문, 수력발전사업 보수가 장강전력의 사업분야이다. 장강전력은 중국 최대 수력발전 기업으로 수력발전 자원 면에서 고유의 장점이 있다. 산샤댐 수력발전소는 장강전력의 고유 자원으로 개발권은 영구적인 것으로 볼 수 있으며, 발전 전망이 밝은 수력발전업계의 선도기업으로 성장가능성이 무한하다.

■ **원자력발전분야 진출**

　2014년 8월 25일, 장강전력의 대주주 중국 산샤집단은 8월 22일에 중국 원자력공업집단공사와 '전략적 합작협의'를 체결했음을 공시하였다. 양 기업은 전통적 원자력발전사업과 원자력발전분야의 업다운 스트림 협력, 주주권 협력을 통해 중국 내 원자력 사업의 투자·운영·관리에 공동 참여하기로 하였다. 또한 원자력발전 신기술 연구개발 협력 진행, 고속 원자로 시범 발전소와 진행형 원자로 연구개발·건설·보급 사업 등을 공동추진하기로 하였다. 이밖에 해외 원자력발전, 해외 수력발전, 풍력발전, 태양 에너지 등 기타 분야에서도 전방위적인 협력을 진행하기로 결정하였다.

■ **클린에너지**

　장강전력은 21억 홍콩달러를 투자하여 중전신에너지中电新能源의 홍콩발행 지분 26.20%를 인수했다. 중전신에너지는 풍력발전, 천연가스발전, 소형 수력발전, 쓰레기 소각발전사업 운영하는 기업으로

2009년 수익과 순수익이 각각 15억 7,993만 홍콩달러, 1억 5,268만 홍콩달러이다. 중전신에너지는 풍력발전, 쓰레기 소각발전, 천연가스 발전분야에서 일정 규모의 양호한 사업, 시장자원, 인재풀을 보유하고 있다. 이번 투자를 통해 장강전력의 전액출자 자회사 장강전력인터내셔널长电国际이 중전신에너지의 최대 주주가 되는데 회사의 발전

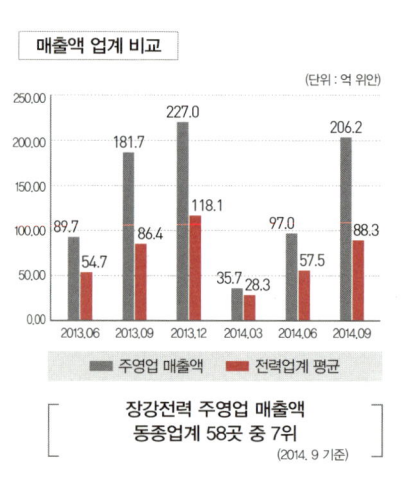

[장강전력 주영업 매출액
동종업계 58곳 중 7위]
(2014. 9 기준)

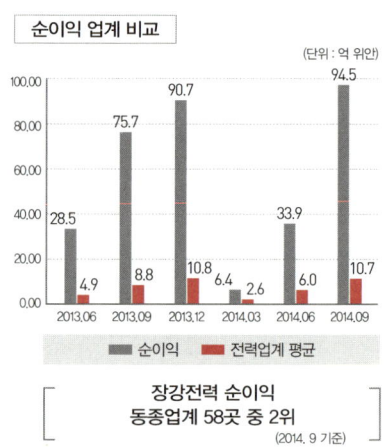

[장강전력 순이익
동종업계 58곳 중 2위]
(2014. 9 기준)

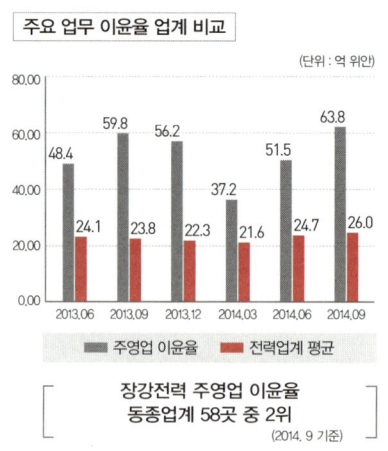

[장강전력 주영업 이윤율
동종업계 58곳 중 2위]
(2014. 9 기준)

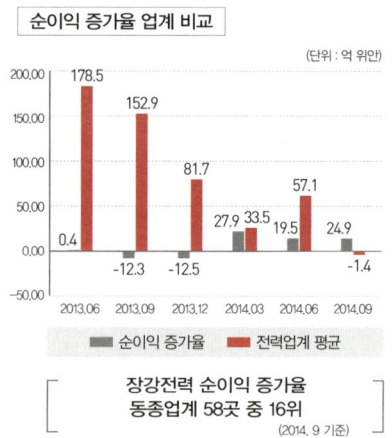

[장강전력 순이익 증가율
동종업계 58곳 중 16위]
(2014. 9 기준)

설비 규모와 매출 및 이윤 개선, 회사의 클린에너지분야 영향력 확대에 긍정적인 영향을 끼칠 것으로 예상된다.

■ **금융분야 지분투자**

장강전력은 금융분야에서도 지분투자를 진행하고 있다. 중국의 여러 은행이나 증권사의 지분을 일정 부분 보유하고 있다. 다음은 장강전력의 지분 보유 현황이다.

- 건설은행 12억 6,300만 위안 투자, 지분 0.45%
- 공상은행 3억 6,500만 위안 투자, 지분 0.0336%
- 교통은행 565억 위안 투자, 지분 0.007%
- 중신은행 9,362억 위안 투자, 지분 0.041%
- 장강증권 2,577억 위안 투자, 지분 0.53%

■ **러시아 투자 프로젝트**

장강전력(혹은 전액출자 자회사)은 기초 투자자로서 1억 6,800만 달러의 자금으로 유로십에너고EuroSibEnergo가 홍콩에서 IPO로 발행한 주식을 매입하였다. 이 기업과 러시아의 시베리아, 극동지역 전력자원을 공동개발하여 중국으로 송전한다. 이 주식은 상장일로부터 6개월 이내에는 매매가 금지된다.

유로십에너고는 러시아 2대 수력발전, 4대 전력회사로 러시아 최대 민영 전력기업이다. 가동 중인 발전설비용량은 1,945만kw으로, 2010년 11월 4일 홍콩 연합거래소의 상장심사를 통과하여 홍콩에서

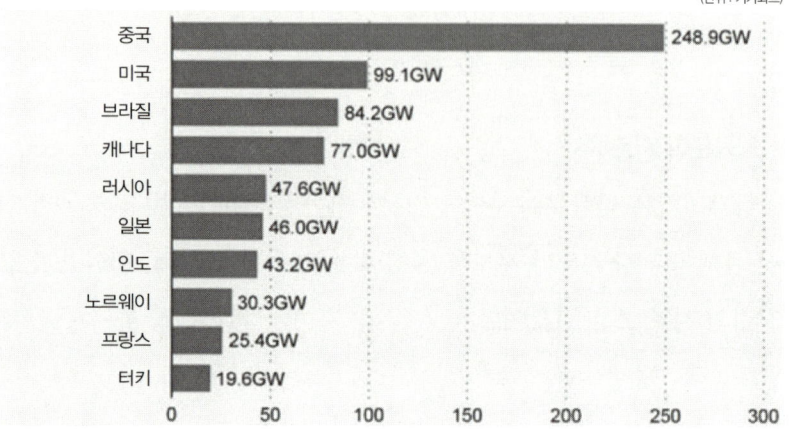

전 세계 수력발전용량 (단위: 기가와트)

중국	248.9GW
미국	99.1GW
브라질	84.2GW
캐나다	77.0GW
러시아	47.6GW
일본	46.0GW
인도	43.2GW
노르웨이	30.3GW
프랑스	25.4GW
터키	19.6GW

세계 댐 발전용량 현황

순위	이름	국가	발전용량
1	싼샤댐 Three Gorges Dam	중국	22,500
2	이타이푸댐 Itaipu Dam	브라질, 파라과이, 아르헨티나	14,000
3	구리댐 Guri Dam	베네수엘라	10,235
4	투쿠루이댐 Tucurui Dam	브라질	8,370

의 IPO를 계획하고 합자회사를 설립하였다. 600만 달러의 등기자본은 주로 프로젝트 전 타당성 연구 및 타당성 예측 연구비용으로 사용하였으며, 두 회사가 각각 50%씩 지분을 보유하고 있다. 러시아는 수력자원이 풍부하며 시베리아와 극동지역에 주로 분포해 있으나 현재 개발이나 이용 수준이 미진한 상황이다. 유로십에너고는 이 지역에서 상당한 시장지분과 영향력이 있다.

재무제표

재무년도	2012	2013	2014	2015E	2016E
주당순이익	0.63	0.55	0.62	0.69	0.77
순이익(억 위안)	103.00	90.00	94.62	110.70	129.52
순이익 증가율(%)	34.44	-12.38	5.13	6.00	7.02
총수입(억 위안)	257.00	226.00	235.58	275.63	322.49
총수입 증가율(%)	24.55	-11.96	4.24	4.96	5.80
BPS(위안)	4.54	4.74	5.55	6.49	7.59
ROE(%)	14.52	11.92	13.95	16.32	19.09
PER(배)	16.23	15.22	13.44	12.27	11.10
PBR(배)	2.36	1.81	1.87	2.00	2.12
자산·부채 비율(%)	51.76	47.74	55.86	65.35	76.46
마진률(%)	63.70	57.99	67.85	79.38	92.88
재고자산회전률(%)	24.83	21.84	25.55	29.90	34.98

3. 화능국제전력

- **한글명** : 화능국제전력주식유한공사
- **중문명** : 华能国际电力股份有限公司
- **기업형태** : 국유기업
- **주소** : 베이징시 시청구 푸싱먼 내대길 6호루 화능빌딩
- **종목코드** : 600011
- **영업분야** : 발전소 투자건설, 경영관리 및 개발
- **홈페이지** : www.hpi.com.cn, www.hpi-ir.com.hk
- **CEO** : 두다밍 杜大明

● **중국 최대의 발전기업**

전기를 생산하는 발전소는 무엇으로 전기를 생산하느냐에 따라 발전소 명칭이 달라진다. 수자원을 이용하면 수력발전, 우라늄을 이용하면 원자력발전, 석탄·석유를 이용하면 화력발전이다. 우리나라 전기는 70% 이상이 원자력발전소에서 생산·공급되어 선진발전설비를 보유한 국가로 인정받고 있다. 전 세계적으로도 선진국일수록 원자력발전이 전력생산에 큰 비중을 차지하며, 화력발전은 개발도상국의 주요 발전방식이라고 알려져 있다.

중국은 화력발전 비중이 80%로 절대적으로 의존하고 있는 상황이다. 하지만 이러한 표면적인 사실만으로 중국의 전력생산력이 뒤처졌다고 생각해서는 안 된다. 화력·수력·원자력발전소 건설에서 가장 중요한 것은 수익률과 안전성이다. 원자력발전소는 리스크가 매우 크고 수력발전은 초기비용이 크다. 화력발전은 연료가격을 제외하고는

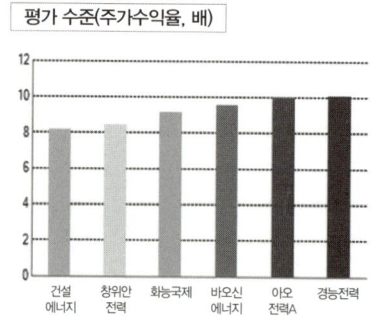

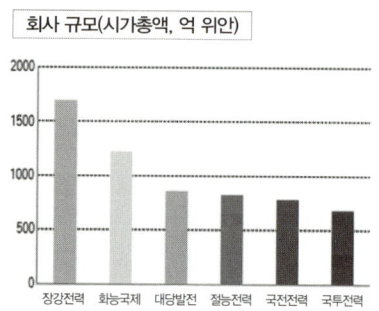

	건설에너지	창위안전력	화능국제	바오신에너지	아오전력A	경능전력
PER	8.15	8.41	9.13	9.54	10.01	10.09
순위	1	2	3	4	5	6

	장강전력	화능국제	대당발전	절능전력	국전전력	국투전력
시가총액	1,693	1,217	852	818	774	682
순위	1	2	3	4	5	6

안전성과 수익 면에서 원자력과 수력을 능가한다. 중국 화력발전의 주요 연료는 석탄이다. 중국은 석탄매장량이 세계에서 가장 많은 국가이고, 광산업과 발전소는 모두 국유기업으로 정부의 관리 아래 안정적이고 저렴한 가격으로 석탄을 공급한다.

화력발전의 수익은 주 연료인 석탄가격에 민감하다. 연료가격 1%의 하락으로 이익은 4.8% 증가한다. 화력발전의 장점은 저렴한 가격으로 전기생산이 가능하며(원자력발전과 비슷한 수준), 안정적인 원재료 공급이 가능하여 국토가 평지·산악·사막·초원 등 다양하게 분포되어 있는 중국 환경에 적절하다. 대신 화력발전은 환경규제와 탄소배출권, 지역주민의 반대라는 문제 때문에 사양산업으로 접어들고 있다. 하지만 2014년 말 미국과 중동, 러시아의 에너지전쟁으로 인한 유가폭락에서 볼 수 있듯이 발전소의 다양성은 국가 에너지사업의 수익에 긍정적이다. 즉 셰일가스로 인해 석유·석탄가격이 하락하면서 화력발전 비중이 높은 중국의 전력생산 단가는 하락하고 전력회사의 마진율이 높아진 것이다. 그래서 중국은 화력발전의 비중을 늘리기보다 유지하고 있으며, 늘어나는 전력소비에는 원자력과 풍력발전, 태양열

5대 대주주

순위	주주명	주식유형	보유주식수(주)	보유비율	증감(주)
1	화능국제전력개발공사	유통 A주	5,066,662,118	36.05%	변동없음
2	홍콩중앙결산(대리인)유한공사	유통 A주	2,885,396,837	20.53%	-23,536,020
3	중국화능집단공사	유통 A주	1,561,371,213	11.11%	변동없음
4	허베이건설투자집단유한책임공사	유통 A주	603,000,000	4.29%	변동없음
5	중국화능집단홍콩유한공사	유통 H주	472,000,000	3.36%	변동없음

발전을 동원하고 있다.

● **화능국제전력 현황과 경쟁력**

화능국제전력은 시가총액 1,217억 위안으로 업계 2위이며 PER도 9.13배로 업계평균보다 낮은 수준이다. 모회사인 화능국제전력개발회사가 36.05%의 지분을 가지고 있으며, 홍콩중앙결산회사가 20.53%의 H주를 보유하고 있다. 상하이와 홍콩에 동시상장한 주식이며 A주 74.70%, H주 25.30%의 비율이다. 중국 전역에 전기와 중앙난방을 공급하며, 홍콩과 마카오 등지에도 11.24% 전력을 공급하고 있다. 매출, 순이익, 증가율 모두 평균 이상으로 업계를 주도하고 있다.

■ **핵심 경쟁력**

화능국제전력의 제어가능 발전설비용량은 6만 7천 메가와트(㎿)이

유통주/비유통주 분포 비교

출자금 구조	단위 : 만 주	점유율
유통 A주	1,050,000.00	74.70%
유통 B주	–	–
유통 H주	355,538.34	25.30%
기타 유통주	–	–
유통제한주	–	–
미유통주식	–	–
총출자금	1,405,538.34	100%

다. 2010년 상반기 발전량이 1,517억 킬로와트(kw)를 넘었을 때 이미 중국 업계 중 최고를 차지했다. 이 기업의 전력구조에서 화력발전설비가 중심을 이루고 그중 50% 이상이 60만 킬로와트 이상의 대형 설비에서 만들어진다. 여기에는 이미 투자 생산한 최신 100만 킬로와트 등급의 12대 울트라 초임계 설비를 포함한다. 화능국제전력은 중국 전역의 4분의 1에 해당하는 울트라 초임계 설비를 보유하고 있다. 이는 친환경적이며 발전효율 측면에서 압도적인 우위를 보여주며 평균 연료 소모, 발전소 전력률, 수자원 소모 등 기술 지표 역시 세계 수준급임을 알 수 있는 대목이다.

화능국제전력의 발전소는 중국 19개의 성, 시, 자치구에 넓게 분포되어 있다. 운영하고 있는 발전소는 주로 연해지역이나 석탄자원이 풍부한 지역 또는 전력 부하가 높은 지역 중심이다. 예를 들면 상하이, 장쑤, 저장, 광둥, 산둥 같은 지역에 위치해 있다. 이 지역들은 경제수준이 비교적 높고 설비의 평균이용시간이 높으며 전기값 부담 능력이 뛰어나다. 동시에 운송이 편리하여 다양한 루트로 석탄을 구매할 수 있어 안정적인 석탄공급이 가능하고 구매원가를 줄이는 데도 유리하다.

화능국제전력은 상장한 뒤 화능그룹 누계 투자로 인한 운영설비의 발전용량이 1,500만 킬로와트를 넘었다. 여러 차례 기업의 지분 융자에 참여하였고 누계 투자 규모가 현금으로 60억 위안에 달한다. 또한 화능그룹이 우량자산을 화능국제에 투자하여 기업의 지속적인 발전을 도모하고 있다. 화능국제전력은 세 지역에서 상장한 공공기업으로 역내, 역외 세 곳의 상장증권 관리부서의 감독과 많은 투자자의 감시를 받고 있다. 현재 주주총회, 이사회, 감사회, 이사진으로 구성된 관리구조로 결정권, 감독권, 경영권에 대한 상호견제·협력의 경영 메커니즘을 형성하였다. 보다 건전한 관리구조를 만드는 것은 회사의 규범화된 운영을 보장할 수 있게 한다.

역내, 역외 시장에서 시장의 신뢰를 얻었고 융자루트가 다양하고 융자능력이 뛰어나다. 자본운용 경험이 풍부하며, 2008년에는 싱가폴 에너지회사를 인수하는 등 해외시장에서의 노하우 역시 뛰어나다. 화능국제전력은 '인재 자원 제일'이라는 이념을 견지하여 적극적인 인재 전략을 펼쳐왔다. 합리적 구조, 전문적 배치, 우수한 특성, 사업에 대한 높은 충성도, 기업 발전 전략에 부합하는 인력풀을 형성하였다. 기업의 관리층은 업계에 대한 전문 지식이 풍부하고 중국의 전력관리

업무명		영업 수입 (만 위안)	매출 비율	영업 원가 (만 위안)	비용 비율	이윤 비율	총이익률
산업별	전력 및 열에너지	6422516.4	100.00%	4786165.89	100.00%	100.00%	25.48%
상품별	전력 및 열에너지	6422516.4	100.00%	4786165.89	100.00%	100.00%	25.48%
지역별	역내	5715309.51	88.76%	–	–	–	–
	역외	723925.65	11.24%	–	–	–	–

제도를 충분히 이해하고 있다. 전력산업의 발전 추세에 따르고 있으며 시장에서의 비즈니스 기회를 포착할 수 있는 능력이 있다. 전면적인 사업 전략을 마련하고 위험을 평가·관리하며 생산 계획을 집행할 능력을 갖추고 있다.

● **매매포인트**

■ **중국 최대의 전력회사**

화능국제전력은 중국 최대의 전력회사로 1994년, 1998년, 2001년에 각각 뉴욕, 홍콩, 상하이에 상장하였다. 중국 전체 발전설비용량의 12%를 점유하고 있고 중국 19개 성, 시, 자치구에서 발전소를 운영 중이다. 싱가포르에서도 전력회사 한 곳을 운영 중이다. 설립 이래 전력회사로서 기술, 시스템, 관리 혁신을 진행해왔다. 전력기술 발전, 발전소 건설과 경영방식 분야에서 업계 1위에 걸맞은 이정표적 사업을 진행하고 있다. 화능국제전력은 중국 최초로 화력발전의 선진기술인 초임계유체 발전유닛을 도입하였다.

■ **초임계유체**

초임계유체는 일정한 고온과 고압의 한계를 넘어선 상태에 도달하여 액체와 기체를 구분할 수 없는 시점의 유체를 가리킨다. 분자의 밀도는 액체에 가깝지만, 점성도는 낮아 기체에 가까운 성질을 가진다. 또 확산이 빨라 열전도성이 높아 화학반응에 유용하게 사용된다. 화능국제전력의 계열사인 화능다롄발전소 华能大连联电厂 는 중국에서 '일류 화력발전소' 칭호를 얻은 1호 발전소이다. 화능위환발전소华能玉环电厂 1호기는 중국에서 맨 처음 가동된 단위발전용량 100만 킬로와트의 초임계 석탄 발전유닛 1호기이고, 화능진링발전소华能金陵电厂는 중국 1호의 100만 킬로와트 디지털 초임계 석탄 발전유닛이다. 화능하이먼발전소华能海门电厂 1호기는 전 세계에서 처음으로 해수 탈황을 이용한 100만 킬로와트 발전유닛이다.

■ 중국 최초 IGCC 시범발전소 프로젝트

화능톈진华能天津 IGCC(석탄가스화복합발전) 시범발전소가 톈진린강天

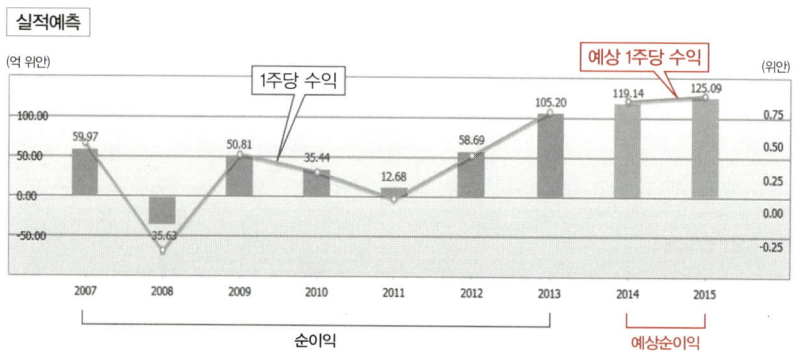

▶ 향후 순이익과 주당순이익 예측 EPS

2014년 12월 24일까지 6개월 이내 총 11개 기관이 예측한 화능국제전력 2014년도 실적 : 2014년 주당 수익은 전년대비 10.67% 증가한 0.83위안이 될 것으로 예측한다. 2014년 순이익은 전년대비 13.25% 증가한 119억 1,400만 위안이 될 것으로 예측한다.

• 연도별 1주당 예상수익 (단위 : 위안)

	예측 기관수	최소치	평균치	최대치	업계평균
2014	11	0.77	0.83	0.91	0.71
2015	11	0.78	0.87	0.96	0.82
2016	5	0.80	0.96	1.11	0.91

• 연도별 예상순이익 (단위 : 억 위안)

	예측 기관수	최소치	평균치	최대치	업계평균
2014	11	111.04	119.14	131.23	56.37
2015	11	112.44	125.09	138.85	61.30
2016	5	115.42	139.09	160.20	60.65

津临港 공업단지에서 착공하였다. IGCC 시범발전소 프로젝트는 총투자비 약 30억 위안 규모로 국산 IGCC 기술을 연구·개발한다. 석탄가스를 통해 수소가스를 생산하며, 수소 터빈 복합 사이클 발전과 연료 전지 발전을 주요 사업목표로 삼아 오염물질과 이산화탄소 배출량이 제로에 가까운 석탄발전을 실현하려 하는 것이다. IGCC는 '구에너지와 신기술 결합'이라는 기치로 석탄가스 정화 기술과 고효율의 복

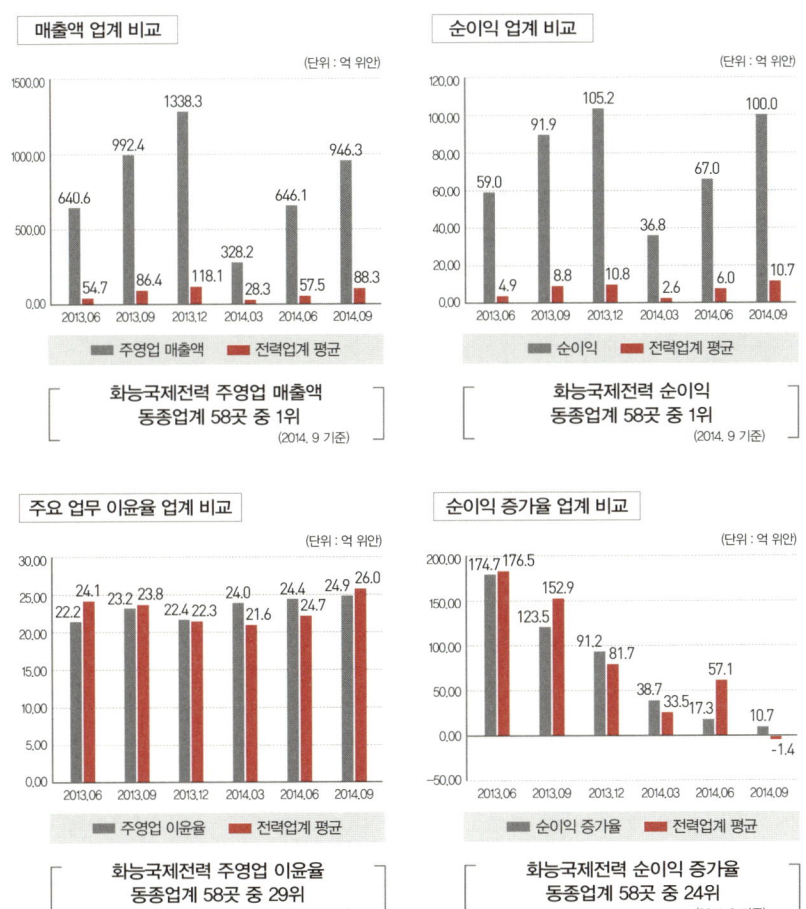

10장_ 정부의 보호 아래 꾸준히 성장하는 전력산업

합 사이클을 결합한 선진 동력 시스템으로 국내외적으로 공인된 선진 석탄발전 기술이다. 이 기술은 친환경적이며 오염물 배출량이 재래식 석탄발전의 10분의 1에 불과하다. 탈황 효율이 99%에 달하고 질소산화물 배출량도 재래식 발전소의 15~20%에 불과하여 상대적으로 손쉽게 탄소가스 배출 제로 목표를 실현할 수 있다.

■ 원자력발전 프로젝트

화능국제전력은 1억 7,400만 위안의 자금으로 중국 화능집단공사가 보유한 하이난원자력발전유한공사 海南核电有限公司(등기자본 4억 368만 위안)의 권리 30%를 양도받았다. 하이난원자력발전은 현재 하이난창

재무제표

재무년도	2012	2013	2014	2015E	2016E
주당순이익	0.42	0.75	0.8175	0.891075	0.97127175
순이익(억 위안)	58	105	163.9575	178.713675	194.7979058
순이익 증가율(%)	362.74	79.26	56.15	42.63	31.44
총수입(억 위안)	1339	1338	1358.07	1480.2963	1613.522967
총수입 증가율(%)	0.41	-0.1	1.5	1.635	1.78215
BPS(위안)	3.95	4.39	4.7851	5.215759	5.68517731
ROE(%)	11.11	17.87	19.4783	21.231347	23.14216823
PER(배)	15.22	12.44	9.13	8.04	6.95
PBR(배)	1.690942	2.223028	1.77836879	1.707000299	1.608380692
자산·부채 비율(%)	74.73	71.55	77.9895	85.008555	92.65932495
마진률(%)	16.3	23.14	25.2226	27.492634	29.96697106
재고자산회전률(%)	15.42	15.25	16.6225	18.118525	19.74919225

강海南昌江 원자력발전 프로젝트 1기 1, 2호기 65만 킬로와트의 가압수형 원자로 사업을 진행 중이다.

- **CDM 프로젝트**

화능국제전력의 몇 개의 프로젝트 중에는 청정 개발 체제CDM, Clean Development Mechanism와 관련 있으며, 그중 바오산宝山 NGCC(핵이용 천연가스 터빈 복합 사이클) 계통 연계형 발전 프로젝트, 난징南京 NGCC 계통 연계형 발전 프로젝트 및 기타 14개 프로젝트를 포함하고 있다. 화능 상하이 가스터빈발전유한책임공사华能上海燃机发电有限责任公司, 화능난징진링발전유한공사华能南京金陵发电有限责任公司 등 10개 회사가 프로젝트를 진행 중이며, 연간 감축량은 이산화탄소 554만 5,728톤에 달한다.

4. 대당국제발전

- **한글명** : 대당국제발전주식유한공사
- **중문명** : 大唐国际发电股份有限公司
- **기업형태** : 국유기업
- **주소** : 베이징시 시청구 광닝보길 9호, 홍콩 중환 황후대도 중 15호 직지광장 글로스터빌딩 21층
- **종목코드** : 601991
- **영업분야** : 발전소 건설, 경영 및 전력 판매
- **홈페이지** : www.dtpower.com
- **CEO** : 저우강周刚

● 21세기형 친환경 발전소

중국 대부분의 전력회사는 화력, 수력에 특화되어 발전해서 각 분야에서는 최고이지만, 전력회사의 최대 리스크인 연료가격의 변동에 대해서는 취약하다. 경쟁업체들의 가격변동에도 민감할 수밖에 없다. 화력발전소는 석탄이 주원료로 석탄가격에 기업의 수익과 주가가 좌지우지된다. 수력발전은 일정한 감가상각과 마진폭이 정해져 있어 다른 에너지의 가격하락에 적절히 대처하기가 쉽지 않다. 수시로 변동하는 시장에서 생존하기 위해 전력회사들도 사업의 다각화를 추진하고 있다. 화력발전을 포함한 수력, 원자력, 풍력을 아우르면서 발전한다면 안정적으로 리스크 관리를 할 수 있고, 기술력 제고로 인해 주가상승에도 긍정적으로 기여할 것이다.

대당국제발전주식유한공사大唐国际发电股份有限公司(이하 대당국제발전)는 1994년 12월 설립되었으며 본사는 베이징에 있다. 1997년에 홍콩과

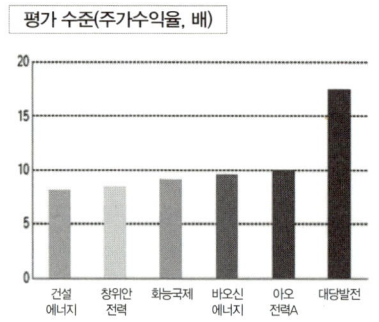

	건설 에너지	창위안 전력	화능 국제	바오신 에너지	아오 전력A	대당 발전
PER	8.15	8.41	9.13	9.54	10.01	17.44
순위	1	2	3	4	5	24

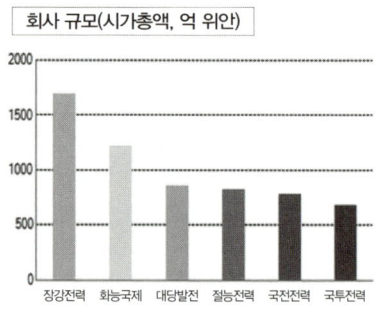

	장강 전력	화능 국제	대당 발전	절능 전력	국전 전력	국투 전력
시가총액	1,693	1,217	852	818	774	682
순위	1	2	3	4	5	6

런던의 증권거래소, 2006년에 상하이의 증권거래소에 정식으로 상장하였다. 이 기업의 사업분야는 발전(화력, 수력, 풍력, 원자력, 태양에너지), 석탄, 석탄화학, 교통(철도, 항운, 항만), 순환경제 등이다. 단일 전력회사에서 종합 에너지회사로 거듭 성장한 기업이다. 100% 지분을 소유한 발전소 4곳을 운영 중이고, 31개의 발전회사 및 프로젝트, 기타 에너지회사를 경영하고 있다. 대당국제발전은 중심 사업을 안정적으로 성장시켜나가는 동시에 원자력·풍력발전으로 영역을 확대해나가고 있다.

대당국제발전은 중국 내에서 친환경 발전소를 지향한다. 중국 내 여타 발전소와 다르게 화력발전뿐만 아니라 수력, 원자력, 풍력, 태양에너지의 균형적인 성장을 실현해가는 중국 최대 독립 전력회사이다. 화력, 수력, 풍력의 비중은 각각 88.18%, 10.62%, 1.20%로 2016년까지 클린에너지 발전설비용량 비율을 20% 이상으로 끌어올릴 계획이다. 4억 명의 인구가 살고 있는 중국 화북지역 일대의 전력망을 책임지는 회사 중 최대 규모이다. 베이징 전력 사용량의 65%, 베이징·톈진의 중국 직할시 2개 전력망의 33%를 책임지고 있다. 또한 '자원절약형, 친환경' 녹색경영을 위해 화력발전소의 82.4%에 탈황장치를 갖추고 있는 21세기형 중국 발전소이다.

● **대당국제발전 현황과 경쟁력**

대당국제발전의 시가총액은 852억 위안으로 업계 3위이다. PER는 17.44배로 업계평균보다 높고 순위는 24위이다. 이는 신규사업 증가로 인한 단기자금 압박의 영향으로 보인다. 모회사인 중국대당그룹이 지분의 31.10%를 소유하고 있고, 홍콩의 홍콩중앙결산회사港中央结算(代理人)有限公司, SCC Nominees Limited가 24.74%의 지분을 보유하고 있는데 최근에는 주식 700만 주를 매입하여 비중을 늘리고 있다. 상하이와 홍콩에 동시상장되어 있고 비중은 75:24이다.

수입의 대부분이 전기판매이고 석탄판매와 전체 난방업에서도 수익을 창출하고 있다. 전기판매의 마진율은 31.31%로 화력발전업계의 평균이라고 볼 수 있다. 업계 3위의 큰 규모만큼이나 매출과 순이익은 업계평균보다 3배 이상 높다. 하지만 화력발전이 사양길을 걷고 감가상각비와 관리비 증가 등의 각종 마이너스 요인으로 순수익률이 2013년 4분기부터 감소하고 있는 추세이다. 향후 스마트그리드 실시와 사업의 다각화로 순수익의 증가를 기대해본다.

■ 핵심 경쟁력

대당국제발전은 중국 독립 발전 기업 중 규모가 가장 크다. 기업의 인프라시설 수준이 부단히 제고되고 있으며, 전력건설 관리기술 역시 계속 성숙하고 있다. 전력 설비 건설 원가가 더욱 효율적으로 관리

5대 대주주

순위	주주명	주식유형	보유주식수(주)	보유비율	증감(주)
1	중국대당그룹공사	유통 A주	4,138,977,414	31.10%	변동없음
2	홍콩중앙결산회사	유통 A주	3,292,760,919	24.74%	7,578,000
3	톈진시진능투자공사	유통 A주	1,296,012,600	9.74%	변동없음
4	허베이건설투자그룹유한책임공사	유통 A주	1,281,872,927	9.63%	변동없음
5	베이징에너지투자(그룹)유한공사	유통 A주	1,260,988,672	9.47%	변동없음

될 것으로 기대된다. 자주 혁신 능력 제고와 기업 발전 전력을 접목하여 과학적인 관리 방식을 심화 발전시키고 있으며, 과학 기술 투자의 안정적인 증가를 도모하는 장기 메커니즘을 설립하려고 한다. 기업이 주체가 되고 시장의 흐름에 따르며 산업, 학계, 연구기관이 서로 결합하여 과학 기술의 혁신적인 체계를 확립하였다. 이는 대당국제발전의 강력한 성장동력이 될 것으로 보인다.

2014년 상반기에 106개 항목에서 과학 기술 성과를 발표하였다. 71개 항목이 특허를 받았고 1개의 성과 항목은 업계 내에서 1등상을 수상하였다. 또한 대용량, 높은 스펙, 에너지 절감 설비를 계속 추가하였다. 관리 설비 용량 가운데 600메가와트 급 이상의 설비가 전체 설비용량의 48.4%를 차지하였고 효과적으로 설비 운영 원가를 제어할 수 있게 되었다. 대당국제발전은 중국 환경부서가 요구하는 화력발전설비의 황산, 초산 제거 개조 작업을 성실히 이행하고 있다. 대부분의 설비가 어느 정도 환경 정책을 반영하고 있고 설비 기술 경쟁력도 뚜렷하다.

석탄의 시장화 추세가 심화되는 과정에서 대당국제발전은 시장 선점의 기회를 잡고 국유 대형 석탄 기업들과 협력을 강화하여 석탄 공급을 안정화하였다. 석탄 가격 변동으로 인한 리스크를 최대한으로 줄였으며 상당 규모의 석탄 전력 공장을 소유하였다. 지리적 이점을 통해 연료 원가를 줄이고 안정적인 공급을 확보할 수 있게 되었다. 정밀한 연료 원가절감 관리시스템을 구축하였고, 원가 심사 관리 메커니즘을 통해 정기적인 가격 조정 회의를 개최하고 있으며, 시의적절한 석탄 자원 분배 과정을 거치고 있다. 또한 가격비교 관리강화 등

정밀한 관리수단을 활용하여 우수한 가격경쟁력을 만들었다.

역내, 역외 시장에서 우수한 시장 신뢰도를 쌓아왔다. 다양하고 강력한 융자로 회사 자금을 안정적으로 운용할 수 있으며, 융자에 따른 원가를 효율적으로 절감할 수 있다. 기업의 채무 추적 평가는 줄곧 AAA등급을 유지하고 있어 기업의 안정적인 운영이 전망된다. 3차례 100억 위안의 초단기 융자채권을 성공적으로 발행하였으며, 2014년 8월 22일 위안화 35억 위안의 5년 만기 중기어음을 발행하였고, 이자율은 기준금리 동기대비 5~10% 하향 조정하였다. 전체 자금흐름이 경직되고 실제로 이자율이 상승하는 상황에서 대당국제발전의 자금구조는 순조로운 흐름을 유지하고 있다.

● **매매포인트**

■ **화력발전 구조의 최적화**

대당국제발전은 화력발전 주력 기업으로 화력발전설비 비율이

유통주/비유통주 분포 비교

출자금 구조	단위 : 만 주	점유율
유통 A주	999,436.00	75.09%
유통 B주	–	–
유통 H주	331,567.76	24.91%
기타 유통주	–	–
유통제한주	–	–
미유통주식	–	–
총출자금	1,331,003.76	100%

82%를 넘어선다. 때문에 화력발전 구조의 최적화는 대당국제발전의 지속가능한 발전에 매우 중요하다. 대용량, 에너지 저소비, 탄소가스 저배출의 에너지 절감 친환경 발전설비 및 에너지 고효율의 열병합발전, 가스 발전설비 사업을 우선 추진한다. 화력발전설비 구조와 발전 구조의 최적화를 지속적으로 추진하여 안정적으로 화력발전 분야의 우위를 유지해나가고 있다. 대당국제발전이 보유하고 가동 중인 화력발전설비용량은 약 3,273만 킬로와트에 달한다. 대당국제의 네이밍구퉈커퉈발전공사_{内蒙古托克托发电公司}의 발전량이 약 306만 킬로와트에 도달하면서 발전량과 수익 면에서 중국 내 신기록을 세웠다. 현재 추진 중인 5기 프로젝트는 중국정부의 서전동송_{西电东送}(서부의 전기를 동부로 송전) 계획의 핵심 프로젝트로 알려져 있는데, 수익이 지속적으로 증가할 전망이다.

■ 석탄사업

대당국제발전은 산업사슬 원천의 안정적 유지라는 목표를 가지고 우수 석탄사업에 투자하여 비교적 빠른 성장세 유지하고 있다. 석탄 개발에 힘써 석탄기지 구축과 확대에 집중하고 있다. 네이멍구성리탄전_{没蒙古胜利煤田} 동2호 탄광은 대당국제발전의 전력생산 위주, 다원화 협동전략의 핵심 에너지 기지로 연간 1,505만 톤의 원탄을 안정적으로 생산하고 있다. 10억 2천만 위안을 출자하여 지분 40%를 매입한 네이멍구후이닝대당창탄석탄공사_{内蒙古汇能大唐长滩煤炭公司}는 창탄탄광 개발·건설 사업을 진행하고 있는데, 1호 탄광의 가치는 12억 371만 위안, 채굴 가능 매장량은 6억 6,648만 톤이다. 2호 탄광의 가치는 12

수익분석

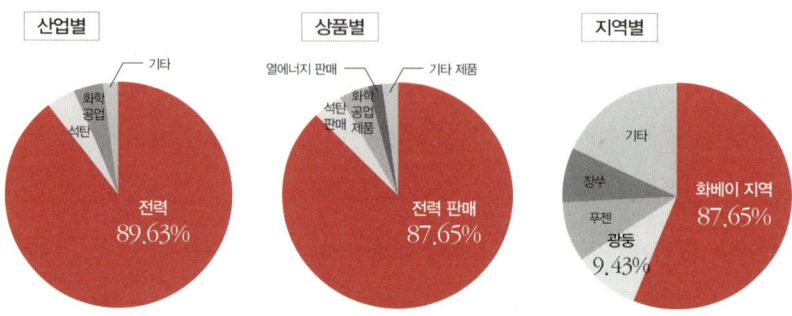

	업무명	영업 수입 (만 위안)	매출 비율	영업 원가 (만 위안)	비용 비율	이윤 비율	총이익률
산업별	전력	3105130.6	89.63%	2133037.8	85.75%	99.52%	31.31%
	석탄	144563.8	4.17%	139584	5.61%	0.51%	3.44%
	화학공업	140356	4.05%	136511.7	5.49%	0.39%	2.74%
	기타	74336.1	2.15%	78459.7	3.15%	−0.42%	−5.55%
상품별	전력 판매	3036468.6	87.65%	2044196.3	82.18%	101.58%	32.68%
	석탄 판매	144563.8	4.17%	139584	5.61%	0.51%	3.44%
	화학공업 제품	140356	4.05%	136511.7	5.49%	0.39%	2.74%
	기타 제품	74336.1	2.15%	78459.7	3.15%	−0.42%	−5.55%
	열에너지 판매	68662	1.98%	88841.5	3.57%	−2.07%	−29.39%
지역별	화베이华北지역	1945298.8	56.15%	−	−	−	−
	광둥广东	326852.2	9.43%	−	−	−	−
	푸젠福建	306740.3	8.85%	−	−	−	−
	장쑤江苏	262275.9	7.57%	−	−	−	−
	저장浙江	193520.8	5.59%	−	−	−	−
	기타	179749.1	5.19%	−	−	−	−
	윈난云南	105235.6	3.04%	−	−	−	−
	충칭重庆	65024.7	1.88%	−	−	−	−
	깐수甘肃	43822.5	1.26%	−	−	−	−
	장시江西	35866.6	1.04%	−	−	−	−

억 648만 위안, 채굴 가능 매장량은 7억 7,950만 톤이다.

- **운송사업**

　화력발전에서 석탄가격 만큼이나 중요한 것은 운송료이다. 우리나라도 시멘트공장, 석탄공장은 모두 철도를 통해 바로 가공공장으로 운반되어 운송료 절감에 큰 기여를 한다. 마찬가지로 중국도 수직화 작업을 통해 탄광에서 발전소까지 선로가 건설되어 있다면 원가절감에 긍정적인 요인으로 작용한다. 대당국제발전은 지분 확보를 통해 철도, 항만, 항운 건설에 참여해 긴밀한 전략적 협력 동반자 관계를 구축해오고 있다. 대당국제발전이 지분참여한 철도건설 총 거리는 3천km이며, 지배주주로 있는 장수항운공사江苏航运公司의 연간 운송량은 280만 톤에 달한다. 한편 중국의 석탄 수입량은 전체 소비량의 30%에 달하기 때문에 배를 통한 운송에 어떠한 수익구조를 가지고 있느냐가 기업이익에 큰 기여를 한다. 대당국제발전은 연간 물동량이 720만 톤인 광둥차오저우발전공사广东潮州发电公司의 전용부두에 석탄 운반선 '대당2호'로 안정적인 운송과 공급을 보장받고 있다.

- **수력발전 사업 추진**

　대당국제발전의 수력발전설비용량은 395만 7,800킬로와트에 달하며, 수력발전 비율이 전체 발전량의 10.68%를 차지한다. 수자원이 풍부한 쓰촨四川, 충칭重庆, 윈난, 티벳 지역을 중심으로 서남지역 대형 수력발전소를 보유하고 있다. 그중 간쯔대도하甘孜大渡河(사천성 중서부) 유역은 수력발전 개발의 핵심 사업이다. 대당국제발전과 자회사는 약

향후 순이익과 주당순이익 예측 EPS

2014년 12월 24일까지 6개월 이내 총 6개 기관이 예측한 대당국제발전 2014년도 실적 : 2014년 주당 수익은 전년대비 13.21% 증가한 0.30위안이 될 것으로 예측한다. 2014년 순이익은 전년대비 13.09% 증가한 39억 8,900만 위안이 될 것으로 예측한다.

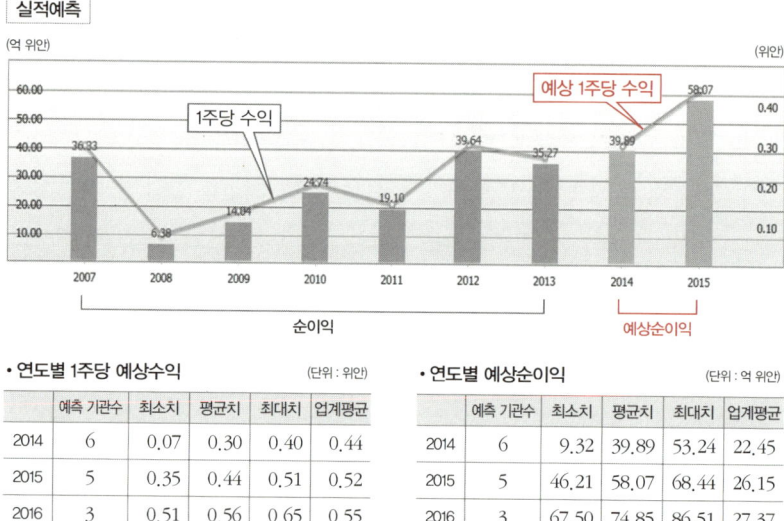

5,558메가와트의 발전설비를 증설하였는데 발전 이용 시간이 동기대비 91시간 늘어난 4,998시간에 달한다. 화력발전 설비용량이 4,940메가와트, 수력발전이 474.23메가와트, 풍력발전이 144.25메가와트 늘어나 발전설비용량에서 화력, 수력, 풍력이 차지하는 비중이 각각 88.18%, 10.62%, 1.20%로 유지되고 있다. 충칭평수이重庆彭水 수력발전소는 중국 건설분야에서 최고상인 '중국공정건설루반상'을 2013년에 수상하였는데, 이는 수력발전소 중 유일하게 수상한 것이다.

■ 원자력발전

대당국제발전은 광둥원자력발전투자유한공사와 투자협정을 체결하여, 지분참여 형식으로 푸젠 닝더원자력발전유한공사福建宁德核电有限公司(등기자본 19억 위안) 지분 44%를 가지고 있다. 닝더원자력발전소 1천 메가와트급 발전유닛 4기를 건설하였다.

대당국제발전이 지분참여 형식으로 개발한 랴오닝쉬다바오辽宁徐大堡 원전 1기 사업이 국가발전위원회의 비준을 받았으며, 쉬다바오 원전사업은 100킬로와트 유닛 6기를 건설하는 사업으로 사업 1기에 100만 킬로와트급 가압수형 원자력발전 유닛 2기를 건설할 예정이다. 2013년 4월 15일에 닝더원자력발전소宁德核电站 1기 1호기가 가동에 들어가 상업가동을 시작하였다. 대당국제원자력발전의 탄소가스 제로배출이라는 신기원을 실현하였다.

■ 석탄화학공업의 현대화

중국은 석유자원이 부족하지만 석탄매장량은 풍부해서 에너지 생산과 소비에서 장기적으로 석탄에 의존하고 있다. 그래서 석탄화학공업 현대화를 통한 저탄소 클린에너지와 화학공업제품 생산은 석유화학, 천연가스 제품의 일부 대체를 가능하게 할 것으로 보고 있다. 이는 국가 에너지안보에서도 중요한 전략적 의미가 있다. 대당국제발전은 네이멍구 동부의 풍부한 갈탄 자원과 수자원을 이용하여 저탄소 클린에너지, 화학공업제품 생산 등 현대화 발전을 추진하고 있다. 2013년에는 석탄화학공업 기술·제품분야에서 새로운 돌파구를 마련하고자 준비 중이다.

■ 푸신 40억㎥ 석탄천연가스 프로젝트

　대당국제발전의 전액출자 자회사인 대당에너지화학공업공사大唐能源化工는 66억 3,300만 위안(90% 차지)을 출자하여 대당그룹과 공동으로 대당랴오닝푸신석탄천연가스유한공사大唐辽宁阜新煤制天然气有限公司를 설립하여 푸신 40억㎥ 석탄천연가스 사업을 추진하고 있다. 사업

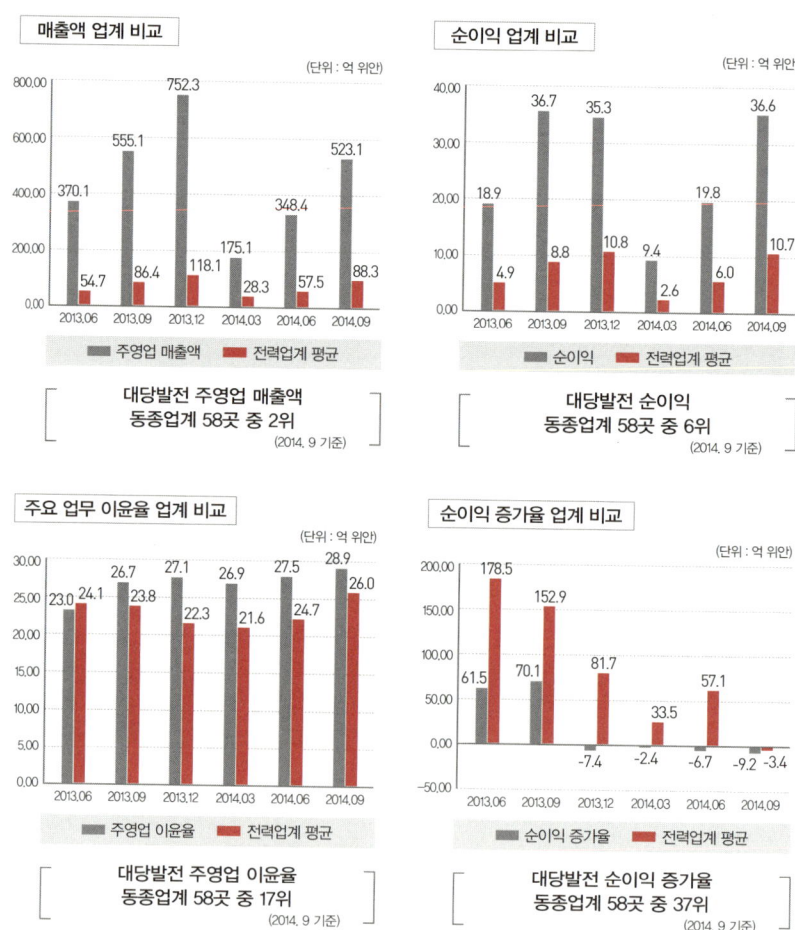

의 총 투자금액은 245억 7천만 위안이다. 가동 후 생산된 천연가스는 파이프라인을 통해 선양沈阳, 톄링铁岭 푸순抚顺, 번시本溪, 푸신 등의 지역으로 공급하고 있다. 프로젝트 해당 지역들의 천연가스 부족량은 24~46억㎥에 달했다. 현재 선양시와 다롄시 민용 천연가스 가격은 2.4~2.6위안/㎥, 사업의 정상 생산단가는 1.594위안/㎥로 투자 내부수익률은 9%이다.

- **네이멍구 커치 40억㎥ 석탄천연가스 프로젝트**

대당에너지화학공업은 39억 위안(51% 차지)을 출자하여 커스커텅석

재무제표

재무년도	2012	2013	2014	2015E	2016E
주당순이익	0.3	0.27	0.3159	0.369603	0.43243551
순이익(억 위안)	39	35	37.142	43.45614	50.8436838
순이익 증가율(%)	109.82	-11.03	6.12	7.1604	8.377668
총수입(억 위안)	77	75	76.0875	89.022375	104.1561788
총수입 증가율(%)	7.21	-3.06	1.45	5.32	6.2244
BPS(위안)	3.12	3.3	3.861	4.51737	5.2853229
ROE(%)	9.98	8.26	9.6642	11.307114	13.22932338
PER(배)	20.12	22.32	17.44	16.27	15.1
PBR(배)	2.007976	1.843632	1.68543648	1.839667448	1.99762783
자산·부채 비율(%)	79.17	78.08	91.3536	106.883712	125.053943
마진률(%)	21.75	28.11	32.8887	38.479779	45.02134143
재고자산회전률(%)	10.74	12.16	14.2272	16.645824	19.47561408

탄천연가스공사 克什腾煤制天然气公司를 설립하였다. 중국의 첫 번째 석탄천연가스 시범 프로젝트로 성공적으로 시행되었는데, 세계에서 대기오염이 가장 심하다는 수도 베이징에 무공해 석탄천연가스를 공급한다. 이 프로젝트로 저급 갈탄을 무공해 에너지로 전환하여 사용하는데 성공하면서 저열량, 고분진, 높은 수분 함량이라는 갈탄의 약점을 극복하여 대규모 개발이용의 새로운 길을 개척하였다.

연간 40억㎥의 석탄천연가스를 생산하는 네이멍구 커스커텅기에서 사업을 추진하고 있으며, 사업 총 투자금액은 257억 1천만 위안이다. 공장 가동 후에는 연간 40억㎥의 합성천연가스와 부산물을 생산할 예정이다. 사업은 3단계로 나누어 진행되며, 매년 베이징시에 최대 31억㎥의 천연가스를 공급할 계획이다. 베이징시의 천연가스 수요량이 2015년에는 92억㎥, 2020년에는 약 120억㎥로 증가할 것으로 보이며, 내부수익률은 8.82%로 예상하고 있다.

■ 풍력발전 CDM 프로젝트

대당츠펑사이한바풍력발전공사 大唐赤峰赛罕坝风力发电公司 계열의 네이멍구 츠펑동산 49.3메가와트 풍력발전사업은 연간 11만 2,333톤의 이산화탄소 배출량을 절감할 수 있고, 대당허베이발전 大唐河北发电 계열의 네이멍구후이텅량 内蒙古辉腾梁 풍력발전소 49.5메가와트 사업은 연간 10만 6,090톤의 이산화탄소 배출량을 절감한다. 또한 대당지린솽랴오 大唐吉林双辽 풍력발전소 49.3메가와트 사업은 연간 9만 8,813톤의 이산화탄소 배출량을 절감하고 있다.

■ **그룹 플랫폼과 자산투자 전망**

　대당그룹은 대당국제발전을 그룹 내 화력발전사업의 최종 통합 플랫폼으로 확정했다. 5~8년 안에 그룹의 비상장회사인 허베이성의 화력사업 자산을 해당 자산의 수익능력이 개선되고 관련 여건이 부합되는 시기에 대당국제발전에 투자할 예정이다. 대당집단은 계열 상장사의 발전을 위해 이전에 내놓은 여러 계획들을 지속적으로 이행할 전망이다.

부록 1

상해 A주 380지수

코드번호	중문명	한글명	업종
601898.SH	中煤能源	중매에너지	에너지
601991.SH	大唐发电	대당국제발전	공익사업체
601238.SH	广汽集团	광저우자동차	경기소비재
601727.SH	上海电气	상하이전기	산업재
601111.SH	中国国航	중국국제항공	산업재
600398.SH	海澜之家	하이란홈	경기소비재
600688.SH	上海石化	시노펙상하이석유화학	소재
600188.SH	兖州煤业	옌저우석탄채굴	에너지
603993.SH	洛阳钼业	뤄양몰리브덴	소재
601618.SH	中国中冶	중국야금공업	산업재
601231.SH	环旭电子	환욱전자	정보기술
600027.SH	华电国际	화전국제전력	공익사업체
601018.SH	宁波港	닝보항	산업재
600377.SH	宁沪高速	장쑤닝호고속도로	산업재
600998.SH	九州通	구주통	건강관리
601158.SH	重庆水务	중경수도그룹	공익사업체
601877.SH	正泰电器	정태가전	산업재
600029.SH	南方航空	중국남방항공	산업재
600317.SH	营口港	잉커우항	산업재
600005.SH	武钢股份	우한철강	소재
600642.SH	申能股份	상하이에너지	산업재
600835.SH	上海机电	상하이전기기계	산업재
601333.SH	广深铁路	광심철도	산업재
600660.SH	福耀玻璃	복요유리	경기소비재
601179.SH	中国西电	차이나서전	산업재
600570.SH	恒生电子	항생전자	정보기술
600068.SH	葛洲坝	갈주패	산업재
600038.SH	中值股份	중앙헬리콥터	산업재
600685.SH	广船国际	광저우조선소국제	산업재
601929.SH	吉视传媒	지스미디어	경기소비재
600566.SH	洪城股份	호북홍성통용기계	건강관리
600873.SH	梅花生物	매화생물	필수소비재
600578.SH	京能电力	경능전력	공익사업체
600277.SH	亿利能源	억이에너지	소재
600307.SH	酒钢宏兴	주강굉흥철강	소재

코드번호	중문명	한글명	업종
600863.SH	内蒙华电	네이멍구화전	공익사업체
600153.SH	建发股份	샤먼건발	산업재
600175.SH	美都控股	미도홀딩스	산업재
600500.SH	中化国际	중국화학국제	소재
600312.SH	平高电气	허난평고전기	산업재
600820.SH	隧道股份	상하이터널공정	산업재
600350.SH	山东高速	산둥고속도로	산업재
600594.SH	益佰制药	구이저우익백제약	건강관리
600612.SH	老凤祥	노봉상	경기소비재
600517.SH	置信电气	상하이치신전기	산업재
600673.SH	东阳光科	동양광테크놀로지	소재
600717.SH	天津港	텐진항	산업재
601106.SH	中国一重	제일대형장비	산업재
601801.SH	皖新传媒	환신미디어	경기소비재
600967.SH	北方创业	바오터우북방창업	산업재
600879.SH	航天电子	항천전자	산업재
601258.SH	庞大集团	방대그룹	경기소비재
601139.SH	深圳燃气	선전가스	공익사업체
600403.SH	大有能源	대유에너지	에너지
600098.SH	广州发展	광저우발전실업	공익사업체
600587.SH	新华医疗	산둥신화의료기기	건강관리
600536.SH	中国软件	중국소프트웨어	정보기술
600867.SH	通化东宝	통화동보제약	건광관리
600433.SH	冠豪高新	광둥관호하이테크	소재
600572.SH	康恩贝	저장CONBA제약	건강관리
601880.SH	大连港	다롄항	산업재
600436.SH	片仔癀	장저우편자황제약	건강관리
600395.SH	盘江股份	구이저우반강석탄	에너지
600557.SH	康绿药业	장쑤강연제약	건강관리
600292.SH	中电远达	중전원달	산업재
600432.SH	吉恩镍业	지린길은니켈	소재
600776.SH	东方通信	동방통신	정보기술
600783.SH	鲁信创投	로신창업투자그룹	산업재
600664.SH	哈药股份	하얼빈제약그룹	건강관리
600058.SH	五矿发展	오광발전	산업재

코드번호	중문명	한글명	업종
600511.SH	国药股份	국약그룹	건강관리
600037.SH	歌华有线	베이징가화케이블TV	경기소비재
600056.SH	中国医药	중국제약	건강관리
600825.SH	新华传媒	신화미디어	경기소비재
601515.SH	东风股份	동풍인쇄	산업재
600754.SH	锦江股份	상하이금강국제호텔발전	경기소비재
600623.SH	双钱股份	쌍전그룹	경기소비재
601718.SH	际华集团	제화그룹	경기소비재
600874.SH	创业环保	텐진창업환경보호	공익사업체
600129.SH	南山铝业	산둥남산알루미늄	소재
600575.SH	皖江物流	환강물류	산업재
600655.SH	豫园商城	상하이예원여행마트	경기소비재
600161.SH	天坛生物	베이징천단생물제품	건강관리
600845.SH	宝信软件	상하이보신소프트웨어	정보기술
600007.SH	中国国贸	중국국제무역센터	금융
600611.SH	大众交通	대중교통	산업재
600270.SH	外运发展	중외운항공운수발전	산업재
600801.SH	华新水泥	화신시멘트	소재
603766.SH	隆鑫通用	융흠통용	경기소비재
600335.SH	国机汽车	국기자동차	경기소비재
600388.SH	龙净环保	용정환경보호	산업재
600138.SH	中青旅	중청려홀딩스	경기소비재
600039.SH	四川路桥	쓰촨도로교량건설그룹	산업재
600525.SH	长园集团	장원그룹	산업재
601001.SH	大同煤业	대동석탄	에너지
601000.SH	唐山港	탕산항	산업재
600548.SH	深高速	선전고속도로	산업재
601012.SH	隆基股份	융기실리콘자재	정보기술
600062.SH	华润双鹤	화윤쌍학	건강관리
600329.SH	中新药业	중신제약	건강관리
600618.SH	氯碱化工	상하이알칼리화학	소재
600096.SH	云天化	윈난운천화	소재
600261.SH	阳光照明	양광조명	경기소비재
600869.SH	智慧能源	지혜에너지	산업재
601311.SH	骆驼股份	낙타그룹	산업재

코드번호	중문명	한글명	업종
601666.SH	平煤股份	평정산천안매업	에너지
600580.SH	卧龙电气	저장와룡전기그룹	산업재
600160.SH	巨化股份	저장거화	소재
600021.SH	上海电力	상하이전력	공익사업체
601369.SH	硖鼓动力	협고동력	산업재
600522.SH	中天科技	장쑤중천테크놀로지	정보기술
600811.SH	东方集团	동방그룹	필수소비재
600183.SH	生益科技	광둥생익테크놀로지	정보기술
601717.SH	郑煤机	정저우채탄장비	산업재
600139.SH	西部资源	서부자원	소재
600582.SH	天地科技	천지테크놀로지	산업재
600551.SH	时代出版	시대출판	경기소비재
600409.SH	三友化工	탕산삼우화학	소재
600704.SH	物产中大	물산중대	경기소비재
600190.SH	锦州港	진저우항	산업재
600017.SH	日照港	르자오항	산업재
600216.SH	浙江医药	저장제약	건강관리
600478.SH	科力远	과역원	정보기술
601918.SH	国投新集	국투신집에너지	에너지
601608.SH	中信重工	중신중장비	산업재
601222.SH	林洋电子	임양전자	산업재
601588.SH	北辰实业	베이징북진실업	금융
600201.SH	金宇集团	네이멍구금우그룹	건강관리
600446.SH	金证股份	선전금증테크놀로지	정보기술
600584.SH	长电科技	장쑤장전테크놀로지	정보기술
600366.SH	宁波韵升	닝보운승	소재
601107.SH	四川成渝	쓰촨성유고속도로	산업재
600775.SH	南京熊猫	난징판다전자	정보기술
600004.SH	白云机场	광저우백운국제공항	산업재
601777.SH	力帆股份	역범실업	경기소비재
600805.SH	悦达投资	장쑤열달투자	산업재
600343.SH	航天动力	항천동력	산업재
600755.SH	厦门国贸	샤먼국제무역	산업재
600872.SH	中炬高新	중거하이테크실업	필수소비재
600850.SH	华东电脑	상하이화동컴퓨터	정보기술

코드번호	중문명	한글명	업종
600380.SH	健康元	건강원제약그룹	건강관리
600422.SH	昆明制药	쿤밍제약	건강관리
601965.SH	中国汽研	중국자동차연구소	경기소비재
600635.SH	大众公用	상하이대중공공사업	공익사업체
600729.SH	重庆百货	충칭백화점	경기소비재
600438.SH	通威股份	통위	필수소비재
600426.SH	华鲁恒升	산둥화로항승화학	소재
600567.SH	山鹰纸业	안후이산응제지	소재
600112.SH	天成控股	천성홀딩스	산업재
600563.SH	法拉电子	샤먼파라전자	정보기술
600410.SH	华胜天成	베이징화승천성테크	정보기술
600481.SH	双良节能	장쑤쌍량에어컨설비	소재
600694.SH	大商股份	대상그룹	경기소비재
601038.SH	一拖股份	제일트랙터	산업재
600970.SH	中材国际	중재국제공정	산업재
600528.SH	中铁二局	중철이국	산업재
600509.SH	天富能源	천부에너지	공익사업체
600859.SH	王府井	베이징왕푸징백화	경기소비재
603077.SH	和邦股份	쓰촨화방	소재
601886.SH	江河创建	강하창건	산업재
601002.SH	晋亿实业	진억실업	산업재
600565.SH	迪马股份	충칭DIMA실업	금융
600881.SH	亚泰集团	아태그룹	소재
600662.SH	强生控股	상하이강생홀딩스	산업재
600638.SH	新黄浦	상하이신황푸부동산	금융
600236.SH	桂冠电力	광서계관전력	공익사업체
600884.SH	杉杉股份	닝보삼삼	정보기술
600176.SH	中国玻纤	중국유리섬유	산업재
600295.SH	鄂尔多斯	네이멍구악이다사	산업재
600978.SH	宜华木业	광둥의화목업	경기소비재
600495.SH	晋西车轴	진서차축	산업재
603555.SH	贵人鸟	귀인조	경기소비재
600460.SH	士兰微	항저우SILAN전자	정보기술
600826.SH	兰生股份	상하이난생	산업재
600654.SH	飞乐股份	상하이비락	정보기술

코드번호	중문명	한글명	업종
600132.SH	重庆啤酒	충칭맥주	필수소비재
600756.SH	浪潮软件	랑조소프트웨어	정보기술
601101.SH	昊华能源	하화에너지	에너지
600012.SH	皖通高速	안후이환통고속도로	산업재
600200.SH	江苏吴中	장쑤오중실업	산업재
600323.SH	瀚蓝环境	한남환경	공익사업체
600300.SH	维维股份	웨이웨이식음료	필수소비재
600110.SH	中科英华	중과영화	소재
600983.SH	合肥三洋	합비산요	경기소비재
600425.SH	青松建化	신장청송건축재료	소재
600125.SH	铁龙物流	중철철로철룡물류	산업재
600280.SH	中央商场	중앙쇼핑센터	경기소비재
600487.SH	亨通光电	장쑤형통광전자	정보기술
600482.SH	风帆股份	풍범	경기소비재
601908.SH	京运通	경운통	정보기술
600269.SH	赣粤高速	강서감월고속도로	산업재
600059.SH	古越龙山	저장고월용산소흥술	필수소비재
600073.SH	上海梅林	상하이매림정광화	필수소비재
600614.SH	鼎立股份	상하이정립테크놀로지	금융
600284.SH	浦东建设	푸동건설	산업재
600761.SH	安徽合力	안후이협력	산업재
600351.SH	亚宝药业	아보제약	건강관리
600458.SH	时代新材	시대신소재	소재
600724.SH	宁波富达	닝보부달	금융
600251.SH	冠农股份	신장관농	필수소비재
600777.SH	新潮实业	옌타이신조실업	금융
600054.SH	黄山旅游	황산관광개발	경기소비재
600171.SH	上海贝岭	상하이Belling	정보기술
601233.SH	桐昆股份	동콘그룹	소재
600195.SH	中牧股份	중목실업	건강관리
601100.SH	恒立油缸	항립유항	산업재
600033.SH	福建高速	푸젠고속도로	산업재
600428.SH	中远航运	중원항운	산업재
600790.SH	轻纺城	저장중국경방직시티	금융
600552.SH	方兴科技	안후이방흥테크놀로지	소재

코드번호	중문명	한글명	업종
601566.SH	九牧王	구목왕	경기소비재
601126.SH	四方股份	사방자동화	산업재
601700.SH	风范股份	풍범전력설비	산업재
600120.SH	浙江东方	저장동방그룹	산업재
601636.SH	旗滨集团	기빈그룹	소재
600210.SH	紫江企业	상하이자강기업그룹	소재
600141.SH	兴发集团	흥발그룹	소재
600687.SH	刚泰控股	강태홀딩스	소재
600508.SH	上海能源	상하이에너지	에너지
600677.SH	航天通信	항천통신	산업재
600797.SH	浙大网新	저장대학테크놀로지	정보기술
603308.SH	应流股份	응류	산업재
601058.SH	赛轮股份	새륜	경기소비재
600122.SH	宏图高科	장쑤굉도하이테크	경기소비재
603001.SH	奥康国际	아오콩슈즈	경기소비재
600375.SH	华菱星马	화릉성마	산업재
600064.SH	南京高科	난징신항만하이테크	금융
600088.SH	中视传媒	중국TV미디어	경기소비재
600389.SH	江山股份	남통강산농업화학	소재
600626.SH	申达股份	상하이신달	경기소비재
600387.SH	海越股份	저장해월	에너지
600420.SH	现代制药	상하이현대제약	건강관리
600971.SH	恒源煤电	안후이항원석탄전력	에너지
600636.SH	三爱富	상하이3F신재료	소재
600997.SH	开滦股份	개란정탄주식	에너지
600185.SH	格力地产	거리부동산	금융
600486.SH	扬农化工	장쑤양농화학	소재
601678.SH	滨化股份	빈화그룹	소재
600651.SH	飞乐音响	상하이비락음향	경기소비재
601567.SH	三星电气	삼성전기	정보기술
600298.SH	安琪酵母	안기효모	필수소비재
600391.SH	成发科技	성발항공테크놀로지	산업재
600780.SH	通宝能源	산시통보에너지	공익사업체
600168.SH	武汉控股	우한홀딩스	공익사업체
600666.SH	西南药业	서남제약	건강관리

코드번호	중문명	한글명	업종
603366.SH	日出东方	일출동방	경기소비재
600993.SH	马应龙	우한마응룡제약그룹	건강관리
600743.SH	华远地产	화원부동산	금융
600289.SH	亿阳信通	억양신통	정보기술
600545.SH	新疆城建	신장도시건설	산업재
601010.SH	文峰股份	문봉	경기소비재
600846.SH	同济科技	상하이동제테크놀로지	산업재
600468.SH	百利电气	텐진백리특정전기	산업재
600624.SH	复旦复华	상하이푸단복화테크	건강관리
600667.SH	太极实业	무석태극실업	정보기술
600657.SH	信达地产	신달부동산	금융
600501.SH	航天晨光	난징항천신광	산업재
600650.SH	锦江投资	금강투자	산업재
600824.SH	益民集团	익민그룹	경기소비재
600577.SH	精达股份	퉁링정달특종자석	산업재
601208.SH	东材科技	동재테크놀로지	소재
600676.SH	交运股份	상하이교통운수	경기소비재
600720.SH	祁连山	간쑤기련산시멘트그룹	소재
600987.SH	航民股份	저장항민	경기소비재
600119.SH	长江投资	장강투자	산업재
600020.SH	中原高速	허난중원고속도로	산업재
600742.SH	一汽富维	일기부유	경기소비재
600750.SH	江中药业	강중제약	건강관리
600278.SH	东方创业	동방창업	경기소비재
600686.SH	金龙汽车	샤먼금룡자동차	경기소비재
600405.SH	动力源	동력원테크놀로지	산업재
600628.SH	新世界	상하이신세계	경기소비재
600523.SH	贵航股份	구이저우귀항자동차부품	경기소비재
600510.SH	黑牡丹	흑모란(그룹)	금융
600121.SH	郑州煤电	정저우석탄전력	에너지
600586.SH	金晶科技	산둥금정테크놀로지	소재
600831.SH	广电网络	광전네트워크	경기소비재
600488.SH	天药股份	텐진천약제약	건강관리
601799.SH	星宇股份	성우라이트	경기소비재
600507.SH	方大特钢	방대특강	소재

코드번호	중문명	한글명	업종
600397.SH	安源煤业	안원석탄	에너지
600829.SH	三精制药	삼정제약	건강관리
600897.SH	厦门空港	샤먼국제공항	산업재
600990.SH	四创电子	안후이사창전자	산업재
600864.SH	哈投股份	하얼빈투자	공익사업체
600794.SH	保税科技	보세테크놀로지	산업재
600459.SH	贵研铂业	SINO백금	소재
600114.SH	东睦股份	닝보동목신재료그룹	경기소비재
603167.SH	渤海轮渡	발해페리	산업재
601388.SH	怡球资源	이구자원	소재
600682.SH	南京新百	난징가구백화점	경기소비재
600197.SH	伊力特	신장Yilite실업	필수소비재
600337.SH	美克家居	마르코가구	경기소비재
600526.SH	菲达环保	비달환경보호	산업재
600568.SH	中珠控股	중주홀딩스	금융
600363.SH	联创光电	연창광전	정보기술
603128.SH	华贸物流	화무물류	산업재
600963.SH	岳阳林纸	웨양제지	소재
600285.SH	羚锐制药	허난령예제약	건강관리
600979.SH	广安爱众	쓰촨광안애중	공익사업체
600396.SH	金山股份	금산에너지	공익사업체
600496.SH	精工钢构	창장정공강구조	산업재
600480.SH	凌云股份	능운공업	경기소비재
600479.SH	千金药业	주저우천금제약	건강관리
600668.SH	尖峰集团	저장첨봉그룹	산업재
600616.SH	金枫酒业	금풍양주	필수소비재
600081.SH	东风科技	동풍전자테크놀로지	경기소비재
600723.SH	首商股份	수상그룹	경기소비재
600246.SH	万通地产	만통부동산	금융
600078.SH	澄星股份	장쑤징성린화학	소재
600386.SH	北巴传媒	베이징버스	경기소비재
600135.SH	乐凯胶片	럭키필름	소재
600467.SH	好当家	산둥호당가해양개발	필수소비재
600858.SH	银座股份	은좌그룹	경기소비재
600378.SH	天科股份	쓰촨천일테크놀로지	소재

코드번호	중문명	한글명	업종
600571.SH	信雅达	항저우Sunyard공정	산업재
600449.SH	宁夏建材	닝샤건자재	소재
600888.SH	新疆众和	신장중화	소재
600708.SH	海博股份	상하이해박	산업재
600333.SH	长春燃气	장춘가스	공익사업체
600527.SH	江南高纤	장쑤강남고섬유	소재
600368.SH	五洲交通	광시우저우교통	산업재
601789.SH	宁波建工	닝보건설	산업재
600268.SH	国电南自	국가전력난징자동화	산업재
600382.SH	广东明珠	광둥명주그룹	산업재
600830.SH	香溢融通	향익융통	경기소비재
600439.SH	瑞贝卡	허난레베카헤어제품	필수소비재
600502.SH	安徽水利	안후이수력자원개발	산업재
600172.SH	黄河旋风	하남황하선풍	소재
600976.SH	武汉健民	우한건민제약그룹	건강관리
600248.SH	延长化建	연장화건	에너지
600106.SH	重庆路桥	충칭도로견량	산업재
600469.SH	风神股份	풍신타이어	경기소비재
600310.SH	桂东电力	광시계동전력	공익사업체
603399.SH	新华龙	신화룡	소재
600080.SH	金花股份	금화기업(그룹)	건강관리
600882.SH	华联矿业	화연광업	소재
600260.SH	凯乐科技	호북KAIL신재료	산업재
601996.SH	丰林集团	풍림그룹	소재
600641.SH	万业企业	만업기업	금융
600258.SH	首旅酒店	수도관광호텔	경기소비재
600622.SH	嘉宝集团	가보그룹	금융
600559.SH	老白干酒	로우바이주류	필수소비재
600973.SH	宝胜股份	보승테크놀로지	산업재
600491.SH	龙元建设	용원건설그룹	경기소비재
601313.SH	江南嘉捷	강남가첩	산업재
600475.SH	华光股份	우시화광보일러	산업재
600532.SH	宏大矿业	굉달광업	소재
600470.SH	六国化工	안후이육국화학	소재
600784.SH	鲁银投资	노은투자그룹	산업재

코드번호	중문명	한글명	업종
600082.SH	海泰发展	해태개발	금융
600589.SH	广东榕泰	광둥용태실업	소재
600193.SH	创兴资源	샤먼창흥테크놀로지	소재
600327.SH	大东方	대동방	경기소비재
600218.SH	全柴动力	안후이전시동력	산업재
600230.SH	沧州大化	허베이창주대화	소재
600238.SH	海南椰岛	하이난야자도	필수소비재
600697.SH	欧亚集团	장춘구아그룹	경기소비재
600257.SH	大湖股份	대호수산양식	필수소비재
600995.SH	文山电力	윈난문산전력	공익사업체
600262.SH	北方股份	네이멍구북방중형자동차	산업재
600828.SH	成商集团	성상그룹	경기소비재
600116.SH	三峡水利	충칭싼샤수리전력	공익사업체
600965.SH	福成五丰	허베이복성오풍식품	필수소비재
600561.SH	江西长运	장시장도운수	산업재
600287.SH	江苏舜天	장쑤순천	경기소비재
600101.SH	明星电力	쓰촨명성전력	공익사업체
600227.SH	赤天化	구이저우적천화	소재
600321.SH	国栋建设	쓰촨성국동건설	산업재
600560.SH	金自天正	베이징금자천정지능	산업재
600833.SH	第一医药	상하이제일제약	필수소비재
600785.SH	新华百货	인촨신화백화점	경기소비재
600778.SH	友好集团	신장우호그룹	경기소비재
600097.SH	开创国际	개창국제	필수소비재
600167.SH	联美控股	연미홀딩스	공익사업체
600318.SH	巢东股份	안후이소동시멘트	소재
600985.SH	雷鸣科化	안후이뇌명과학	소재
600513.SH	联环药业	장쑤연환제약	건강관리
600353.SH	旭光股份	청두욱광전자	정보기술
600975.SH	新五丰	후난신오풍	필수소비재

부록 2

은행·증권 핵심 관리층 분석

중국의 은행업과 증권업은 시진핑정권의 뉴노멀 시대 선포에 따라 호황기를 맞는다. G2에서 G1으로 가기 위한 여정의 시작이었다. G1으로 성장하기 위해서는 적시적소에 자금을 투입하고 운영하는 금융업과 금융전문가를 키우는 것이 핵심이다. 그래서 중국은 사회주의 체제의 폐쇄적인 금융정책을 탈피해 적극적으로 금융규제를 풀고, 점진적으로 대외개방에 나서고 있다. 국내의 인재 뿐만아니라 해외의 인재를 적극 채용하여 단기간에 금융선진화를 추구하고 있다.

특히 주식제은행업과 증권업은 CEO와 핵심 관리층의 역량에 따라 성과가 갈리고 쉽게 변하는 분야이다. 세계 금융업을 주름잡는 로스차일드 가문의 시작도 은행업이었다. 미국경제와 세계경제를 아우르는 이 가문은 떠돌이 유대인이었던 메이어 암셀 로스차일드$^{Mayer\ Amschel\ Rothschild}$가 다섯 명의 아들들과 은행업을 하면서 시작되었다.

중국과 가까운 우리나라에서도 그 예를 찾을 수 있다. 증권업의 신화를 쓴 미래에셋증권 박현주 회장이 있다. 1997년 동원증권에서 퇴직한 박현주 회장은 1998년에 국내 최초로 뮤추얼펀드를 도입하여 큰 성공을 거둔다. 200억 원의 자본금으로 설립되어 현재는 2조 원의 자본금을 가진 회사로 성장했다. 이것은 매매수수료를 통한 수익이 대부분이었던 증권수익에서 탈피해 선진화된 자산관리업으로 큰 성공을 거둔 사례이다.

증권업과 주식제은행업은 현재의 규모보다 누가 사령탑을 맡고 있는지에 따라 성패가 갈리는 것이다. 핵심 관리층의 정확한 판단 능력과 공고한 시스템은 기업들의 향방을 결정짓는 중요한 요인이 될 것이다.

중국의 대표적인 증권회사인 중신·초상·해통증권과 주식제은행인 초상·흥업·푸둥발전은행은 2014년 말부터 본격으로 개방되는 중국 자본시장에 대비하여 파격적인 CEO 교체에 들어갔다. 중신증권과 초상증권은 중국 최고 명문인 베이징대학 출신인 정징郑京과 왕안王岩을 CEO로 고용했다. 특히 정징은 1973년생 여성으로, 여성 특유의 소프트파워와 섬세한 관리력을 통해 업계를 주도하고 있다. 해통증권은 한 술 더 떠 금융분야 최고의 대학인 푸단대학复旦大学의 교수 출신 진샤오빈金晓斌을 CEO로 맞이해 호시탐탐 업계 1위를 노리고 있다.

주식제은행업계 1위 초상은행은 미국 유학파인 쉬스칭许世清박사를 CEO로 하면서 포화된 국내시장에서 해외로 눈길을 돌리고 있다. 푸둥발전은행은 중국 인민은행에서 지점장을 지낸 선스沈思를 CEO로 하여 정부와의 커넥션을 더욱 중시하고 있고, 흥업은행은 대외에서 스카웃하기보다는 당사의 인재를 CEO로 임명해 회사 내 관리력과 지배력을 높이려 하고 있다.

금융회사는 CEO가 어떤 분야에서 근무했고 어떤 파트에 정통하며 유학파인가 국내파인가, 정부과 커넥션이 있는가 없는가에 따라서 그 미래가 달라진다. 해당 기업의 이사진들 또한 자사의 부족한 분야를 보충하고 성장시키기 위한 판단일 것이다. 각 회사의 대표뿐만 아니라 대표적인 임원들의 특성도 자세히 알아둔다면 투자에 긍정적으로 작용할 것이다. 나중에 현재의 CEO가 교체되더라도 임원들 내에서 변동될 가능성이 높기 때문이다.

1. 은행업 핵심 관리층

● **초상은행**

구분	성명	직무	취임일
1	쉬스칭	이사회 대표	2013년 5월 31일
2	톈후이위	CEO 겸 행장	2013년 9월 9일
3	탕샤오칭	기율위원회 서기	2008년 12월 1일
4	왕칭빈	부행장	2011년 3월 31일
5	주치	부행장	2008년 11월 7일

(1) 쉬스칭 许世清

- **출생연도** : 1961년 3월
- **성별** : 남
- **학력** : 박사
- **국적** : 중국
- **약력** : 초상은행 이사회 대표이면서 연석회사 비서, 홍콩지점 행장을 겸임하고 있다. 미국 남캘리포니아주 대학 공상관리 박사 연구생 출신이며 고급 경제 전문가이다. 1993년 초상은행에 입행하여 본점 사무실 주임보좌, 본점 국제업무부 총경리비서실장, 국제업무부 부총경리, 본사 역외업무부처 부총경리, 푸저우 분점 행장보좌, 본점 전략발전부처 겸 해외발전부처 총경리를 역임하였다. 해외시장 전문가이기도 해서 역외시장 개발을 위해 해외시장 개척에 적극적이다.

(2) 톈후이위 田惠宇

- **출생연도** : 1965년 12월
- **성별** : 남
- **학력** : 석사
- **국적** : 중국
- **약력** : 초상은행 집행이사, 은행장 겸 CEO를 맡고 있다. 중국 신다자산회사신탁투자회사를 통해 투자능력을 검증받은 인물이다. 상하이 재경대학교 기초 건설 재무 및 신용 전공 학사학위를 취득하였으며, 콜롬비아대학교 공관관리 전공 석사학위를 취득하였다. 고급 경제 전문가이다. 2011년 3월부터 2011년 4월까지 중국건설은행 소매 업무 감독 겸 베이징지점 주요 책임자를 역임하였으며, 2011년 4월부터 2013년 5월까지 중국건설은행 소매 업무 총감독 겸 베이징지점 지점장을 맡았다. 2003년 7월부터 2006년 12월까지 상하이은행 부행장을 맡았다. 1998년 7월 2003년 7월까지 중국 신다자산회사신탁투자회사 中国信达资产管理公司信托投资公司의 부회장을 역임하였다.

(3) 탕샤오칭 汤小青

- **출생연도** : 1954년 8월
- **성별** : 남
- **학력** : 석사
- **국적** : 중국
- **약력** : 2012년 4월부터 초상은행 부행장을 맡고 있다. 중남 재경대학교 경제학과 박사학위를 취득하였으며 고급 경제 전문가이다. 중국 과학원, 국가계획위원회, 중국농업은행, 중국인민은행과 중국 은행감독관리위원회 등 부처에서 부처장, 처장, 부사장, 사장(주임)을 거쳐 초상은행에 입행하였다. 2003년 3월부터 2008년 12월까지 중국 은행감독관리위원회 업무, 역대 협력금융감독관리부처 부주임, 네이멍구 은검국 당위원 서기 및 국장, 산시은검국 당위원 서기 및 국장, 중국 은행감독관리위원회 은행 감독관리 부주임, 재무회계 부주임을 역임하였다. 은행업보다는 정부와 은행감독관리위원회의 커넥션을 담당하고 있다.

(4) 왕칭빈 王庆彬

- **출생연도** : 1956년 12월
- **성별** : 남
- **학력** : 석사
- **국적** : 중국
- **약력** : 초상은행 부행장이다. 초상은행 토박이로 줄곧 기업 내부에서 성장한 인물이다. 중국 사회과학원 석사학위를 취득하였고 고급 경제 전문가이다. 2000년 5월 초상은행에 입행하였다. 초상은행 제남 지점장, 상하이 지점장을 거쳐 2009년 5월 본점 은행장 보좌를 맡았으며 2011년 6월부터 부행장을 담당하고 있다. 2013년 11월부터 베이징 지점장을 겸임하고 있다.

(5) 주치 朱琦

- **출생연도** : 1960년 7월
- **성별** : 남
- **학력** : 석사
- **국적** : 중국
- **약력** : 중남 재경대학교 경제학 석사로 고급 경제 전문가이다. 2008년 8월 초상은행에 입행하였다. 2008년 9월부터 융룽은행 상무이사 겸 행정총재를 맡았다. 2008년 12월부터 초상은행 부행장이 되었다. 잉쥔그룹 鹰君集团 유한공사(상하이 연합거래소 상장회사)의 독립 비집행 이사이다. 1986년부터 2008년까지 중국공상은행(상하이 연합거래소와 상하이 증권거래소 상장회사)에서 근무하였으며 중국공상은행 홍콩지점 부총경리, 총경리를 역임하였다. 중국공상은행(아시아)유한회사 이사, 이사총경리 겸 행정 총재를 역임하였으며 화상은행 华商银行 이사장을 담임하였다.

● 흥업은행

구분	성명	직무	취임일
1	탕빈	이사회 대표	2010년 10월 28일
2	리런지에	행장	2004년 6월 28일
3	천더캉	부행장	2006년 6월 27일
4	장원밍	부행장	2010년 1월 8일
5	린장이	부행장	2010년 1월 8일
6	텐진광	부행장	2012년 11월 9일

(1) 탕빈 唐斌

- **출생연도** : 1957년 2월
- **성별** : 남
- **학력** : 석사
- **국적** : 중국
- **약력** : 대학에서 학사, 석사학위를 취득하였으며 경제 전문가이다. 푸젠성 통계국무역 통계처, 대외경제통계처 부처장을 역임하였다. 푸젠성 체제개혁위원회 분배체제처저처장 分配体制处处长, 흥업은행 항저우지점 기획팀 팀장兴业银行杭州分行筹建组组长, 현재 흥업은행 이사회 대표를 맡고 있다.

(2) 리런지에 李仁杰

- **출생연도** : 1955년 3월
- **성별** : 남
- **학력** : 학부
- **국적** : 중국
- **약력** : 중국인민은행 푸젠성福建省지점 계획처처장, 홍콩강남재무공사 집행이사香港江南财务公司, 창청증권유한책임회사长城证券有限责任公司 이사장을 역임하였다. 흥업은행 선전지점 기획팀 팀장, 흥업은행 선전深圳 지점장, 흥업은행 부행장을 거쳐 현재

흥업은행 당위원회 위원, 은행장을 겸임하고 있다.

(3) 천더캉 陈德康

- **출생연도** : 1954년 9월
- **성별** : 남
- **학력** : 학부
- **국적** : 중국
- **약력** : 흥업은행 닝더宁德지점 부행장, 흥업은행 영업처 부총경리, 총경리를 역임하였다. 흥업은행 샤먼厦门지점 부행장(업무집행), 흥업은행 샤먼지점 지점장을 거쳐 현재 흥업은행 당위원회 위원, 부행장을 겸임하고 있다.

(4) 장윈밍 蒋云明

- **출생연도** : 1965년 10월
- **성별** : 남
- **학력** : 석사
- **국적** : 중국
- **약력** : 흥업은행 증권업무 부처 업무과 부과장, 흥업은행 판공실 부총경리, 흥업은행 이사회 대표처 총경리 겸 판공실 부총경리를 역임하였다. 흥업은행 판공실 총경리, 흥업은행 베이징지점 지점장을 거쳐 현재 흥업은행 당위원회 위원 및 부행장을 겸임하고 있다.

(5) 린장이 林章毅

- **출생연도** : 1971년 9월
- **성별** : 남
- **학력** : 석사

- **국적** : 중국
- **약력** : 흥업은행 판공실 종합과 부과장, 흥업은행 푸저우福州지점 푸칭福清 출장소의 부행장, 흥업은행 푸저우지점 부행장, 흥업은행 상하이지점 부행장, 흥업은행 판공실 총경리를 거쳤다. 현재 흥업은행 당위원회 위원, 부행장 및 흥업금융리스유한책임공사 이사장을 겸임하고 있다.

(6) 텐진광陈锦光

- **출생연도** : 1961년 11월
- **성별** : 남
- **학력** : 전문대학
- **국적** : 중국
- **약력** : 흥업은행 상하이·푸둥지점 지점장을 역임하였다. 흥업은행 상하이지점 부지점장, 흥업은행 닝보宁波지점 지점장, 흥업은행 청두成都지점 지점장, 흥업은행 베이징지점 지점장을 거쳐 현재 흥업은행 당위원회 위원 겸 부행장을 겸임하고 있다.

● **상하이푸둥발전은행**

구분	성명	직무	취임일
1	선스	이사회 대표	2008년 11월 20일
2	주위천	행장	2012년 10월 11일
3	장밍성	부행장	2007년 4월 26일
4	상훙보	부행장	2002년 6월 28일
5	이광헝	부행장	2009년 4월 28일
6	무스	부행장	2009년 4월 28일

(1) 선스 沈思

- **출생연도** : 1953년
- **성별** : 남
- **학력** : EMBA
- **국적** : 중국
- **약력** : 고급 경제 전문가이다. 중국인민은행 저장성지점 부처장·처장, 중국인민은행 본사 조통사(통계조사) 부사장 调统司副司长, 상하이푸둥발전은행 항저우지점 부행장, 상하이푸둥발전은행 이사회 대표를 거쳤다. 현재는 상하이푸둥발전은행 이사, 이사회 대표를 겸임하고 있다. 중국 중앙은행인 인민은행 출신으로 상하이푸둥발전은행으로 이직한 케이스이다. 인민은행과 긴밀한 커넥션으로 정부가 주도하는 금융시장에 적합한 인물이다.

(2) 주위천 朱玉辰

- **출생연도** : 1961년 4월
- **성별** : 남
- **학력** : 박사
- **국적** : 중국
- **약력** : 중국 농업대학에서 교수로 재직하고 있다. 중국 식량무역회사 식량 도매 시장 관리 판공실 주임, 선전 중기선물중개유한회사 총재, 상하이 중기 선물 중개 유한회사 이사장·총재를 역임하였다. 중국 국제 선물중개 유한회사 고급 부총재, 다롄 상품거래소 당위원서기, 총경리를 맡았고, 중국 금융 선물거래소 주식유한회사 총경리, 당 위원회 부서기를 거쳐 현재 상하이푸둥발전은행 부이사장, 행장, 당위원회 부서기를 겸임하고 있다. 제12대 중국 인민정치협상회의(정협) 위원이다. 선물거래 전문가인데, 중국 내 선물시장은 상하이를 중심으로 정저우, 다롄에 분포되어 있다. 푸둥발전은행은 상하이를 중심으로 발전하고 주위천 행장을 통해 선물거래 활성화에 적극적이다.

(3) 장밍성 姜明生

- **출생연도** : 1960년
- **성별** : 남
- **학력** : 학사
- **국적** : 중국
- **약력** : 초상은행 광저우지점 부행장(집행업무), 초상은행 본사 은행부처 총경리, 초상은행 상하이지점 당위원서기, 부행장(집행업무), 초상은행 상하이지점 당위원 서기 및 은행장, 상하이푸둥발전은행 부행장 겸 상하이지점 지점장, 당위원서기를 거쳤다. 현재는 상하이푸둥발전은행 부행장이다. 주식제은행업계 1위 초상은행에서 스카우트된 부행장으로 뛰어난 영업능력으로 석박사가 넘쳐나는 금융업계에서 학사졸업만으로 초상은행에서 부행장까지 오른 인물이다.

(4) 상홍보 商洪波

- **출생연도** : 1959년
- **성별** : 남
- **학력** : EMBA
- **국적** : 중국
- **약력** : 중국 인민은행 닝보지점 판공실 부주임, 금관처 부처장(집행업무), 판공실 주임, 부행장, 상하이푸둥발전은행 닝보지점 지점장, 당위원회 서기, 상하이푸둥발전은행 이사와 부행장을 거쳤다. 현재 상하이푸둥발전은행 부행장을 맡고 있다. 중국 인민은행 출신이며 정부와의 커넥션을 담당하고 있다.

(5) 이광헝 冀光恒

- **출생연도** : 1968년
- **성별** : 남
- **학력** : 박사

- **국적** : 중국
- **약력** : 고급 경제 전문가이다. 상하이은행부동산개발회사 이사, 부총경리, 중국공상은행 본점 주택 신용대출부처 시장개발처 부처장中国工商银行总行住房信贷部市场开发处副处长, 중국공상은행 본점 부행장 전임비서, 중국공상은행 베이징시 분점 판공실 주임 겸 당주임, 창안출장소长安支行 소장, 당위원서기, 베이징지점 당위원회 위원, 부행장, 상하이푸둥발전은행 부행장 겸 베이징지점 지점장, 당위원회 서기를 거쳤다. 현재 상하이푸둥발전은행 부행장을 맡고 있다. 중국 최고 국유은행인 공상은행에서 스카우트되었다.

(6) 무스穆矢

- **출생연도** : 1961년
- **성별** : 남
- **학력** : 석사
- **국적** : 중국
- **약력** : 고급 경제 전문가이다. 텐진시 인대재경위원회 판공실 부주임, 텐진신탁투자회사 총재를 역임하였으며 상하이푸둥발전은행 텐진지사 부점장, 행장, 당서기, 본사 리스크 관리처 부총감을 거쳤다. 현재 상하이푸둥발전은행 부행장을 맡고 있다. 전 텐진신탁투자회사 총재로 뛰어난 투자능력을 보여주었고 푸둥발전은행에 스카우트되었다.

2. 증권업 핵심 관리층

● **중신증권**

구분	성명	직무	취임일
1	정징	이사회 비서	2011년 4월 21일
2	청보밍	총경리	2010년 2월 10일
3	다신아	감사부처 책임자	2005년 4월 18일
4	인커	집행위원회위원	2012년 6월 20일
5	왕동밍	집행위원회위원	2012년 6월 20일
6	거샤오보	집행위원회위원	2010년 9월 30일

(1) 정징 郑京

- **출생연도** : 1973년
- **성별** : 여
- **학력** : 학사
- **국적** : 중국
- **약력** : 중신증권주식유한회사 中信证券股份有限公司 이사회 대표이다. 1997년 중신증권주식유한회사에 입사하였으며 중신증권주식유한회사 연구부처 보좌, 종합관리부처 경리, 중신증권주식유한회사 A주 상장팀 팀원으로 일하였다. 중신증권주식유한회사에서 이사회 판공실을 설립한 이후 이사회 판공실에 근무하였으며, 2003년부터 2011년까지 중국증권주식유한회사 증권사무 대표를 역임하였다. 정징은 1996년 베이징대학교 국제정치과 법학학사 학위를 취득하였으며, 2011년 4월 중국 증권감독관리위원회에서 이사회 대표를 역임하고, 2011년 5월부터 홍콩 특허비서조합 연석위원을 맡고 있다. 증권감독관리위원회 전 이사이자, 중신증권 토박이이다. 1973년생으로 어린 나이와 여성으로서 중신증권 최고의 자리에 오른 인물이다.

(2) 청보밍 程博明

- **출생연도** : 1962년
- **성별** : 남
- **학력** : 박사
- **국적** : 중국
- **약력** : 중신증권주식유한회사 집행이사, 총경리 겸 집해위원회 위원이다. 2001년 중신증권주식유한회사에 입사하여 2012년 6월 20일 중신증권주식유한회사 이사로 임명되었다. 중신증권주식유한회사 부책임자, 이사회대표, 부총경리 및 상무부총경리(일상업무 집행)를 담당하였다. 중신증권국제 비집행이사, 중신산업펀드이사를 담당하였다. 1987년부터 1993년까지 금융시보사 사설부처 金融时报社理论部 책임자, 책임사설 연구 및 부처 관리를 담당하였다. 1993년부터 2001년까지 베이징증권등기유한회사 총경리, 회사 관리 책임자로 근무하였다. 1994년부터 1995년까지 창청신용평가 长城资信评估 유한회사 이사장 및 회사 관리를 담당하였다. 1984년 안후이 재정무역대학 安徽财贸学院 재정금융학과 경제학학사학위를 취득하였으며 1987년 중국 인민은행 본점 대학원 人民银行总行研究生部 화폐은행 전공 경제학 석사학위를 취득하고 1998년 산시 재정경제대학 陕西财经学院 화폐은행 전공 경제학 박사학위를 취득하였다. 펀드 전문가로 학벌과 경력은 뛰어나지 않지만 실력으로 총경리까지 오른 인물이다.

(3) 다신아 笪新亚

- **출생연도** : 1956년
- **성별** : 남
- **학력** : 석사
- **국적** : 중국
- **약력** : 중신증권주식유한회사 비집행이사, 이사총경리를 맡고 있다. 1995년 중신증권주식유한회사에 입사하였으며 1999년 9월 26일 중신증권주식유한회사 이사를 역임하였다. 중신증권주식유한회사 투자은행부처 총경리, 중신증권주식유한회사 부총경리 및 리스크제어 관리부처 책임자를 담당하였다. 중신산업 펀드이사를 맡았다. 1993년부터 1995년까지 베이징표준주식컨설팅회사 부총경리, 시장개발 책임담당을 하였다. 1983년 베이징대학교 제1분교 수학전공학사학위를 취득하였고 1991년 칭화대학교 공과대학 석

사학위를 취득하였으며 공업관리 과정을 이수하였다. 베이징대학 출신으로 칭화대학교 석사까지 거친 수재이다. 중신증권 내 리스크제어 관리를 담당하였다. 중신증권의 향방과 투자에 적극적인 의견을 제시하는 인물이다.

(4) 인커殷可

- **출생연도** : 1964년
- **성별** : 남
- **학력** : 석사
- **국적** : 중국
- **약력** : 중신증권주식유한회사 부이사장, 집행이사 겸 집행위원회 위원이다. 2007년 중신증권주식유한회사에 입사하였으며 2009년 6월 30일 중신증권주식유한회사 이사로 취임하였다. 중신증권국제이사장 겸 행정총재, 리요네증권 이사, 중신태부中信泰富 및 후이시엔 부동산투자신탁관리유한회사 비집행이사를 역임하였다. 1991년부터 1992년까지 선전 증권거래소 총경리 비서로서 총경리의 선정증권거래소 성장과 일상 운영업무를 보좌하였으며, 1992년부터 1998년까지 쥔안증권유한회사 집행이사 겸 부총경리를 담당하고, 1998년부터 1999년까지 쥔안증권유한회사 집행이사 겸 책임자를 맡아 투자은행업무, 중개 및 해외업무와 회사의 전체 관리를 담당하였다. 1998년부터 1999년까지 국태군안国泰君安증권주식유한회사협병업무 위원회 부주임을 맡아 쥔안증권유한회사와 국태증권유한회사의 합병을 맡았다. 1999년부터 2000년까지 국태군안증권주식유한회사 이사를 맡아 회사의 전략발전을 담당하였다. 2000년부터 2002년까지 연합증권유한책임회사 총재 겸 집행이사를 겸임하면서 회사의 전체 관리와 업무를 담당하였다. 2002년부터 2007년 기간동안 중신자본홀딩스주식회사 이사 및 부총경리를 담당하였으며 회사의 투자은행업무 및 사모주식투자업무를 담당하였다. 2007년부터 2009년까지 중신자본홀딩스유한회사 비집행이사를 역임하였다. 2000년부터 2009년까지 ACT360SolutionsLimited 이사를 맡아 회사의 업무 기획전략을 담당하였다. 2005년부터 2009년까지 건진 펀드관리유한책임회사의 독립 이사직을 맡았다. 2006년부터 2010년까지 중흥—선양상업빌딩(그룹)주식유한회사中兴—沈阳商业大厦(集团)股份有限公司이사를 담당하였다. 2010년부터 2011년까지 중신대맹홀딩스주식유한회사의 비집행이사를 맡았으며 2010년부터 2012년까지 대창행그룹유한회사 비집행이사를 역임하였다. 1985년과 1991년 저장浙江대학교 전자공정 학사학위와 경제학 석사학위를 취득

하였다. 중신증권에서 최고의 대우를 받는 인물이다. M&A에 정통하고 개인 펀드회사를 운영하며 이름을 날렸던 인물이다. 중신에서 삼고초려하여 등용한 인재로, 이사장이나 대표보다 2배 이상 높은 급여를 받고 있다.

(5) 왕둥밍 王东明

- **출생연도** : 1952년
- **성별** : 남
- **학력** : 석사
- **국적** : 중국
- **약력** : 중신증권주식유한회사 이사장, 집행이사 및 집행위원회 위원직을 맡고 있다. 중신증권 주식유한회사가 1995년 설립되었을 당시 중신증권주식유한회사에 입사하였으며 1999년 9월 26일 중신증권주식유한회사 이사로 임명되었다. 중신홀딩스유한책임회사 이사, 중신국금 이사, 중신증권 국제비집행 이사, 리요네증권 이사, 금석투자 이사장을 역임하였다. 중신증권주식유한회사 부총경리 및 총경리, 중신주식 총경리 보좌, 화하펀드 华夏基金 이사장, 중신산업펀드 이사장을 역임하였다. 1987년부터 1992년까지 캐나다 노바스코시아 은행 The bank of Nova Scotia 증권회사에서 투자은행업무를 담당하였다. 1992년부터 1993년까지 화하증권유한책임회사 국제부처 총경리로서 국제업무를 담당하였다. 1993년부터 1995년까지 남방증권유한회사 부총경리로서 투자은행업무를 담당하였다. 2002년부터 2009년까지 중신자본홀딩스유한회사 비집행이사를 역임하였다. 1997년 12월 중국국제신탁투자회사(중신그룹 전신)에서 고급 경제 전문가 직함을 받았다. 1977년 베이징 외국어대학교 불어전공 학사학위를 취득하였으며 1984년 미국 조지타운 대학교에서 국제금융 석사학위를 취득하였다. 대외업무전문가로 베이징외국어 대학출신이다. 화하증권유한책임회사 국제부처 총경리로 국제업무를 담당하였다. 1993년부터 1995년까지 남방증권유한회사 부총경리로 투자은행업무를 담당하였다.

(6) 거샤오보葛小波

- **출생연도** : 1971년
- **성별** : 남
- **학력** : MBA 석사
- **국적** : 중국
- **약력** : 중신증권주식유한회사 지행위원회 위원, 이사회 총경리, 재무회의 업무 책임자 겸 계획재무처, 리스크 관리부처 행정책임자(재무책임, 자금운영, 리스크관리, 법률 및 정산업무)를 겸하고 있다. 거샤오보는 1997년 중신증권주식유한회사에 입사하여 중신증권주식유한회사 투자은행부처 경리와 고급경리, 중신증권주식유한회사 A주 상장 판공실 부주임, 리스크제어 관리부처 총경리와 집행총경리 및 거래와 파생상품업무 부처 책임자를 담당하였다. 중신증권 국제, 리요네증권里昂证券, 금석투자金石投资, 화하펀드华夏基金, 중신증권투자 등의 회사에서 이사를 담당하였다. 2007년에 전국금융51노동상을 수상하였다. 1994년, 1997년 칭화대학교 유체기계 및 유체공정전공 공학학사학위와 관리공정(MBA)공상관리 석사학위를 취득하였다. 칭화대학출신이다.

● 해통증권

구분	성명	직무	취임일
1	진샤오빈	이사회 비서	2011년 5월 16일
2	쥐치우핑	총경리	2014년 4월 22일
3	왕카이궈	당위원회 서기	2011년 5월 16일
4	양칭종	기율위원회 서기	2008년 10월 10일
5	런펑	부총경리	2007년 7월 25일

(1) 진샤오빈金晓斌

- **출생연도** : 1954년
- **성별** : 남
- **학력** : 박사

- 국적 : 중국
- 약력 : 만주족이고 중국공상당 당원, 경제학 박사, 금융학박사 후 학위를 취득하였고 국무원 정부고문이다. 1998년 해통증권에 입사하여 2005년 5월부터 현재까지 이사회 비서로서 관련 업무를 책임지고 있다. 2010년 3월부터 지금까지 해통증권 투자은행위원회 부주임을 맡고 있으며 주로 이사회 판공실 및 감사회 판공실업무를 맡고 있고 주식융자부처, 채권융자부와 인수융자부 등 관련 투자은행업무를 관리하고 있다. 2013년 3월부터 현재까지 해통신에너지주식투자관리유한회사海通新能源股权投资基金管理有限公司 이사장 및 법인대표를 맡고 있다. 해통증권 및 자회사에서 다른 직위를 받았으며 1998년 8월부터 2000년 3월까지 연구발전중심 부총경리를 역임하였고 2000년 3월부터 2004년 8월까지 연구소소장, 2003년 5월부터 2005년 4월까지 중개업무 본부 총경리, 2007년 1월부터 2008년 3월까지 인수융자부 총경리, 2003년 7월부터 해통증권 총경리 보좌, 2010년 6월부터 2011년 5월까지 해통길화주식吉禾股权투자펀드관리유한회사 이사장 및 법인대표를 역임하였다. 1988년 7월 상하이 제2교육대학에서 교수학위를 취득하였고 1993년 6월 푸단대학复旦大学에서 경제학 석사학위를 취득하였으며, 1997년 1월 푸단대학교에서 경제학 박사학위를 취득하고, 1999년 7월 상하이 재경대학교에서 금융학 박사학위를 취득하였다. 1998년 6월부터 상하이 재경대학교에서 부연구원(부교수)로 재직하였으며 2002년 6월부터 국무원 중부특수 전문고문으로 활동하고 있다. 1972년 12월부터 1998년 7월까지 중국 인민해방군해군으로 재직하였다. 2000년 7월부터 2011년 6월까지 중국증권업협회 애널리스트 위원회 부주임위원을 역임하였다. 2011년 1월부터 오늘날까지 중국 증권업협회의 증권회사 전문평가전문가로 활동하였으며 2013년 11월부터 상하이 증권거래소 상장회사 정보공시 자문위원회 위원을 맡고 있다. 채권과 융자, M&A 등 관련 투자은행업무전문가로 국무원 정부고문이다. 상하이 재경대학교에서 부연구원(부교수)로 재직하였으며 우수한 능력을 인정받아 해통증권으로 스카우트되었다.

(2) 쥐치우핑瞿秋平

- 출생연도 : 1961년
- 성별 : 남
- 학력 : 석사
- 국적 : 중국

- **약력** : 1961년 태어났으며 경제학 석사학위를 취득하였다. 2014년 6월 25일부터 해통증권주식유한회사 이사, 총경리를 맡고 있다. 1981년 2월부터 1992년 9월까지 중국공상은행 상하이시 남시구 사무소의 회계, 부과장, 과장을 역임하였다. 1992년 9월부터 1995년 11월까지 중국공상은행 상하이지점 남시 출장소 부소장을 맡았다. 1995년 11월 1996년 12월까지 중국공상은행 상하이지점 회계출납처 부처장을 역임하였다. 2000년 6월부터 2005년 2월까지 중국공상은행 상하이지점 부행장을 거쳐 2005년 2월부터 2008년 9월까지 중국공상은행 장수성지점 부행장을 맡았으며 2008년 9월부터 2009년 11월까지 상하이은행 당위원 부서기, 부이사장을 맡았다. 2008년 9월부터 2008년 11월까지 상하이은행 당위원회 부서기, 부이사장을 역임하였다. 2008년 11월부터 2010년 12월까지 상하이은행 행장, 당위원회 부서기, 부이사장을 맡았다. 2010년 12월부터 2012년 12월 8일까지 중국 증권감독관리위원회 파출기관업무 협조부처 주임을 맡았다. 2012년 8월부터 2014년 4월까지 중국 증권감독관리위원회 비상장대중회사 감독관리부처 주임을 역임하였다.

(3) 왕카이궈 王开国

- **출생연도** : 1958년
- **성별** : 남
- **학력** : 박사
- **국적** : 중국
- **약력** : 1958년 출생하였고 경제학 박사이다. 해통증권주식유한회사 이사장, 집행이사, 당위원회 서기를 담당하고 있다. 1995년 2월 해통증권주식유한회사에 입사하여 부총경리가 되었으며 1998년 5월부터 현재까지 해통증권주식유한회사 이사장을 맡고 있다. 1984년 7월 지린대학교에서 경제학 석사학위를 취득하였으며 1987년 7월 지린대학교 吉林大学에서 경제학 학사학위를 취득하고 1990년 7월 샤먼대학교에서 경제학 박사학위를 취득하였다. 1997년 12월 교통은행주식유한회사 경제회계계열 고급전공기술직무평가심의 위원회에서 고급 경제학자 지위를 부여받았다. 1990년 7월부터 1995년 2월까지 국가국유자산관리국 과학연구소에서 과학연구소 부소장을 포함한 다양한 직위를 부여받았다. 1992년 3월부터 1994년 2월까지 국가국유자산관리국 정책법규사정연구처 처장을 맡았다. 1995년 2월부터 1997년 11월까지 해통증권주식유한회사 海通证券股份有限公司 부총경리를 맡았으며 1997년 11월부터 1998년 12월까지 해통증권주식유한회사 당

서기를 거쳐 1997년 11월부터 2001년 5월까지 해통증권주식유한회사 총경리를 맡았다. 1998년 12월부터 현재까지 해통증권주식유한회사 당위원회서기를 맡고 있으며 1999년 4월부터 지금까지 상하이거래소 이사, 2002년 7월부터 현재까지 중국 증권업협회 부회장을 겸하고 있다.

(4) 양칭중 杨庆忠

- **출생연도** : 1956년
- **성별** : 남자
- **학력** : 석사
- **국적** : 중국
- **약력** : 한족, 중국공산당원, 석사학위, 고급 정치공작 전문가이다. 해통증권직원감사 겸 감사회 부주석이다. 1998년 해통증권에 입사하여 2004년 5월 21일 해통증권감사로 임명되었다. 1995년 12월 중국공산당 중앙당교 中共中央党校 에서 경제관리전공 학사학위를 취득하였으며 2001년 4월 상하이대학교 관리과학과 공정석사학위를 취득하였다. 2000년 12월 상하이시 기업사상정치공작위원 고급전문직무임직자격 평가심의위원회 上海市企业思想政治工作人员高级专业职务任职资格评审委员会 로부터 고급정치공작 전문가의 자격을 받았다. 1974년 12월부터 1998년 8월까지 중국인민해방군 해군으로 근무하였다. 해통증권에서 1998년 8월부터 2002년 11월까지 당위원 판공실 부주임 겸 기율위원회 위원, 1998년 8월부터 2003년 8월까지 해통증권 당위원조직부처 부부장, 2003년 5월부터 2005년 4월까지 해통증권 교육센터의 총경리를 지냈다. 2002년 11월부터 2013년 2월까지 해통증권 당군공작부 주임, 2003년 8월부터 2013년 4월까지 해통증권인력자원개발부처 총경리, 2003년 8월부터 2013년 4월까지 해통증권 당위원조직부처 부장을 역임하고 2008년 10월부터 현재까지 해통증권 기율위원회 서기, 2013년 7월부터 현재까지 당사공회주석, 2014년 2월부터 현재까지 당사 당위원회 부서기를 역임하고 있다.

(5) 런펑任澎

- **출생연도** : 1962년
- **성별** : 남
- **학력** : 석사
- **국적** : 중국
- **약력** : 한족, 중국공산당 당원, 공상관리 석사, 경제 전문가이다. 1996년 3월 해통증권에 입사하여 1997년 11월부터 지금까지 해통증권 부총경리로서 투자은행업무를 맡고 있다. 2004년 1월 푸단대학(금융학 전공)을 졸업하고 2006년 7월 중국유럽국제공상대학에서 공상관리 석사학위를 취득하였다. 1089년 7월 교통은행 항저우지점 중급전공기술 직무 평가심사위원회에서 경제전문가 자격을 부여받았다. 1982년 6월부터 1988년 2월까지 공상은행 시후사무소에서 다른 관리직위를 받았으며 1988년 3월부터 1996년 3월까지 중국교통은행 항저우지점에서 여러 직무를 맡아 저축업무관리, 증권부 경리 등의 업무를 담당하였다. 그 밖에 1996년 3월부터 1997년 11월까지 해통증권유한회사 항저우 영업부 처경리를 역임하였다. 2008년 10월부터 2011년 8월까지 해통개원투자유한회사 이사를 지냈고 2011년 3월부터 현재까지 중국–벨기에 직접주식투자펀드 이사직을 맡고 있다.

● 초상증권

구분	성명	직무	취임일
1	왕안	총재	2012년 1월 19일
2	슝젠타오	부총재	2008년 4월 18일
3	덩샤오리	부총재	2008년 4월 18일
4	쑨이정	부총재	2008년 4월 18일
5	닝안화	부총재	2011년 10월 14일

(1) 왕안王岩

- **출생연도** : 1965년 8월
- **성별** : 남

- **학력** : 박사
- **국적** : 중국
- **약력** : 2011년 12월부터 초상증권주식유한회사 이사, 2012년 1월부터 초상증권주식유한회사 총재 겸 CEO를 맡았다. 현재 중국 증권업협회 제5차 이사회 부회장을 맡고 있으며 선전 증권거래소 이사회 이사, 상하이 증권거래소 이사회 자문위원회 위원, 회원관리위원회 위원, 홍콩중자증권업협회 부회장을 맡고 있다. 초상증권 주식유한회사에 입사하기 전에 2006년 6월부터 2011년 9월까지 중은국제홀딩스유한회사 CEO를 역임하였다. 2005년 11월부터 2006년 5월까지 중은국제홀딩스유한회사총재(CEO대행)을 맡았다. 2005년 3월부터 2005년 10월까지 중은국제홀딩스유한회사총재겸 수석운영관을 담당하였다. 2001년 7월부터 2005년 1월까지 중국공상은행(아시아)유한회사 부총경리, 이사부총경리 겸 행정총재대리인을 겸임하였고 중국공상은행 홍콩지점 부총경리 겸 행정총재 대리인을 담당하였다. 2000년 8월부터 2001년 7월까지 중국공상은행 홍콩지점 부총경리 겸 잠재행정총재를 담당하였다. 1989년 7월부터 2000년 8월까지 중국공상은행직원, 국제융자처책임자, 본점판공실비서처 부처장 겸 행장비서를 담당하였으며 중국공상은행 뉴욕대표처 대표, 수석대표를 역임하였다. 1986년 및 1989년 베이징대학교를 졸업하였으며 국제법학 학위와 국제법 석사학위를 취득하였다. 2005년 베이징대학교를 졸업하면서 경제학 박사학위를 취득하였다. 고급 경제 전문가이다.

(2) 슝젠타오 熊劍涛

- **출생연도** : 1968년 8월
- **성별** : 남
- **학력** : 석사
- **국적** : 중국
- **약력** : 2005년 12월부터 초상증권 부총재를 역임하였다. 현재 중국 증권업협회 정보기술위원회 부주임위원, 중개업위원회위원, 중국 국가표준화관리위원회 전국금융표준화기술위원회·증권지점위원회 위원을 맡고 있다. 2004년 1월부터 2004년 10월까지 중국증권관리감리위원회에서 남방증권행정관리팀의 팀원으로 차출되었다. 2001년 3월부터 2004년 1월까지 초상증권 기술총감 겸 정보기술센터 총경리를 역임하였다. 1998년 6월부터 2001년 3월까지 초상증권 컴퓨터센터 총경리를 담당하였다. 1995년 6월부터 1998년 6월까지 초상증권 컴퓨터부처 부경리·경리를 담당하였다. 1993년 4월부터 1995년 6

월까지 초상은행 총행컴퓨터부처 정보센터 부경리를 담당하였다. 1992년 5월부터 1993년 4월까지 선전산성전자유한회사深圳山星电子有限公司에서 근무하였다. 1989년 난징체신대학南京邮电学院을 졸업하고 공학 학사학위를 취득하였다. 1992년 화중이공대학을 졸업하고 공학석사학위를 취득하였다. 공정전문가(엔지니어) 자격을 보유하고 있다.

(3) 덩샤오리邓晓力

- **출생연도** : 1967년 10월
- **성별** : 여
- **학력** : 박사
- **국적** : 중국
- **약력** : 여성이며 1967년 10월 출생하였다. 중국국적이다. 2005년 11월부터 초상증권 부총재, 2013년부터 초상펀드 부이사장을 역임하였다. 2001년 11월 초상증권에 취직하였으며 리스크 관리부처 총경리를 맡았고 초상증권에서 근무하는 기간 동안 2004년 1월부터 2004년 12월까지 중국 증권관리감리위원회에서 남방증권행정관할팀 팀원으로 근무하였다. 초상증권에 입사하기 이전 1998년 8월부터 2001년 10월까지 씨티그룹 Citigroup 리스크 관리부처 고급 애널리스트로 활동하였다. 1997년 6월부터 1998년 8월까지 미국 프로비디언 파이낸셜Providian Financial 리스크 관리부처 고급 리스크 애널리스트로 활동하였다. 1996년 9월부터 1997년6월까지 미국 전화전보회사AT&T 시장부처 애널리스트로 활동하였다. 1989년 7월부터 1991년 7월까지 산둥재정대학교에 근무하였다. 1989년 산둥대학교를 졸업하고 학사학위를 취득하였다. 1992년과 1996년 미국 뉴욕주대학교에서 경제학 석사와 박사학위를 취득하였다.

(4) 쑨이정孙议政

- **출생연도** : 1968년 1월
- **성별** : 남
- **학력** : 박사
- **국적** : 중국

- **약력** : 쑨이정 2009년 9월부터 초상증권 부총재, 2013년부터 상장회사협회에서 제1차 인수융자위원회위원을 역임하였다. 2013년부터 광둥금융고신구주식거래센터유한회사 이사를 역임하였다. 2007년 10월부터 초상증권 총재 보좌 투자은행 이사총경리를 역임하였다. 초상증권에 입사하기 전인 2004년 9월부터 2007년 9월까지는 방정증권유한책임회사 부총재 겸 다위원회 부서기를 역임하였다. 1998년 2월부터 2004년 9월까지 중국 증권관리감독위원회 상장부처 정보공시처 부처장(집행업무)을 담당하였다. 시안교통대학교를 졸업하고 1989년 공업관리공정 학사학위를 취득하였으며 1992년 공업관리공정 석사학위를 취득하였다. 2001년 칭화대학교를 졸업하고 기술경제 박사학위를 취득하였다.

(5) 닝안화 丁安华

- **출생연도** : 1964년 4월
- **성별** : 남
- **학력** : 석사
- **국적** : 중국
- **약력** : 홍콩특별행정구 영주권자이면서 중국 국적도 있다. 2011년 10월 초상증권 부총재, 2007년 8월부터 2011년 4월까지 초상증권 이사를 겸임하였다. 2009년 5월부터 2009년 12월까지 초상증권 수석경제학자, 연구센터관리위원회 고문, 2009년 12월부터 2011년 10월까지 초상증권 수석경제학자, 연구총감, 2004년 12월부터 2010년 4월까지 초상증권 이사, 2007년 6월부터 2010년 6월까지 초상은행 이사를 지냈다. 2004년 4월부터 2009년 4월까지 초상국그룹 전략연구부처 총경리, 2001년 3월부터 2004년 3월까지 초상국그룹 招商局集团 업무개발부처 총경리보좌, 부총경리, 기업계획부처 부총경리, 1998년 8월부터 2001년 2월까지 캐나다 로얄뱅크, 1984년 창사교통대학교(현 창사이공대학)을 졸업하고 학사학위를 취득하였다. 1989년 화난이공대학교 공상관리대학을 졸업하고 석사학위를 취득하였다. 캐나다의 투자경리 Canadian Investment Manager 자격을 보유하고 있다.

선강통深港通
위대하고 강한 기업에 투자하라

초판 1쇄 발행 2015년 3월 2일
개정판 1쇄 발행 2017년 1월 5일

지은이 정영재
펴낸이 이형도

펴낸곳 (주)이레미디어
전화 031-919-8511
팩스 031-907-8515
주소 경기도 고양시 일산동구 무궁화로 20-38 로데오탑 302호
홈페이지 www.iremedia.co.kr
카페 http://cafe.naver.com/iremi
이메일 ireme@iremedia.co.kr
등록 제396-2004-35호

편집 유소영, 김현정, 최연정
자료도움 김지영
디자인 박정현
마케팅 신기탁

저작권자ⓒ정영재, 2016
이 책의 저작권은 저작권자에게 있습니다. 서면에 의한 허락 없이 내용의 전부 혹은 일부를
인용하거나 발췌하는 것을 금합니다.

ISBN 979-11-86588-93-2 13320
가격은 뒤표지에 있습니다.

이 책은 투자참고용이며, 투자 손실에 대해서는 법적 책임을 지지 않습니다.

이 도서의 국립중앙도서관 출판예정도서목록(CIP)은 서지정보유통지원시스템
홈페이지(http://seoji.nl.go.kr)와 국가자료공동목록시스템(http://www.nl.go.kr/kolisnet)
에서 이용하실 수 있습니다.(CIP제어번호: CIP2016029521)